朝鮮時代の女性の歴史

家父長的規範と女性の一生

奎章閣韓国学研究院【編著】
李淑仁【責任企画】
小幡倫裕【訳】

明石書店

写真・絵から読み解く朝鮮時代の女性の一生

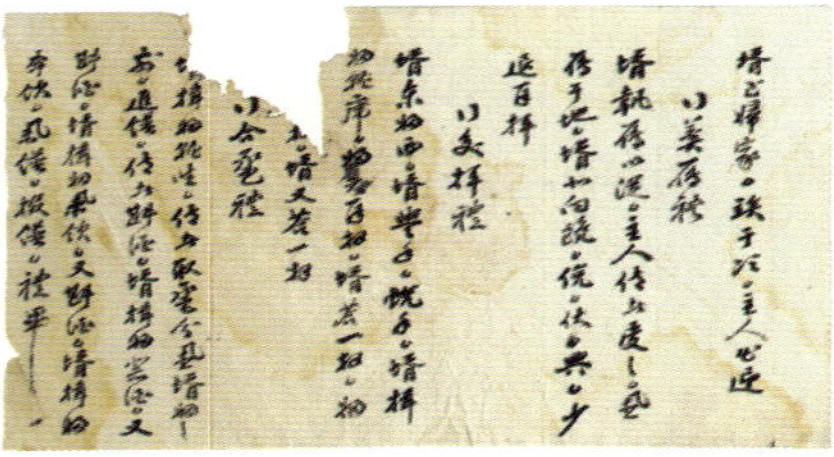

真城李氏の家系に伝えられてきた『婚礼笏記』。婚礼儀式の順序が記されている。

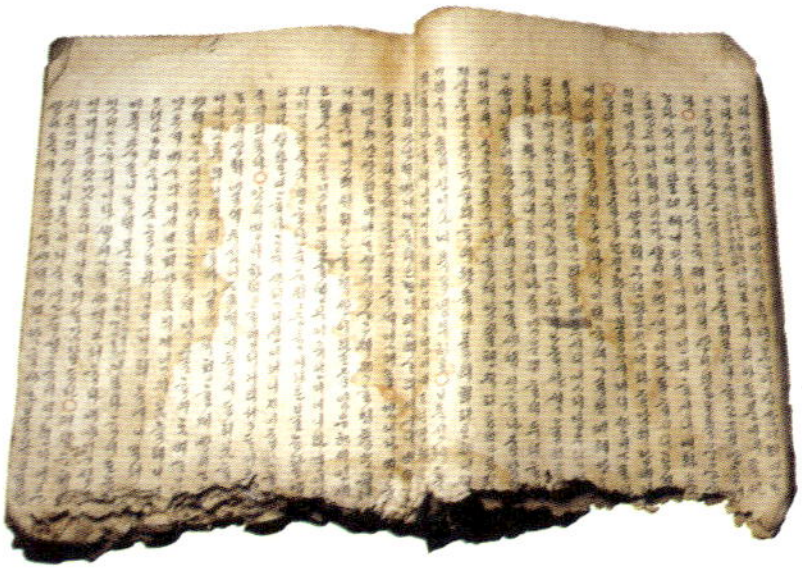

家門の宗家では、初学者の女性が自分たちの役割の理解や品性修養を図り、教養を高めるために、諺文〔ハングル〕で翻訳した『小学諺解』を用いて教育した。

春になると被衣（かずき）をかぶって花見に出かける女性もいた。

服地を裁断し、裁縫する姿。朝鮮の婦人はみなデザイナーであり技術者であった。

祭祀奉納や接客は、朝鮮時代の女性の必須の務めだった。つややかな祭器や祭祀用の品物は婦人がきちんと保管せねばならず、生涯にわたって磨きこんでいくものであった。

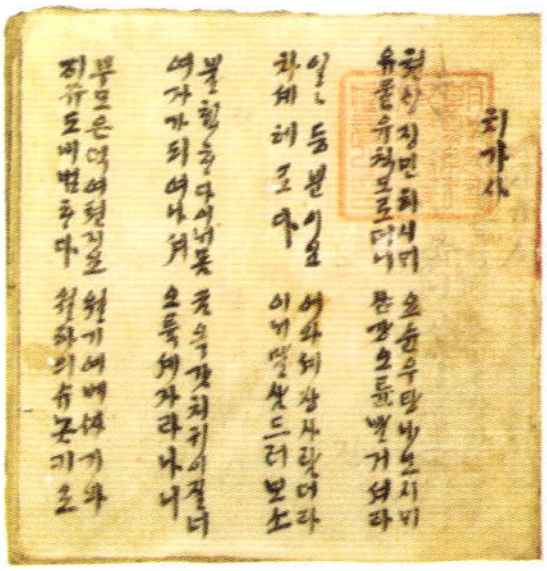

朝鮮時代のある女性が、自らの成長背景や、他家に嫁いでその家の家計を豊かにしたこと、子女を立派に育て上げた過程などを記し、嫁いでいく娘に婦徳を教え諭した内容の文書。

梧里李元翼〔朝鮮中期の文臣〕の宗家に伝わるアミエビの塩辛を漬ける甕。十三代目の宗家の夫人が嫁いできてからはキグチという魚を買って塩辛を作り、キムチ作りのときに薬味として用い、一年間の食料として保存した。

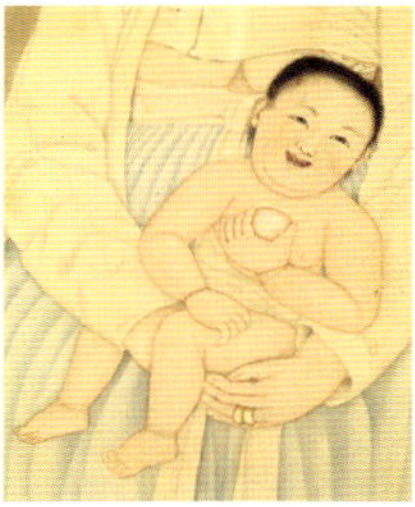

朝鮮時代の女性にとって、育児はひとりで耐えぬかねばならないことであった。これを問題として胎教における父親の役割を強調した『胎教新記』が著わされ、社会の固定観念に立ち向かうようになった。

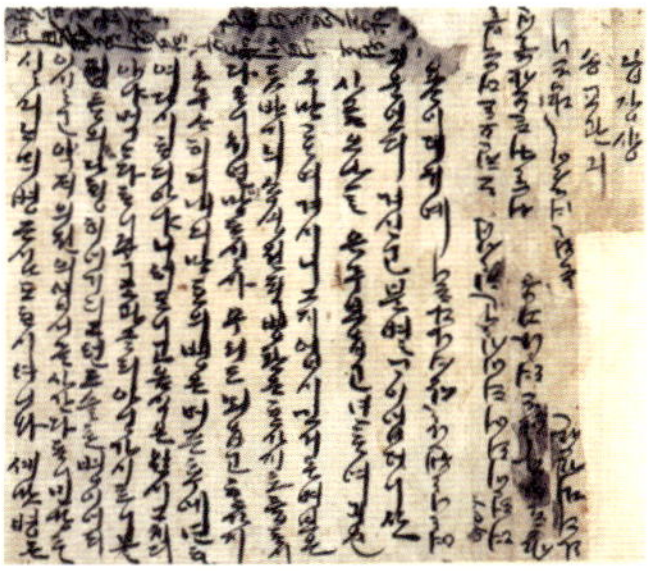

鄭経世〔朝鮮中期の文臣〕の夫人真城李氏が、婿の宋浚吉に書いた手紙。朝鮮時代、他家へ嫁いだ女性はこのような諺文〔ハングル〕の手紙で安否を問い、話を交わした。

ソンビが筆を入れて持ち歩いた巾着。女性には文字を書く機会が与えられなかったが、一部の女性は最後までその才能を隠すことができず、文章を残したものもいた。

祭祀用に描かれた光陽媤母〔媤母は姑の意〕の肖像画。朝鮮時代の女性は、一生の半分を嫁として生き、残りの半分は姑として生きた。

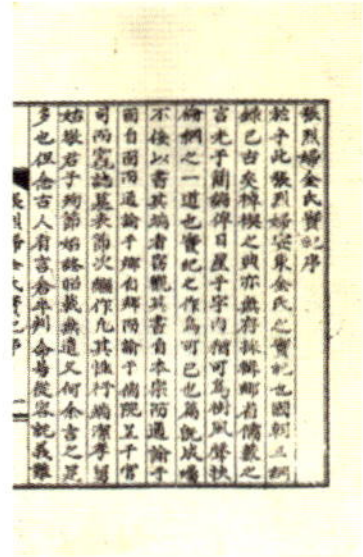

夫に従って殉死した安東金氏の行跡の記録。貞節が強調されたこの時期、家々ではこうした内容の書籍が多く刊行され、これを家門の誇りとした。

조전 여성의 일생
CHOSON YEOSEONG UI ILSAENG
by Kyujanggak Institute For Korean Studies

The Japanese edition was published by Akashi Shoten in 2015 by arrangement
with Geulhangari Publishers through KCC (Korea Copyright Center Inc.), Seoul
and Japan UNI Agency, Inc., Tokyo

奎章閣教養叢書の発刊に臨んで

奎章閣は朝鮮王朝二十二代の国王である正祖が、一七七六年に創立した王室図書館であり、学術機関かつ国政諮問機関です。一九一〇年の国権喪失〔日本による韓国併合〕によって廃止され、所蔵図書は朝鮮総督府の管轄下に入り、学術機関としての機能を失いました。解放後〔一九四五年八月十五日〕、奎章閣図書はソウル大学校に帰属することとなり、今日に至っています。六十年前の朝鮮戦争の際には、一部の国宝級の図書が釜山に疎開するなどの曲折を経ることもありましたが、奎章閣は今日まで韓国の歴史と伝統がつまった記録文化の宝庫として守られ、受け継がれてきました。創設二百三十周年となる二〇〇六年には、奎章閣と韓国文化研究所が統合し、奎章閣韓国学研究院として生まれ変わり、学術機関としての伝統を取り戻しています。

奎章閣韓国学研究院は、朝鮮王朝実録・儀軌・承政院日記など、ユネスコによって世界文化遺産に指定された資料をはじめとして古図書や古地図など数多くの記録文化財を所蔵しております。こうした膨大な資料を土台として、韓国学の専門研究者らがここに集まり、最高水準の研究活動にまい進し、多くの研究成果を産み出しております。また、国内外の学者が奎章閣を訪れて研究することを希望し、本研究院ではそれに対して積極的に支援しております。名実ともに世界の韓国学研究をリードする中心研究機関として跳躍しています。

さらに、専門研究者だけのものでない、市民とともに歩む韓国学を発展させようと、様々なプログラムを進めております。既存の特別展示会のほかに、二〇〇八年から韓国学全般にわたるテーマを、その分野の最高の専門家が直接企画・講義する「金曜市民講座」をキム・ヨンシク前院長の主導のもと開設しました。この金曜市民講座は、それまでの多くの市民から好評を得、二〇〇九年からはソウル市と冠岳区〔ソウル市の行政区画のひとつ〕の支援を得て地域住民と緊密なネットワークを形成するきっかけとなりました。そして、この講座で語られた興味深い内容をさらに多くの市民と共有するために、わかりやすい文章と多様な図版を用いて再編集した「奎章閣教養叢書」を発刊することとなりました。最初の二回の学期で主題となった国王の一生、両班の一生それぞれにあらたなスポットをあてた書籍〔『朝鮮の国王の一生』および『朝鮮の両班の一生』。日本では未刊行〕は、すでに刊行され読者の好評を得ております。今後も各学期ごとの講義内容を書籍として編集し続ける計画であります。

二〇〇九年から奎章閣では、「朝鮮時代の記録文化と法古創新の韓国学」という趣旨から「人文韓国（Humanities Korea）」事業団がスタートし、研究事業を進めております。この事業団は、奎章閣にあふれる朝鮮時代の多様な記録を通じて、当時の人々の人生と文化をよみがえらせ、それが現代を生きる我々に与える価値と意味への省察を研究の目的としております。こうした趣旨を効果的に実現するため、人文韓国事業団の関連事業として、市民講座と教養叢書を同時に準備することとなりました。今後、人文韓国事業団の研究成果と企画能力を市民のよりよい文化生活のために活用することで、奎章閣教養叢書はわかりやすく充実した内容で市民のみなさまと関わっていきたいと考えております。

本書の内容は、基本的には奎章閣所蔵の記録文化と研究者の研究成果から産まれたものです。しかし、講座を受講した市民の皆様の斬新なアイディアと希望をできる限り反映しようと努力いたしました。本書が市民と専門研究者をつなぐ架け橋となることを期待しております。今後も皆様の多くのご関心とご声援をお願いいする次第であります。

奎章閣韓国学研究院院長

ノ・テドン

はじめに――新たな想像で探求した朝鮮時代の女性の一生

滔々と流れる韓国の歴史、その半分は女性が担っていた。しかし、記録の歴史や記憶の歴史の中では、その役割にきちんとした光が当てられていなかった。私たち〔韓国人〕が伝えてきたのは、朝鮮の女性は檀君神話の熊女《ウンニョ》[1]のように「忍」の一字を金科玉条とし、高句麗の神話に登場する柳花《ユファ》夫人[2]のように息子を成功させる女性を夢み、百済人都弥《トミ》の妻[3]のように一途に夫を愛する女性だった。忍耐と内助、節操を擁護するこれらの神話の中の女性たちが、朝鮮時代の女性の「方向設定」のモデルとなったわけである。となると、妻や母であり陰徳〔ひそかな善行〕や貞節の徳を具えたそうした女性は、誰の記憶として形作られた記録なのだろうか。周知のとおり、朝鮮時代の女性についての知識や情報のほとんどは、男性によって構成され伝えられた。そのため、母や妻のように自分を助ける存在であったり、妓女《キニョ》〔妓生《キーセン》〕のように自らの愛のファンタジーを投影した存在であったりと、「公式的な」朝鮮時代の女性〔のイメージ〕には男性の欲望が反映されていた。男性にとっての女性は、往々にして「善良な女」と「悪い女」の二元論的な価値としての存在でしかなかった。

　私たち執筆者は、記録の外部へと押し出され記憶の彼方に存在してきた朝鮮時代の女性たちとその一生を、新たな想像力をもって掘り下げたいと考えた。彼女たちへと向かう道はいくつにも分かれており、彼女たちに出会う方法もまた様々である。それは執筆者それぞれの関心や研究方法の違いによる問題でもあるが、何よりも朝鮮時代の女性の人生の中に、身分や職業、役割や仕事など、非常に異なった経験が現れているからである。男性の遊興に動員された妓女から最高知性の著述家に至るまで、あるいは生存と生活の労働から一歩も抜け出せなかった女性から画家・音楽家として芸術の境地を開拓した専門家に至るまで、さらには儒教的な家族儀礼を積極的・主体的に実践した女性からそうした家族文化を離れて新たな人生を切り開いた仏教僧に至るまで……。私たちはこうした様々な女性たちが持っていたであろう痛みや苦しみ、彼女たちが享受したであろう喜びや達成感に注目した。そして理念の上塗りによって変色したり色あせてしまった歴史の中の女性の「事実」を、細やかに蘇らせたいと考えた。

特定の記憶を中心とした記録の歴史から何を汲み取ることができるのだろうかという恐れは、程度の差こそあれ、私たち執筆陣のほとんどが直面した問題であったろう。明け方から夜遅くまで休むことなく働いてもそうしたそぶりは見せるな。寺や山に群れをなして集まり遊んだりするな。喜びや悲しみ、名残惜しさや怒りを面《おもて》に出すな。二回以上嫁いではならぬ。知っていてもそうしたそぶりはしてはならぬ。自己主張があってもないように振舞え。言いたいことがあっても言ってはならぬ。嫉妬はするな。本を開いて勉強しないこと……。朝鮮時代の父親たちは娘にこうした注文を出した。両班《ヤンバン》の家の夫人の行状〔死者の生前の記録〕やソンビの家の妻の祭文〔祝詞〕などは、こうして一生を終えた女性を称える内容で埋め尽くされている。しかし、だからといって、朝鮮時代の女性が規制と禁止の中で一生を静かに、注意深く生きていたといえるのだろうか。

それならば、テキストが「語っていない」こと、または「語ろうとしなかった」ことは何であろうか。テキストの向こう側に広がる別の真実があるのだろうか。あるとすれば、私たちはそれをどのように知ることができるのだろうか。「〜してはならぬ」とか「〜することがあってはならぬ」といった禁止用法は、「〔そうしたことを〕している」という前提での言説だ。実際に〔朝鮮時代には〕、食事の作り方や機織のしかたがわからないことを自慢げに思う女性が多いという世のあり方が告発されたり、金銭を蓄えた女性の意気軒昂な態度やそれに圧倒された男性に覚醒が促されたりもした。また、国王がいる朝廷では、「花が咲いた！」「仏様のお出ましだ！」といって川や山へ集う女性たちに頭を悩ませてもいた。このように朝鮮には、行状や祭文に紹介されているような、男性によって記憶され称えられた部類の女性がいる一方で、自らの欲望や利害に忠実で、男性を緊張させる部類の女性もいたのである。あるいはこうしたことは、時と場所に応じて違った反応を示した同一女性の別の姿であったともいえる。女性の行為を禁止する言説や女性のあり方を憂う言説が共存する様相は、朝鮮時代の女性の事実あるいは真実がひとつではないことを語る指標として読み解いてもいいであろう。

　朝鮮社会の女性の真実にもう一歩近づこうとする時には、複数性や多様性の概念が有意義な媒介となるであろう。昔も今も遊びたいという欲求を誰が抑えられようか。閨房〔寝屋、女性の生活空間〕は女性を閉じ込めた空間でもあったが、女性だけの独自の空間として理解することもできる。気のあった女性たちは外出や露出、遊戯への禁制に反抗するかのように、閨房の外でこれみよがしに遊ぶことを楽しんだ。彼女たちは広大《クァンデ》〔芸人の総称〕を先頭に囃し立て、騒々しく街路を闊歩した。また、催し物の雰囲気が盛り上がるや、召使を先頭に士族の女性たちがわれ先にと駆け寄っていった。閨房の外での遊びが体制への対抗という意味を持っていたとすれば、閨房の中での遊びは体制への順応あるいは体制を受け流すような形のものであった。閨房の中の女性たちは、体制に逆らうような素振りは見せず、幸せそうに、目立たぬように遊ぶというやり方で楽しんでいた。こうしたことを私たちは想像できたであろうか。

　こうした女性たちがいなかったら、「朝鮮はロマンスのない社会」といっても過言ではないであろう。男性の文士たちによれば、妓生《キーセン》は愛を糧に生きる「特別な」存在であった。しかし、妓生の立場から見た妓生の真実は、愛を売って生きる職業人に近い。愛をテーマとした妓生の作品は、男性顧客の期待を満たすための営業用の歌としてみなければならないという見方がある。彼女たちは、男性のファンタジーを満たさなければならない職業上の義務として、男性客の趣向や要求を反映した愛の歌を主に歌っていたのであった。問題は、自分が本当に愛されていると思う男性客の錯覚にあった。当たり前のことではあるが、妓生それぞれが追い求めた人生とその意味は非常に多様であった。妓生を記憶し書き記す方法もまた、人によってそれぞれ異なり得た。にもかかわらず、次のような問いかけがされるであろう。朝鮮社会で妓生《キーセン》とは誰なのか、そして彼女たちに寄生《キーセン》する男たちとは何なのか。妓生とは憧れや憐れみの対象ではなく、ただ前近代を生きた力なき民衆のひとつの部類に過ぎないという見方が示されたり、または、妓生を通じて性愛と身分上昇の間で葛藤した朝鮮両班の二重の姿を読み取るということもなされた。

私たちは、転換期的な事件や英雄的な人物を中心に歴史を理解することに慣れている。〔新羅による〕三国統一は六七六年、朝鮮建国は一三九二年、壬辰倭乱《イムジンウェラン》〔豊臣秀吉の朝鮮侵略〕は一五九二年、甲午更張《カボキョンジャン》〔朝鮮時代末期の近代化政策〕は一八九四年……金庾信《キムユシン》〔五九五年～六七三年。新羅による三国統一の中心的役割を果たした将軍〕、李成桂、世宗大王、李舜臣といった具合に。一方で、そうした「瞬間」のために黙々と歩んできた長い時間については、それほど注意を傾けてはいない。事件や英雄にフォーカスを合わせる歴史理解は、過程よりは結果を、隠されたものよりは現れたものを追い求める傾向が強い。こうした傾向の中で、確かに存在していたにもかかわらずその痕跡が消されてしまったものがきっとある。悠然として美しい「白鳥の湖」は、水面下の激しい足の動きがなければ不可能である。白鳥の苦しい「労働」で花開いた湖の風景のように、文明の歴史は表には現れない存在の隠れた努力によってその展開と拡張を重ねてきたということを知る必要がある。女性を通じて歴史を読み直そうという意味は、まさにこうした脈絡からなのである。

奎章閣《キュジャンカク》韓国学研究院の市民講座を通じてすでに世の中に披露しているが、本書の論稿は朝鮮時代の女性に対する全方位的なアプローチを通じて得た新しい事実や真実を載せている。そして本書は、自らの時代を黙々と生きてきた朝鮮時代の女性たちの日常と一生、その人生の痕跡を広く、深く、そして厚く読み込もうという努力によってなされた。私たちのこの作業が、歪められ、たわんでしまった朝鮮時代の女性の時間を伸ばすものとなり、同時に彼女たちの経験や知恵が今日の私たちの生き方を照らす鑑になってくれたらと思う。

二〇一二年七月
執筆者の思いを集めて
李淑仁

【訳註】

❶檀君神話は高麗時代に書かれた歴史書『三国遺事』に記された、韓国で最も古い建国神話である。天空神である桓因の庶子桓雄が三危太白山の神檀樹の下の神市に天下ると、そこにいた虎と熊がともに人間になりたいと願った。桓雄は蓬とにんにくだけを食べて百日間日光を避ければ人間になれるとした。虎はそれに耐え切れず途中であきらめたが熊は耐え続け、三七日（＝二十一日）目に人間の女性となった。彼女が熊女である。そして桓雄と熊女の間に檀君が生まれ、朝鮮を建国したというストーリーである。『三国遺事』では檀君の朝鮮建国（李成桂が建国した朝鮮と区別して古朝鮮と呼ばれている）は中国の堯と同時期（紀元前二三三三年）と記されている。もちろんこれを史実とすることはできないが、その背景となった文化（天空神への信仰、熊や虎を中心としたトーテミズムなど）の存在は今日の韓国文化の基層として捉えるべきものである。

❷高句麗の始祖朱蒙の母。『三国遺事』の高句麗の建国神話には次のように記されている。水神河伯の娘柳花は、天帝の息子解慕漱《ヘモソ》と密かに通じ合い、日光に照らされて身ごもり、一個の卵を産んだ。卵からは骨格や外観が人よりもはるかに優れた男の子、すなわち朱蒙が生まれた。柳花と朱蒙がいた北扶余の金蛙王の息子たちは朱蒙の才能を恐れ彼を殺そうとしたが、それを察した柳花が朱蒙を逃がした。朱蒙は追手を逃れて卒本州にいたり、高句麗を建国した。

❸高麗時代の歴史書『三国史記』に記された説話。百済の平民都弥の夫人はその貞淑さで有名であった。百済の蓋婁王は彼女を自分のものにしようと、自らの偽者を彼女に送り「都弥との賭けに勝ったから、お前は私のものだ」と告げさせた。だが、彼女が夫との貞節を守ろうと下女を身代わりに送ったために蓋婁王は怒り、都弥の目をつぶし、小船に乗せて川に流してしまった。川のほとりで泣く彼女の前に小船が流れ着き、それに乗った彼女は夫に再会する。その後二人は高句麗へとたどり着き、一生を終えたという。

『朝鮮時代の女性の歴史』日本語版序文

最近の二十〜三十年間、韓国の学術文化界は東洋の古典に対する関心で満たされている。紀元前の中国古代の経典や史書から近代以前の韓国の様々な文化的遺産にいたるまで、それはいわゆる東洋的なもの、または韓国的なものに対する解釈や再解釈の過程であった。これにより、それまで忘れられていた伝統とその問題が提起されるようになった。そこには、「伝統の香り」や「伝統の贈り物」といった肯定的な遺産の発掘だけではなく、今日、韓国での人間関係を妨げる習慣や偏見の源流への省察などがあった。伝統を見る視点や方法は一律ではないのである。

韓国の伝統を研究課題とする時、必ず確かめなければならないテーマの一つが「女性」である。それは韓国社会での女性という存在の歴史を問う作業でもある。もちろん、近代の始まりとともに「伝統的な韓国女性」についての様々な物語があふれるようになった。それらの物語はおもに伝統に対する否定と肯定という、二つの対立的な視点から構成されたものだった。ここでの韓国の伝統的な女性への見方とは、「犠牲者」または「被害者」であり、「愛の化身」または「民族の母」というものであった。それぞれがそう見たいと思うところの伝統であり、自分たちが望むところの女性なのである。こうした中で女性についての事実や真実を豊富に確保するためには、韓国の伝統社会である朝鮮時代の女性を見る視点と思考を多様化させる必要があった。

本書は、朝鮮時代の女性に関する物語が誰の記憶であり、誰の記録であるのかという問いを含んでいる。「善良な女性」または「悪女」という家父長的な評価の枠組みから離れ、女性のなかに自らの意志を持ち、その望みを追求する主体としての姿を見ようというものである。それは朝鮮時代五百年の歴史をともに歩みともに作った女性たちの人生と思いを復元することである。それは、確かに存在していたにも関わらず存在していないかのように扱われた人々の物語と伝統を、「女性」から読み直し、新たに書き記そうという理由であり、意味である。哲学、文学、歴史学などの専攻者が多角的に照らしだした本書は、二〇一〇年に韓国で刊行されて後、読者から長きにわたる関心と注目を受けてきた。本書の日本語版刊行をきっかけに、伝統、女性、日常を主体とした韓日両国の対話がさらに盛んになっていってほしいと望む次第である。

二〇一五年二月

李淑仁

目次

写真・絵から読み解く朝鮮時代の女性の一生……2

奎章閣教養叢書の発刊に臨んで……5

はじめに―新たな想像で探求した朝鮮時代の女性の一生……7

『朝鮮時代の女性の歴史』日本語版序文……12

第一部　朝鮮時代の女性の再発見

一章　失われた声を求めて―新たに読み解く朝鮮時代の女性たちの人生―　朴茂瑛《パクムヨン》（延世大学校 国語国文科教授）……19

二章　画家と賢母、その不都合な同居―「申師任堂」はどのように作られたのか―　李淑仁《イスギン》（ソウル大学校 法学研究所 責任研究員）……49

三章　苦痛を踏み台に咲いた知性―朝鮮時代の女性知性人の系譜―　李慧淳《イヘスン》（梨花女子大学校 国文科名誉教授）……77

四章　隠れた働き手、朝鮮の女性たちの労働現場―機織から針仕事、金利貸しから出張料理まで―　金庚美《キムギョンミ》（梨花女子大学校 梨花人文科学院 Humanities Korea 教授）……103

五章　愛の嘆き節などやめてしまえ―妓生の人生、その冷酷な現実―　鄭炳説《チョンビョンソル》（ソウル大学校 国文科教授）……133

六章　禁じようにも禁じ得ず―女性への規制とその亀裂―　鄭智泳《チョンジヨン》（梨花女子大学校 女性学科教授）……159

第二部　朝鮮時代の女性　その人生の現場

七章　女性にとって家族とは何だったのか—常識とは異なる朝鮮時代の婚姻と祭祀規則—
金美栄《キムミヨン》（韓国国学振興院　首席研究委員）……181

八章　女学校はなかった。しかし教育は重要だった—家門の栄光を照らす「鏡作り」—
韓嬉淑《ハンヒスク》（淑明女子大学校　歴史文化学科教授）……201

九章　閨中を支配する唯一の文字—翻訳小説からゲームブックまで、女性の文字生活とハングル—
李鍾黙《イジョンモク》（ソウル大学校　国文科教授）……229

十章　信心の力で儒教的画一化に抵抗する—朝鮮の女性の信仰生活：仏教を中心として—
趙恩秀《チョウンス》（ソウル大学校　哲学科教授）……265

十一章　朝鮮時代の女性の愛—文学の中のエロスと規範：密会から烈女の誕生まで—
徐智瑛《ソジヨン》（梨花女子大学校　韓国女性研究院　研究教授）……301

十二章　朝鮮時代の女性芸術家の誕生—詩と歌で昇華した魂—
宋芝媛《ソンジウォン》（韓国国立国楽院　国楽研究室長）……321

十三章　女性の目から読み解く女性たちの遊び—仲睦まじき閨中の趣味生活—
趙恵蘭《チョヘラン》（梨花女子大学校　国語国文学専攻教授）……343

参考文献……368
訳者あとがき……374
索　引……384

【凡　例】

① 文中の（　　）は韓国語原書にて原著者がつけたものであり、〔　　〕は訳者註である。
② 韓国語原書における註は、１、２などとして、脚注を付した。ある程度の補足説明が必要だと判断された部分には、❶、❷、❸などの訳者註を付し、各章の末尾に記しておいた。また、韓国語原書の註のうち、一部は翻訳の過程で本文内に挿入した。

第一部
朝鮮時代の女性の再発見

一章

失われた声を求めて

—新たに読み解く朝鮮時代の女性たちの人生—

朴茂瑛《パクムヨン》：延世大学校 国語国文科教授

女性たちが語れなかったこと

十八世紀、金雲《キムウン》という女性がいた。当代の大文豪であった金昌協《キムチャンヒョプ》❶の娘である。当時を代表する文豪であり学者であった父や叔父❷たちから「学者」としての待遇を受けた女性だ。若くして世を去った彼女は、他者の墓誌銘〔墓に納めるために記した故人の生前の記録〕を書く父を見ながら、「後世に名を残すこれといった方法もない女の身ゆえ、父より先にこの世を去って父の墓誌銘を得ることができるのなら、そのほうがどれほどましか」と語ったという。金昌協は、夭折した娘の墓誌銘を書きながらこの言葉を回想していた。そこには、若き女性の「名を残すすべがない」ことへの絶望が、剣光のように瞬いていた。

金雲のこの逸話は、すべての記録主体が男性だった朝鮮社会において、その裏に隠された女性自身の欲望がどのようなものであったかを私たちに考えさせる。「良妻賢母」の申師任堂《シンサイムダン》〔本書第一部二章を参照〕や、『謝氏南征記《サシナムジョンギ》』❸の主人公謝貞玉《サジョンオク》、あるいは現代のある男性作家が描いた安東張氏《アンドンチャン》〔安東は現在の慶尚北道《キョンサンブクド》安東市〕のイメージ❹のように、男性によって記録され想像された女性の姿がすべてであり、あるいは「真実」なのであろうか。たしかに女性たちは三従の規範〔幼い時は両親に従い、結婚後は夫に従い、夫の死後は息子に従う〕にそって「父と夫と息子の名」のもとに生きていかねばならなかった。しかし、彼女たちがどれほど「自らの名」を渇望したのかを、金雲の墓誌銘は示している。それは、男性による記録の中では、一度たりとも女性のものとして語られたことのない欲望だった。だが、記録の中に生じた一筋の間隙をぬってほんの少し姿を現す深い淵からは、このように生命への欲求を凌駕する「自らの名」に対する欲望が顔をのぞかせる。女性たちに記録という行為が許されたのならば、彼女たちが口を開いて語った物語の内容は、むしろこのようなことだったのではなかろうか。

朝鮮時代の倫理は、女性による言葉を徹底的に取り締まった。「女の声が垣根を越えてはいけない」という原則は、女性の言論を反倫理的なものにまで規定した。言葉は力である。自らの言葉を語った者は、自身の経験と観点から人生を解釈し、自らの欲望にしたがってこの世の変革を夢見るようになる。それは伝播され、共感によるつながりを形成しながら連帯を手に入れ、世の中を変革する力となる。これこそ、個人が社会的・歴史的な人間となる出発点である。社会的存在としての女性を徹底して排除した朝鮮社会は、特に家の外部に広まる言葉―社会的な力を持った言葉―を女性たちに禁じた。女性の言語は必要最小限のレベルにとどめられてしまった。巧みな語りや言葉の多さは不徳の表象であり、さらには、保存され伝播される「記録」の主体からとことんまで締め出された。「女の声が垣根を越えてはならない」のである。

したがって、朝鮮時代の女性は公には口碑（口伝え）やハングル筆写本の主体としてのみ存在した。口碑言語は残されることなく消え去り、記録言語であるハングルは、文章というよりはむしろ話し言葉に近いものとして扱われた「女文字」として、「私的」に過ぎ行くだけであった。どれも「永遠の名」に対する欲求から退けられる形で存在したのである。そしてここで、金雲の悲願がふたたび浮かび上がってくる。私的な空間に縛られない、歴史の空間に書き記される「名」への悲願。それは（朝鮮時代においては）漢文を書くことによってのみ成し遂げられるものであり、女性には禁断のものであった。

このような規範とは異なり、実際にハングルだけでなく漢文を駆使して自らの声を記録として残した女性たちがいる。だが、十八世紀の徐令寿閤《ソヨンスハプ》（一七五三～一八二三）の逸話からは、女性が記録の主体となるのがどれほど反規範的なことであったかがはっきりとわかる。徐令寿閤は達城徐氏《タルソンソ》（達城は現在の大邱《テグ》広域市）の一族の娘であり、豊山洪氏一家の洪奭周《ホンソクジュ》（一七七四～一八四二）・洪吉周《キルジュ》（一七八六～一八四一）・洪顕周《ヒョンジュ》（一七九三～一八六五）の三兄弟（みな当時の大文章家として知られていた）の母だった女性である。彼女は、日ごろから家族全員が参加する家庭詩会を楽しむ人生を過ごし、彼女の詩は息子たちの手によって編集され印刷された。息子たちはこの木版本の詩集への跋文の中で、彼女が普段から文章を読む術《すべ》を知っているという素振りをまったく見せなかったこと、彼女が詩を

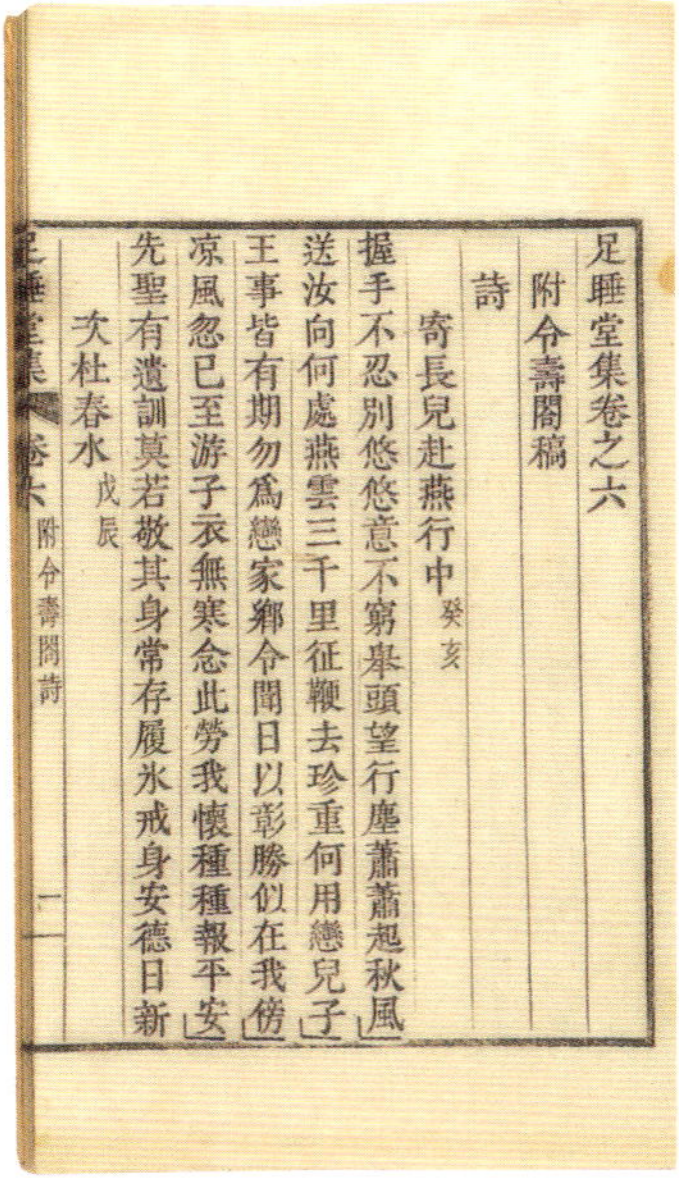

足睡堂集卷之六
附令壽閤稿
詩
寄長兒赴燕行中 癸亥
握手不忍別悠悠意不窮擧頭望行塵蕭蕭起秋風
送汝向何處燕雲三千里征鞭去珍重何用戀兒子
王事皆有期勿爲戀家鄕令聞日以彰勝似在我傍
凉風忽已至游子衣無寒念此勞我懷種種報平安
先聖有遺訓莫若敬其身常存履氷戒身安德日新
次杜春水 戊辰
足睡堂集卷六 附令壽閤詩 一

『令寿閤稿《ヨンスハプコ》』、令寿閤徐氏〔徐令寿閤〕著、1824年。奎章閣韓国学研究院〔韓国〕所蔵。朝鮮時代後期の女流詩人だった令寿閤徐氏の詩文集で、夫の洪仁謨の遺稿集『足睡堂集』六巻に付録として編録されている。徐氏は徐瀅修の娘で淵泉洪奭周や 幽閒堂洪氏の母親である。

作るようになったのは夫に強いられたからだったこと、詩を作っても吟詠して応じるのみで筆を取って記録しようとは絶対にしなかったことを明らかにしている。そのため、現在残っている詩篇は、夫がひそかに息子たちに書き留めておかせたものであるという。徐令寿閤は実家の家学を身につけ、算術学に精通した女性であった。中国を通じて取り入れられた最新の算術学を先取りした専門的レベルの素養を持っていた。その文学的な能力も一朝一夕に身につけたものとは信じがたい。息子たちが残した証言によっても、それは確認できる。だが彼女の息子たちは、母のために前に述べたような弁明を残さねばならなかった。それほど女性の文筆は禁忌の対象であり、特に筆写本と違って、公開を前提とした版本の出版は「婦徳」に反する「不徳」であった。

かりに、こうした公の禁制を破って女性たちが残した記述物があったとしても、それを編集し印刷する権力は、やはり男性のものであった。男性は女性の言葉が持つ価値を判断し、それを自分たちの意図にもとづいて編集し、序文や跋文を通じて解釈を付け加えた。このように記録そのものが女性の役割でなかっただけでなく、出版と編集がすべて男性だけの役目であったために、印刷された記述物は、男性の検閲と協調を排除してしまっては想像しがたいものであった。つまり、印刷されたあらゆる漢文の記述物は男性の検閲を経たものであり、それだけに男性的な視線で潤色されていた。男性が叙述者となって記した記録物の場合は言うまでもない。

だが、それにもかかわらず、女性の声は口碑やハングルだけではなく、漢文を通じても様々な形でその痕跡を

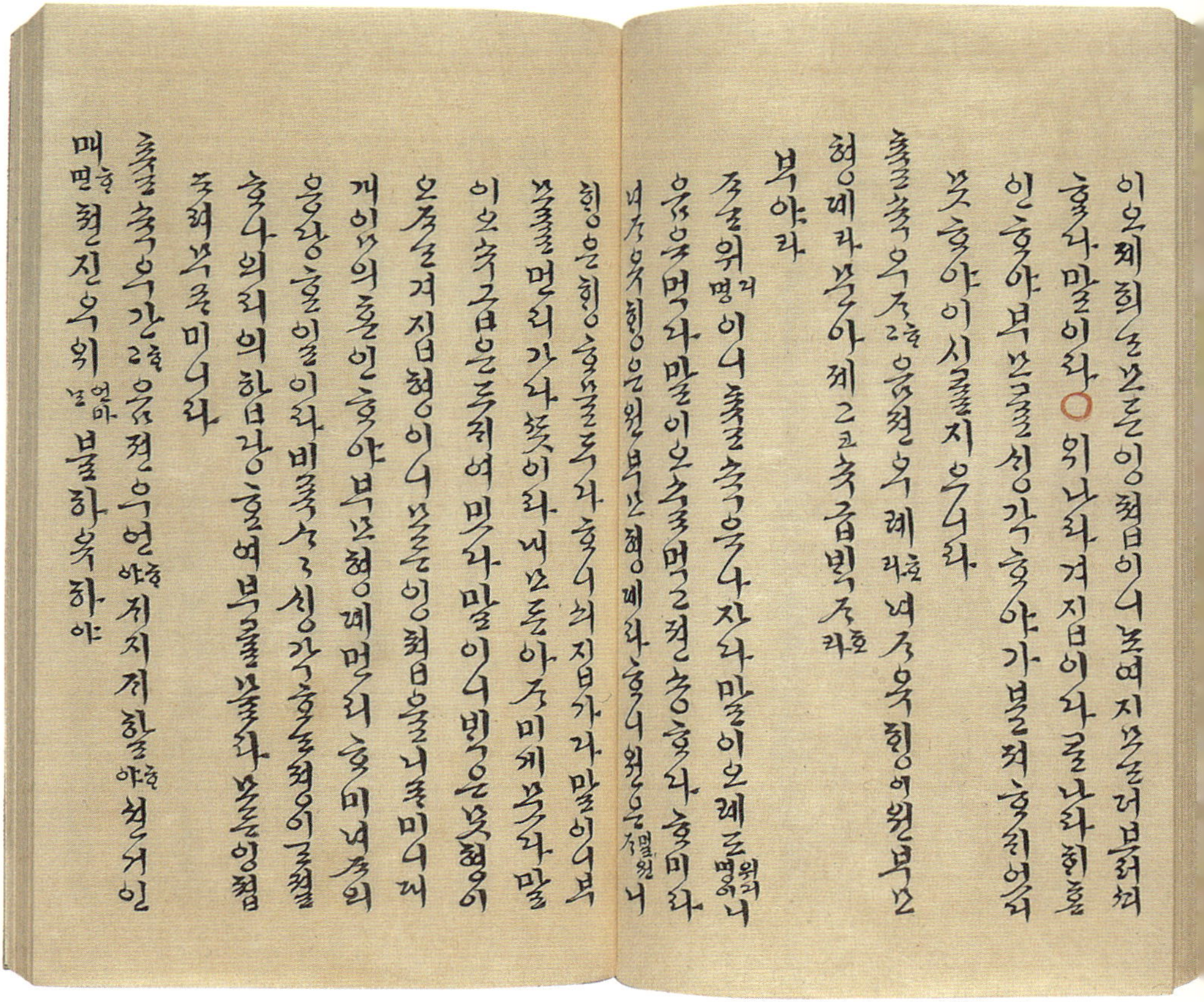

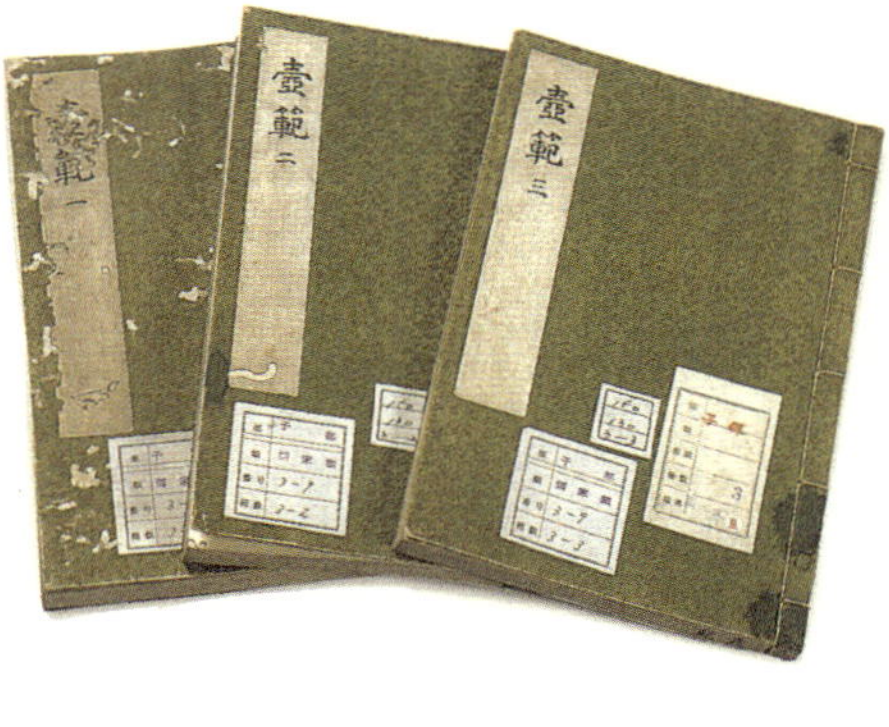

『壼範《コムボム》』三巻。18世紀、韓国学中央研究院蔵書閣〔韓国〕所蔵。この書籍は、朝鮮時代の女性の教養に必要だと考えられた徳目に合致する部分を古典の文章から選びだし、ハングルで翻訳したものである。『心経』『近思録』『性理大全』だけでなく、宋時烈・金昌翕などが記した女性の伝、墓誌文、行状などを載せており、男性によって書かれた朝鮮の女性像の一段面を見せてくれる。

伝えている。漢文の場合には、印刷された少数の文書だけでなく、女性的な変形の仕方も存在した。漢文本文の字音をハングルで記し、ハングル文で翻訳を付記して味わい楽しむ方法である。金浩然斎《キムホヨンジェ》〔一六八一～一七二二〕の『浩然斎遺稿《ホヨンジェユゴ》』がそのように表記され、筆写を通じて流通した。これはやはり、漢文の使用がいろいろな点で心安いものでなかった女性たちが、漢詩を自らのやり方で楽しむ方法であった。こうして変形された文字言語を通じて、女性たちは自らの本当の声を、そして互いに共感した内容を、口碑やハングルでの記述のように示し表した。また、前述の金雲の例のように、男性の記述物を通しても女性の声はその痕跡を表している。主に死後に書かれた墓誌銘や行状〔故人の生前の記録〕、祭文などの文章がそれである〔本書第二部九章を参照〕。当事者〔女性〕の声が、記述者〔男性〕の視線と声をすりぬけて聞こえてくるのである。

　こうした例は、長文や大量の記録でもなく、整理された論説や作品集として残されたものでもない。また、時には行間から辛うじて端緒のみが見える言及でしかないものでもあり、あるいは弱々しい呻吟の声のようなものでもある。しかし、この端緒は上は王家の女性たちから下は婢女に至るまで、あらゆる階層の女性たちが残した「自らの声」を暗示している。男性文化によって下された沈黙という命令を避けて現れる女性の声であり、男性たちが代弁する女性の歴史とは異なった表情の声である。これらの資料は歴史——普通、「一般」史として認識され、内面的には「男性」史とされたもの——が、一度も正式に扱ってこなかったもうひとつの顔を想像させ、もうひとつの歴史をイメージさせる。こうした声の復元を通じて、私たちは男性が解釈し聞かせてきた女性の人生とは異なる、もうひとつの声を聞くことができ、これを復元する作業を試みることもできるのである。

時代の残酷さへの証言

女性の声の復元を通じて到達する地点のひとつは、朝鮮時代の社会的現実に対するまた違った側面からの解釈である。すなわち、歴史を男性の視点ではなく、女性の体験と視線から見る場合どのように解釈できるのかを示すことで、歴史を一面的なものではなく、多面的なものにすることができる。朝鮮時代の社会で最も低い境遇にいたのは、妓女《キニョ》〔妓生《キーセン》〕や婢女といった賤民の女性であろう。身分と性別、この二つの範疇の中で最下層の社会的条件を生きてきた人々である。朝鮮時代の妓女は、またの名を「解語花《ヘオファ》」――言葉を語る花――といった。男性たちを接待すべく、華やかな笑みと機知を養われた賤民の女性、あるいは、身分としての義務から始まったものの、それなりの深い境地に達した芸術家たち――彼女たちへの好意的な解釈はこうしたものであった。一般的には、ただ「解語花」として私物化される対象であった。だが、この妓女が口を開いて本心を見せるとしたら、どのようなことを語るであろうか。生没年不明の小紅《ソホン》という妓女は、

心は乱れた草のごとく、雨にうたれてやるせなく　　心如亂草愁逢雨
身はしだれ柳に似て、風を帯びて喜ぶ　　身似垂楊喜帶風

と詠っている。彼女は妓妾〔妓女出身の妾〕となったようであるが、彼女の夫は彼女を友人に与えてしまった。耐え難かったであろう。だが、体と心が切り離されてしまうのは妓女の本質的な条件であった。それを律詩の対句形式を用いてあざやかに形象化したのである。あるいはまた、姜澹雲《カンタムン》という金海《キメ》〔現在の慶尚南道金海市《キョンサンナムドキメシ》〕の妓生は、仲間の翠香《チュイヒャン》の娘を埋葬しながら、

来世には娼家の娘に生まれることなかれ　　他生莫作娼家女
権勢家の良き男に生まれよ　　好向侯門做好男

中堅の妓生の姿。服の着こなしや顔や頭への飾りつけなどが妓生としての経歴を語っている。だが、彼女たちもまた恨《ハン》多きひとりの母親だったのかもしれない。

と詠った。「妓女の母性」という忘れられた主題が現れており、その身分的な鬱憤には、か弱いながらも胸をつかれるものがある。「言葉を語る花」としての「物」〔「所有物」としての婢女〕ではなく、恨《ハン》❺に満ちた母親という人間としての声が聞こえてくる。

妓女だけではなく、婢女の声もかすかに聞こえてくる。嶺南朴氏《ヨンナムパク》のソンビ❻の家の婢女だったある女性（嶺南朴家婢）は、

威厳は霜雪のごとく信義は山のごとし
　威如霜雪信如山
行かざることも難《かた》く行くことも難し
　不去為難去亦難

と詠って、むしろ

首を回せば洛東江の水碧《あお》く
　回首洛東江水碧
この身の危うきところでこの心安らかなり
　此身危処此心安

と、死への決意を見せる。夫のいる婢女を、その主人が友人に与えてしまったのだという。両班《ヤンバン》❼の家では歌を歌う歌婢《カビ》や詩を詠む詩婢《シビ》を置いたというから、このように詩を詠む訓練を受けていたのであろう。主人の命令に服従せねばならない身分的な義務と、夫に服従しなければならない女性としての義務がぶつかり合う中で、「物」として扱われた下層の女性の絶望を、碧い川の流れに重ねた歌である。

上流層の女性だからといって、男性たちが伝えるような家父長制的イデオロギーの化身のごとき顔のみを持っているわけではない。朝鮮時代の家父長制では、女性は親兄弟から離れて嫁ぎ先の家で死に、その家の霊魂となるのが天理であると教育されてきた。〔嫁ぎ先では〕人為的な家族関係が強要される一方で、大家族の中で起こるすべての不和の原因は「異なる姓を持つ者」〔女性〕の過ちのせいにされてしまう。女性は生き残るためにこの家族関係を消化しなければならない。しかし、その消化作業がいつも成功していたわけではなかったであろうし、そうした行為にすっかり満足していたわけでもなかったようである。〔前述の〕金浩然斎という士大夫の夫人は、

生涯自ずから俗なる趣きに適《かな》うことなく　　平生自無適俗韻
富貴の家では悦ばしからざることすこぶる多し　　頗与高門多不悦
頭を垂れて慎み労苦に甘んじてきたが　　低眉小心甘労苦
知らぬ間に炎が腸《はらわた》の内に燃えていた　　不覚烟焔腸内熱

と詠って息子に心情を告白する長編の詩を残した。自分にとっては、生涯にわたって息子であるお前たちの家〔富貴の家＝高門〕や俗物根性〔俗韻〕だらけの嫁ぎ先の親族を相手にするのが苦しかったという告白である。その一方で、

女には三従あり　　　　女子有三従
互いに離れること千里　　　　聚散各千里
死別は長いものだというなかれ　　　　莫言死別永
生き別れもまた異なるところがないのだから　　　　生離亦無異

と詠んで、本来の〔実家の〕家族たちとの生き別れを詠ってもいる。

妻と妾の関係も同様であった。男性文化は女性たちに「百人の妾を置いてもだまって見ていなければならず、妾をいくら愛したとしても怒ってはならず、〔夫を〕さらに敬え」（宋時烈《ソンシヨル》『尤庵先生戒女書《ウアムソンセンケニョソ》』）と教えていた。『謝氏南征記』では、謝氏夫人は妾の喬《キョ》氏との間に多くの風波〔葛藤〕を経験しながらも、自ら進んでふたたび妾を受け入れたと記されている。しかし、女性の側が口を開けば、その内容は違ってくる。金浩然斎の『自警篇《チャギョンピョン》』には「夫が勤勉着実にあらゆる行いを磨き、妻が慎み深く四徳〔仁義礼智〕に従っているのなら、どうして夫が娼女と楽しむ背徳を行い、妻に嫉妬する悪行をすることがあろうか」と述べられている。嫉妬だけが問題なのではなく、根本的には夫婦の道理から目を背け、「娼女と楽しむ背徳」を犯す男性の側にも相互責任があるという主張だ。実際の女性たちの心のうちがどのようなものであったかを推し量ることができる〔男女間の意識の〕亀裂である。

『列女伝』〔前漢の劉向《りゅうきょう》が撰した古代中国の賢母烈婦の伝記〕に記された烈女たちは、凛として死に向かって進んでいった。イデオロギーの化身のごとき彼女たちは、肉体的な痛みさえも感じないかのようである。彼女たちは、まるで小麦粉を練った生地を削ぎ落とすかのように腿《もも》の肉を切り取って夫に食べさせ、他人の手が触れた自らの胸をえぐり、手首を切った。そして遂には命を絶ったのである。だが、彼女たちのうち何人かが残した手紙や記録には、死を目前にして感じた苦悩や恐れが余すところなく現れている。『自記録《ジャグィロク》』〔豊壌趙《ブンヤンチョ》氏が一七九二年に記した回顧録〕に登場する李氏は、結局は自らの肉を削いで生き血を夫に飲ませることもできず、あとを追って死ぬこともできなかった。そうした行為はあまりにも恐ろしく、また生きていかねばならない理由も多かった。彼女はその過程をハングルで詳しく記した『自記録』を残し、逆説的に烈女イデオロギーがどれほど残忍であったかを教えてくれるのである。

壬辰倭乱《イムジンウェラン》〔豊臣秀吉の朝鮮侵略〕の際、東萊《トンネ》府使だった宋象賢《ソンサンヒョン》❽の妾に金蟾《キムソム》〔?～一五九二〕という女性がいた。彼女

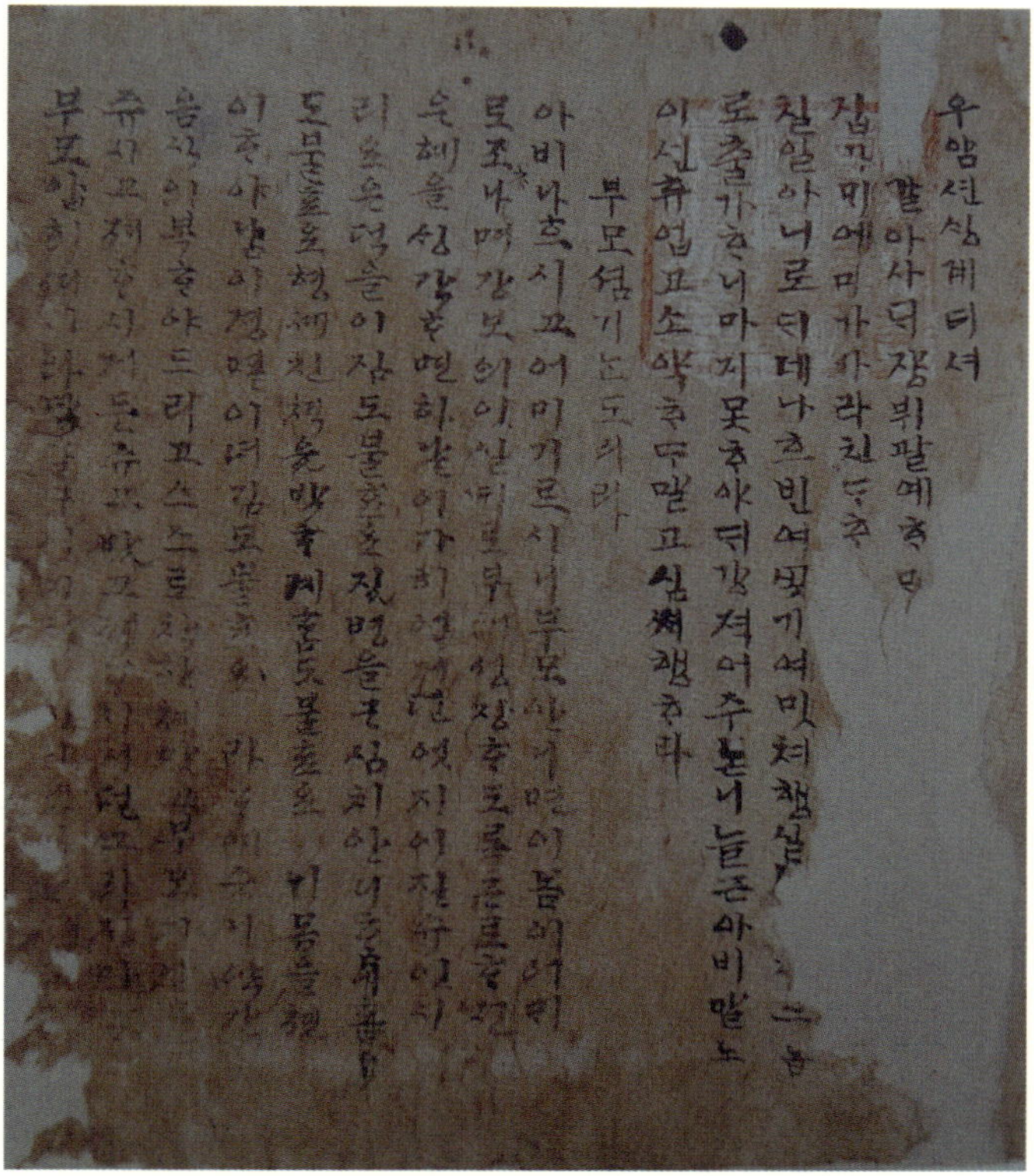

『尤庵先生戒女書《ウアムソンセンケニョソ》』。17世紀、23.2×21.4cm。韓国国立中央図書館所蔵。尤庵宋時烈が嫁いでいった長女のために書いたもので、姑の世話、嫁ぎ先との和睦、子息教育、祭祀の挙行、客の接待、衣服・飲食、下人を働かせる道理など、良妻賢母としての女性が守るべき道理とすべき事柄が20項目に整理されている。

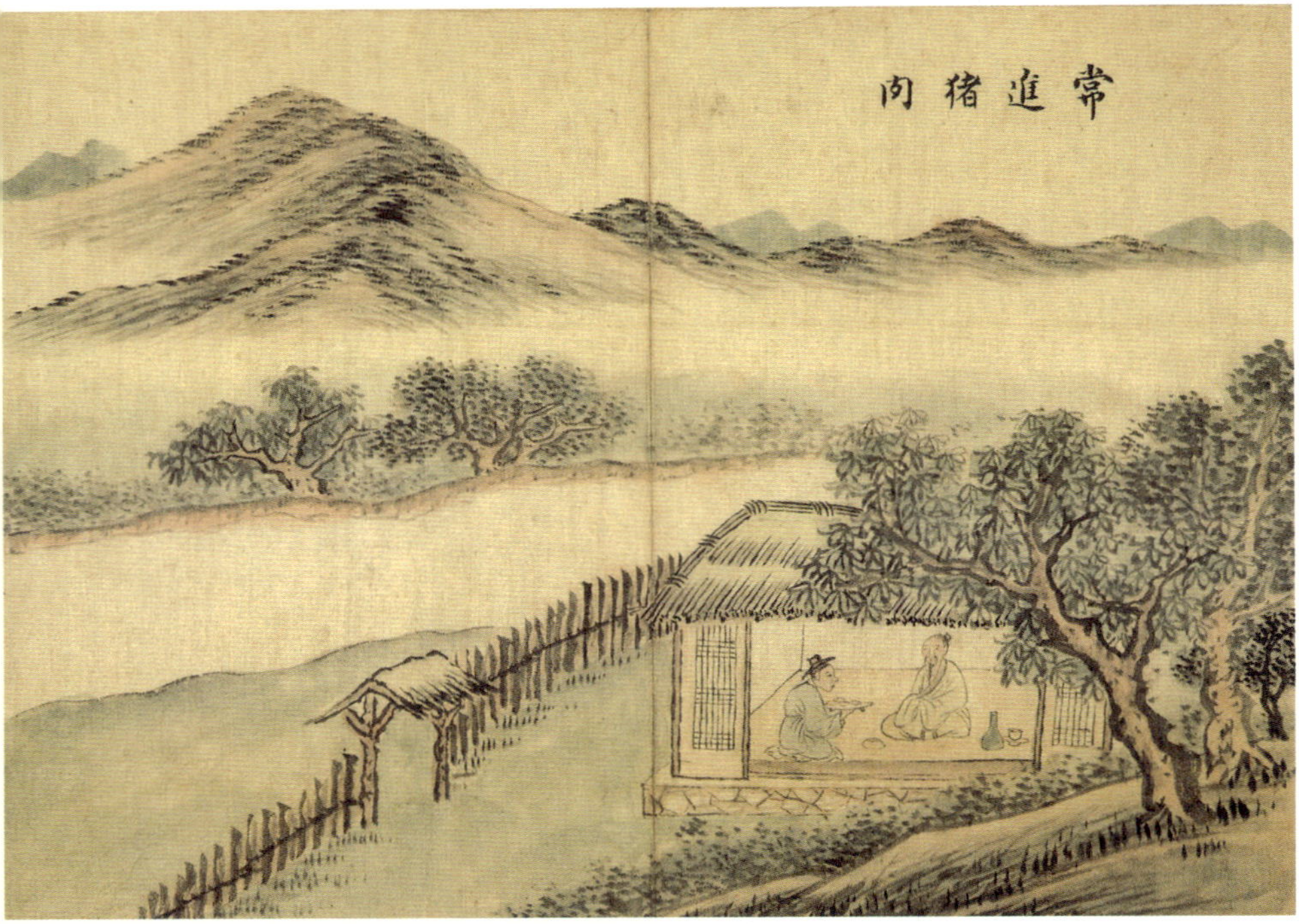

許鍊《ホリョン》が描いた「蔡氏孝行図《チェシヒョヘンド》」の一場面。1869年。絹本淡彩、23×31.7cm。キム・ミニョン所蔵。孝行者だった平康《ピョンガン》蔡氏の蔡弘念《チェホンニョム》の孝行図を描いたものとして一族に伝えられてきたが、曾孫の蔡敬黙《ギョンムク》が記した「題」をみると、これらの絵が朝鮮時代の女性たちにどのような意味を持っていたかがわかる。題文の内容の一部は以下のとおりである。「或る者が『孝と烈を絵に描けるか。(……)家状や邑誌に記録されたものだけでも長い歳月にわたり伝えられ、消え去ることがなかったのに、どうして新たに絵に描く必要があるのか』とたずねたので、こう答えた。『夫人や幼い息子たちのためである。家庭の中を治めることはいつでも夫人たちや子供たちから始まるからである。誠にわが夫人や子供たちが朝な夕なに〔絵に表された〕その話を聞き、その姿を見、(……)何某〔蔡弘念〕の叔母が自ら台所仕事をし、〔親や夫の苦しみを〕自らに代えてくれるよう天に祈り、所有する財物を全て投げ出し、夫の死に付き従ったと繰り返し、哀しみと激昂を示すことで、人々の善なる感情を刺激してくれるのなら、この絵が持つ意味をどうして見過ごすことができようか』」

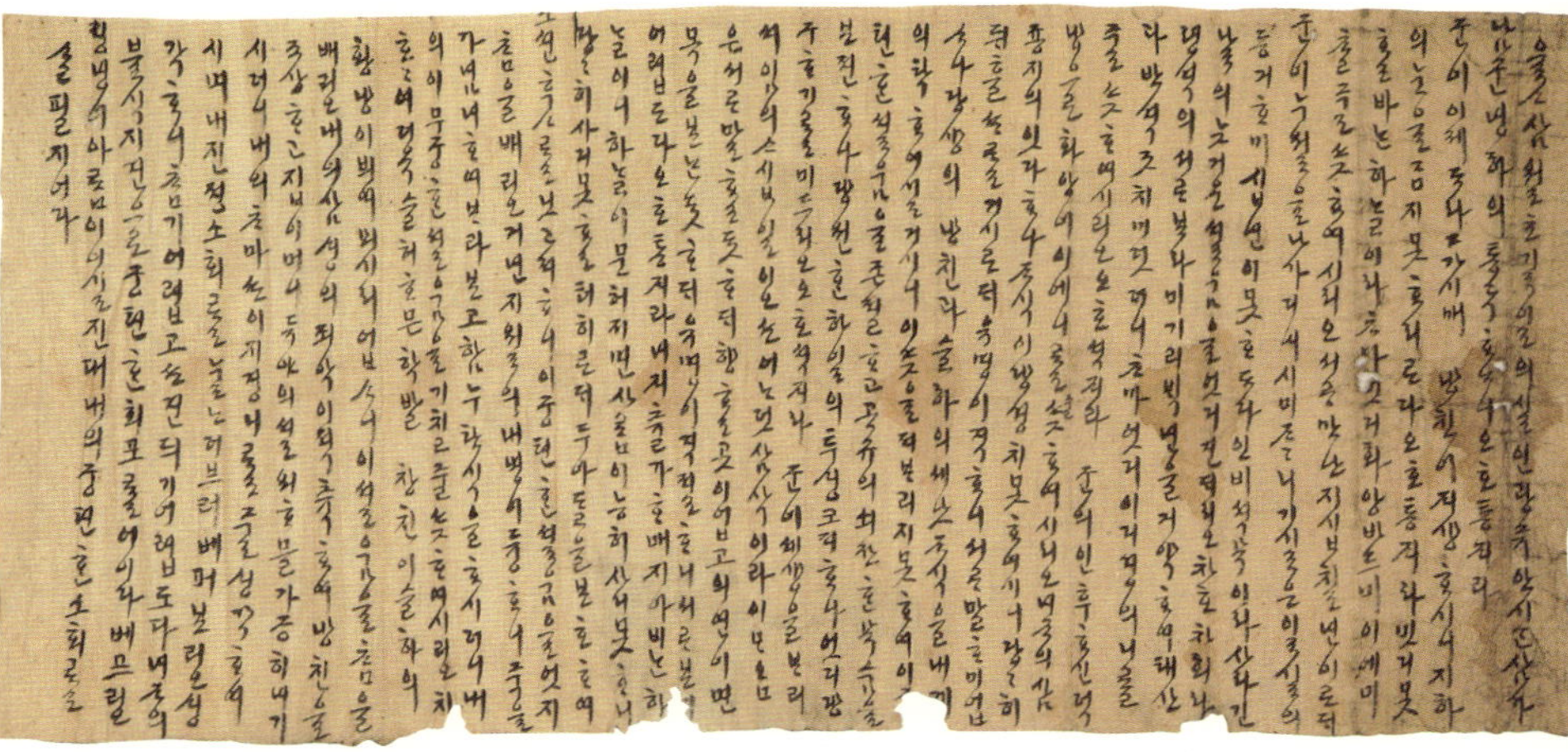

「祭文」。1785年。36.5×75cm。ナム・デヒョン所蔵。この書簡を書いたのは南泳《ナムヨン》の妻である広州《クァンジュ》の安景会《アンギョンフェ》の娘。この文章は彼女が先立った夫を慕って書いた祭文形式のものであるが、ここでは父母に先立った夫を懐かしみ、天を恨んでいる。夫と出会ってから17年、彼の外出が頻繁だったため実際に暮らしたのは10年にもならなかった。世を去ろうとする夫は3人の子供をよろしく頼むと頼んできたが、そうした現実を拒むわけにもいかず、先にあの世に旅立った夫を恨めしく思う文章から、朝鮮の女性の二重の感情を読み取ることができる。

は捕らえられて日本に連れて行かれたが、生還捕虜として戻ってきた。だが、帰国の船の中で彼女は宋象賢の殉死の知らせを聞いて自殺を図った。自殺に失敗した彼女は、生きて帰る途中で自らを自殺に追いやった恐怖を次のように詠っている。

泥中の花を誰がわかってくれようか　誰識泥中花
この花に戯れる蝶などいないのだ　不胡蝶嬲

戦争の阿鼻叫喚からは生き残ったものの、それよりもさらにむごい貞節のイデオロギーの前で、帰る場所を失った朝鮮の女性の現実が雄弁に語られている。

影響堂韓氏《ヨンヒャンダンハン》は自らが目にした青孀寡婦〔若くして夫に先立たれた女性〕の結婚行列を漢詩で描写した。男性は二度、三度と結婚し妾まで置くのに、醮礼《チョレ》庁《チョン》〔結婚式場〕に立つ前に新郎が死んでも、若き未亡人として一生を過ごしていかなければならなかったのが、朝鮮後期の女性の社会的な運命であった。彼女はその残酷さを

赤い弔旗が先導し白い轎《こし》がその後に随う　丹旌在前素轎随後
紅色の新婦に白骨の新郎　紅顔新婦白骨郎

と詠み、強烈な色彩の心象へと集約した。良心的な男性知識人の論説のように論理的・理性的に述べるかわりに、苦難の当事者だけがわかる感覚的体験がこの鮮明な色彩の対比の中に溶け込んでいる。赤と白のはっきりとした

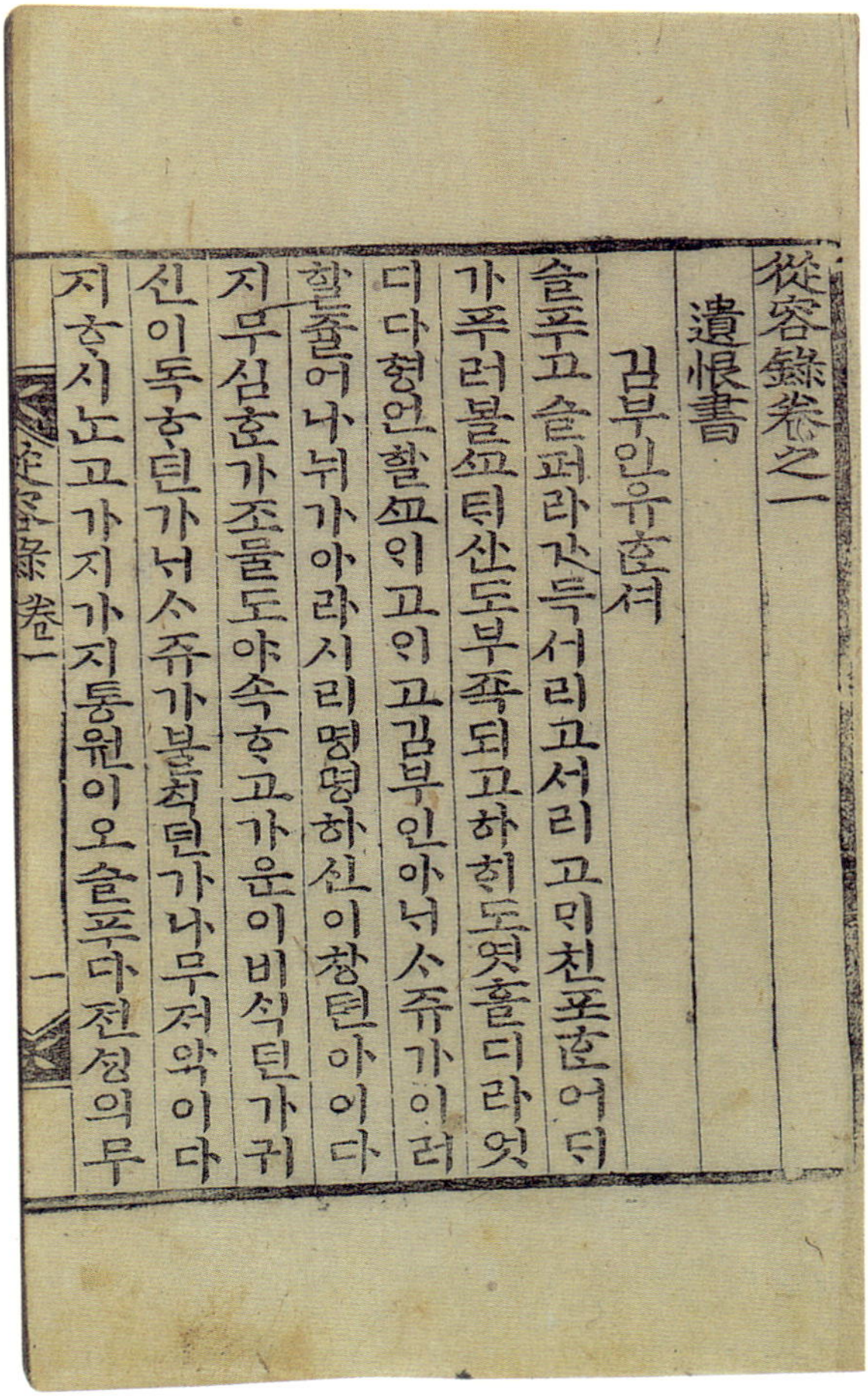

『従容録《チョンヨンノク》』。沈載徳《シムジェドク》夫人金氏著。1909年。奎章閣韓国学研究院〔韓国〕所蔵。大韓帝国末期、夫の死に従って殉死した沈載徳夫人金氏の遺書とその行跡を記録したもの。当時の開化政策である甲午更張により寡婦の再婚が公式に認められたにもかかわらず、依然として伝統的な封建倫理が女性社会の底流に流れていたことを教えてくれる。

色彩のコントラストは、どんな解説よりも強烈にこの慣習の残酷さを伝えている。

女性の声は、女性が喜んで協調しているように男性たちが糊塗したり、あるいは彼らが目を背けたりして言及しなかったことを、女性の立場から証言している。いや、それは男性の立場からは目に入らなかっただけなのかもしれないが。こうした声は、女性の人生を非人間的なものとしてきた朝鮮時代の様々な制度や倫理に異議を唱え、満身の抵抗をしてきた。そして、そうした制度や倫理がどれほど残酷なものであったかという証言を残してきた。この声の底には、人間らしい人生を送り人間的な威厳を失わずに生きようという、最善を尽くして耐え抜く女性たちの姿が反映しているのである。

女性の貞節イデオロギーの断面を象徴する粧刀。19世紀、韓国国立民族博物館所蔵。

欲望の主体的実現に乗り出した女性

女性の声は、その一方で自らの欲望について積極的に語ろうともする。男性による女性への解釈は、朝鮮時代や現代を問わず、女性を単一の、あるいはいくつかの類型に選り分ける。良妻賢母と情婦、聖母とイブといったようにである。他者に対する解釈は、解釈の主体が持つ必要性によってなされるものである。それゆえ、男性が女性に望むところにしたがって女性全体を要約する仕方での解釈がなされる。とうてい一言で包括できない多様な人生の条件や、そこに伴ってくる様々な欲望の内容が具体的に扱われていないのは、歴史の主体としてではな

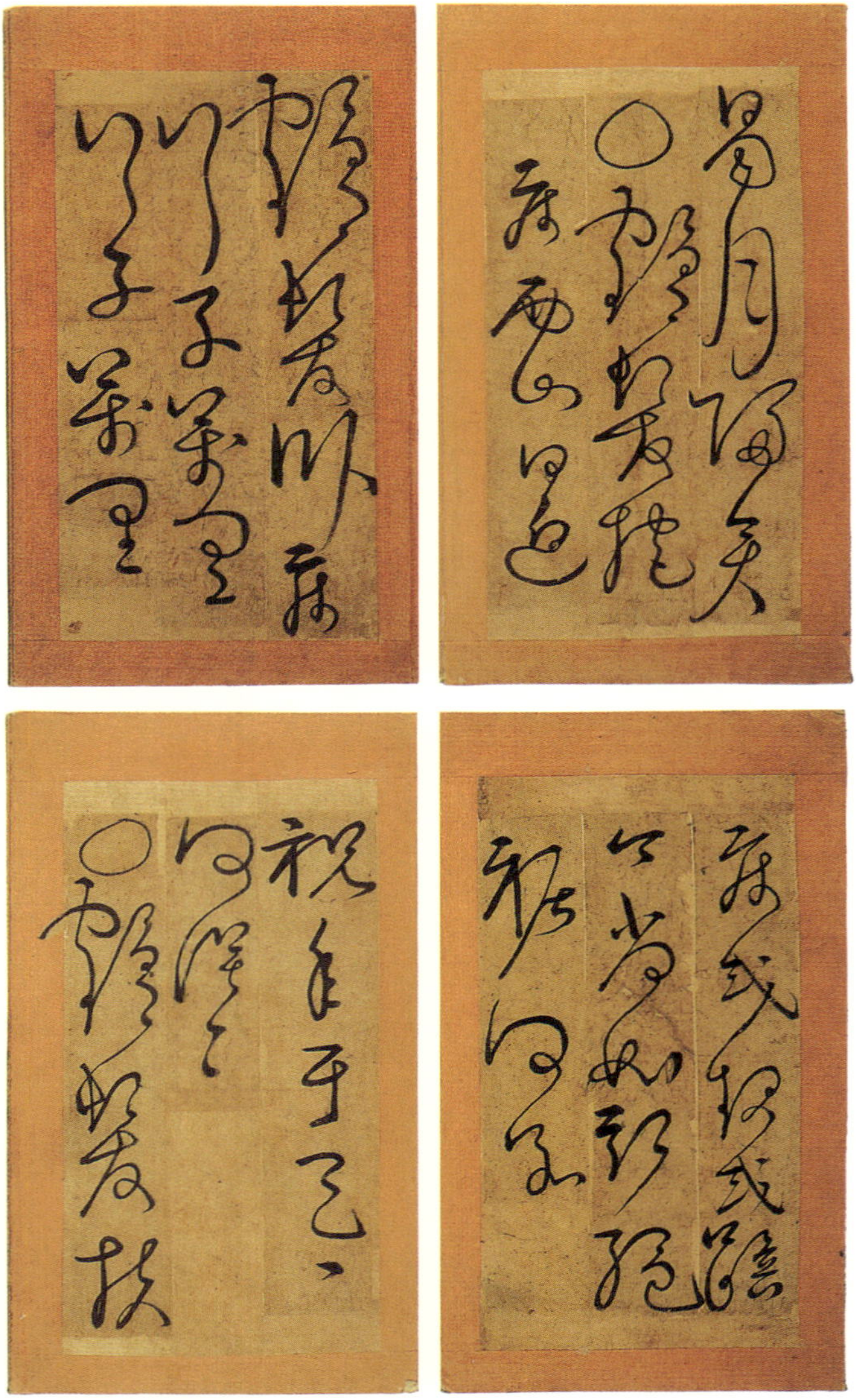

『鶴髪帖《ハクバルチョプ》』。17世紀。44×25.5cm。李墩《イドン》（載寧李氏宗家）所蔵。安東張氏が作詩し草書で記した鶴髪詩三枚を収録したもの。作詩の動機を簡単に見ると、隣家の女性の夫が軍役に出ており、その80歳の老母が昏絶して死の境をさまよっているという知らせを聞き、切なさの中で書いたものである。この作品は朝鮮時代の女性の流麗な筆法を示す稀な資料である。

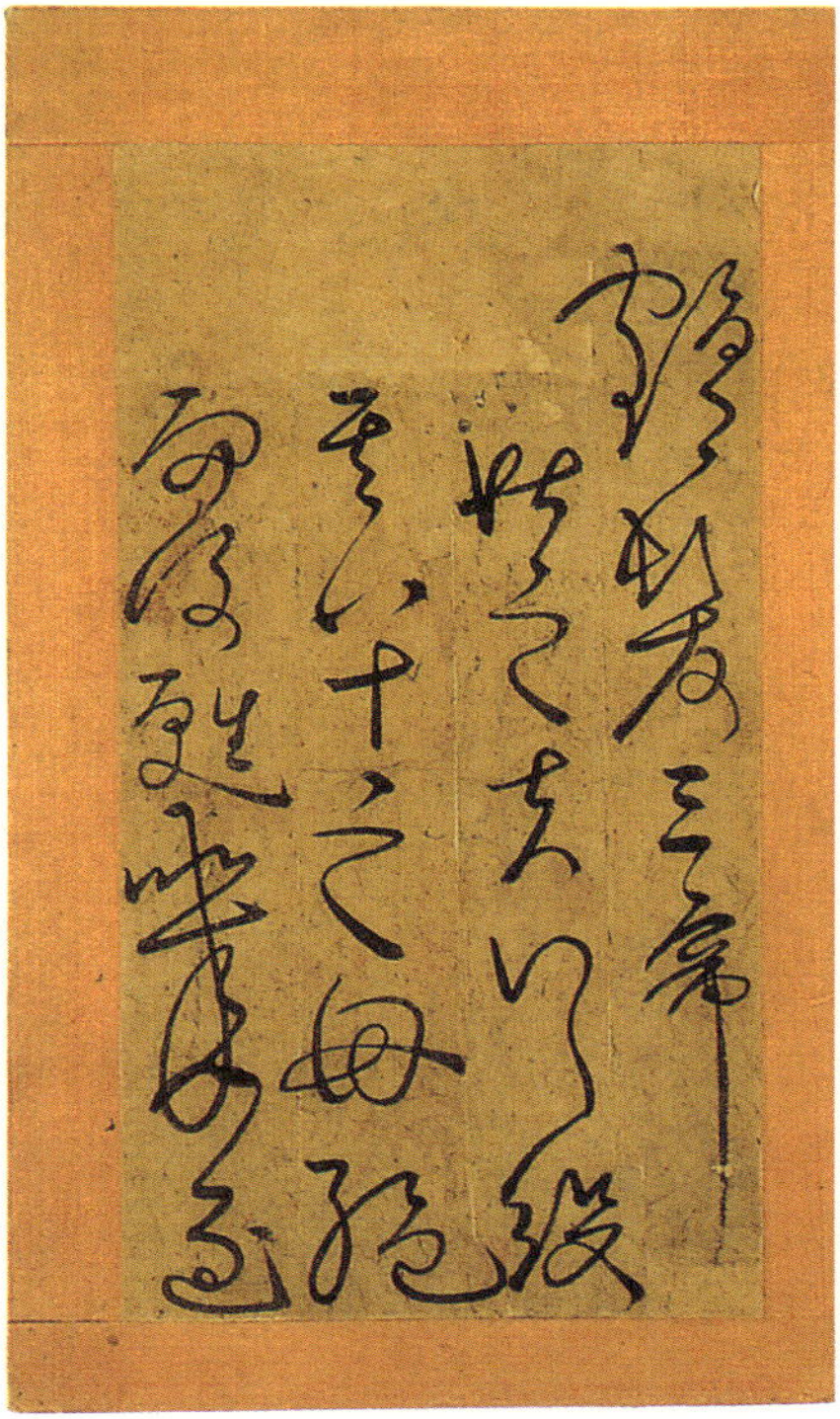

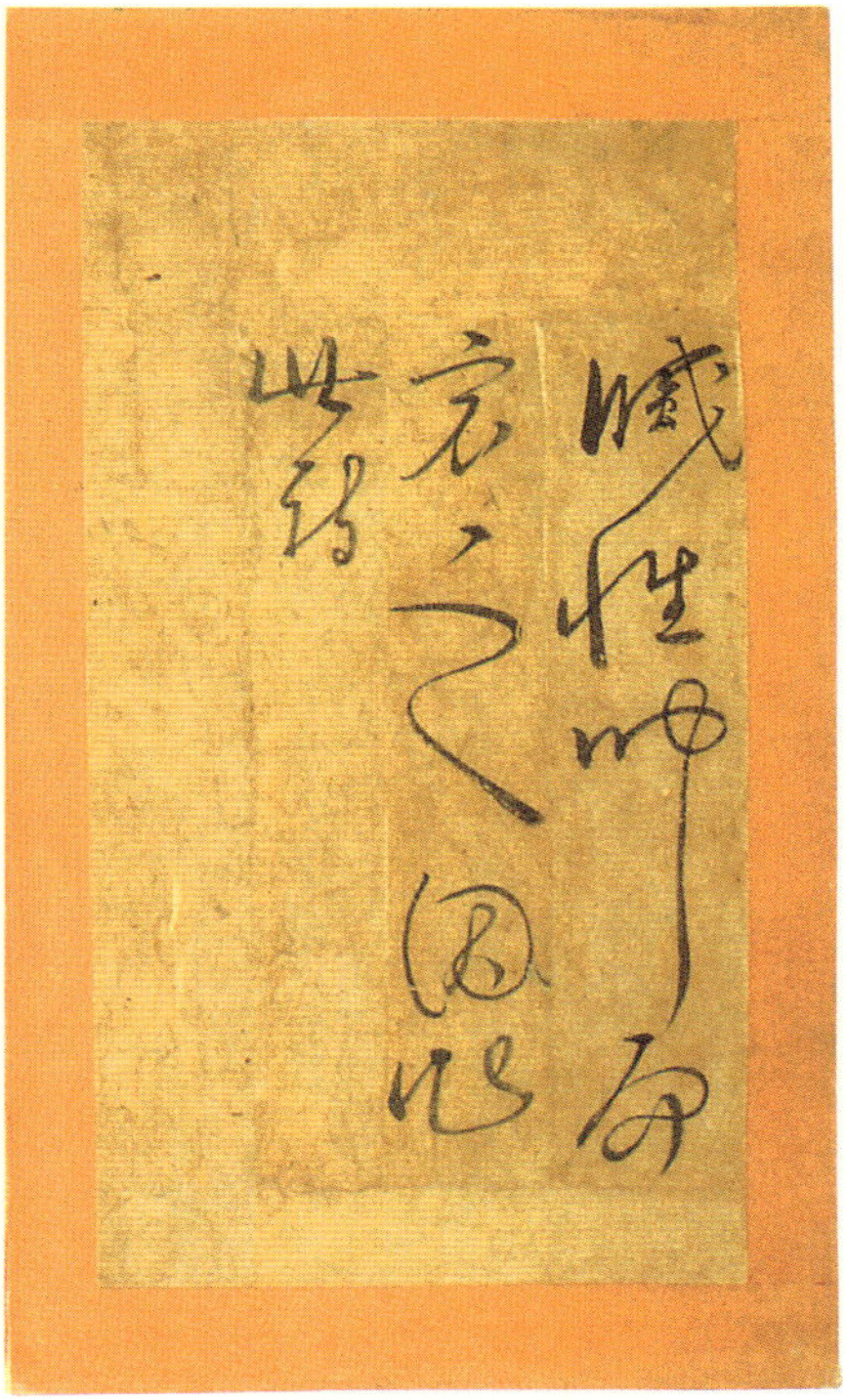

老母は病に臥せり、息子は万里離れた遠き辺境へ向かいたり
息子は万里離れた辺境にいるゆえ、幾月になればもどるのか
老母は病を抱え、西の山に沈む日のごとく死に臨んでいる
手を合わせ天に祈ってみたものの、天はなんと果てしなきことか
老母は病を耐え忍び、起きてはまた倒れる
今もこのようであるのに、裾を絶って旅だつとはどういうことか。

鶴髮臥病　行子万里　行子万里　曷月帰矣
鶴髮抱病　西山日迫　祝手于天　天何漠漠
鶴髮扶病　或起或踣　今常如斯　絶裾何若

書芸をする妓生。屏風の前に敷いたポリョ（大型の座布団）に座って、ひとりの妓生が蘭を描いている。黄《ファン》 真伊《ジニ》をはじめとして梅窓《メチャン》、小栢舟《ソベクチュ》など詩歌や書画に通じた妓生が多かったが、写真に見られるように書芸は妓生の重要な教育科目のひとつであった。

く、主体を補助する解釈の対象としてのみ存在してきた女性に対する「解釈」の歴史としては当然のことであった。

だが、実際の女性たちは、彼女たちそれぞれが置かれた様々な現実的境遇の中で、人生における最大限の成功を収めようと努力する現実的な人間であった。王家の女性であった恵慶宮洪氏《ヘギョングンホン》〔一七三五～一八一五、二十二代国王正祖《チョンジョ》の母〕は、実家の政治的立場を巧妙に擁護する文章を書かざるを得ず、最上層の家門の女性である徐令寿閤は、規範の優雅な守護者として行動するほかなかった。その一方で、下層の郷村士族の妻である金三宜堂《キムサムウィダン》〔一七六九～一八二三、後述〕は、自らの家門の家柄を保つことが至上課題であった。彼女はこれに必要なあらゆる方法を考え、積極的に自分の才能を利用した。婢女や比丘僧〔比丘尼〕、妓女の立場はさらに異ならざるを得なかった。しばしば「花」と称される妓女は、基本的に「職業女性」である。彼女たちの愛の歌は、男性客の期待を満足させるための「営業用」の歌がほとんどである。それが彼女たちの愛の歌、愛の詩の中身である。基本的に彼女たちは、職業上の義務に最善を尽くしていた。男性の視線は、こうした「職業上の義務」が存在する可能性を考慮の対象としていなかったのである。

女性たち自らの声を通じて、現実とつながる様々な欲望や生き方のありようが現れてくる。そのいくつかの例を挙げてみよう。金雲の言葉に見られる「名前」に対する欲望〔後世に名を残すことへの欲望〕は、多くの女性が吐露しているものである。その「名前」を得る方法として、任允摯堂《イムユンジダン》〔一七二一～九三〕や姜静一堂《カンジョンイルダン》〔一七七二～一八三二〕は女性の性理学者になることを望んだ。「学者」という名を持とうとしたのである。教えられたことを実践する対象としてではなく、〔教える側である〕主体として思考しようとしたといえよう。姜静一堂は「いくら女性といえども、何かを成し遂げれば聖人に到達できるのです」と夫に主張した。学問的な業績と実践を通じて聖人の境地に至ろうという欲望を大胆に表したのである。彼女は夫の「厳しい」師匠役❾として学者としての人生を送った。彼女が行き着いた学問的境地がどれほどの水準であったのかということは問題にならない。学者という名で生きようとした欲望どおりにその人生を送った、彼女の生き方が問題なのである。

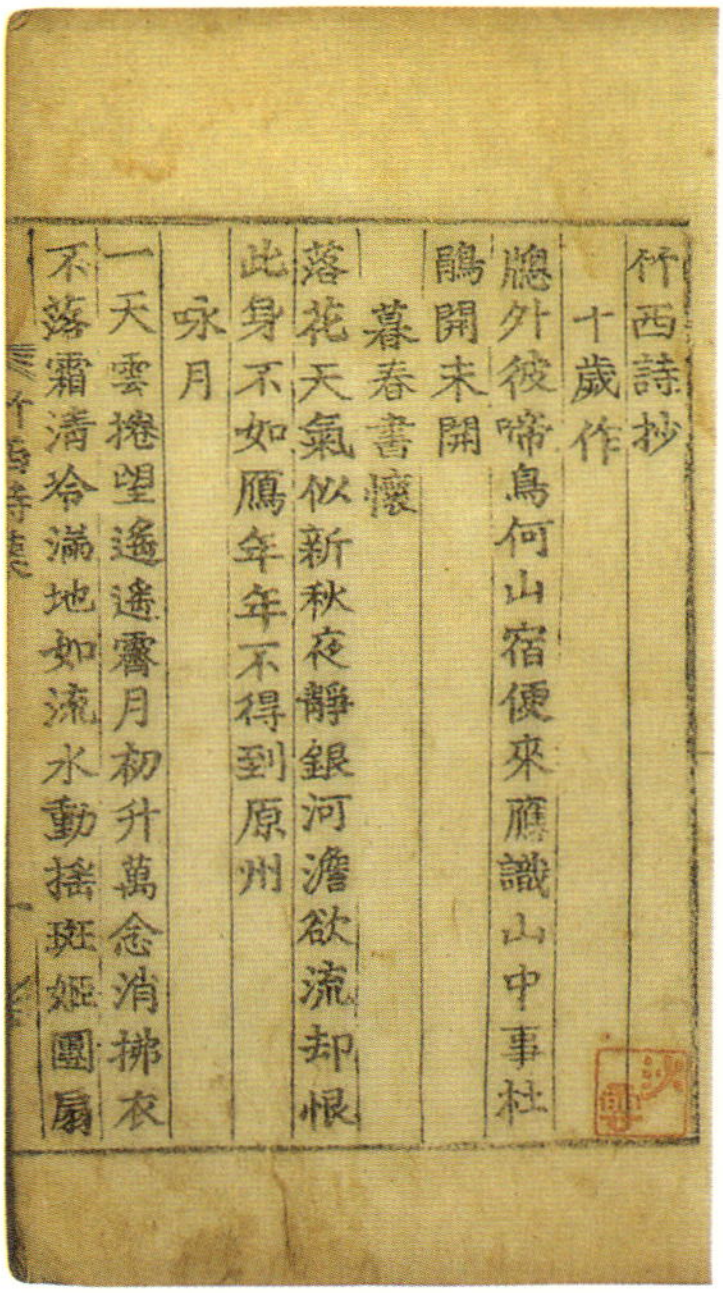
竹西詩抄
十歳作
牕外彼啼鳥何山宿便來鴈識山中事杜
鵑開未開
暮春書懐
落花天氣似新秋夜靜銀河澹欲流却恨
此身不如鴈年年不得到原州
咏月
一天雲捲望遙遙霽月初升萬念消拂衣
不落霜淸冷滿地如流水動搖斑姫團扇

『竹西詩集《チュクソシジプ》』。竹西朴《パク》氏著。韓国学中央研究院蔵書閣〔韓国〕所蔵。朝鮮後期の女流詩人竹西朴氏の詩集。合計166首を収録。「日」「月」「雲」などのように、叙情的で、愛しき人を待ち焦がれ慕う女心と、待ちつかれた恨みを表した内容が多い。竹西朴氏は朴宗彦《パクチョンオン》の妾の子で、徐箕輔《ソギボ》の妾であった。10歳ですでに「十世作」という詩を作るほど天賦の文才を示し、裁縫にも優れていたという。

あるいはまた、多くの女性は芸術家でもあった。庶女〔妾の娘〕として生まれ小室〔妾〕として生きていかねばならなかった朴竹西《パクチュクソ》〔一八一七～五一〕という女性は、「人生の半分は針仕事、半分は詩篇に費やした」〔半消針線、半詩篇〕と告白している。李玉峯《イオクボン》〔生没年不明〕は「半生を詩に追いつめられる運命」〔半世人窮詩句裏〕と自らの人生を定義している。彼女たちは詩人として、画家として、あるいは書家として名を立てた女性芸術家たちであった。

名前よりも現実的な欲望の追求が当面の課題であった人物もいた。十八世紀、全羅道の南原《ナムォン》・鎮安《ジナン》のあたりで暮らしていた金三宜堂は、その詩文集『三宜堂稿』を通じてその存在が伝えられている。この詩文集はその伝承過程に非常に疑問の余地があるものの、そこには現実的な欲望を追い求める女性が登場する。完全に没落した朝鮮後期の地方両班の妻であった金三宜堂は、自分の文筆能力を最大限利用して、両班の地位を保とうと努力した。家門を維持する手段として夫を科挙に及第させることを目標にし、監督・叱咤して彼につくした。だが、これがまったく不可能な欲望であったことがはっきりすると、今度は孝子〔孝行者〕の宣揚作業を通じて家門を維持する行動の先鋒に立った。様々な儒教的教養で自らを包んではいるものの、これが金三宜堂が置かれた現実的な環

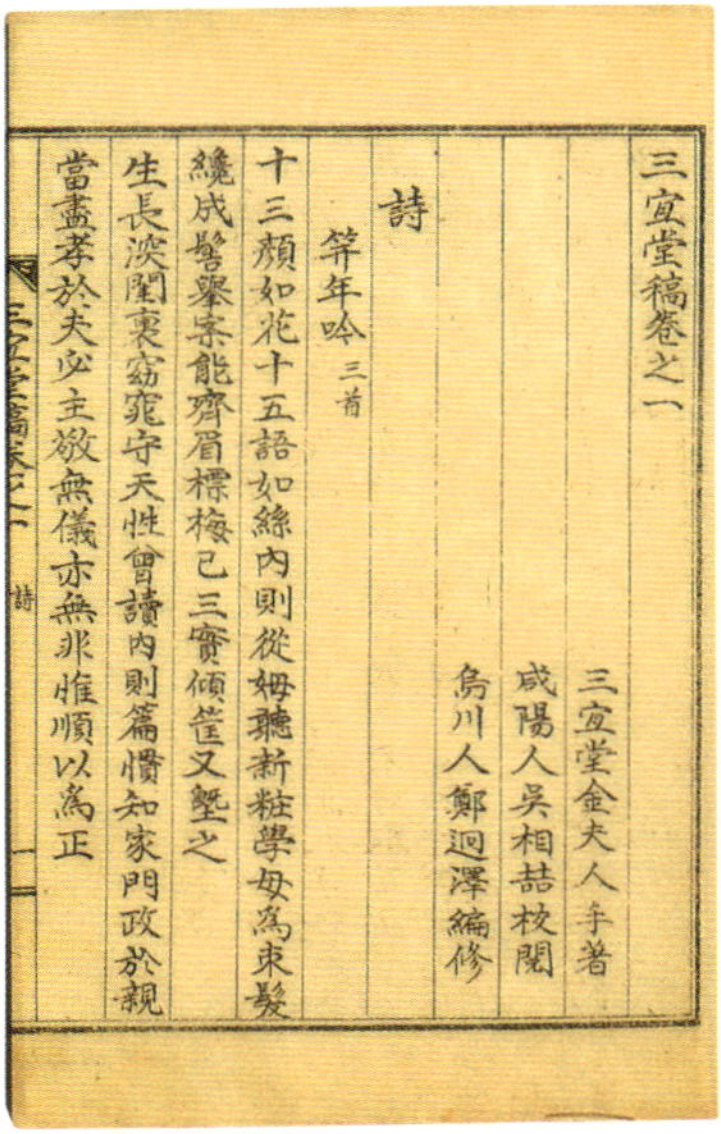
三宜堂稿巻之一
三宜堂金夫人手著
咸陽人呉相喆校閲
烏川人鄭迴澤編修
詩
笄年吟 三首
十三顔如花十五語如絲内則從姆聽新粧學母為束髮
纔成髻擧案能齊眉標梅已三實傾筐又塈之
生長深閨裏窈窕守天性曾讀内則篇慣知家門政於親
當盡孝於夫必主敬無儀亦無非惟順以為正

『三宜堂稿』。三宜堂金氏〔金三宜堂〕著。朝鮮後期。高麗大学校図書館〔韓国〕所蔵。詩260首を始め、書5編、序7編、祭文6編で構成。三宜堂金氏は全羅道南原で生まれ、同じ日に生まれ同じ村で育った河砬《ハリプ》と婚姻したが、文才もともに優れ、周囲からは天が定めた夫婦といわれた。詩文の内容には、夫への愛情と慕情を詠ったものが多い。

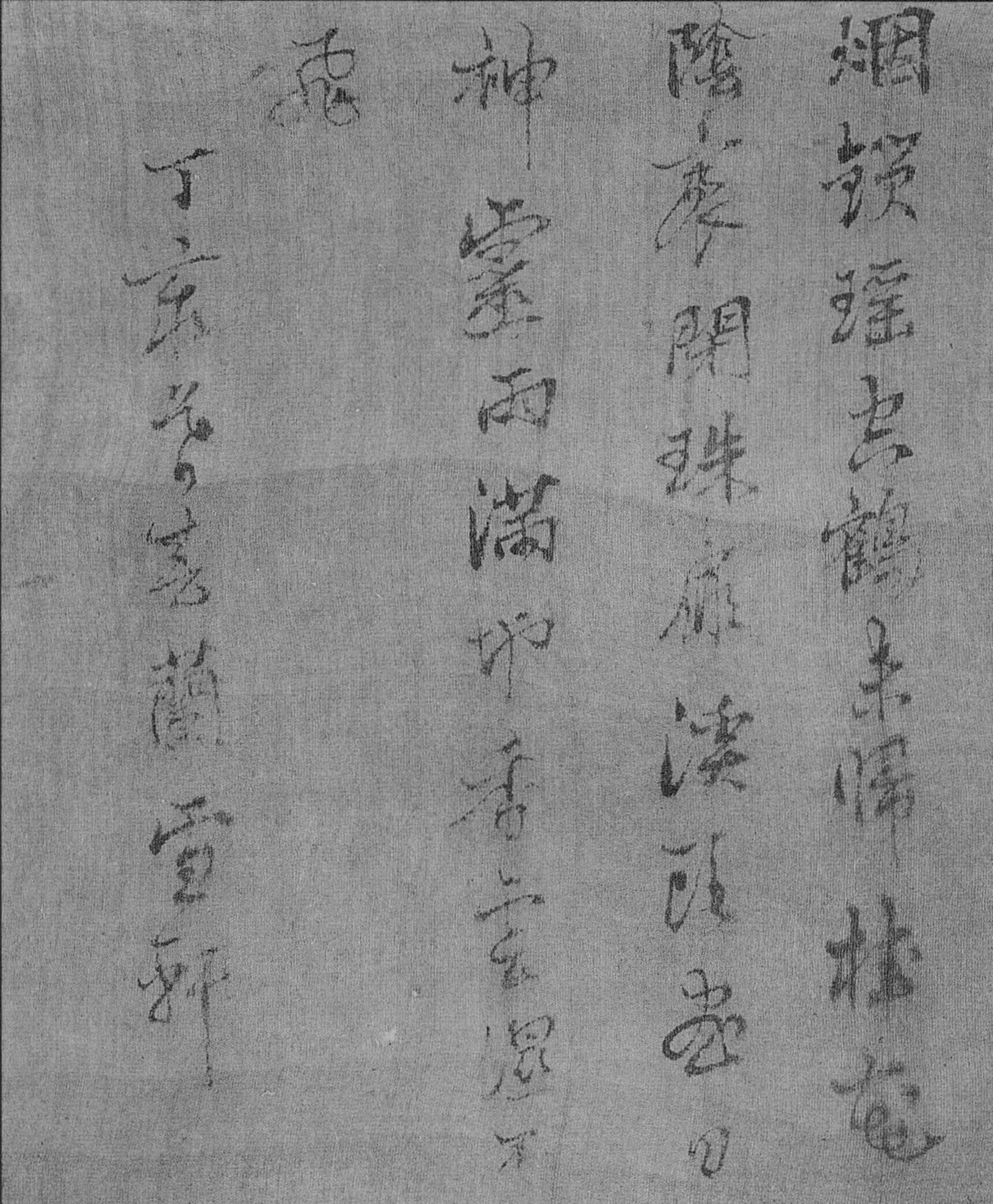

「詩」許蘭雪軒。1587年。絹・墨。21.6×17cm。ソウル大学校博物館所蔵。

境であり、彼女としては現実的な環境の中で追求できる具体的欲望の実現だった。この現実的な課題を実現するために、彼女はできる限り自らの文筆能力を活用する柔軟な感覚を発揮したのであった。

女性の性的な欲望について語られたものもある。許蘭雪軒《ホナンソルホン》（一五六三〜八九）はいろいろな批判が取り沙汰された女性であったが、朝鮮時代の男性批評家たちが彼女を断罪した罪目のひとつは、彼女が「ふしだら」だったことである。許蘭雪軒の作品には、官能的な雰囲気がにじみ出たものが数編ある。乙女が若い男性を誘惑する「蓮の実を採る歌」（採蓮曲）や、鳳仙花の汁で染めた自分の指先[10]の動きをけだるい官能的な自己愛をもって表現した「指先を鳳仙花に染めて」（染指鳳仙花歌《ヨムジボンソンファガ》）、ひとしきり鞦韆〔ぶらんこ〕に乗って息が弾んだ女性の肌のにおいや息づかいを描写した「鞦韆詞《チュチョンサ》」などの作品には、女性的な官能が美しく描かれている。許蘭雪軒の代表作である「遊仙詩《ユソンシ》」の中では、女神と男神が互いを訪れて情を通じ合い、自由な愛を交わし、性愛の香りをも漂わせている。

空は霧に閉ざされ鶴も帰らず　烟鎖瑶空鶴未帰
桂花の陰には柴の戸も閉じている　桂花陰裏閉珠扉
渓谷のほとりに終日霊妙な雨が降り　渓頭尽日神霊雨
地に満ちた香《かぐわ》しい雲はしっとりとして飛ばず　満地香雲湿不飛

女性的な官能を健康的かつ美しいものとしてはばかることなく描写する態度や官能的ナルシズムといったものは、女性の性を男性に従属するものとして徹底的に制約しようとした儒教文化の中の士大夫批評家にとっては、決して受け入れがたい猥らな言動であったろう。これが、女性が口を開き語ったためにさらけ出された、女性本来の欲望だったのである。

語られたものの正体

歴史が持つもうひとつの顔を想像するということは、既存の歴史解釈に同意せず問題提起をするという意味である。それは歴史的になされてきた解釈や言説に、そして同時代の異なる言説や解釈に対して、戦いを宣言するという意味でもある。

新たな歴史を想像するためには、まずは、女性に対して無数にかぶせられてきた既存の男性的な仮面を取り去る作業が必要である。申師任堂を「良妻賢母」に作り上げた歴史的過程を解体してみせた李淑仁《イスギン》〔本書の第一部二章を執筆〕の議論は、実存女性の人生を、記録の主体である男性がどのような言説を用いて作り上げていったかを示した好例である。李淑仁の研究により、申師任堂というひとりの自然人を各時代がどのように解釈してきたのか、そうした解釈に反映された当時の時代的要請が何であったのかが明らかになった。そして、こうした研究の過程で、既存の歴史解釈は事実や真実に対してというよりは様々な解釈の変遷に対してなされたものであり、その解釈とは各時代ごとの必要性に応じたものであったという事実が明確に示された。女性の人生を見直し、書き直す作業は、まずはこのように既存の解釈の垢を剝ぎ取り客観化することから始めることができる。既存の解釈の垢をできる限り取り除いた後にこそ、それを再解釈する土台が備わるのであり、もう一方では、その解釈の歴史が女性をめぐる環境という点から女性史の一部にもなるのである。

朝鮮時代の女性の人生を見直す作業は、実は同時代の異なる視角との結合に着手することでもある。我々の時代にも歴史的な人物を解釈する様々な視角がある。その中には商業的な計算にもとづく試みもあれば、政治的な意図から出発した解釈もある。もちろん既存の家父長的な視角を再生産しようという強い企てもある。こうした現象は3F（Female、Fiction、Feeling）の時代とよばれる二十一世紀に入って特に活発化したものでもある。フェミニズムを商業的に利用しようとする傾向でもあり、他方では各地方単位の文化的な人物や地域の人物が選定・宣揚される過程にも反映している。各地方自治体や文化団体・社会団体が、それぞれの利害関係によって過去の女性を引き出してはそこに解釈を被せていく。こうした様々な解釈の狭間で朝鮮の女性の人生を「読み直す」ということは、これまでとは異なる歴史解釈の視角が求められ、その視角が用意されたことを前提に語られているのである。

要するに、「読み直す」ということは一種の政治的行為である。様々な異なる思惑を持った読書〔読解〕に対して特定の視角を示し、その実践のために努力する行為であるからだ。歴史はつまるところ「解釈」の作業であり、解釈は一定の視角を前提としている。無数に存在する資料あるいは存在しない資料は、歴史を解釈する特定の視角を前提としてこそ、体系化と整理が可能である。そしてそうした視角には、その時代の必要性が反映している。

歴史的人間としての女性

「もうひとつの歴史－女性の歴史」とは、何よりも現在と未来のためにあるものである。男性によって記録された朝鮮時代の女性たちのイメージは、しばしば女性の「先輩・後輩」を結び付けるつながり〔世代間の関係〕を引き裂く効果を現した。朝鮮時代の男性の立場と必要性から解釈され叙述された女性のイメージは、現代の女性の欲求とは相反するのが常である。封建家父長制にすっかりと手なずけられた女性のイメージは、現代の女性に人生の指標を示す「先輩」としては受け入れられないものだからである。「良妻賢母」あるいは「栗谷《ユルゴク》の母」としてのみ描かれる申師任堂〔本書第一部二章を参照〕は、彼女が強調されるほどむしろ現代の女性には新たな束縛となり、そのためにかえって打倒の対象となる。「物」として扱われながらも男性への純愛を歌う妓女のイメー

「程門立雪《チョンムンイプソル》」。 鄭歚《チョンソン》。紙本淡彩。18.7 × 14.9cm。韓国国立中央博物館所蔵（李洪根寄贈）。この絵は中国の宋代の偉大な性理学者程頤先生の故事を描いたもので、弟子たちが初めて先生に会いに行った時、先生が目を閉じて思索にふけっており、ちょうど目を開いた時には降り始めた雪はすでに一尺も積もっていたという内容である。この話は程頤の透徹した学問過程を語る故事だが、朝鮮では栗谷李珥が程頤に比喩され、栗谷の母申師任堂は程頤の母に比喩されて、その存在の実態を明らかにしようという動きも見られた。

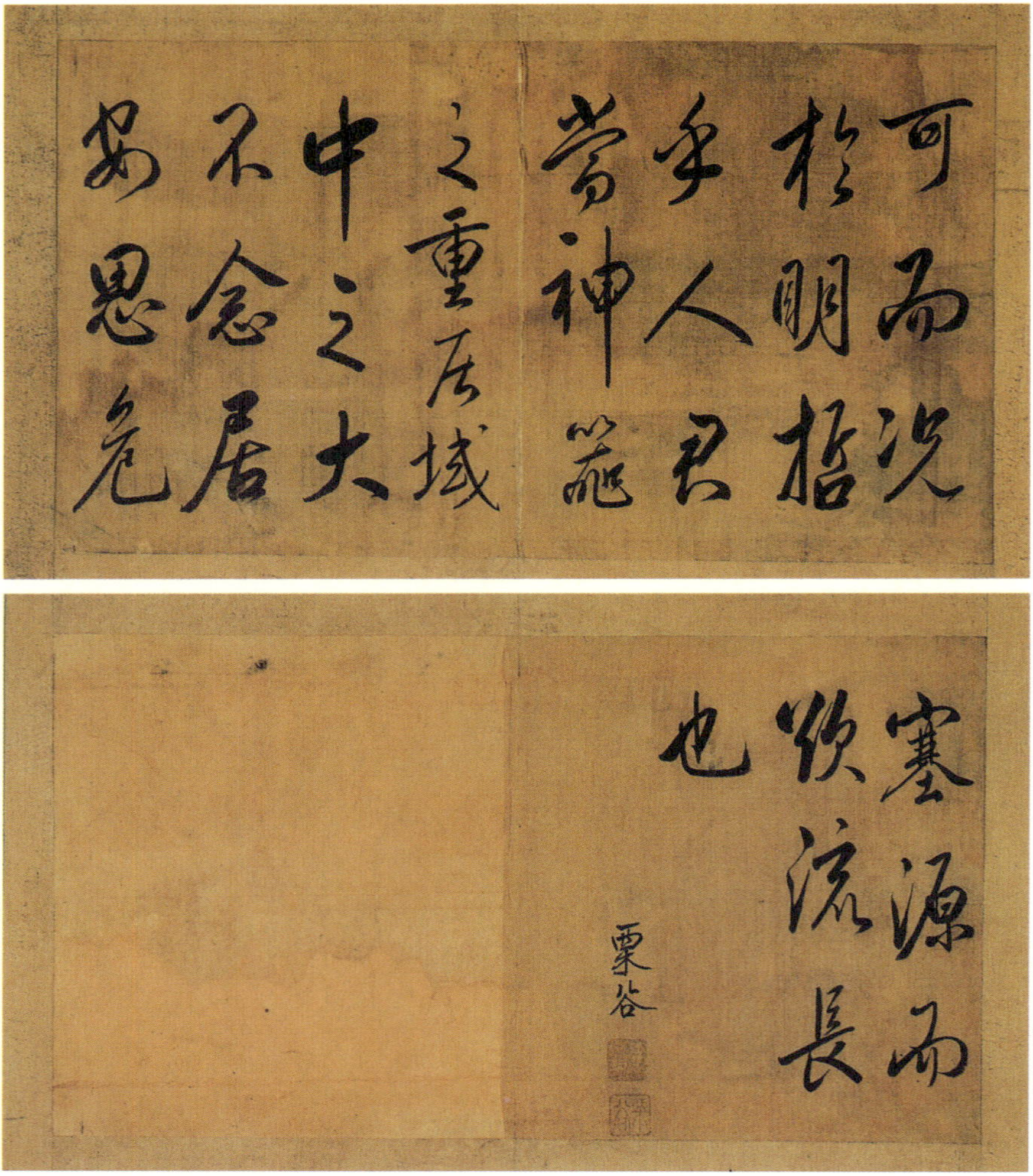

李珥遺墨、李珥、16世紀、30.1×24.9cm。韓国国立中央博物館所蔵。申師任堂は芸術家としてよりは、朝鮮儒学者によって「栗谷李珥の母」として尊崇され、そのアイデンティティが追求された。上の文章は栗谷が残したもので、中国の唐の有名な宰相魏徴が唐太宗にささげた文章を書き写したものである。内容は、国家経営のための君主の姿勢を論したものである。

ジは、知的・人間的な劣等性を持つものとして映る。時には妓女を利用しながらも、その一方で彼女たちを「けがれたもの」と捉える朝鮮時代の男性の視線が、そっくりそのまま現代の女性に向けられることもある。また、妓女を「女性芸術家」として解釈する視角は、彼女たちを「解語花」として扱う視線と巧妙に重なり合っていて、現代の女性に疑いの念を抱かせる。さらには、死に向かって進む烈女のイメージが崇高で高潔だと強調されればされるほど、むしろその野蛮の表象である女性そのものから目を背けようという感情が起こる。こうしたイメージの行進が続くほど、現代の女性は自らをその女性的な伝統から断絶させようとし、さらには同時代の女性からも関係を断ち切ろうと図る。女性そのものに対する嫌悪感が形成されるのである。

しかし、人は基本的に歴史的人間であろうとする欲望がある。前後の世代と完全に断絶し孤立した個人が、人間としての威厳を確保するのは不可能に近い。自らが〔他者と断絶して〕ひとり立っているという感覚、素晴らしい伝統からはみ出しているという感覚は、人間としての自尊心を致命的に危うくする。女性は往々にして自分自身を除いた女性全体を卑下し、自分を男性的な系譜につなげる方法を通じて〔卑下された女性の立場からの〕脱却を図ろうともしている。しかし、結果的には女性の「破片化」がさらに進むだけで、女性としての自我はより悲惨なものになるばかりである。したがって、現在と未来のためには、女性の威厳を回復してくれる「もうひとつの歴史」が切実に求められるのである。

私たちは、これまで挙げてきた例からそうした可能性をうかがうことができる。それは、男性的な桎梏《しっこく》の中で息を殺しながらも決してくじけることのなかった女性の人間としての品位と欲望を理解することへの可能性であり、男性的な束縛の正体の中に現在と未来の女性のための前史としての「もうひとつの歴史」が準備されている可能性である。姜静一堂は「女性性理学者」という自らの不合理な欲望〔現代のある学者は「女性性理学者」という表現は、それ自体が「矛盾した形容」であると述べている〕を、任允摯堂という先輩女性のモデルを発見することで可能にした。「天が与えた性〔万物に内在する根本原理〕には、当初から男女の違いはない。婦人として太任と太姒[11]を目標としないのは、これもまた自ら放棄することである」―姜静一堂は任允摯堂のこの言葉を引用して、「それゆえ、いくら婦人であっても、なにかを成すことができるならば、聖人に到達できるのです」と述べたのである。姜静一堂は自らの学問的正当性を、そして、女性も学問をすることができるという可能性を任允摯堂という先輩女性を通じて確認し、彼女と自分との学問的系譜を作り上げた。禁じられた自らの欲求を支持してくれる先輩女性を求めていたのである。まさにここに、今日のような「歴史が捨て去られる時代」にあって、「女性の歴史」というもうひとつの歴史の有効性が依然として存在していることがわかるのである。

【訳註】

❶朝鮮後期の文臣・学者（一六五一～一七〇八）。官僚、学者、文学者として当時から高く評価され、特にその文章は、中国の欧陽脩の域に達していると賞賛されていた。

❷金雲の叔父（父金昌協の弟）である金昌翕《キムチャンフプ》や金昌業《キムチャンオプ》も学者として名を馳せていた。

❸金萬重《キムマンジュン》（一六三七～九二）による正妻と妾との間の葛藤を素材とした小説。本章にて後述。

❹ここでいう「現代のある男性作家」とは現代韓国の代表的作家のひとりである李文烈《イムニョル》を指す。彼は一九〇四年に刊行された『貞夫人安東張氏実記』を素材にして、朝鮮時代に生きた女性（安東張氏の貞夫人）を主人公とした小説『選択』を発表した（一九九七年）。主人公は優れた学問的才能を持ちながらも、人生における苦難や葛藤の中で、妻として、嫁として、母として生きることを選択していくが、その姿が女性の社会的立場を「良妻賢母」のイメージなどによって伝統的価値観に固定化しようとしているという批判が起こった。『選択』が発表された時期の韓国は、アジア通貨危機による経済的困難の中で女性の社会進出の気運が高まり、家庭の束縛から女性を解放しようという社会的雰囲気が見られるようになった。『選択』はそうした雰囲気に逆行するものだと批判され、作者の李文烈も積極的に反論するなど、大きな話題となった。

❺恨とは、韓国文化においては、人生や社会生活における様々な挫折や抑圧あるいは悲しみがこもって発散されることなく積み重なり、「しこり」のようなものとして心の内部に生じた情緒の状態を指す。韓国人の心性を語る上での重要なキーワードであるが、怨恨・悲しみ・後悔など様々な感情が複合的に重なり合ったものであるため、多様な定義がなされている。

❻ソンビとは、朝鮮時代において儒教的教養を身につけ、道徳を遵守する清廉潔白な生き方を追究する道学者や知識人を指す。儒

教の教養を身につけた道学者という意味を持つ「先輩」（韓国語で「ソンベ」）が「ソンビ」となったとされている。

❼ 両班とは文官である東班と武官である西班を合わせた名称である。高麗時代にすでに両班という名称が登場したが、支配層として社会的にも官制上でも定着するのは朝鮮時代に入ってからである。免税や軍役免除などの特権や私有地の拡大による経済的基盤の強化など、社会の特権階級層として存在する一方、朝鮮時代の朱子学文化を牽引する存在であった。

❽ 朝鮮中期の文官（一五五一～九二）。東萊府使（東萊は現在の釜山広域市東萊区。府使はその長官）として在職中に豊臣秀吉の朝鮮侵略にあい、東萊城を死守するべく戦い、殉死した。その忠節ぶりが賞賛され、後に忠烈祠（釜山広域市東萊区）に祀られた。

❾ 姜静一堂は、朝鮮前期の政治家・学者であり七代国王世祖の時に功臣に封じられた姜希孟《カンヒメン》を祖先に持ち、その学識の高さで高く評価された女性である。夫の尹光演《ユングァンヨン》がその貧しさゆえにあきらめていた科挙受験に再度挑戦するよう励まし、時には裁縫仕事のかたわら、書物を音読する夫にその意味を質問したりしたという。夫は結局官僚になることはできなかったが、姜精一堂の勧めで在野の学者として後進を指導した。このように夫の人生に指針を提示し続けたことで、「師匠役」という表現がなされている。

❿ 韓国では、伝統的に女性が鳳仙花の汁を利用して、指の爪を深い紅色に染色し装飾する習慣がある。

⓫ 太任は中国の殷の時代に周の首長だった季歴の妃。周の文王の母である。高徳の人物と伝えられ、文王を身ごもった際には悪しき物を見ず、みだらなことを聞かず、おごったことを言わないようにして胎教をしたとされる。また、太姒は文王の妃で、暴君の代表格とされる殷の紂王を倒し周王朝を樹立した武王の母である。

二章

画家と賢母、その不都合な同居

―「申師任堂」はどのように作られたのか―

李《イ》淑仁《スギン》：ソウル大学校　法学研究所　責任研究員

「申師任堂」という主題

韓国の歴史で、申師任堂《シンサイムダン》（一五〇四〜五一）ほどすべての国民が記憶するほどの名声を持った人物も珍しいであろう。彼女への関心は、子供のための偉人伝から専門学者の研究に至るまで幅広く行き渡っており、最近では高額紙幣〔五万ウォン紙幣〕の人物肖像として再び私たちの身近な存在となった。申師任堂は五百年あまり前に生まれ、約五十年の人生を歩んだが、彼女に関する記憶とその再生は、五世紀が過ぎた今でも続いている。とすれば、彼女に関する終わることのない物語、その力はどこからくるのであろうか。彼女が「画家」であり「栗谷《ユルゴク》の母」という二つの事実は私たち〔韓国の人々〕もよく知っている。しかし、これだけでは申師任堂の「栄光」の説明として充分ではない。こうした事実は〔それに付与された〕意味から離れて存在できないからであり、事実それ自体が「真実」となるわけではないからである。人であれ実際の出来事であれ、それは意味化されることでようやく歴史的な真実になることができる。そうした点で申師任堂は、女性という存在が朝鮮時代の歴史文化的な脈絡の中で、どのように意味化され構成されたのかを示す代表的な事例となりえよう。

歴史にその痕跡を残すことなく消え去っていった伝統時代〔前近代〕のほとんどの女性とは異なり、申師任堂は生没年がはっきりしているという点で研究意欲を大いに刺激してくれる。彼女は一五〇四年〔燕山君《ヨンサングン》一〇年〕〔燕山君は朝鮮第十代国王〕十月二九日に江陵《カンヌン》〔江原道《カンウォンド》江陵市〕で生まれ、一五五一年〔明宗《ミョンジョン》六年〕〔明宗は朝鮮第十三代国王〕にソウル〔当時の地名は漢城《ハンソン》〕で四十八歳でこの世を去った。ソウル出身の父申命和《シンミョンファ》と江陵出身の母龍仁李《ヨンインイ》氏との間に五人姉妹の次女として生まれた申師任堂は、一五二二年〔中宗《チュンジョン》十七年〕〔中宗は朝鮮第十一代国王〕にソウル出身の李元秀《イウォンス》と結婚し、四男三女を生んだ。申師任堂は三十八歳のときにソウルにある夫の実家に生活の基盤を置くまで、婚姻後の約二十年間、江陵を主な居住地としながら、蓬坪《ポンピョン》〔江原道平昌《ピョンチャン》郡蓬坪面〕、坡州《パジュ》〔京畿道《キョンギド》坡州市〕

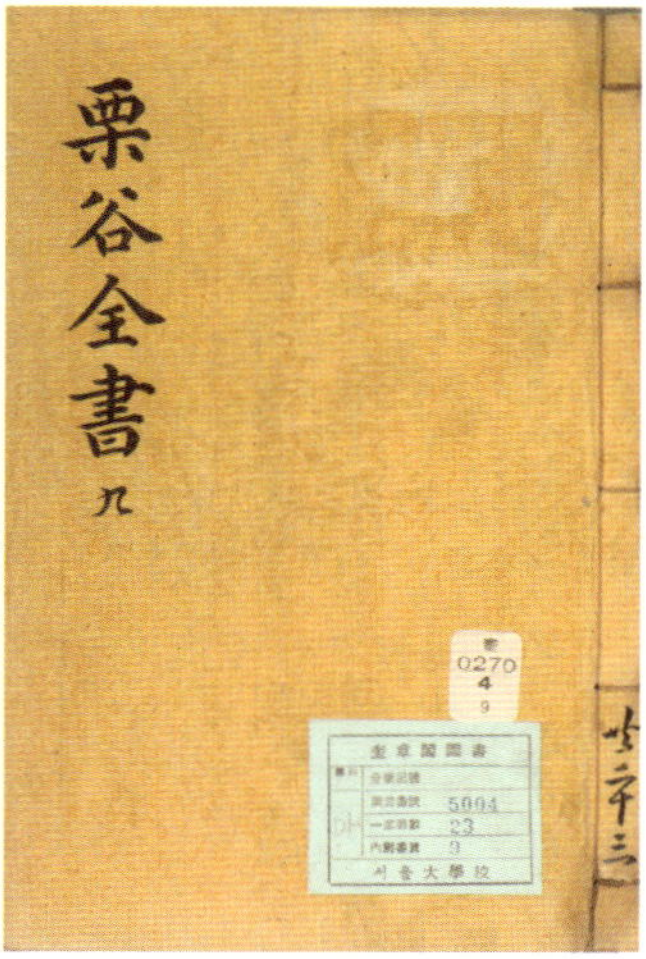

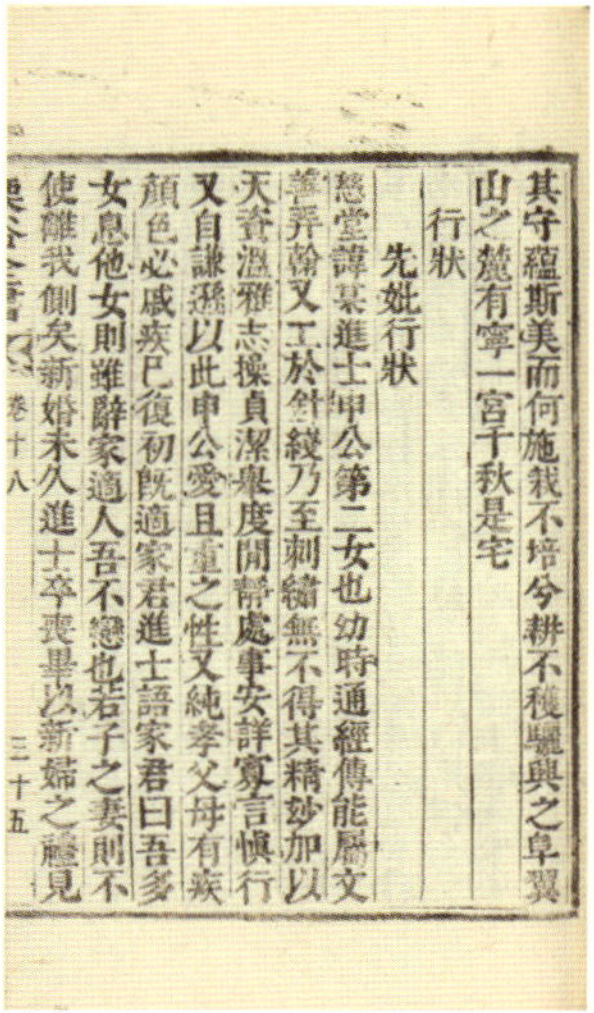

其守蘊斯美而何施栽不培兮耕不穫驪興之阜翼
山之麓有寧一宮于秋是宅
行狀
先妣行狀
慈堂諱某進士申公第二女也幼時通經傳能屬文
善弄翰又工於針線乃至刺繡無不得其精妙加以
天資溫雅志操貞潔擧止閑靜處事安詳寡言愼行
又自謙遜以此申公愛且重之性又純孝父母有疾
顏色必戚疾已復初旣適家君進士語家君曰吾多
女息他女則雖辭家適人吾不戀也若子之妻則不
使離我側矣新婚未久進士卒喪畢以新婦之禮見
栗谷全書 卷十八 三十五

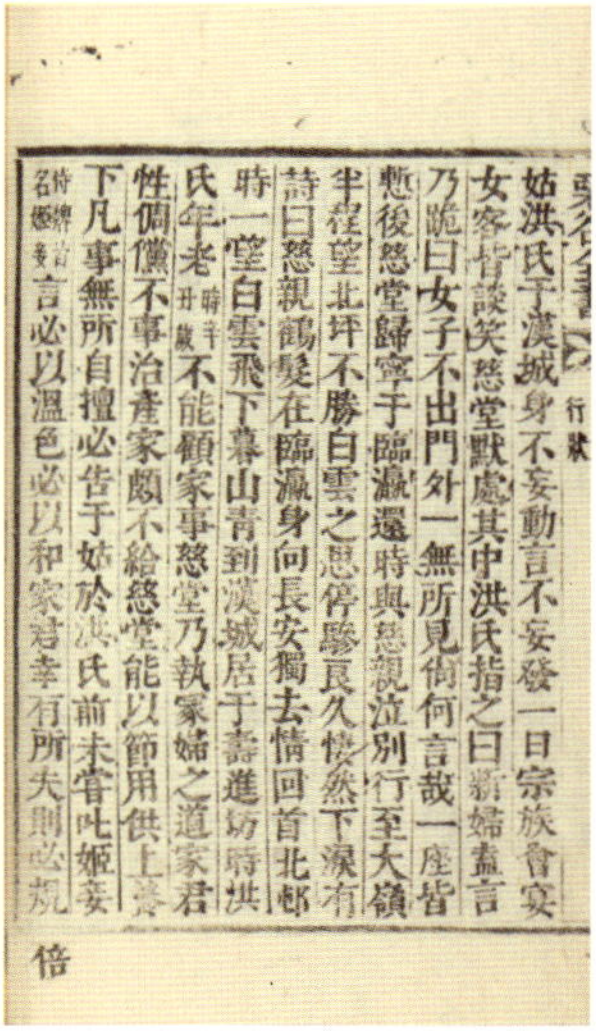

栗谷全書 行狀
姑洪氏于漢城身不妄動言不妄發一日宗族會宴
女客皆談笑慈堂默處其中洪氏指之曰新婦盍言
乃跪曰女子不出門外一無所見何言哉一座皆
慙後慈堂歸寧于臨瀛還時與慈親泣別行至大嶺
半程望北坪不勝白雲之思停驂良久悽然下淚有
詩曰慈親鶴髮在臨瀛身向長安獨去情回首北邨
時一望白雲飛下暮山青到漢城居于壽進坊時洪
氏年老時辛丑歲不能顧家事慈堂乃執冢婦之道家君
性倜儻不事治產家頗不給慈堂能以節用供上養
下凡事無所自擅必告于姑於洪氏前未嘗叱姬妾
言必以溫色必以和家君若有所失則必規
倍

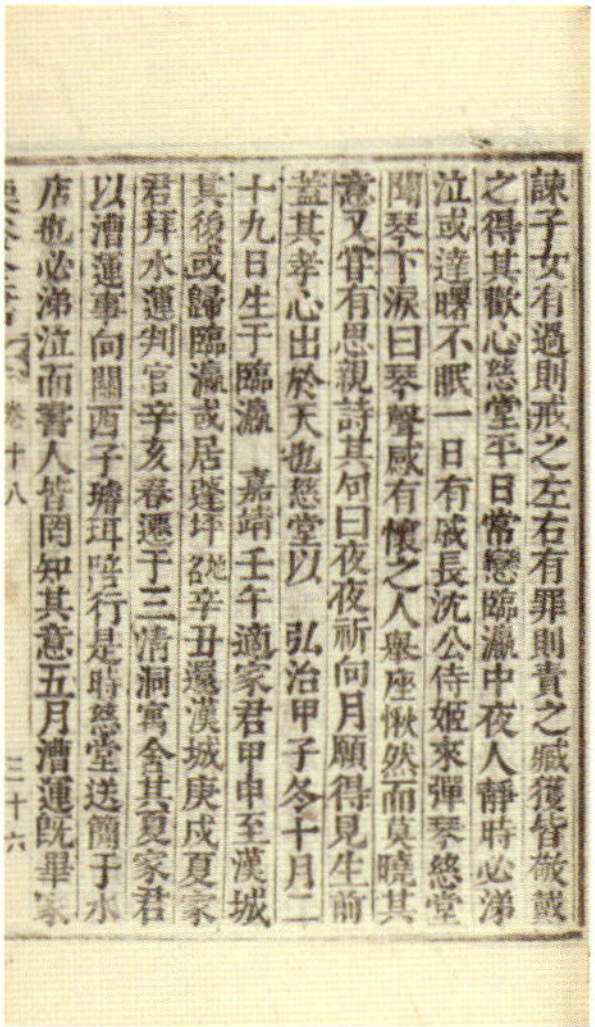

誡子女有過則戒之左右有罪則責之臧獲皆敬戴
之得其歡心慈堂平日常戀臨瀛中夜人靜時必涕
泣或達曙不眠一日有戚長沈公侍姬來彈琴慈堂
聞琴下淚曰琴聲感有懷之人擧座愀然而莫曉其
意又嘗有思親詩其句曰夜夜祈向月願得見生前
蓋其孝心出於天也慈堂以 弘治甲子冬十月二
十九日生于臨瀛 嘉靖壬午適家君甲申至漢城
其後或歸臨瀛或居蓬坪地名辛丑還漢城庚戌夏家
君拜水運判官辛亥春遷于三清洞寓舍其夏家君
以漕運事向關西子璿珥陪行是時慈堂送簡于水
店也必涕泣而書人皆罔知其意五月漕運旣畢家
栗谷全書 卷十八 三十六

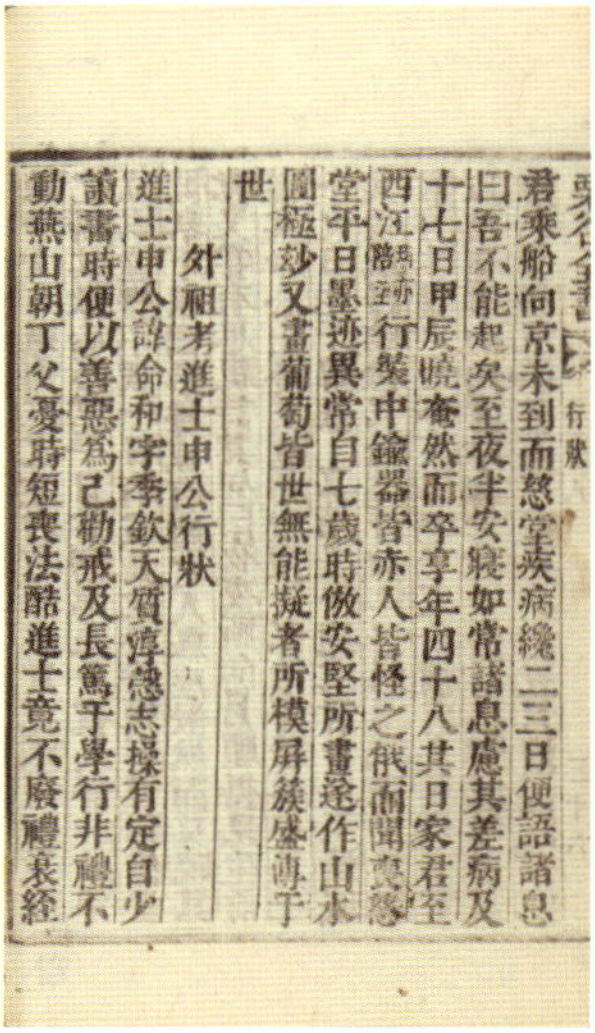

栗谷全書 行狀
君乘船向京未到而慈堂疾病纔二三日便語諸息
曰吾不能起矣至夜半安寢如常諸息意其差病及
十七日甲辰曉奄然而卒享年四十八其日家君至
西江行裝中鍮器皆赤人皆怪之俄而聞喪慈
堂平日墨迹異常自七歲時倣安堅所畫遂作山水
圖極妙又畫葡萄皆世無能擬者所模屛簇盛傳于
世
外祖考進士申公行狀
進士申公諱命和字季鈞天質淳愨志操有定自少
讀書時便以善惡爲己勸戒及長篤于學行非禮不
動燕山朝丁父憂時短喪法酷進士竟不廢禮衰絰

『栗谷全書《ユルゴクジョンソ》』。李珥著。奎章閣韓国学研究所〔韓国〕所蔵。栗谷の「先妣行状」は最も近くで見た申師任堂の姿を記したものとしてその意味が大きい。その後の言説化した申師任堂の性格や姿は、主にこの行状から出たものである。

などを往来して過ごしたとされている。[1] 何よりも申師任堂に関する最も重要な事実は、優れた作品を残した画家だったということ、そして大学者であり政治家であった栗谷李珥《ユルゴクイイ》❶（一五三六〜八四）の母であったことである。だが、こうした「厳然とした」事実があっても、それを意味化する作業がなかったら、彼女は「韓民族の永遠なる母」や「良妻賢母」となることはできなかったであろう。申師任堂が誰であるのか〔どのような存在であるのか〕ということは、彼女をどう記憶しているかによって異なり、申師任堂をどう記憶するのかということは、すなわち彼女をどのように語るのかという問題につながっている。言いかえれば、誰が、〔彼女の〕何を、どのような意図を持ち、どのように語るのかによって、申師任堂の姿は変わってくるのである。そうした点で、真実というものが知識や権力を通じて生産される言説の効果によって生じることを、歴史的人物としての申師任堂にも当てはめることができる。申師任堂の場合、画家という事実や栗谷の母であるという事実が、互いを引き立てながら相乗効果を生み出してきたと思われる。まさにこのことが、申師任堂が朝鮮時代の各分野で頭角を現したほかの女性と差別化される点なのである。

私たちの時代の中で、申師任堂は女性問題と関連して様々な物語を可能にさせた。それは、女性にとって「伝統」とは何かという問題、女性自身と共同体の構成員という二つの自我の間にある関係性の問題、女性の歴史をどのように叙述するのかという問題など、多様な角度から提起されている。その中には実際の申師任堂と偽りの〔作られたイメージとしての〕申師任堂を区分しようという意欲も見られる。

紙幣の肖像画の人物として、あるいは学術および行事の対象として新たに誕生した申師任堂……。十六世紀以後の伝統社会でもそうであったが、二十一世紀においても彼女に対する記憶と言説のメカニズムやその歴史を追跡することは、朝鮮時代の女性の人生を理解するひとつの軸となるであろう。ここでは、十六世紀から十九世紀までの伝統社会の中で形作られた申師任堂の物語を、時間軸に沿って見てみたいと思う。古い時期の物語を土台にして新たな物語が再構成されたり、あるいは慎重に提起されていた前時代の意見や主張が、その後の時代には確固たる事実や真実となっている場合が少なくないからである。

画家　申氏

申師任堂が朝鮮の知識人から初めて注目を浴びたのは、山水図を巧みに描く画家としてであった。申師任堂と同時代の人であり、中国にも名声をとどろかせた詩人蘇世譲《ソセヤン》（一四八八〜一五六二）は、一五四八年（明宗三年）に申師任堂の山水画に「東陽申氏が描いた掛け軸」（東陽申氏画簇《トンヤンシンシファジョク》）という詩を書きいれた。申師任堂が四十五歳、栗谷が十三歳のときのことである。

つづら折りの渓流、山は幾重にも巡り
岩を取り巻く老木が曲がりくねって道となる
樹林にはかげろうがたちこめ
帆影は煙雲の間に見え隠れ
落日の頃、道士ひとりが板橋を過ぎ
松の亭《あずまや》では野僧がのんびりと囲碁をさす
麗しいその心は神とともに交りあい
その妙《たえ》なる思いと優れた足跡は、未だ登ること易からず

百折渓流千畳山
巌廻木老路紆盤
樹林霧靄空濛裏
帆影煙雲滅没間
落日板橋仙子過
囲棋松屋野僧閑
芳心自与神為契
妙思奇蹤未易攀

――蘇世譲「東陽申氏画簇」、『陽谷集《ヤンゴクチプ》』

1『国訳栗谷全書』Ⅶ、李曙編『家伝書画帖』、『徳水李氏世譜』などを参照。

「山水図《サンスド》」伝申師任堂画。絹本水彩。63.3×35cm。韓国国立中央博物館所蔵。申師任堂の作品とされるこの山水図は、16世紀の蘇世譲、17世紀の李景奭や宋時烈が目にしたものとは別のものである。

蘇世譲の詩に描写された申師任堂の山水は、儒学的な風景とはまったく異なった印象をかもし出している。〔道教の〕道士〔仙子〕や〔仏教の〕野僧は、儒学が避ける部類の人々であり、「妙思」や「奇蹤」といった表現もまた、儒学的な言語とは若干距離がある。道士や僧侶が登場するこの絵とそれに対する蘇世譲の表現は、儒学の再武装を主導するその後の儒学者たちの心情を穏やかならざるものにさせたかもしれない。現在では、この実物を確認することができず、絵画〔に描かれた風景〕を直接感じることはできないが、蘇世譲のスケッチによれば、この絵を描いた申師任堂とその絵を評した蘇世譲、この二人の精神世界は正統〔儒学〕と異端〔道教・仏教〕のドグマを越えていたようである。

同じ時期に、朝鮮前期を代表する館閣❷文人のひとりであり、大提学《テジェハク》❸を務めた鄭士龍《チョンサリョン》（一四九一～一五七〇）も、申師任堂の山水図を見て、その感想を詩に詠んだ〔「題申氏山水図《チェシンシサンスド》」、『湖陰雑稿《ホウンチャプコ》』所収〕。また、宣祖《ソンジョ》〔朝鮮第十四代国王〕の代に大提学を務めた朝鮮中期の文章家鄭惟吉《チョンユギル》（一五一五～八八）は、申師任堂が葡萄を描いた屏風を見て書いた文章の中で、申師任堂の絵を「神霊が凝縮して奥妙な調和をかもし出したもの」と評価した〔「題申氏葡萄画屏《ジェシンシポドファビョン》」、『林塘遺稿《イムダンユゴ》』所収〕。一方、〔彼女の息子である〕李珥《イイ》の師匠として知られる魚叔権《オスックォン》❹は、申師任堂を安堅《アンギョン》❺に次ぐ画家として評価する当時の世間の雰囲気を今に伝えている（『稗官雑記《ペグァンチャプキ》』四）。申師任堂が生存していた頃や、彼女の死後に最も近い時代を生きていた十六世紀の知識人には、申師任堂は〔現代の韓国人が彼女にイメージする〕「母」や「夫人」ではなく、画家「申氏」だったのである。

婦徳の申夫人

申師任堂の死後百年あまりが経った十七世紀中葉になると、彼女は新たな物語として生まれ変わる。宋時烈《ソンシヨル》❻（一六〇七～八九）が主導したこの言説の中で、申師任堂は女性性と母性を象徴する人物となった。宋時烈は一六五九年（孝宗《ヒョジョン》一〇年）〔孝宗は朝鮮第十七代国王〕、齢五十三歳のときに「師任堂画蘭跋《サイムダンファランバル》」（申師任堂の蘭の絵への跋文）を記して〔彼女を象徴化する〕口火を切ったが、その重要な内容は次の通りである。

これは亡くなられた贈賛成《チャンソン》❼李公〔李元秀〕の夫人である申氏の作品である。その指先から表現されたものは渾然として自然をなし、人の力によって成されたものではないかのようである。ましてや五行の秀でた精妙さを得、また天の気運を集めて真の調和をなしているのはなおさらのことである。果たして、栗谷先生をお生みになったのは当然のことである。

（「師任堂画蘭跋」、『宋子大全《ソンジャデジョン》』所収）

宋時烈は申師任堂の絵に感歎を禁ずることができなかった。彼によれば、申師任堂の絵は単純な技術や技巧によるものというより、高く深い芸術性と精神世界が現れたものであった。ここで宋時烈が言いたかったのは、絵そのものではなくそれを可能にさせた精神や魂である。すなわち、天地の気運が凝縮した申師任堂の魂こそが、〔宋時烈の学問に大きな影響を与えた〕栗谷の存在を可能にしたからである。言いかえれば、宋時烈にとって申師任堂の絵画は、栗谷の存在をさらに特別なものにする補助の役割を果たしたのである。

宋時烈はまた、一六七六年〔粛宗二〕、すなわち彼が七十歳のときに「師任堂の山水図への跋文」を書いた。宋時烈が見た師任堂の山水図には、一一三年前に書かれた蘇世譲の詩が記されており、十五年前の一六六一年〔顕宗二〕に当代の文章家であり領議政《ヨンウィジョン》[8]であった李景奭《イギョンソク》〔一五九五～一六七一〕が書いた跋文[2]がついていた。宋時烈はこう語っている。

> 先日、私にお見せになり跋文をお求めになった掛け軸を受け取りました。（……）そもそも申夫人の善良なる徳が大いなる名賢〔栗谷李珥〕をお生みになったのは、あの中国の宋の国で侯夫人が二程先生〔二程子＝程顥・程頤〕をお生みになったことに比肩できるものであります。侯夫人の行状〔生前の行いを記した記録〕によれば夫人は「婦女子が文章や文字を他人に伝えることをよいことだとは思わなかった」とされているが、申夫人の考えもそれと同じだったようであります。（……）この掛け軸は絵画を専らにする画家の規模〔技量〕と同じであり、ある時偶然に戯れで描いた絵のようには見えません。すなわち、当時、両親の厳格な命を受けてしかたなく描き始めた人の絵にしては少々異なるところがあるのではないかと思います。また、松の木の下に描かれた衣冠を具えた人はあまりはっきりとしていないのに、蘇公〔蘇世譲〕が詩〔「東陽申氏画簇」〕の中で僧侶としています。これは申夫人にとって相応しくないものです。男女の区別が非常に厳格なため、たとえ一家親戚であっても物を借りあったり同じ井戸をともに使ったりはしません。今、夫人の印章の下に蘇公が自らの手でそこに詩を書き入れたのは、誠に具合が悪いことであります。また、詩に「麗しい心〔芳心〕」とか「優れた足跡〔奇蹤〕」と書

かれているのも、奥ゆかしくしとやかな徳を詠った趣旨に合わないと思われます。さらに「未だ登ること易からず（未易攀）」といっているところは、男女間の厳格で敬意を示すべき関係から見るならば、不当な言葉と思われます。蘇公のひととなりがどのようなものであったかわかりませんが、その無礼かつ慎みのなさがこのようであっていいものでしょうか。また、蘇公がどのような縁でこの絵を見る機会を得て、あえてその上に詩を書いてしまったのか、私にはわかりません。（……）蘇公が詩を書いたことにいかなる事情があったのであれ、先に記したように、私の狭き心には安らかならざるものがあります。

（「師任堂山水図跋」）〔宋時烈『家伝画帖《カジョンファチョプ》』所収〕

宋時烈は絵画よりもそれを取り巻く社会的な力学関係により注目した。彼は申師任堂を、朱子学の先河《ソンハ》〔始祖〕であり中国の北宋の時の大学者だった程顥・程頤兄弟の母である侯夫人と同列に置いた。こうすることで、栗谷は二程子と同じ地位に置かれることになるのだが、ここで宋時烈は二程子―朱子の関係と栗谷―自分の関係を同一視し、自ら「朝鮮の朱子」を自任したのではなかろうか。

宋時烈は申師任堂が描いたという絵画が完全に専門家の技量によるものであり、「しかたなく」描いた女性の作品のようには見えないと語った。彼の論理に従えば、文章であれ絵画であれ、女性によるものはアマチュアレベルに留まっていなければならないのに、そうでないとするなら、女性本来の任務を放棄したことになるからである。さらに問題となるのは、蘇世譲という「男性」が夫人〔申夫人＝女性〕の絵の上に直接詩を書き残したとい

2 李景奭は「謹んで申夫人の山水画を閲覧するに」という文で始まる跋文でこう記している。「これが学んで成されたものとどうしていえようか。ほとんど天から得たものであろう。栗谷先生をお生みになったのもやはり天から与えられたことであり、天地の気運が重なって賢き者をみごもったのもまさに道理であるのだから、どうして調和がその手の中にのみあるといえようか。不可思議であり美しくもある。」（李景奭「申夫人山水図序」、『白軒集』巻三〇）。

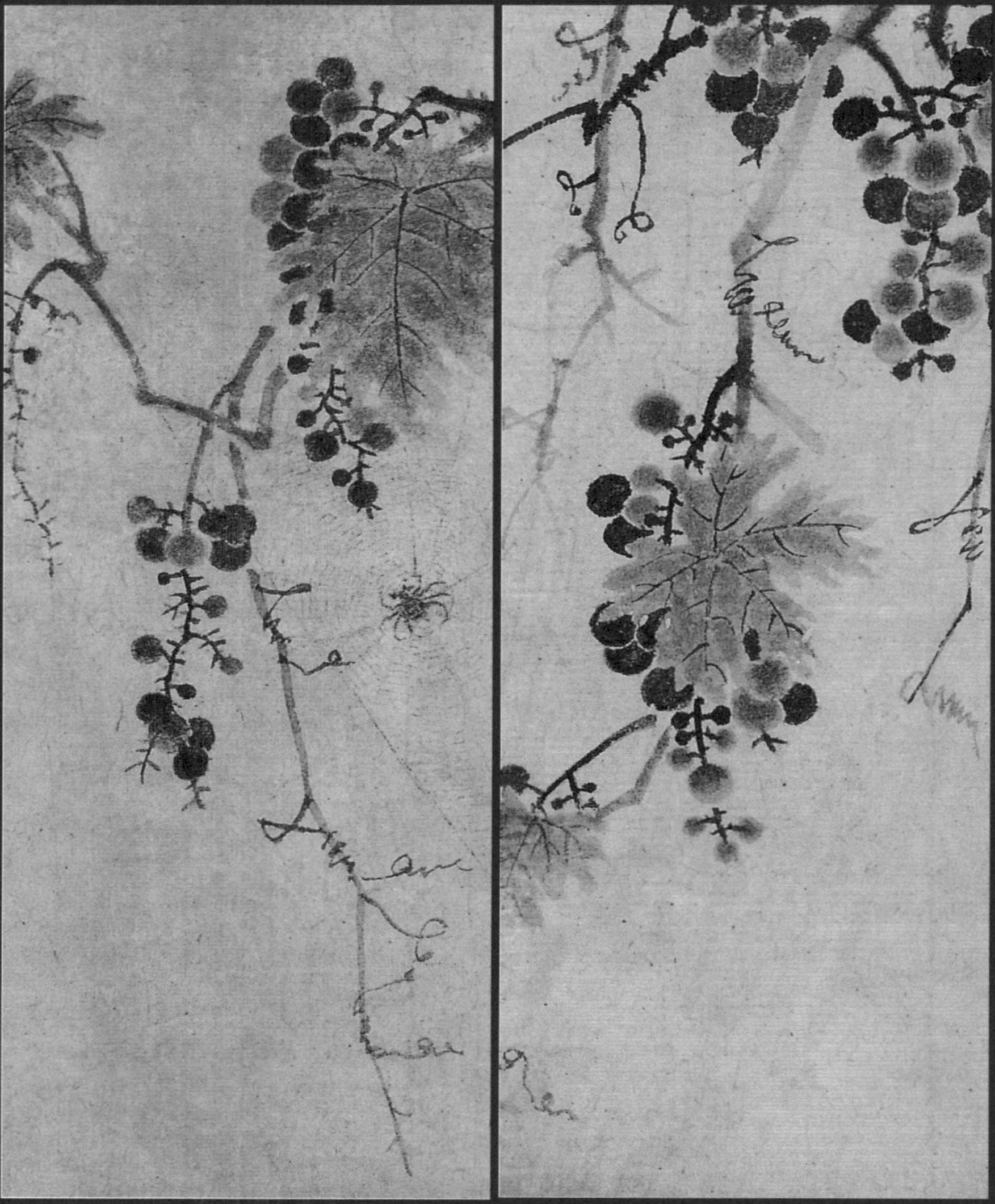

墨葡萄図《ムクポドド》(2幅)。伝申師任堂画。鮮文大学校博物館〔韓国〕所蔵。

う事実である。また、先に見たように、僧侶を登場させたことや「妙なる心（妙思）」「麗しい心（芳心）」・「未だ登ること易からず（未易攀）」といった表現は、正統儒学者の宋時烈にとって男女の間で交わされる言語として受け入れがたいものであった。したがって、宋時烈は「無礼この上ない」蘇世譲の品性を攻撃しつつ、その一方で、この絵画は申師任堂が描いたものではなかろうと考えたのであった。

それでは、申師任堂の蘭の絵に対しては非常に肯定的な評価をしていた宋時烈が、彼女の山水画については心安らかならざる心情を余すところなく表した理由は何だったのだろうか。それはおそらく、万里行〔長期の旅行〕を前提とした山水図が女性にはふさわしくなかったばかりでなく、女性の作品の上に多くの男性が評価の痕跡を残したという事実のせいではなかろうか。人の一生を儒教倫理によって判断し、自らの時代を朱子学に基づいて整えようとした宋時烈にとって、学問の師匠である栗谷の母親が家を遠く離れていたとは考えたくもなかったのであろう。いずれにせよ、宋時烈は自らの基準の中にある女性・母に期待される姿をもとに申師任堂の絵を読み解き、彼女に対する意味を作り上げた。宋時烈によって〔その存在意義が〕栗谷と結び付けられるようになった申師任堂は、「画家」よりも「栗谷の母」としての比重がさらに大きくなったのである。「栗谷の母」としての申師任堂の位相は、宋時烈の門人である十八世紀の老論《ノロン》系列の人々によって本格的に言説化されたのであった。

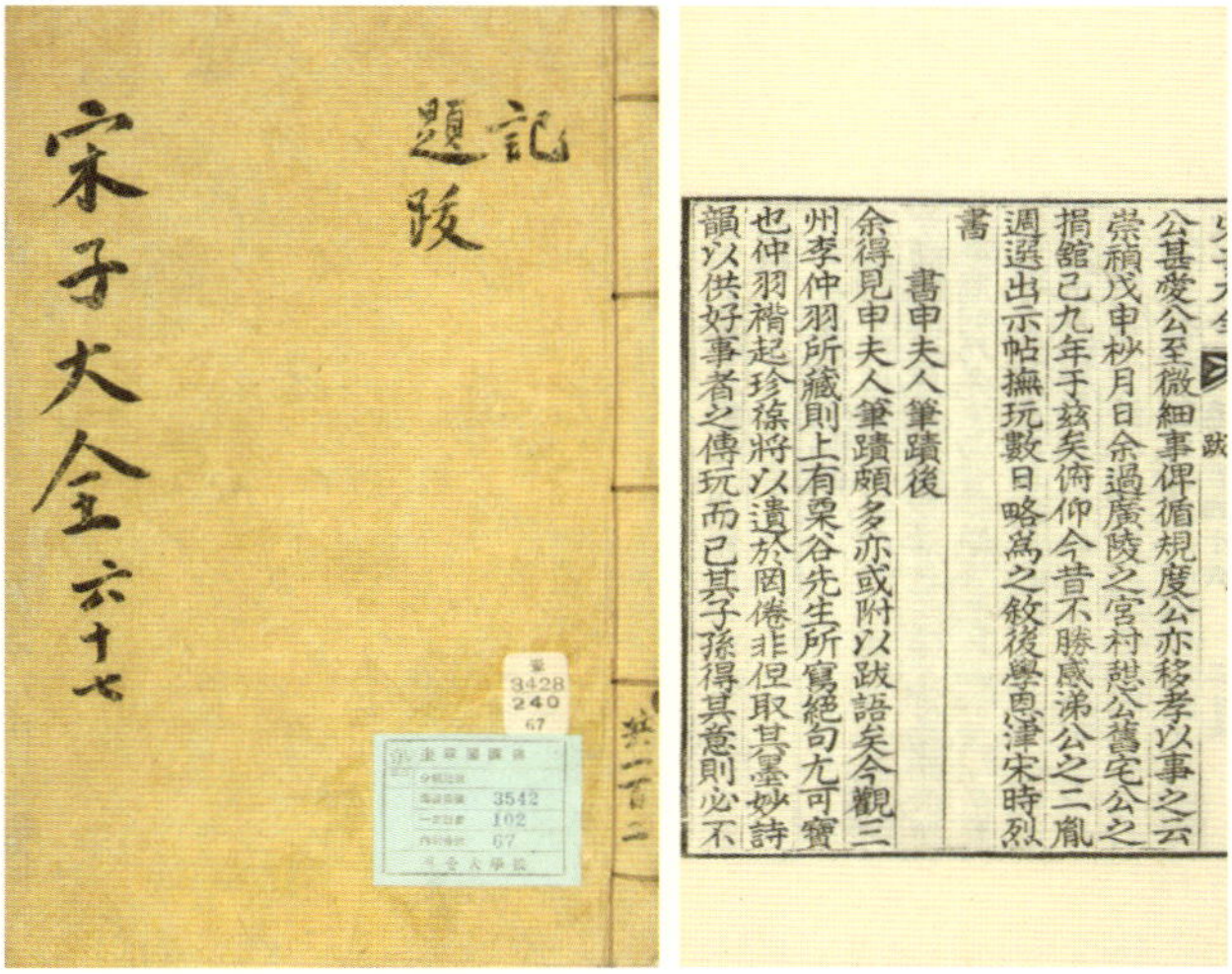

『宋子大全』。宋時烈著。1787年（正祖11）。奎章閣韓国学研究院〔韓国〕所蔵。

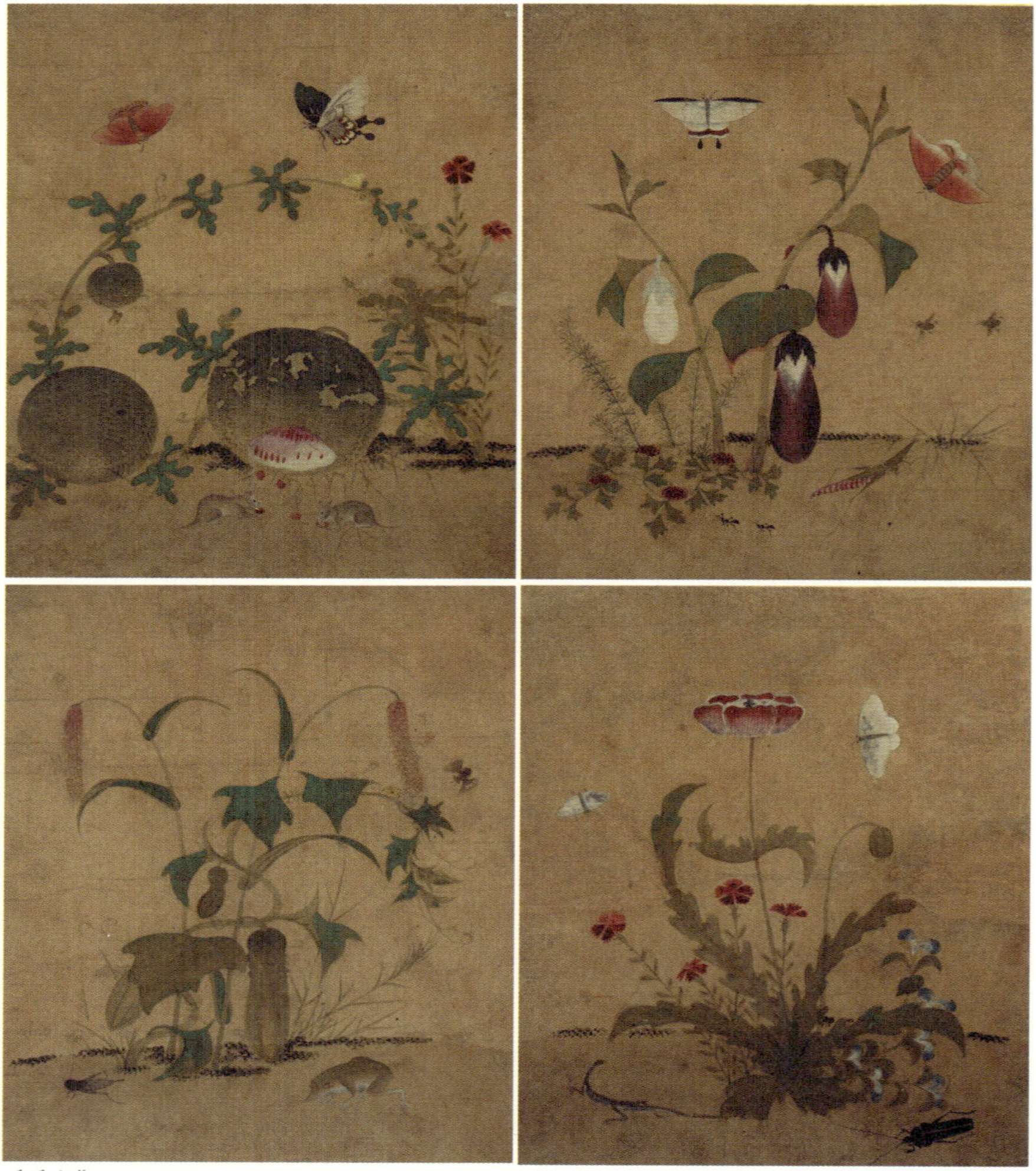

「草虫図《チョチュンド》」。申師任堂。紙本彩色。16世紀。韓国国立中央博物館所蔵。（上段左より時計回りで）「かぼちゃと野ねずみ」、「茄子とこめつきばった」、「芥子ととかげ」、「きゅうりと蛙」。

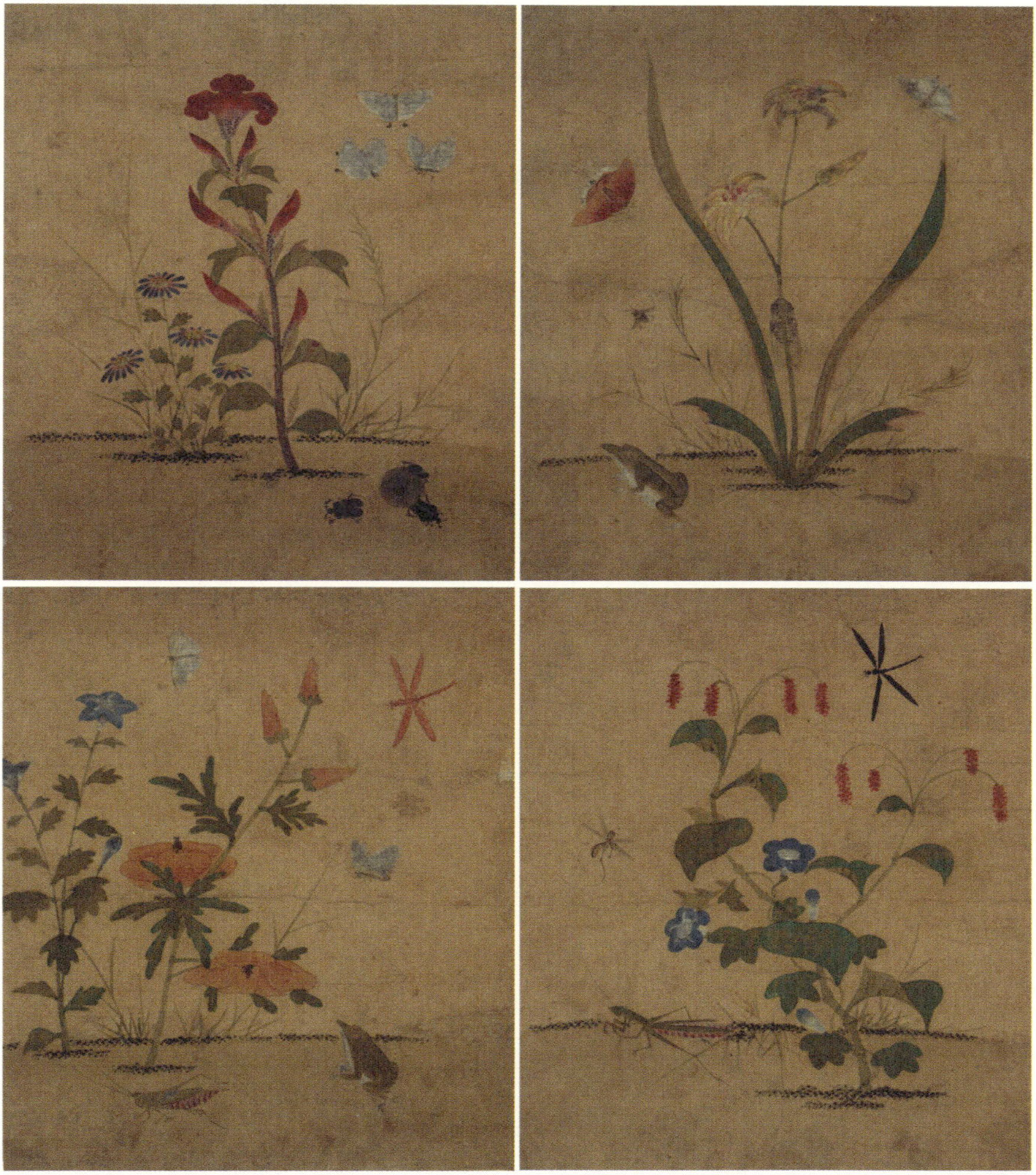

（上段左より）「鶏頭と黄金虫」、「忘れ草と蛙」、「蓼とかまきり」、「立葵と蛙」。

栗谷の存在の起源として探究された申師任堂

十八世紀の申師任堂言説もまた絵画作品を通じて構成されたが、そこでは「草蟲図《チョチュンド》」や「葡萄《ポド》」などの作品が中心に扱われた。山水図に対する批評は宋時烈以降は出てこなかった。それは山水図が失われてしまったからでもあるが、実物があったとしても、宋時烈があれほどまでに穏やかならざる心情を示した山水図を、再び取り上げて論じることが憚られたからともいえる。十八世紀の老論系列の人々にとって宋時烈は、歴史的に実在した個人としての自然人を越えて、ひとつの象徴的な記号として位置づけられていたからである。

まず「草虫図」七幅に対する跋文を年代順に見てみると、金鎮圭《キムジンギュ》（一七〇九）、申靖夏《シンジョンハ》（一七一二）、宋相琦《ソンサンギ》（一七一三）、粛宗《スクチョン》（一七一五）〔朝鮮第十九代国王〕らによるものがある。これらを時期順に考察する必要があるが、それは、先に記された跋文が、その後に登場した跋文に対していかなる形であれ影響を及ぼしているからである。すなわち、後に記された跋文は、以前に記された跋文の内容をわかりやすく書きかえたり、付け加えたりしているのである。

金鎮圭[9]（一六五八〜一七一六）は宋時烈の門人であり、粛宗の岳父金萬基《キムマンギ》の息子である。彼の「師任堂草蟲図跋《サイムダンチョチュンドパル》文《ムン》」は「これは栗谷先生の母が描いた草虫七幅である」という文から始まっている。絵の原本が伝えられてきた由来と絵画の技法、そして絵の内容などに関する事実的なレベルの情報を中心とした序論の次に、以下のような本論が続く。

> ところで、私がかつて昔の書籍を探ってみたところ、いわゆる女性がすることといえば機織に留まるのみで、絵を描くなどということはしなかった。それなのに、女性の技芸がこれほどであるなら、どうして女性への教

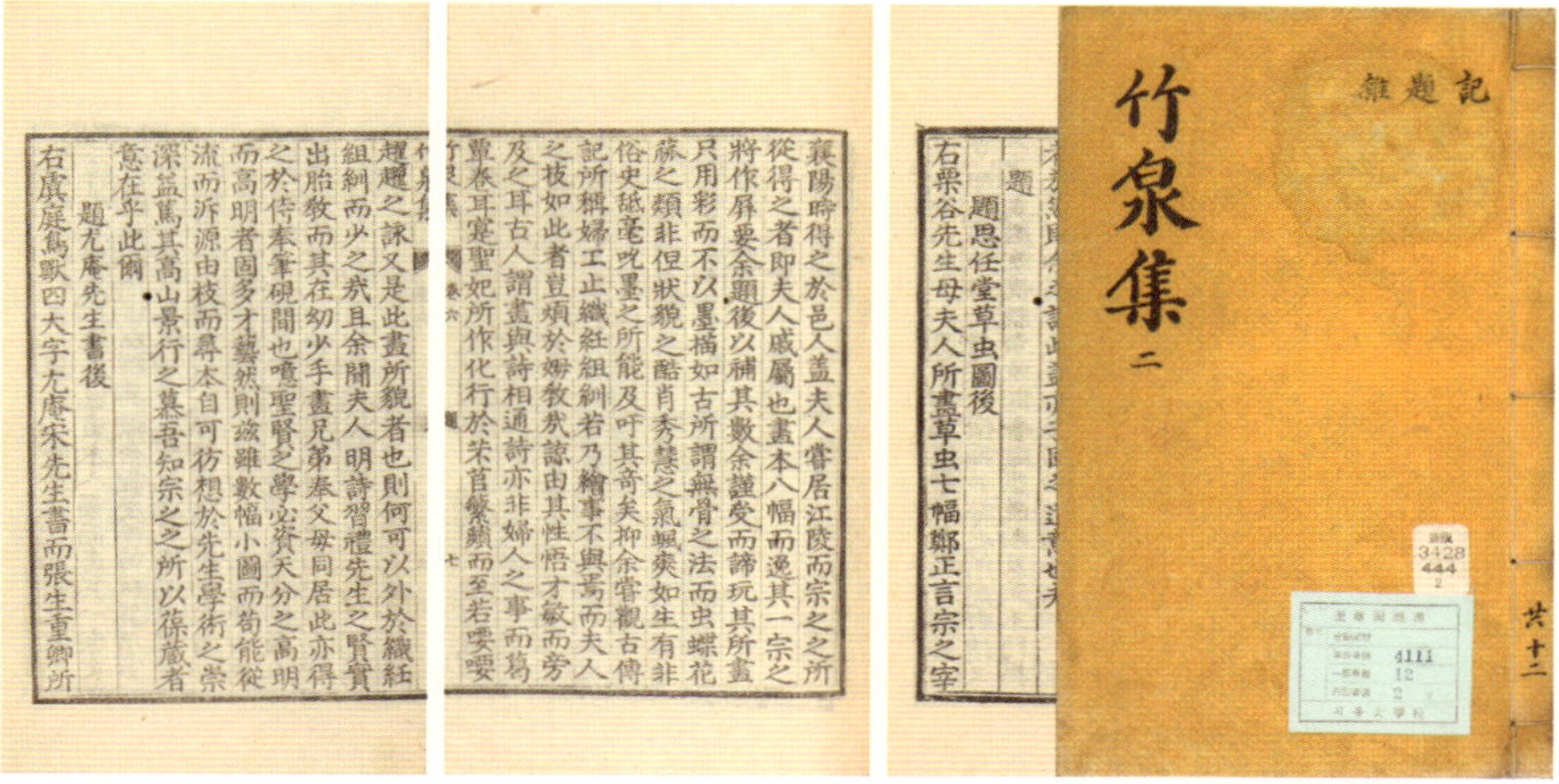
竹泉集 二

雜題記

題

題思任堂草虫圖後

右栗谷先生母夫人所畫草虫七幅鄭正言宗之字

襄陽時得之於邑人盖夫人嘗居江陵而宗之之所從得之者即夫人戚屬也畫本八幅而逸其一宗之將作屛要余題後以補其數余謹受而諦玩其所畫只用彩而不以墨描如古所謂無骨之法而虫蝶花蓏之類非但狀貌之酷肖秀慧之氣颯爽如生有非俗史舐毫吮墨之所能及吁其奇矣抑余嘗觀古傳記所稱婦工止織紝組紃若乃繪事不與焉而夫人之技如此者豈煩於姆教哉諒由其性悟才敏而旁及之耳古人謂畫與詩相通詩亦非婦人之事而葛覃卷耳寔聖妃所作化行於芣苢蘩蘋而至若嘤嘤趯趯之詠又是此畫所貌者也則何可以外於織紝組紃而少之哉且余聞夫人明詩習禮先生之賢實出胎敎而其在幼少手畫兄弟奉父母同居此亦得之於侍奉筆硯間也噫聖賢之學必資天分之高明而高明者固多才藝然則玆雖數幅小圖而苟能從流而泝源由枝而尋本自可彷想於先生學術之崇深益篤其高山景行之慕吾知宗之之所以葆藏者意在乎此爾

題尤庵先生書後

右廣庭篤歟四大字尤庵宋先生書而張生重卿所

『竹泉集』、奎章閣韓国学研究院〔韓国〕所蔵。金鎮圭の跋文「師任堂草虫図後」が載せられている。

育をおろそかにしてきたのであろうか。誠に生まれついての才能が聡明であったからこそ、ここまで至ったのであろう。古人は「絵画と詩は互いに通ずるものなり」と言っていた。詩も婦人がすることではないが、『詩経』にある「葛覃《かったん》」〔嫁いだ女性の心情を詠んだ詩〕や「巻耳《けんじ》」〔家を遠く離れた夫への気持ちを読んだ詩〕などはあの聖なる女性〔文王の母太任〕が書いたものである。また、その徳化をおびた諸侯の夫人らが「芣苢《ふい》」〔山菜を摘む女性たちの歌〕、「采蘩《さいはん》」〔夫を支えて祭祀を行う女性の詩〕、「采蘋《さいひん》」〔祖先祭祀に尽力する女性のすばらしさを詠った詩〕などの詩を書いた。さらに、女性が書いたものとして「草蟲《そうちゅう》」編[10]があるが、この絵〔申師任堂の「草蟲図」〕がまさにそれを描き出したものであるのだから、どうして機織以外のことと侮れようか。私が聞いたところでは、夫人〔申師任堂〕は詩にも明るく礼法も身につけており、栗谷先生の賢き徳も実際にはその母の胎教によってなされたものである。……こうして先生の学問の高く深いことを想像し、仰ぎ見て思慕する心がさらに切実なものになるのである。

（「題思任堂草虫図後《ジェサイムダンチョチュンドフ》」、『竹泉集《チュクチョンチプ》』巻六）

金鎮圭によれば、師任堂は女性がすべきことをうちすてたまま絵画に没頭したのではなかった。にもかかわらず絵画に才能と技

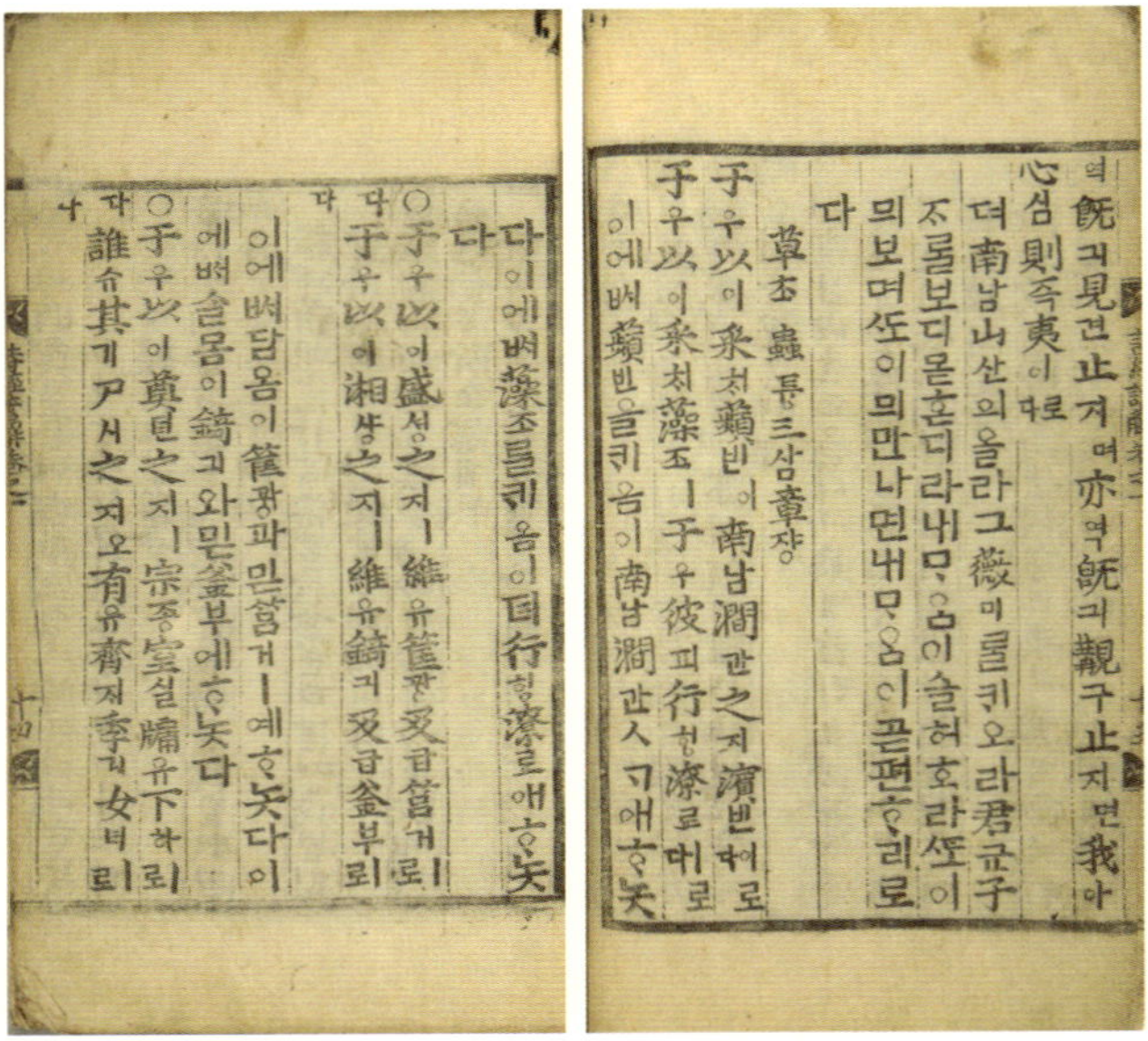

『詩経』。奎章閣韓国学研究院〔韓国〕所蔵。金鎮圭は申師任堂の「草虫図」を初めて『詩経』の「草蟲」につなげて議論した。

芸を見せたのは、彼女に天才的な才能が隠れていたからであった。さらにその絵は女性の行いと関連したものであった。すなわち、「草蟲図」は女性が記した『詩経』の「草蟲」を形象化したものとして古代の聖母の教えを受け継いでいることから、女士〔淑徳ある女性〕と無関係ではないということである。金鎮圭は、宋時烈が不都合だと感じたことを解消することに力を注いだ。それは宋時烈が、絵を描くことは女性がすべきことではないのだから申師任堂もまた「しかたなく」描いたと言ったからである。申師任堂の絵画世界を儒学のパラダイムに当てはめるために彼女の「草蟲図」を『詩経』の「草蟲」と結びつけたのは、金鎮圭が初めてである。これより以後、申師任堂の絵は『詩経』や古代の聖人たちの教えを形象化したものという「真実」が作られた。また、栗谷の人となりを彼の母である申師任堂の胎教につなげたのも、金鎮圭が初めてである。胎教もまた、その後の申師任堂言説で重要な主題となっていった。

申靖夏《シンジョンハ》[11]（一六八一～一七一六）は、一七一一年〔粛宗三七年〕に「師任堂草蟲図歌《サイムダンチョチュンドガ》」（『恕菴集《ソアムジプ》』〔巻之三所収〕）を記した。彼は申師任堂の「草蟲図」七幅に描かれた絵の内容を、韻律にのせて順に描写したが、その一部を読み下してみると次のようになる。

描きし者は石潭《ソクタム》李《イ》先生〔石潭は栗谷李珥の別号〕の母、得し者は東莱の鄭宗之《チョンジョンジ》。

先生への敬意は夫人〔申師任堂〕に及び、絵をなでて思わず感嘆す。

想像するに、静座して筆を下ろした時は意を用いて描いたのではなく、
葛覃と巻耳で詠みしものを範とした。まさしく声なき詩である。

〔畫者石潭母夫人。得者萊山鄭宗之。我敬先生及夫人。摩挲不覺興歎噫。想得從容落筆時。用意不在丹青爲。當年葛覃巻耳詠。

彷彿寫出無聲詩。〕

申靖夏は金鎮圭の論理を確固たるものにする役割を果たした。彼もまた、申師任堂の「草蟲図」は絵画ではなく『詩経』の「葛覃」「巻耳」の延長にある声なき詩であるととらえた。ここでは紹介できなかったこの歌の後の部分によると、女性の才能とは、それが何であれ、女性としての役割を体現する中にあらねばならないものであった。すなわち、女性に芸術の世界を認めることができなかったということである。こうした論理は宋相琦《ソンサンギ》⑫（一六五七〜一七二三）から少しずつ現れ始める。彼は一七一三年〔粛宗三九年〕に「思任堂《サイムダン》画帖《ファチョプ》跋《パル》」（『玉吾斎集《オゴジェジプ》』〔巻之十三〕）を記した。

昔から絵に巧みな者がどうして少なかろうか。しかしながら、その人が後の世に伝えるだけの品格を持っていてこそ、その絵がさらに貴いものとなるのである。そうでなければ絵と人の間に何の関わりもなくなってしまうのだから、〔品格ある者による絵とそうでない者の絵が〕どうして比べるに足るものであるといえようか。夫人〔申師任堂〕の貞淑な徳と美しき品行を今日まで語る者たちは、夫人を「婦女の第一」と称賛するが、ましてや栗谷先生を息子としたのだからなおさらである。先生は百世の師であるだけに、この世において、この方を仰ぎ慕

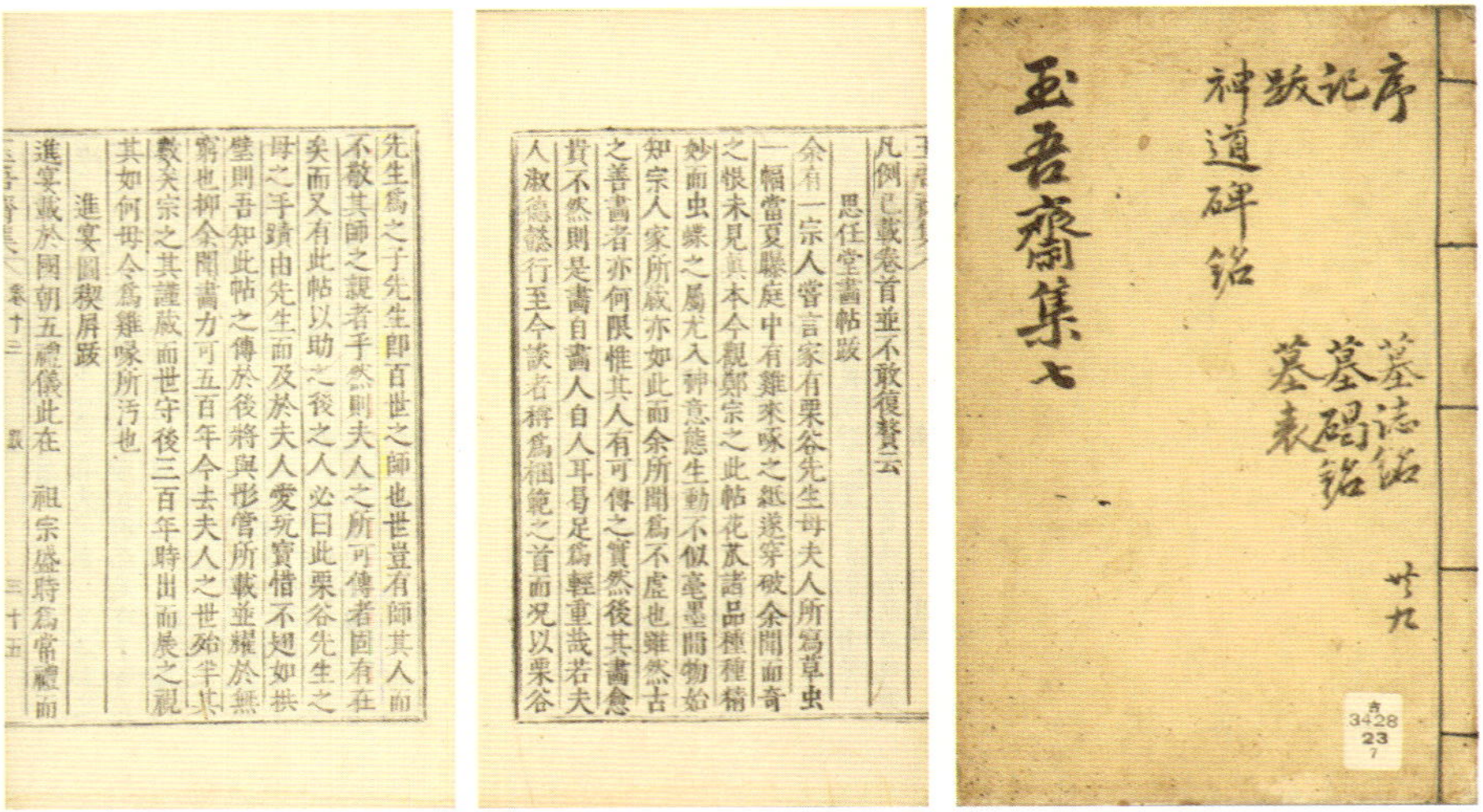
玉吾齋集 七
序 記 跋 神道碑銘
墓誌銘 墓碣銘 墓表
廿九
古 3428 23 7

玉吾齋集
凡例已載卷首並不敢復贅云
思任堂畵帖跋
余有一宗人嘗言家有栗谷先生母夫人所寫草虫
一幅當夏懸庭中有雞來啄之紙遂穿破余聞而奇
之恨未見眞本今觀鄭宗之此帖花卉諸品種種精
妙而虫蝶之屬尤入神意態生動不似毫墨間物始
知宗人家所蔵亦如此而余所聞爲不虛也雖然古
之善畵者亦何限惟其人有可傳之實然後其畵愈
貴不然則是畵自畵人自人耳昜足爲輕重哉若夫
人淑德懿行至今談者稱爲梱範之首而况以栗谷

先生爲之子先生卽百世之師也世豈有師其人而
不敬其師之親者乎然則夫人之所可傳者固有在
矣而又有此帖以助之後之人必曰此栗谷先生之
母之手蹟由先生而及於夫人愛玩寶惜不翅如拱
璧則吾知此帖之傳於後將與彤管所載並耀於無
窮也抑余聞畵力可五百年今去夫人之世殆半其
數矣宗之其謹蔵而世守後三百年時出而展之親
其如何毋今爲雞喙所汚也
進宴圖袠屛跋
進宴藏於國朝五禮儀此在　祖宗盛時爲常禮而
玉吾齋集　卷十三　三十五

『玉吾斎集』。宋相琦の「思任堂画帖跋」が載せられている。

いながらその師の親を敬わないことがどうしてあろうか。それゆえ、夫人が後の世に伝えられたのにはもともと理由があるのだが、それをこの画帖がさらに助けているのである。

申師任堂のアイデンティティーは、画家よりも徳行と品格、すなわち息子を立派に育て上げた母という点にあった。言い換えれば、申師任堂は栗谷によって再び注目されたのであり、「栗谷がいなければ申師任堂もいなかった」というわけである。一七一八年（粛宗四四年）に宋時烈の弟子である権尚夏《クォンサンハ》[13]（一六四一～一七二一）は、「題竹瓜魚画帖《ジェチュククァオファチョブ》」（『寒水斎《ハンスジェ》集《ジプ》』所収）[14]の中で「ああ、栗谷先生は百代の師であり、私は早くからあの泰山や北斗星のごとく仰ぎ見てきたが、さらにまたその母の作品を見るに、その敬い慕うところがいかばかりであろうか」と語っている。彼の論理を見ると、栗谷が先で申師任堂がその次となっている。すなわち、栗谷への崇拝が、彼の母の作品を通じてさらに強化されているのである。また、西人老論《ソインノロン》系[15]に属し宋時烈を崇敬した鄭澔《チョンホ》[16]（一六四八～一七三六）は、「師任堂画帖跋《サイムダンファチョプパル》」（『丈巖集《チャンアムジプ》』〔巻之二十五〕所収）にこう記している。

この絵は師任堂申夫人の作品である。夫人は素晴らしき徳行を具え、大賢〔栗谷〕を生み育てた。この点は実に侯氏夫人に引けをとらないといわれる。だが、今、この画帖を見ると才能が卓越し芸術が秀でており、これは侯氏夫人の逸話からは聞かれなかったものである。こうしたことであれば、どうして徳を備えてあらゆることに長けた御方でないといえようか。

鄭澔の論理によれば、申師任堂の行跡は中国の二程子の母である侯氏よりも優れていた。宋時烈が侯氏を模範として申師任堂を彼女につなぎ合わせようとしたとするならば、鄭澔は「すべてに長けた」申師任堂を侯氏よりもより高いレベルに位置づけていたのである。

このほかにも、金昌翕《キムチャンフプ》⑰（一六五三～一七二二）は江陵《カンヌン》の烏竹軒《オジュクホン》⑱を訪問した際の詩を通じてその想いを表現し、[3] 申《シン》暻《ギョン》⑲（一六九六～一七六六）もまた、申師任堂の絵に「〔学徳ある〕栗谷を生み育てた」根源を見出そうとし、「栗谷が先生〔学徳ある者〕となったことをみれば、やはりそれは『醴泉《れいせん》〔甘い水の出る泉〕には源があり芝草《しそう》〔霊芝〕には根がある』という言葉の証拠である」（「書師任堂手行蹟後《ソサイムダンスヘンジョクフ》」『直菴集《チガムジプ》』巻之十所収）と述べている。

江陵府使〔朝鮮時代の江陵府の長官〕として赴任した李亨逵《イヒョング》⑳（一七三三～？）は、一七七四年〔英祖五〇〕に「跋師任《パルサイム》堂親筆《ダンチンピル》」を記し、申師任堂の作品を江陵で保管するのが絵の「権威」を高めることになると語っている。すなわち、江陵は栗谷の外家《ウェガ》〔母親の実家＝申師任堂の故郷〕であることから、栗谷への尊敬は江陵に対する敬意につながるという江陵府使らしい信念を見せている。このように、十八世紀の申師任堂は、栗谷という存在の起源を探索するというレベルで言説化されたのである。

---

3 「賢き学者が生まれしは東海の海辺／いにしえより伝えられし教育の地／この母にしてこの息子が生まれる／わが学問にこの方がいることのなんと幸いなことであろうか」（金昌翕「江陵烏竹軒」、『三淵集』所収）。また、趙亀命（一六九三～一七三五）は申師任堂の絵を「奥ゆかしく、美しく、そして闊達である」と評価し、「女性性」と「母性」が宿ったものとして解釈している（趙亀命「題宜鎮所蔵申夫人画帖」『東谿集』所収）。

母性の担い手

それまでの言説を総合し新たな物語を補うという方式による十九世紀の申師任堂に対する言説は、申師任堂の教育と栗谷の孝行として集約された。すなわち、申師任堂は母性あるいは婦道を実践する女性として、栗谷は母の名を世に知らしめた孝行息子として再構成されたのである。これを土台として、申師任堂と栗谷にあやかろうという当為論的かつ啓蒙的な言説が形成されるようになった。つまり、栗谷を尊敬する人ならば、当然その母の絵にも敬意を示さねばならないということと、人の子であるならば、みな栗谷を見習って孝行を実践せねばならないということであった。

まず、梅花屏風への跋文によって申師任堂への言説を主導した人々がいた。彼らは申師任堂の一族である平《ピョン》山申《サンシン》氏の人々であった。申錫愚《シンソグ》[21]（一八〇五～六五）は「師任堂《サイムダン》梅花図《メファド》八幅跋《パルポクパル》」[22]で、絵の生命力は栗谷にかかっており、栗谷に従う者は先生〔栗谷〕の母の作品を敬慕しなければならないと述べた。

わが儒学界でこの絵を尊敬するのは本来当然のことであるが、さらに夫人〔申師任堂〕はわが一族の女流のソンビ〔有徳者〕であるから、仰ぎみることがさらに特別である。昔の言葉に「絵の生命は五百年」というものがあるが、これは普通の画家に対していった言葉であり、この絵〔申師任堂の梅花図〕の場合は栗谷先生の道学とともにこの世が尽き果てるまで永遠に続くのである。……この世において栗谷先生の学問を語ろうとする者は誰でも、この絵をきわめて大切に味わうのが道理として当然である。それゆえ私は、この絵の生命の存続をもって栗谷先生の道学が伝えられていくかを占おう。

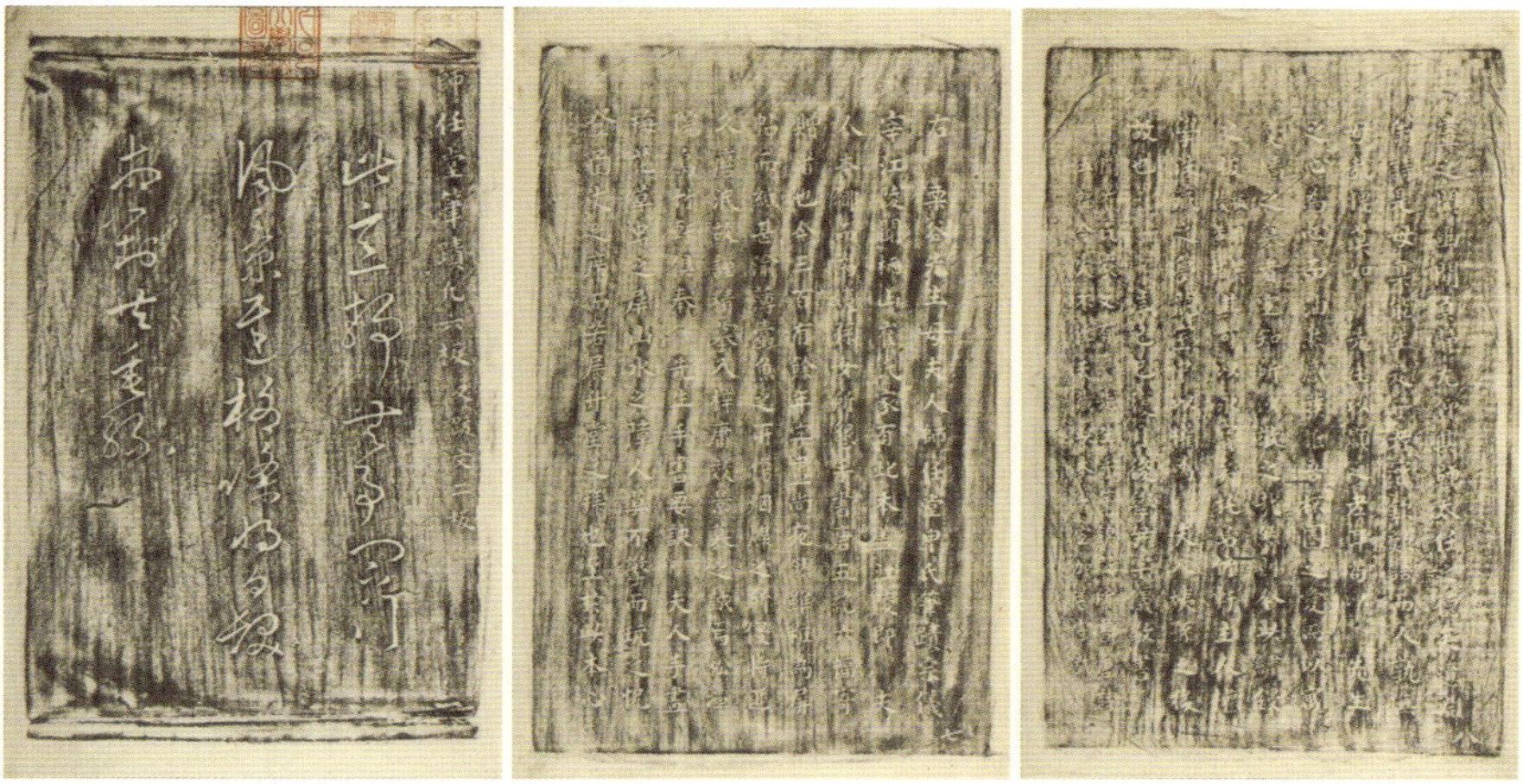

草書。唐詩五絶六首のうちのひとつ。伝申師任堂書。1869年板刻本刊行。55×36.3cm。奎章閣韓国学研究院〔韓国〕所蔵。写真左は戴叔倫〔唐の詩人〕の「贈李山人」。右側の二枚は申師任堂の草書についての江陵府使尹宗儀の跋文。

申応朝《シンウンジョ》[23]（一八〇四〜九九）は、一八六一年（哲宗《チョルジョン》一二〔哲宗は朝鮮第二五代国王〕）に書いた跋文によって、中国の二程子の母である侯氏の面影を申師任堂に見出そうとした。これは栗谷の存在を意義づけるという脈絡の中で、彼から二百年あまり前（一六七六）に宋時烈が初めて用いた方法である。申応朝は、侯氏には絵がなく申夫人〔申師任堂〕には絵はあるという違いはあるものの、彼女たちの究極的な目的は同じであったと述べている。申師任堂はただ絵を描いただけで後世に伝えようというつもりはなかったのだから、自らの作品が世に伝わることを望まなかった侯氏と同じであるというわけである。また申夫人〔申師任堂〕のすべての絵は『詩経』に登場する婦女の話を再現したものであるから、婦道の実践の延長線上から理解しなければならないという論理を展開した。[4]

申応朝は宋時烈の「侯氏言説」と金鎮圭の「詩経言説」をもとにして、その論理と内容をさらに補完していったのである。こうした過程を通じて、言説は「真実」となった。

4 申応朝「師任堂梅花図八幅跋」、李殷相『師任堂の生涯と芸術』、成文閣〔韓国〕、一九六二年。

「蓮池の鷺」。申師任堂画。絹本水墨。22 × 18.8cm。ソウル大学校博物館所蔵。

申師任堂を儒教の婦徳を実践した女性として意味化する作業の延長線上で、儒教経典の『詩経』と申師任堂の作品が比較された。すなわち、嫁いだ女性が実家を懐かしむ心を詠んだ『詩経』の「泉水」や「竹竿」が、申師任堂の詩「思親」[24]とよく似た情緒を示しているというところに注目したのであった。

一八六八年、江陵府使の尹宗儀《ユンジョンイ》[25]は、申師任堂の筆蹟が消え去ってしまうことを憂いて、それを板刻して永遠に保存しようとした。彼は「人として母がいない者など誰がいようか。だが、栗谷先生のようにその名声を広めて親を誉れ高きものにする誠の孝行を奉げられないことを恥ずかしく思うのである」（「師任堂筆蹟刻板跋《サイムダンピルジョクカクパンバル》」[26]）と述べている。彼はまた、申師任堂の筆蹟に〔中国の周の〕文王の母太任の徳を見るとし、栗谷が立派なのでその母も世に知られるようになったのだから、烏竹軒《オジュッコン》や松潭書院《ソンダムソウォン》[27]を訪れる人たちも栗谷から人の子としての道理を学ぼうと語った。こうして栗谷は、私たちが学び従わねばならない「偉人」の序列に置かれるようになった。こうした過程を通じて、申師任堂は徐々に自らの実在とその歴史空間から遠ざかり、抽象化されていったのである。

申師任堂言説の性格と意味

朝鮮時代の申師任堂言説は、彼女の死後百年あまりが過ぎた十七世紀半ばから本格化していったが、その言説が生み出され広まっていったのは、栗谷を追尊する老論系の学者たちによって閉鎖的に行われていった。十六世紀から十九世紀に至る四百年あまりの時を経過して、申師任堂は呼称の変化を経ていった。十六世紀の知識人によって「申氏」または「東陽申氏」と呼ばれていたのが、十七世紀には「申夫人」または「李公夫人」と呼ばれるようになった。申氏や申夫人という呼称では、前者は後者に比べて家族的な義務や役割から自由な概念であることは明らかである。十八世紀の文章では「師任堂」あるいは「思任堂」という題目をつけ、本文では「栗谷先生の母」と解釈されている。言いかえれば、歴史が流れるにつれ、申師任堂は「彼女自身」から「夫人」へ、さらに「母」として、そのアイデンティティーの変化を求められてきたわけである。

申師任堂のひととなりは、後の時代に進むほど儒教的な価値と結びつき、徐々に進化していく方向へと構成されていった。申師任堂を中国の宋の性理学者である二程子の母と同一視したり、申師任堂の描画行為を儒教経典『詩経』の教えを再現したものと解釈したりするといったやり方であった。それらは時代が進むほど、個人の画家というより、家族関係や家族内での役割が浮かび上がり、申師任堂が婦徳と母性性の担い手として姿を変えていったことからもわかる。

われわれ韓国人にはあまりに慣れ親しんだ申師任堂の母親としての神話は、十八世紀以後台頭し、本格化していった。また、近代以後の主要テーマのひとつである教育家としての申師任堂の言説は、十七世紀の「神聖なる」懐妊から十八世紀の胎教へと発展する中から出てきたものであったことがわかる。すなわち、「栗谷のひととなりは、その母の胎教によるもの」という十八世紀の言説は、その後の社会で栗谷と申師任堂の「永遠なる」真実となっていった。

申師任堂の「栄誉」は、そのほとんどが伝統時代の言説の効果によるものであるが、男性知識人のレンズから観察され叙述された形態として示されたという点から、一定の限界がある。われわれ韓国人の歴史人物である申師任堂の物語は、これからも続けられていくであろう。彼女はわれわれ韓国人に新たな問いを投げかけ、私たちは彼女を通じて新たな想像力を創出していくであろう。その新らしいスタートのために、申師任堂に対する知識と理解を制限するようなものを探し出し、取り除いていくことが必要である。

【訳註】

❶李珥は朝鮮時代を代表する大朱子学者であり、「東方の聖人」とも称された人物である。栗谷は彼の号である。「東方の朱子」と称された退渓李滉とともに朝鮮思想史における双璧をなした。朱子学においては万物の根本原理である理と物質要素の原料となる気の関係をどう捉えるかが重要な学問的命題であったが、李滉が根本としての理の重要性を強調するために理の能動性を主張したのに比べ、李珥は理に能動的な性格はなく、物質である気に乗る形で理が動くと主張した。両者の学問はその後の朝鮮思想界の二大主流となり、李滉の嶺南学派と李珥の畿湖学派として発展し、政治・学問・社会のあり方に大きな影響を与えるようになっていった。また現在、韓国の五千ウォン紙幣には李珥、千ウォン紙幣には李滉の肖像画が用いられている。

❷朝鮮時代の官庁である弘文館《ホンムングァン》と芸文館《イェムングァン》を指す。弘文館は宮中の文書や図書を管理し国王への諮問を担当した部署であり、芸文館は国王の命令書や官僚の任命書を作成した。

❸弘文館・芸文館に属する正二品の品階を持つ高位官職。

❹生没年不明。朝鮮中期の学者。文章や詩論で高く評価された人物。また、吏文（中国との外交用語・文体）に精通しており、中国の明およびその周辺国との外交関係について記した『攷事撮要《コサチャリョ》』を編纂した。

❺生没年不明。朝鮮時代初期に活躍した画家。山水画に優れた画家と評され、中でも有名な「夢遊桃源図《モンユトウォンド》」は現在、日本の天理大学付属天理図書館に所蔵されており、重要文化財に指定されている。

❻朝鮮時代後期の文臣。当時の政治・思想界の学派のひとつで、栗谷李珥に始まる畿湖学派およびその学説を支持する党派である西人《ソイン》の領袖として政治力を発揮し、十七世紀の政界を主導した。彼は李珥の孫弟子にあたり、その学統を受け継ぐ朱子学の大家として大きな影響力を持った。彼は明なき後の東アジア国際社会で朝鮮が中華文明の継承者であるという姿勢を打ち出し、「小中華」としての朝鮮の文化意識を明確にした。彼のこうした思想はその後の朝鮮思想史に大きな影響を与え、その存在の大きさから、彼の文集は朱子にちなんで『宋子大全』と名づけられている。

❼賛成は朝鮮時代の最高政務機関だった議政府《ウィジョンブ》に属する従一品の高位官職。「贈賛成」は死者を称えるために死後与えられた官職を示す。

❽朝鮮時代の政策決定最高機関である議政府の最高官職。品階は正一品。今日の総理大臣に当たる。

❾朝鮮時代後期の文臣。工曹判書《コンジョパンソ》（土木・建築・商工業を管轄した国家機関の長官）や左参賛《チャチャムチャン》（政策決定の最高機関である議政府に属する官職）を歴任。文人としても評価が高く、篆書・隷書・山水画・人物画などに優れていた。

❿『詩経』国風にある「草蟲」は、戦争や賦役などで家を離れた夫を思い慕う女性の心を詠ったもので、草虫の鳴く声が聞こえ、イナゴが高く跳ね回るのに（喓喓草蟲　趯趯阜螽）以下のような詩である。

虫が飛ぶかのようにあなたに会いにも行けず、わが心は痛むばかり。（未見君子　憂心忡忡）
再びその姿を見、会うことができたなら（亦既見止　亦既覯止）
わが心はどれほど安まることでしょう。（我心則降）
あの南山に登り、蕨《わらび》を摘んでみるものの（陟彼南山　言采其蕨）
あなたに会えず、わが心はうれえるばかり（未見君子　憂心惙惙）
再びその姿を見、会うことができたなら（亦既見止　亦既覯止）
わが心はどれほどうれしいことでしょう（我心則説）
あの南山に登り、薇《ぜんまい》を摘んでみるものの（陟彼南山　言采其薇）
あなたに会えず、わが心は傷つき悲しむばかり（未見君子　我心傷悲）
再びその姿を見、会うことができたなら（亦既見止　亦既覯止）
わが心はどれほど穏やかになりましょう（我心則夷）

⓫ 申靖夏は朝鮮中期の文人として名を馳せた人物であり、本書第一部一章にも登場する金昌協の門人でもあった。彼は、短い文章の中に叙情と審美を表現しようとする尺牘文学の代表的作家として有名である。尺牘とは「一尺ほどの方形の紙に記された書簡」の意味で、中国で文学ジャンルのひとつとして発達した。申靖夏は欧陽脩や蘇軾の尺牘作品を模範として数多くの作品を作り、また詩評も残しており、朝鮮後期の文学世界での芸術性に大きく関わった人物と評価されている。

⓬ 朝鮮中期の文臣。宋時烈の門人であり、その文章力が評価された。礼曹判書《イェジョパンソ》や吏曹判書《イジョパンソ》などの要職を歴任した。

⓭ 権尚夏は朱子—栗谷李珥—宋時烈へと続く朱子学の学統を受け継ぎ、朝鮮後期の性理学展開の「橋渡し」的な役割を果たした人物である。彼は宋時烈の遺言に従って、豊臣秀吉の朝鮮侵略の際に援軍を派遣した明の皇帝神宗と、明が滅亡した時の皇帝崇禎帝を祭る萬東廟を建てた。これは朝鮮後期の小中華意識（滅亡した明の中華文明を朝鮮が唯一継承しているという文化意識）の定着と関連して大きな意味を持っていた。

⓮ 翻訳過程では本文の原典を確認することができなかったため、李殷相『師任堂の生涯と芸術』七版（成文閣〔韓国〕、一九九四年）の一六七頁〜一六八頁記載の史料を参考とした。

⓯ 朝鮮では一五七五年に朝廷の人事権をめぐって、退溪李滉の学問を継承する東人《トンイン》と栗谷李珥の学問を継承する西人《ソイン》の二派閥が登場し、その後、政治的・学問的立場の違いから党派を異にする朋党《ブンダン》政治が展開された。宋時烈は十七世紀後半に西人の領袖として政治・学問に大きな影響を与えた。さらに西人は一六八〇年に南人《ナミン》（東人から生まれた一党派）から政権を奪取すると、南人勢力に対して強硬な立場を取った老論（宋時烈が中心）と穏健的な少論にさらに分かれていった。

⓰ 権尚夏同様、宋時烈門下の優れた弟子として名を成し、一六八四年に科挙の文科に及第してからは官僚としても活躍し、総理大臣にあたる領議政まで登った。また一六九八年には対馬との外交・交易の窓口であった倭館を管轄し、朝鮮時代の日朝外交に大きく関わった東莱府《トンネブ》の府使（長官）も務めている。

⓱ 朝鮮後期の性理学の大家。彼の性理学研究は李滉の主理的立場と李珥の主気的立場を折衷したものとされ、朝鮮時代の思想史に大きな足跡を残した人物と評価されている。なお、第一部一章に登場する金雲の叔父（金昌協の弟）にあたる。

⓲ 現在の江原道江陵市に所在し、宝物（重要文化財に相当）第一六五号に指定されている。一五世紀後半に建てられたと推定される建物であり、申師任堂と栗谷李珥の生家でもある。建物の周囲に黒竹が密生しており、その色から烏竹軒と呼ばれている。

⓳ 朝鮮後期の文臣。学問に優れた人物として当時の国王英祖の信任が厚く、王世子（王位継承者）の教育を担当する侍講院《サガンウォン》の賛善《チャンソン》（正三品）に任命された。

⓴ 朝鮮後期の文臣。一七五五年に科挙に及第し、中国の清への使節である謝恩使の書状官や京畿道監察使《カムチャルサ》（地方長官）などを歴任し、一七八九年には国王の秘書機関である承政院《スンジョンウォン》の長にあたる都承旨《トスンジ》に任命された。彼の「跋師任堂親筆」は申師任堂の直筆屏風（「申《シン》師任堂草書屏風《サイムダンチョソビョンプン》」、江原道有形文化財第四一号）に記されたものである。

㉑ 一九世紀後半に漢城府判尹《ハンソンブパニュン》〔現在のソウル市長に相当〕・刑曹判書《ヒョンジョパンソ》〔法務大臣〕・礼層判書《イェジョパンソ》〔文部科学大臣および外務大臣〕などを歴任した政治家。冬至兼謝恩使（一八六一）の正使として清に赴き、第二次アヘン戦争（一八五六〜六〇）以後、清とイギリス・フランス・ロシアとの間で結ばれた北京条約に関わる国際情勢を報告するなど、当時の外交史にもその名を残している。また、文章家としても高く評価されていた。

㉒ この跋文は申師任堂の作と伝えられる「枯梅帖《コメチョプ》」（韓国の梨花女子大学校博物館所蔵）に付されたものである。

㉓ 一九世紀後半に刑曹判書・吏曹判書・礼曹判書などの要職を歴任した政治家。また、西洋の東アジア進出の中で「倭洋一体」の立場から西洋・日本との外交通商関係を制限する政策を主張した。

㉔「思親」の内容は以下のとおり。詩の中の「寒松亭」「鏡浦台」はともに申師任堂の故郷江陵の景勝地である。
千里離れた故郷、万畳の峰、帰郷の思いは長く夢の中にあり（千里家山萬畳峰　帰心長在夢魂中）
寒松亭の傍らに寂しく浮かぶ丸い月、鏡浦台の前には一陣の風（寒松亭畔孤輪月　鏡浦台前一陣風）
砂浜の白き鷗は集まっては散り、波間の漁船は西へ東へ（沙上白鷗恒聚散　波頭漁艇各西東）
いつまた瀛州（＝江陵）への道をふみ、幼き頃の鮮やかな服を着て母のそばで針仕事ができるのか（何時重踏臨瀛路　更着班衣膝下縫）

㉕ 一八〇五年〜八六年。工曹判書や礼曹判書などを歴任した政治家。孝行者として当時から高く評価され、また儒教における礼文化を研究する礼学に詳しく、儒教経典の解説書である経伝執筆でも多くの業績を残した。

㉖ 李殷相『師任堂の生涯と芸術』七版（成文閣〔韓国〕、一九九四年、一二〇頁）によれば、この跋文は烏竹軒に保管されている申師任堂の親筆の板刻に記されているという。

㉗ 栗谷李珥の位牌を安置した書院。現在の江原道江陵市に所在。

三章 苦痛を踏み台に咲いた知性

―朝鮮時代の女性知性人の系譜―

李慧淳《イヘスン》：梨花女子大学校 国文科名誉教授

女性知性人、彼女たちは誰なのか

辞書的な定義によれば、知性と知能を具えた者を知性人という。歴史的には知性人と呼んでも遜色のない立派な母や妻は多く、優れた作品を残した女性文人も少なくない。だが、この章で対象とする女性知性人とは、個人の領域を超え、独立した人間として社会に対する自覚と知的眼目を作品や言説として表出した人々を指す。

女性知性人の特性は、彼女たちがその身を置いてきた人生の条件を最大限に活用しあるいは克服する中で、絶えず思いをめぐらし、省察し、記録してきたという点に見出すことができる。いくつかの例を挙げてみよう。

朝鮮後期の女性知性史を開いた人物と評されている金浩然斎《キムホヨンジェ》（一六八一～一七二二）〔本書第一部一章を参照〕は、丙子胡乱《ピョンジャホラン》[1]の際に江華島で節義を守って死んだ金尚容《キムサンヨン》[2]の後裔であり、尤庵宋時烈《ウアムソンシヨル》〔本書第一部二章を参照〕とともに西人《ソイン》の礼論《イェロン》[3]を主導した春堂宋浚吉《チュンダンソンジュンギル》の一族に嫁いだ。彼女は父母兄弟十三名とともに詩を読み文集を残すような和やかな家庭に生まれた。だがその一方で、結婚後は夫からの愛に恵まれなかった女性として知られている。金浩然斎が記した教訓書『自警篇《ジャギョンピョン》』は、心・夫婦・嫉妬など、彼女自身の夫婦生活についての深い省察から生まれたものである。そこには、女性に与えられた「婦道」という規範が、実は男女または夫婦という相互関係の中で論じられなければならないということが示されている。これは〔彼女が嫁いだ〕家門の礼論とは異なるものであった。

女性実学〔女性による実用学問〕の「代表走者」である李憑虚閣《イビンホカク》（一七五九～一八二四）は、その夫である徐有本《ソユボン》が『海東農書《ヘドンノンソ》』[4]を編纂した徐浩修《ソホス》（一七三六～九九）を父に持ち、『林園経済志《イムオンキョンジェジ》』[5]の著者徐有榘《ソユグ》（一七六四～一八四五）と兄弟関係にあった人物だった。つまり、農学は李憑虚閣の嫁ぎ先の家学であった。李憑虚閣は「聡明さも無粋な文章には及ばない」——〔知識・経験の記録がなければ聡明さを活かせない〕（『閨閤叢書《キュハプチョンソ》』序文）という観点から、自らが総括する飲食・染色・裁縫・住宅管理・動植物飼育などで折にふれて実験し経験したことや、あるいは暇あるごとに夫の舎廊房《サランバン》❻にある図書から探した関連資料を細かく記録して『閨閤叢書』を著した。彼女は資料の中から「最も肝心な言葉」を選り分けて記しただけでなく、別途に「自らの見解」を付け加えた。この見解がまさに李憑虚閣自身の経験であり、家門の実学を超えたものであった。

前述の二人が自分たちの置かれた環境をもとに知性史に寄与した人物だとすれば、金錦園《キムグムォン》（一八一七〜?）は自らが置かれた境遇を克服する中でその目標を成就していった例である。彼女は「人間」として「朝鮮」に生まれたことが幸福であり、「女性」として貧しい家門に生まれたことは不幸であったと述べている。彼女の記録精神は前述の二人の女性を凌駕し、二十年余りの人生を記録した『湖東西洛記《ホドンソラッキ》』を完成させた。彼女は中人《チュンイン》❼出身の家門に生まれた女性だったようであるが、結婚前にしばらくの間妓女《キニョ》❽生活をしていた痕跡がみられる。だが、『湖東西洛記』にそれについての記録がないところをみると、彼女にとって身分というものがどれほど重荷になっていたかがわかる。

彼女は幼い頃から、女性はどうして「住」と「食」にのみ関心を持ち、山水での遊覧はなぜ男性にのみ許されるのかということに疑念を持っていた。そして父母にせがみ、十四歳の時に男装して湖西《ホソ》地方（現在の忠清北道《チュンチョンブクド》・南道《ナムド》）を経由して関東《クァンドン》❾の金剛山《クムガンサン》❿や漢陽《ハニャン》（現在のソウル）などを遊覧した。その後、義州《ウィジュ》府尹⓫の金徳熙《キムドッキ》の側妻《そばめ》となって二年間義州で生活し、夫が致士（高齢により官吏から退くこと）することになると、ソウルの龍山《ヨンサン》に亭子《あずまや》を建ててともに暮らしながら、友人たちと集まって詩会を開いたりしていた。著書の『湖東西洛記』という名は、湖西・関東・関西《クァンソ》⓬そして都（洛陽）〔ソウル〕での人生の記録という意味である。彼女は著書の末尾に「もし文章を書いてそれを伝えないのであれば、誰が今日の錦園がいたことを知ってくれようか」と、その著述意図を示している。彼女が後世に残したかったのは、「個人」としての金錦園の存在であって、誰かの妻・娘・母としての存在ではなかったということが注目に値する。

辛卯 年 楓岳図帖《シンショニョンプンアクトチョプ》の「普徳窟図《ポドククルド》」。 鄭 敾《チョンソン》画、36 × 26.2cm。韓国国立中央博物館所蔵。堤川《チェチョン》（忠清北道）の義林池《ウィリムジ》にはじまり、金剛山、関東八景、雪岳山《ソラクサン》を経て漢陽（ソウル）をめぐる金錦園は『湖東西洛記』に20年にわたる人生を記録した。結婚後には夫に従って義州《ウィジュ》に行き、ソウルに戻って龍山《ヨンサン》の三湖亭《サムホジョン》に留まった。『湖東西洛記』は細やかながらも生動感あふれる金剛山紀行文とともに、19世紀の関帝廟《クァンジェミョ》、朝鮮北部の関門義州の風俗と統軍亭《トングンジョン》についての重要な資料を含んでいる。

このように、女性知性人たちは他の女性と同様に公的な教育を受けることができなかった。だが彼女たちは、家庭生活での曲折の中で、あるいはその曲折を克服しながら、日常の経験を省察・記録し、これらをむしろ大切な「女性のための資源」として再生産していったのである。

本心と規範化された心との間《はざま》で

家父長制社会の中で、女性は生まれた時から男性の支配言説によって規範化され教化されていく。各種の教訓書はもちろん、理想的な女性像を描いた『列女伝』や女性を対象とした碑文・碑誌文など、そのすべてが女性を規範化した資料である。その大部分は男性が書いたものであり、したがって男性の意識が投影されている。こうした点から見ると、女性の心は男性によって私有化されたものなのである。

規範は本来の生まれついての心である本心を抑圧する。だが時に、本心はあるきっかけがあればその姿を再び現して規範と葛藤を繰り広げる。本心は偽りのないまことの心ではあるが、〔だからといって〕このように規範化された女性の心を、偽装されたものであるとか、あるいは偽りのものだと見なすのは難しい。さらには伝統社会において、こうした心は、結婚後の嫁ぎ先で嫁や妻として実生活をうまく営んでいく上で必須のものだ。い

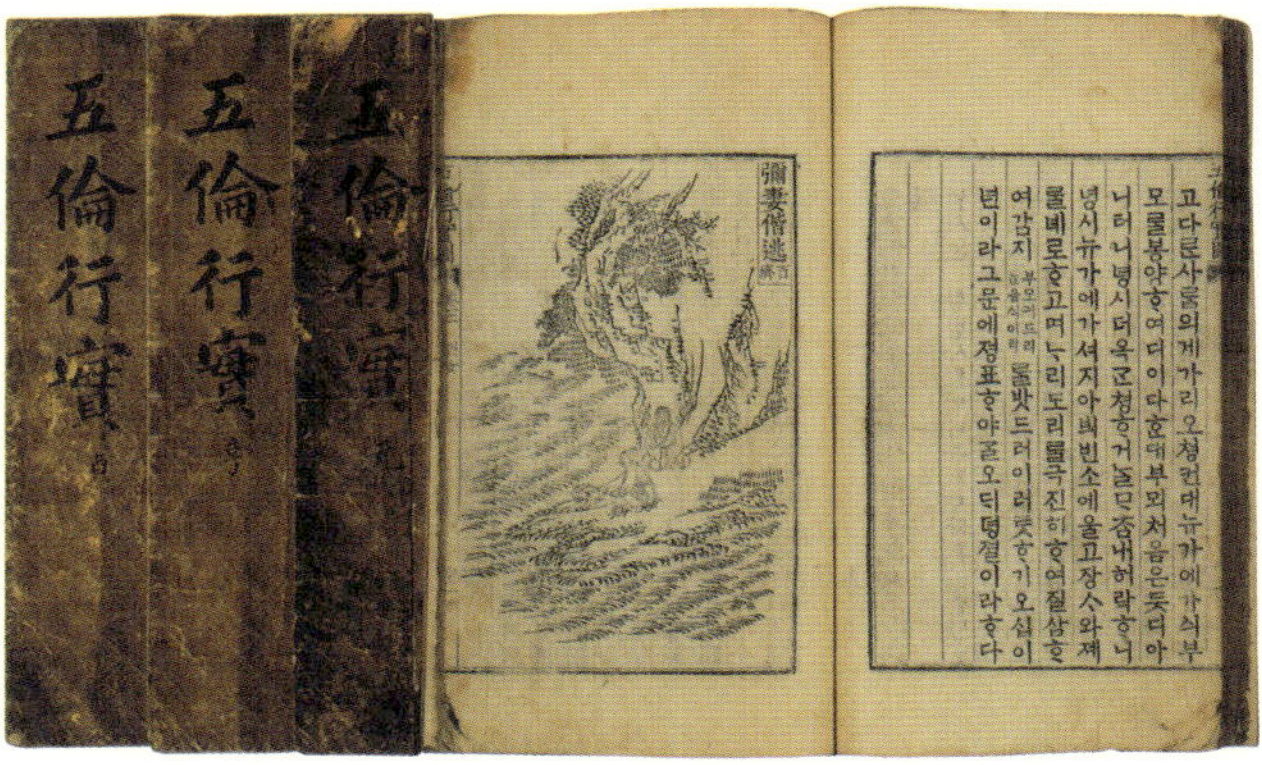

『五倫行実図《オリュンヘンシルド》』（五巻四冊）。李秉模《イビョンモ》編、1797年。韓国国立中央博物館所蔵。民衆教化の意味で儒教の基本倫理や徳目を普及させるため、正祖21年に王命により『三綱行実図』と『五倫行実図』を合わせ、修正・編纂した書。忠臣・孝子・烈女が強調されている。

『蔡氏孝行図《チェシヒョヘンド》』、許錬《ホリョン》画。紙本淡彩。23×31.7cm。キム・ミニョン所蔵。父の危篤を前に、息子は指を切って自らの血を父に飲ませようとし、妻はそのそばを離れず真心をこめて看病をしている。伝統社会でのこうした孝心は男性によって探求されたものではあるが、必ずしも偽りのものと見るのも難しい。

いかえれば、実存のために〔朝鮮の伝統社会という現実の中で生きていくために〕必ず持たねばならない心なのである。

個人の秘められた心と社会に示される表面化した心の二重性は、士大夫の夫人であった許《ホ》蘭雪軒《ナンソルホン》（一五六三～八九）〔本書第一部一章を参照〕の詩にも現れている。彼女の『遣興《ユフン》―侘しき心を解きほぐして―』全八首のうち二首で、自らが大事にしまっておいた絹一疋と装身具を夫に奉げながら、「〔この絹で〕あなた様のパジ〔韓国の伝統衣装での男性用ズボン〕を作るなら惜しくはありませぬ。でも、他の女のチマ〔韓国の伝統衣装でのスカート〕にはお使いにならないでください」（第三首）、「路傍にお捨てになっても惜しくはありませぬが、新しい女の腰にはお結びにならないで」（第四首）と懇願している。この詩にこめられた女性である話者

〔許蘭雪軒〕の心は嫉妬である。彼女は愛しき夫に自らが大切に持ち続けてきたものを贈るわけだが、夫がそれを他の女性に与えるであろうことをすでに気づいていた。にもかかわらず、彼女は嫉妬や不信を直接吐露することができなかった。これは女性が実際の人生の中で、自らしかたなく解きほぐしていかねばならない心の二重性を示している。詩に表されているのは規範を強要する社会で生き残ることができる「実存的な心」であり、本心や偽りのない心は秘められている。許蘭雪軒がいとしさや愛情といった本心がそのまま現れた詩を詠んだという理由で「節度がなくふしだらだ」と批判されたこと[13]を考えれば、詩人〔女性〕が本心を表せない理由がそこに見えてくる。

詩とは、女性が偽りのない心を吐露する唯一の世界であった。だが、ここでさえも自由たり得なかったのである。したがって、許蘭雪軒が偽装した「実心」〔規範を強要する社会で生きていくための心〕を通じて追求した社会との和解は、本当の、そして、永く享受できる平和の道ではなく、一方的な献身と犠牲を前提とした苦痛の行程であった。

女性知性史の出発、規範の一方性への異議申し立て

いくつかの女性知性史〔女性知性人による知的営為〕は、まさにこのような女性の二つの心の距離を縮め一致させようという努力から始まっている。本心を抑えるという一方的な犠牲では問題は解決されない。だが、問題は「規範」そのものにあるのではなく、規範の一方性にあった。嫉妬とは女性ひとりの問題ではなく、男女または夫婦という相互関係から生じるものであるから、夫の行いについての前提がなければならない。この点を指摘した人物が〔前出の〕金浩然斎である。彼女は妬みが婦人の恥ずべき行為であるから慎重に戒めねばならないとしつつ

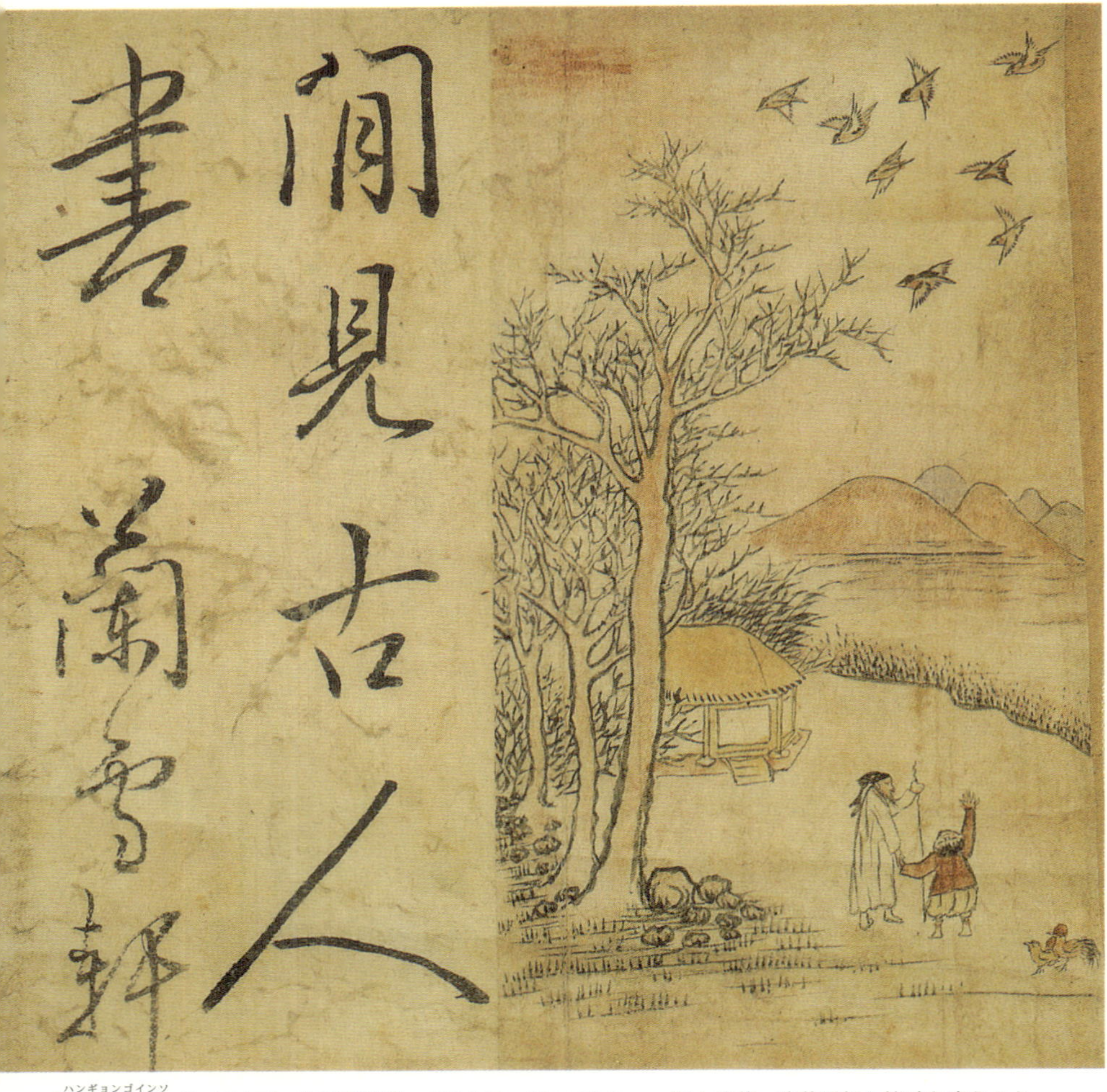

「閑見古人書《ハンギョンゴインソ》（仰看飛禽図）」許蘭雪軒書。1632年。22×22.5cm。個人所蔵。許蘭雪軒の筆跡を窺うことができる珍しい資料。許蘭雪軒ほど朝鮮国内はもちろん中国、日本などで国際的な文名を轟かせた作家は珍しい。彼女の文集もまた国内外でしばしば発刊された。韓国で初めて出版されたのは1608年に彼女の弟許筠が公州府使だった時に刊行した『蘭雪軒集』である。新活字本で1913年に京城（ソウル）の新文館で印刷した『許夫人蘭雪軒集』には『景蘭集』が付されている。景蘭とは朝鮮の訳官と中国の女人の間で生まれた女性のことで、許蘭雪軒の詩を好み、彼女が残した作品は全て許欄雪軒の詩に次韻したものである。許蘭雪軒を慕ってその名を景蘭とし、号を少雪軒とした。

も、妻の嫉妬は夫の行いと同一線上で議論されるべきであり、したがって「自分ひとり」での修養ではない、夫と「ともに行う」修養が必要だという点をはっきりさせた。すなわちこれは、嫉妬とは女性が耐えればよいといったものではないという意味である。

彼女が夫婦の道で最も重要なものとして掲げたのは、互いの和合（相和）であった。これは夫婦の道が一方的であってはならないことを述べたものである。夫は優しさと睦まじさで夫人を導き、夫人は慎み深く尊敬の気持ちを持って夫に仕えなければならないのであり、百年という長い間であっても夫婦に憤りや怒りが生じないようにしてこそ、子孫に至るまで憂いや禍が起こらないとした。金浩然斎は妻も憤り怒るすべを知っている存在だということを強調しているのであろう。ここで「夫婦が睦まじくする」というのは、妻の一方的な忍耐と従順による表面的な平和ではなく、夫に対する妻の真の理解と尊敬に基づいていることを指している。

金浩然斎のこうした主張は、一八〇〇年に『胎教新記《テギョシンギ》』を著した李師朱堂《イサジュダン》（一七三七～一八二二）へとつながる。李師朱堂の胎教論もまた、夫婦関係の再設定の上になされている。それは何よりも、胎教の主体としての父親の役割と胎教の範疇についての新たな省察であった。胎教を妊娠した女性にのみ要求するのは正しくないということである。まず、妊娠の時から父親の格別なる役割が求められる。李師朱堂は、樹木はどの季節に芽吹くかによってその性質が異なり、牛は南北どの地域で身ごもったかによって気質の違いが生じると主張して、胎教における父親の役割を強調する。最も重要なのは胎児を作る父親の役割であり、その次が十ヶ月目の妊婦だとしている。

また、妊娠後の女性は、胎教のために心が穏やかでなければならないので、周辺、特に夫や嫁ぎ先の家族の助けが切実に求められるという点を強調した。胎教のための環境づくりは、妊婦の意志だけでなしえるものではない。これは、それまで女性が感情を節制することが大切だといいつつも、実際にはそれを全て個人〔女性ひとり〕の責任として押し付けてきた慣行への挑戦であった。胎教だけではなく、ほとんどの女性が背負わなければならない感情の抑制は、周辺環境、特に夫〔との関係〕を考慮せず、〔女性のみで〕やり遂げねばならないものであった。

李師朱堂は妊婦の怒りや恐れ、憂いや驚きといったものは、その相当部分が外部環境に原因があることを示そうとしたのである。

金浩然斎が語った「和睦」や李師朱堂が述べた胎教は、どれも夫婦関係が同等の責任意識と努力、夫婦相互の問題として再設定されるべきだという点を強調している。こうした問題点は幾人かの女性知性人によって提起されてきたが、彼女たちの挑戦は当代のほとんどの女性の心を代弁したものではなかったのだろうか。

金浩然斎、孔子と朱子への新たな解釈

朝鮮の女性知性人は、開化期の「新女《シンヨ》性《ソン》」[14]とは異なり、夫や嫁ぎ先あるいは家庭に忠実であった。だが、伝統として伝えられてきたものの中には、聖人の言葉ではな

金浩然斎が暮らした家は、現在大田《テジョン》市大徳《テドク》区宋村《ソンチョン》洞の「宋容億《ソンヨンオク》家屋」と呼ばれている家である。市・道民俗資料に登録されている。大きな舎廊《サランチェ》棟（接客用の棟）は夫の宋堯和《ソンヨファ》が父宋炳夏《ビョンハ》がすごした法天精舎の木材を移して建てたもので、自らの号をとって小大軒とした。小さな舎廊棟は息子の宋益欽《イクフム》の勉強部屋とした。この家屋は17世紀～18世紀の士大夫家門の生活を理解する上で重要な資料として用いられている。

く後代の儒学者たちの解釈によるものが多かった。女性知性人は〔儒教や朱子学の〕経典そのものを拒否することはなかったものの、過去の儒学者とは違った観点から「伝統」に接近しようとしたのであった。

まず、聖人は本当にいかなる前提もなく女性に婦徳を要求したのであろうか。夫がどのような行動をしても女性は嫉妬してはいけないのであろうか。主に孔子に関わる経典は、焚書坑儒を経るなかで原典を完全に復旧させることはできず、現存する経書はその内容がほとんど後代の学者の解釈によって理解されたものであるが、伝統的な教訓も同様であった。金浩然斎は聖人の教訓とされる三従・七去・婦人伏於人[15]などについては異見を示さなかったが、その具体的な実行については後世の解釈に従わず、原典そのものから独自の解釈を試みた。

「婦人は夫に従わねばならない」という三従之道や七去之悪は『大戴礼記《だたいらいき》』〔中国の漢の儒学者戴徳による儒教書籍〕「本命」編に登場する文章の一部分であるが、『小学』にも掲載されている。本来『大戴礼記』には記されていなかった「孔子曰く」という表現を『小学』のその文章の最初に埋め込んだのは、朱子の解釈によるものであったのだろう。したがって、朱子の解釈に基づけば嫉妬を七去に含ませたのは孔子ということになる。だが、嫉妬の原因の提供者である夫の行為をどの程度まで正当化あるいは問題視すべきなのか、また、夫の行為に対する女性の抗議がどのレベルから問題として取り上げられるのかについての言及はされていない。そのため、〔女性に関する聖人の言葉に〕アプローチしようとする人の視点によって、その解釈は異なりうる。嫉妬〔に対する男性側の否定的な規定〕が妾〔の存在〕を受け入れろという意味なのかについても、これに関する聖人の〔見解の〕端緒が付け加えられておらず、確認は難しい。したがって、「百人の妾を置いても見て見ぬふりし、いくら妾を愛したとしても怒りの気配を見せてはならず、さらに慎み深く敬え」という宋時烈の視点[16]もひとつの解釈であるといえる。

これと同様に、金浩然斎が婦人の嫉妬を女性だけの問題ではなく夫婦共同のものであると考え、何よりも嫉妬を起こす原因として夫の過ちを確認する方向へと議論を展開させたのは、嫉妬に対する聖人の議論を基にしてこれを再解釈したものと見ることができる。金浩然斎は七去のうち嫉妬は婦人の恥ずべき行為でありどうして慎ま

孔子司寇像、作者未詳、76×38㎝、華城闕里祠所〔韓国〕蔵。

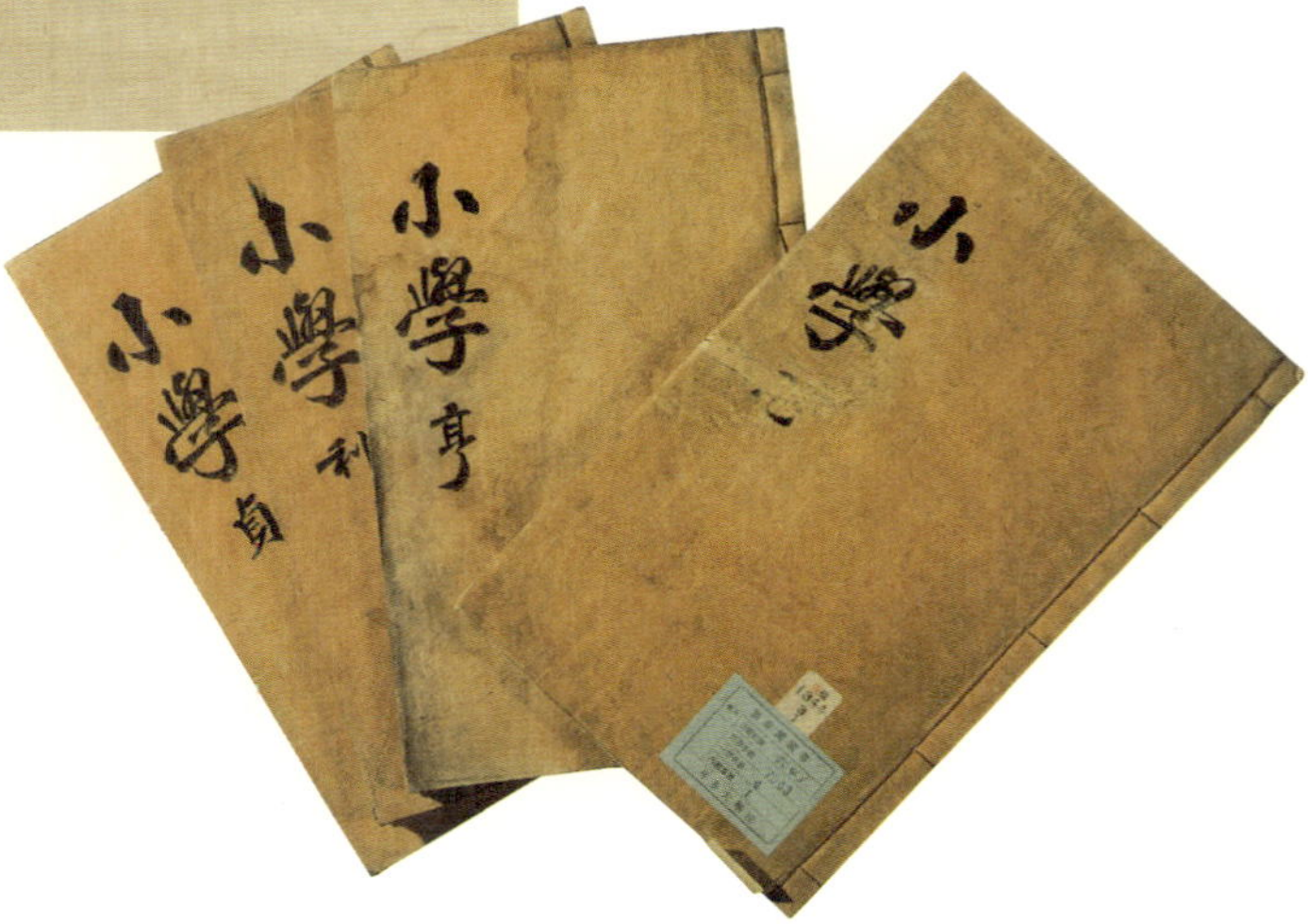

『小学』。奎章閣韓国学研究院〔韓国〕所蔵。孔子の遺産は、朝鮮儒教社会を支配する大きな枠組みであったが、婦人の徳目として示された項目のうち、本来孔子が述べた言葉かどうかがはっきりしないものが、朱子の解釈を経て朝鮮で「孔子いわく」という形で定着した。『小学』にもそうした例が登場する。

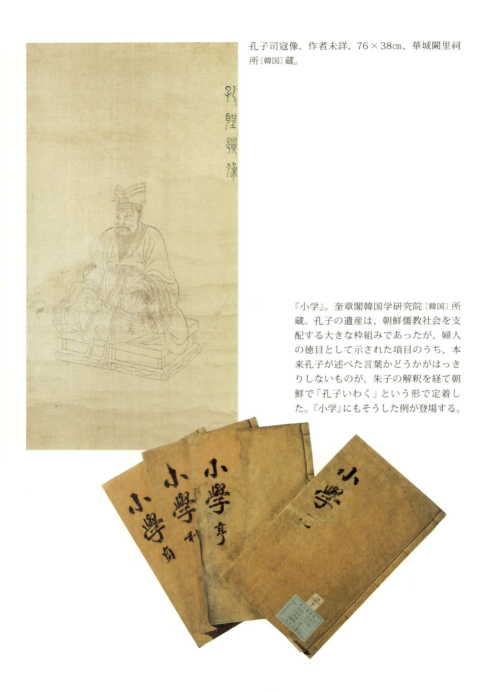

ずにいられようかと述べ、ひとまず経典上の意味をそのまま受け入れている。しかしその一方で金浩然斎は、妾は家〔という共同体〕を大いに乱す根本だと述べることで明確な反対の立場を示しただけでなく、妾を「敵国」と描写して敵愾心をあらわにした。

だが、このように嫉妬の裏面を見通そうとする金浩然斎の観点が、聖人の言葉に背いているという根拠はない。それゆえ、これもまた経典に対する既存の解釈を超えた、新たな視点とみなすことができる。三従についても金浩然斎は、これを批判したり否定したりはしないものの、夫婦の道で最も大切なのは「お互いに」和合することであり、夫を〔女性にとっての〕幸せ・不幸せの中心軸としてはならないと述べ、夫とは関係なく〔「夫」という存在を基準とすることなく〕自存・自立することを主張した。言いかえれば、夫の行為に振り回されてはならないという彼女の主張は、女性の「従」を新たに解釈したものだったのである。

女性の仁と知を発見した任允摯堂

聖人の言葉に対する金浩然斎の再解釈は、任允摯堂《イムユンジダン》（一七二一〜九三）にいたって男性さらには聖人と変わらない女性の本質と能力に関する女性言説として深化していった。女性知性史において任允摯堂のような哲学的な深みを見せた人はおらず、彼女の理気心性[17]に関する議論は、朝鮮後期の女性知性史で大きな重要性を占めている。これまで任允摯堂の理気心性・人心道心[18]・四端七情[19]などの議論は、一部の学者によって彼女の兄である大学者鹿門任聖周《ノクムンイムソンジュ》[20]の影から抜け出せないものという批判に苦しめられていた。実際に彼女の議論は、大きな枠組みとしては鹿門のものと大きく異なってはいない。しかし、任允摯堂の理気心性についての議論は、聖人→凡人→私〔我々〕→私〔女性〕へと帰結し、結果的に凡人、中でも自分たち、そして究極的には女性に関する言説であっ

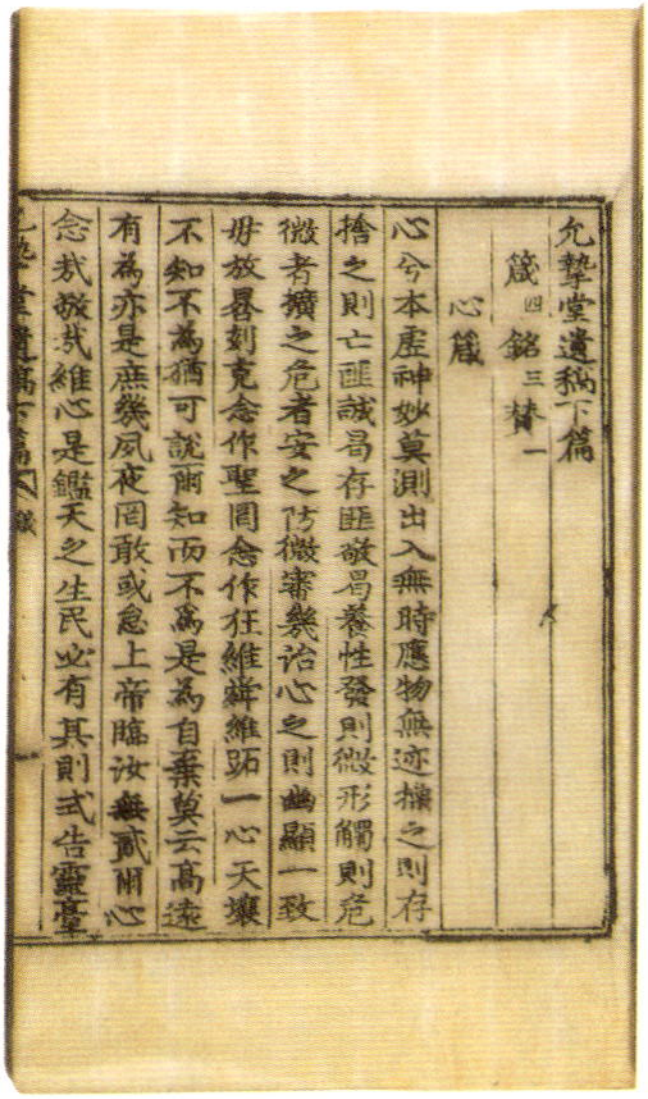
允摯堂遺稿下篇
箴四 銘三 贊一
心箴
心兮本虚神妙莫測出入無時應物無迹操之則存
捨之則亡匪誠曷存匪敬曷養性發則微形觸則危
微者擴之危者安之防微審幾治心之則幽顯一致
毋放暑刻克念作聖罔念作狂維舜維跖一心天壤
不知不爲猶可説爾知而不爲是爲自棄莫云高遠
有爲亦是庶幾夙夜罔敢或怠上帝臨汝無貳爾心
念哉敬哉維心是鑑天之生民必有其則式告靈臺

『允摯堂遺稿《ユンジダンユゴ》』。允摯堂任氏〔任允摯堂〕著。1796年。韓国国立中央図書館所蔵。朝鮮後期の女流学者允摯堂任氏の文集。任氏の弟雲湖任靖周《イムチョンジュ》が編集・刊行した。允摯堂任氏は、朝鮮後期の性理学者鹿門任聖周の妹で、「理気心性説」「人心道心四端七情説」「礼学説」「克己復礼為仁説」などの文が載せられており、女性としては珍しく性理学に対する深い理解と関心を見せた。

たという点で、はっきりとした違いがある。彼女の女性認識は、本性の側面では男性と同一であり、女性も男性のように聖人の教えを学び修養することで善に到達できるというものであった。彼女は堯舜や顔子と自分との「聖凡同流意識」を主張し、生まれながらの聖人（堯舜）であっても熱心に学び努力して成就した者（顔子）であっても、または非常に苦労を重ねて善性を回復した者（自分自身）であっても、つまりは結果が重要なのだということを経典を通じて確かめていった。

性善について論じる時、言葉の端々に「堯舜」とつけるのは孟子であり（『孟子』「滕文公　上」）、成そうと思う心さえあれば誰でも舜のようになれるという顔回の言葉を引用したのも孟子（『孟子』「滕文公　上」）であるから、任允摯堂の議論が経典に根拠を置いているのは確かである。しかし、これは男性のみを対象としているのか、あるいは女性も含まれているのかということについては聖人による規定はない。だが、後代の学者はこれを男性中心の議論に帰結させた。一方任允摯堂は、同一の理が与えられた人間の極めて善なる本然の性は聖人と凡人の間で違いがないこと、個別かつ具体的な人生のために悪変したり逸脱してしまったものも人間の努力によって克服できるという可能性に関心を傾け、これをさらに女性の道徳的な成就に対する議論へと拡大させている。

人間の本質と努力に対する聖人の言葉が男性だけを対象としたのではないという意識は、十九世紀半ばに金錦園へと受け継がれる。金錦園は、「仁者楽山」「知者楽水」[21]という言葉が男性のみを対象としている一方で、女性はその足を門外に向けることなく、ひたすら酒と食事を作ることだけについて語り合うのが正しいという通念の受け入れを拒んだ。それは天が自分にも仁・知といった本性や耳目のある姿かたちを与えた〔本質的にも形質的にも男性と変わらない〕という認識に基づいている。実際に金錦園は遊覧を通じて仁者や知者が男性にのみ限られたものではなく、女性にも拡張できる本質と能力であることを見出していったのである。

女性の言説の中には、経典の再解釈だけでなく、経典にないことを補うという自負を見せたものもあった。李師朱堂は『胎教新記』の中で、自らの胎教論が「内則」からもれた部分を補うという意義を持つことを明らかにしている。「内則」とは『礼記』の篇名のひとつであり、『礼記』は聖人の言葉によって構成された経典として、結婚した女性が知っておかねばならない様々な内容が収められたものである。しかしながら、懐妊や出産に関する内容は非常に短いばかりでなく、胎教〔に関する内容〕は含まれてさえいなかった。このように「内則」が胎教を扱っていなかったことで、後代の胎教論の原型と見なされた漢の劉向の『列女伝』や、その内容を載せた『小学』や教訓書が多くの問題点を持つようになったと李師朱堂は見なしたのである。

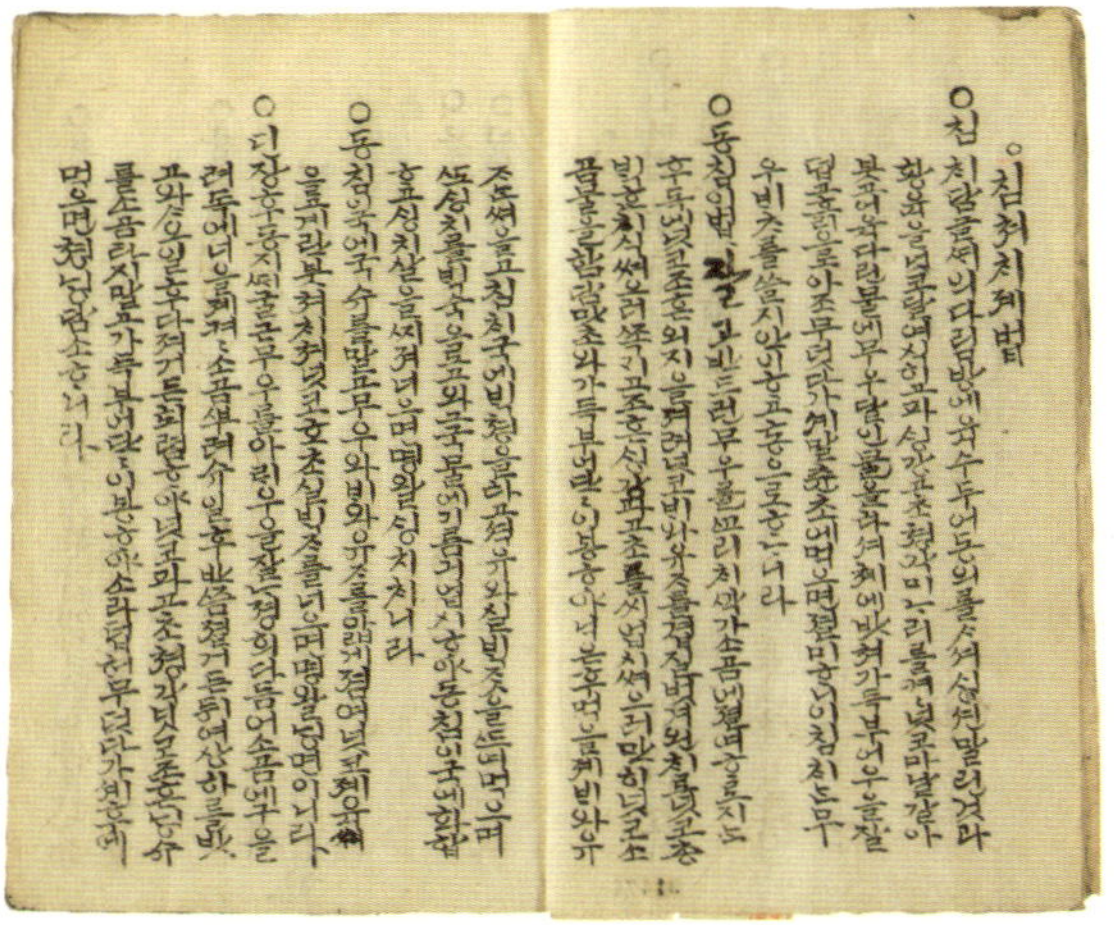
「婦人の手紙」。奎章閣韓国学研究院〔韓国〕所蔵。李憑虚閣の『閨閤叢書』は近代に入って「婦人の手紙」という表題で流通し、飲食・裁縫・住宅管理など、女性が「必ず知るべき（必知）」生活の指針書の役割を果たした。しかし、金錦園は通念的に受け入れられていたこうした内容を、女性のこととしてのみ見なすことに拒否感を示し、仁と知の能力を再発見した。

女性経験の資源化：妊娠・衣食住から女性の感性まで

女性知性人の言説が示した強みは、それが経験に裏打ちされているという点にあり、これがまさに朝鮮時代後期の女性知性史の実現でもあった。こうした特性は「実事求是」や「利用厚生」などの言葉で定義される実学[22]とも違いを見せている。女性にとっての「実事」とは、単に実際に見聞きした見聞を超え、具体的に作り出したり生産していくことだったからである。

李師朱堂は、理論と実際が合致しない既存の胎教議論が持つ限界をよく理解していたようである。伝統的な胎教論は、一様にその主体や対象そして責任がすべて女性にあるとしていた。李師朱堂の胎教議論は、こうした強大な伝統的規範に立ち向かってその弱点を取り出し、不足を補ったという点で大いに意義がある。なによりも彼女の議論が説得力を持つ理由は、一かつて五、六人の子供を身ごもり生み育てた経験を記録し、そこから一篇の文章を著述」したということによるものであった。『胎教新記』の意義は、女性がそれまで彼女たちだけの責任や義務と見なされてきた妊娠・出産を、むしろ自分たちだけが持つ財産であり力へと転換さ

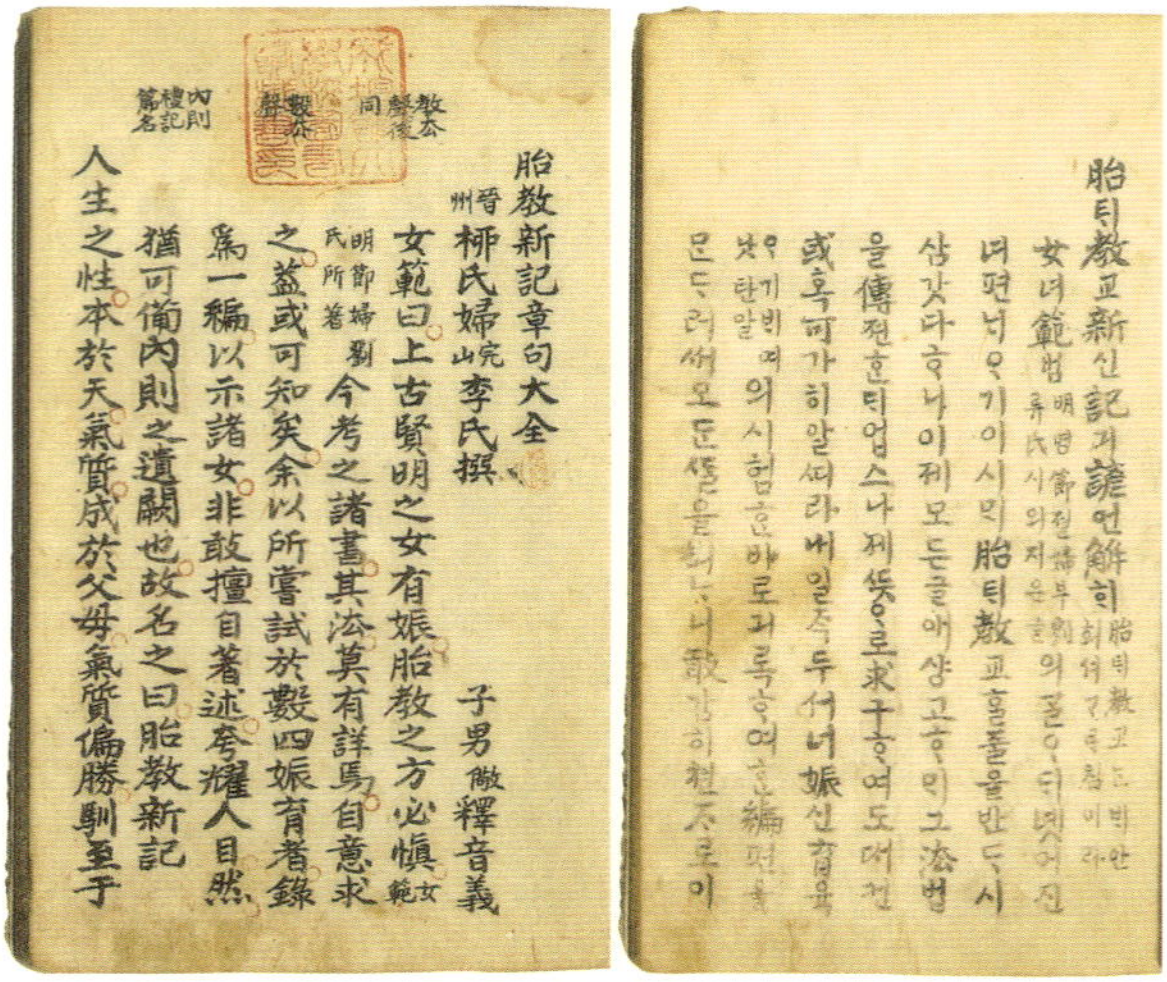
胎教新記章句大全
晉州柳氏婦完山李氏撰
子男儆釋音義
女範曰上古賢明之女有娠胎教之方必愼
明節婦劉氏所著 今考之諸書其法莫有詳焉自意求
之蓋或可知矣余以所嘗試於數四娠育者錄
爲一編以示諸女非敢擅自著述夸耀人目然
猶可備內則之遺闕也故名之曰胎教新記
人生之性本於天氣質成於父母氣質偏勝馴至于

『胎教新記』。李師朱堂著。柳儆翻訳（ハングル）。1801年。成均館大学校尊経閣〔韓国〕所蔵。胎教の道理と効験、具体的な方法など、胎教に関する知識を体系化し、その重要性を論したという点で意義がある。特に胎教の責任が妊婦よりも夫にあることを強調している点が注目される。

「摹張萱搗練図」(部分)。趙佶画。北宋。絹本彩色。ボストン美術館所蔵。宋の徽宗が唐の画家張萱の「搗練図」を模写したこの絵は、52名の唐の女人が裁縫、火熨斗などをしている美人図である。中国の女性と朝鮮の女性はともに家事と家計の経済をよく行うことが、経典上の美徳として考えられた。

豳風七月図《ピンプンチルォルド》（第3面）。李昉運《イバンウン》。紙本淡彩。25.6×20.1cm。韓国国立中央博物館所蔵。桑の葉摘み、機織、染色など、家庭経済を支える朝鮮時代の女性の姿。

せ、それをもとに過去から踏襲された誤った知識を改め、新たな意味を創出・提示するに至ったところにある。彼女は、妊娠や出産を範疇化した「跡継ぎ作り」（求嗣）という項目を設定していなかっただけでなく「胎教」という単語自体が使われていなかった『東医宝鑑《トンウィボガム》』[23]や『山林経済《サンリムキョンジェ》』[24]などが持つ限界を乗り越えていったのである。『胎教新記』と同様に、李憑虚閣の『閨閤叢書』もまた女性の役割として与えられた酒や飲食（の準備）、裁縫や機織、家畜の世話や畑仕事、医療、住宅管理を、単なる労働や些細な日常ではなく高水準の生活科学として考え、それが持つ倫理的な意味を強調し、さらにこれを大きな知識資源として再生産していった。

まず、高水準の生活科学への転換についてである。李憑虚閣は『閨閤叢書』の序文で、これら（前述の女性の役割）がすべて健康に配慮する第一歩であり家庭を治める重要な規則であるから、まぎれもなく日々の行いになくてはならないものであり、女性が研究すべき事柄であると規定した。こうした点は、飲食や裁縫などすべてに哲学的な背景と歴史があり、節気・方位・時間の側面からみて行うべき最適の状況と特別な方法があることを示したところに表れている。

次に、家庭内の事柄に含まれた倫理的意義を強化している点である。『閨閤叢書』は家族の健康とともに「治家」のために記されたものであるが、ここで道徳・倫理・人性といった問題を前面に出したりはしなかった。むしろ食べることや着ることから述べ始め、さらにこれをもとにして、実際の物質と関連させた具体的で切実な人生の中に人間の道理を具現化しようとした。「縫紝則」（『閨閤叢書』の章のひとつ）の養蚕に関する記述には、糸をつむぐ時に熱い湯の中に繭を入れるとその中であわただしく動き回るのは、蚕がその中で生きようとして湯の熱さに耐えられなくなったからだとして、「これがどうして善良なる人の敢えてすることであろうか。だが一方でやめるわけにもいかないので、時々少しだけつむいで年老者の服を作ってあげるのがよい」と述べている部分がある。自然を人間にとって利益となるものと害になるものとに分け、その日用化のために努力する一方で、自然もまたひとつの大切な生命体であることを認識し、「仁」とはまさにそうした行為だということを実生活を通じて示している。

最も重要なのは、日常生活での経験を「資源化」している点である。これについては類似の書籍である『増補《チュンボ》山林経済《サンリムキョンジェ》』と比べてみると、その違いがはっきりとあらわれる。李憑虚閣が作り彼女の夫が好んで飲んだ百花酒《ペクファジュ》を一例としてみよう。『増補山林経済』では百花酒についての説明が非常に簡単で、この書籍の記録だけでは作ることが難しい。一方、『閨閤叢書』の内容は実際の経験と実験から導き出されたものであり、非常に詳細である。たとえば花を集める時期、乾燥させる方法、酒造に用いる花と用いない花、一年前の秋から始める準備期間などを詳しく説明し、特に、製造方法によって香りや味そして健康に及ぼす効能が異なることを示している。李憑虚閣の実学は、煉瓦や車両といった国家経済と関連したマクロ的な観点を見せてはいない。だがそれは、経験や実験に基づいたものであり、彼女が示した利用厚生とは、見聞きして考えたものというより、実際に作っ

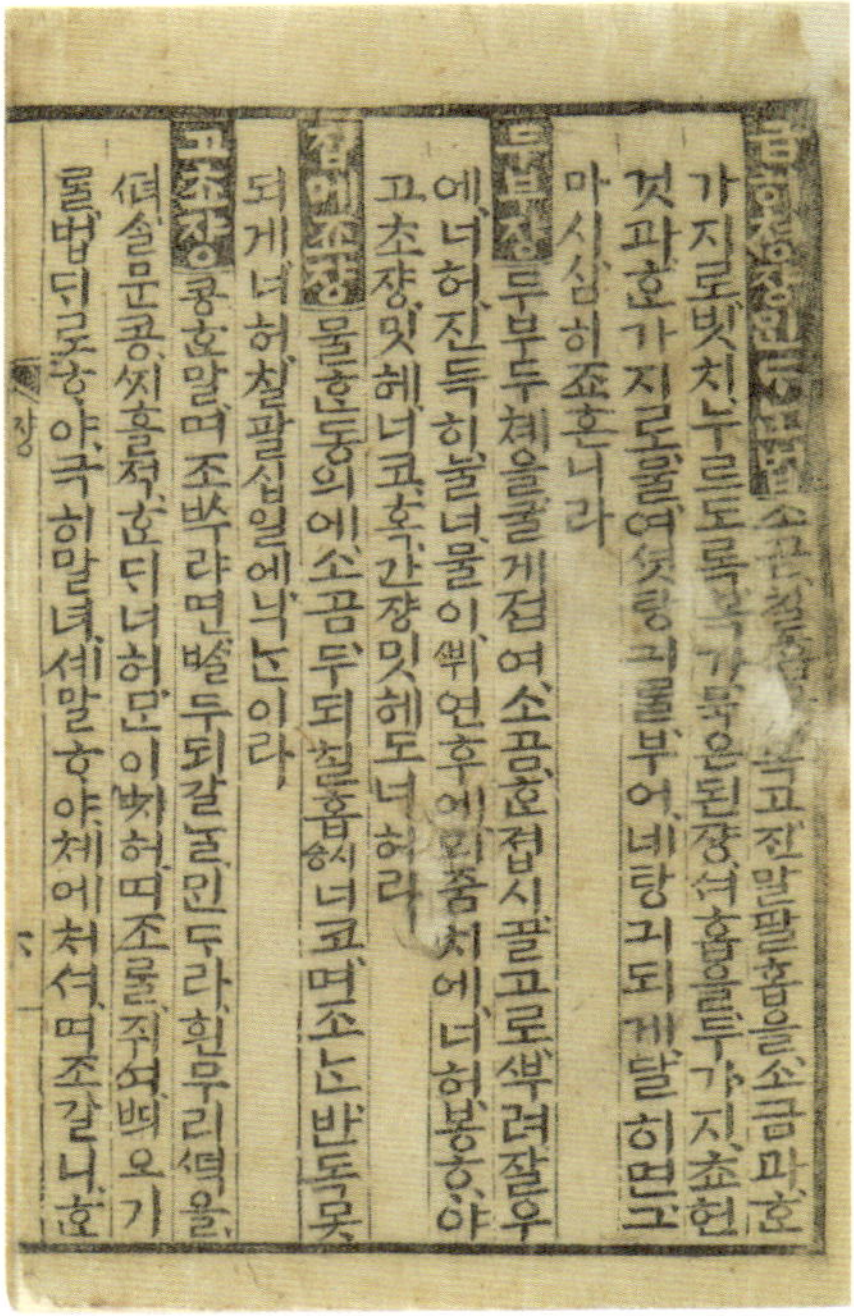

『閨閤叢書』。奎章閣韓国学研究院〔韓国〕所蔵。19世紀、徐有本の妻憑虚閣李氏〔李憑虚閣〕が編纂した女性の生活指針書。もともと3部11冊だった『憑虚閣全書』の第1部であるが、この他の部分は残されていない。この書は飲食・衣服・住宅・産業・医療を扱った5部から構成されているが、その全貌がわかる善本はなく、様々な異本が存在する。飲食調理法や裁縫に関することだけでなく、木材の伐採・畑仕事・家畜の飼育、各種の疾病対処法など、女性の生活によって支えられる領域が広範囲であったことを教えてくれる。

たり比較して効用を確認したものであったという点で、人間個人の生命と人生により直結していた。

女性の経験の資源化は家庭の日常生活だけでなく、女性が生まれながらに持っている豊かな感情と、それによって形成された心理もまた対象になっていた。金鏡春《キムギョンチュン》は、まさに女性のそうした点が文学作品を創造する大きな力

「月女濯錦図《ウォリョタックムド》」。李在寛《イジェグァン》画。紙本淡彩。朝鮮末期。63×129cm。淑明《スンミョン》女子大学校博物館〔韓国〕所蔵。月の明かりが皓々たる小川のほとりに錦を浸している女性を描写した絵。絹生産に関わることは朝鮮時代の女性の主な労働であったが、この風雅な風景からも朝鮮の女性の人生の一部分を垣間見ることができる。

であるという理論的な試みを見せた。金鏡春の「湖東西洛記訂《ホドンソラククジョン》」（一八五〇）は、彼女の姉である金錦園が記した『湖東西洛記』の跋文である。ここで彼女は「文章とは心が表れたものである（文者心之所発也）」と規定した。彼女にとって「心」とは喜怒哀楽といった情の自然な発露であり、人間すべてが共有した情であった。このような点から彼女の文学観には、文学活動とは男女の区別がなく、さらに一歩進んで、むしろ女性がより優れて行い得るものだという意識がその裏面に含まれていた。何よりも、士大夫文士による許蘭雪軒批判に表れているように、女性が感情に偏っているという一般的なそしりを、むしろより優れた文学を展開する自分たちだけの資源へと転換させたのである。

時代の苦痛を踏み台に咲いた知性

当時の現実・時代思想・知識人に対して、女性文士の批判的眼目や、単なる女性としてではない人間としての自覚が驚くほど大きかったのは事実である。だが、こうした過程で彼女たちが受けた傷も深かった。金浩然斎は、女性の自尊と自立に対する自らの主張が、かえって自分にどれほど大きな傷となったかをよく示している。彼女が死去するしばらく前に病床で書いた詩「臥病述懐」を見ると、悲しみと苦しみの中に生きつつも、自ら誠実で義理（道理）に従い、心を正しく守っていることをはっきりと述べる一方、こうした自分がむしろ排斥され、たったひとりで過ごすことになったと嘆いている。女性知性史とは、女性知性人の痛みの上に始まり展開したものであった。

しかし、この時期の女性知性人たちが伝統と新しい意識との間の均衡をうまくとろうとした点も、また注目される。彼女たちは、経典の根本精神はそのまま受け入れつつも、それまでの儒学者たちの偏った解釈に同意する

「読書する女人」。尹徳熙《ユンドッキ》画。18世紀。20×14.3cm。ソウル大学校博物館所蔵。この絵は朝鮮後期の画家尹徳熙（1685～1776）が読書する女性を描写した風俗画である。この絵が現代の人々に注目されたのは、過去の女性の知的活動を描いた作品が珍しいからである。しかし、女性知性人として言及される人物たちはもちろん、かなり多くの女性が経書、史書、諸子百家や歴代文士の作品に造詣が深く、彼女たちの読書量が膨大であったことを物語っている。

ことはなかった。いうまでもなくこれは、単に「伝統」や慣行として固まっていた問題に対する個性的な女性たちの反発というよりは、経典に対する根本的な解釈への問題提起であった。彼女たちは、自らへの束縛ともなり得た家事労働から抜け出そうとしたり融通の利かない一途さとして蔑まれる女性の情緒を隠そうとしたりはしなかった。それよりもむしろ、そうしたことを自分たちだけの固有の資産としたという点で、彼女たちは現代の我々にも鑑となるのである。

【訳註】

❶ 一六三六年に中国の清が朝鮮に侵入して起きた戦争。当時の国王仁祖が親明政策をとったことから、後金（後の清）が一六二七年に朝鮮に侵入し、朝鮮は後金と「兄弟の盟約」を結ばされた（丁卯胡乱）。さらに清はこの盟約を君臣関係に再設定することを要求し、朝鮮がそれを拒んだことから一六三六年に再び朝鮮に侵入し、朝鮮国王の仁祖は自ら進軍してきた清の太宗ホンタイジの前で臣従を誓わざるを得なかった。それまで明に次ぐ「小中華」を自負していた朝鮮にとって、異民族の清に臣従することは大きな衝撃であり、この戦争は、その後の朝鮮の対外認識や文化自尊意識に大きく影響するきっかけとなった。

❷ 朝鮮中期の文臣（一五六一～一六三七）。丙子胡乱の際、歴代国王の神主《シンジュ》（位牌）をもって江華島（仁川広域市所在）に避難したが、清の攻撃に耐えられず、立て籠もっていた城にあった火薬に火をつけて殉死した。この行為が節義を守ったものと高く評価された。

❸ 礼論とは礼節に関する理論のことであるが、ここでは具体的に、一六五九年に十七代国王の孝宗《ヒョジョン》崩御の際、当時存命だった慈懿大妃《ジャウィデビ》（一六代仁祖の継妃）の服喪期間についての見解を指し、この見解の相違による政治的対立を礼訟と呼ぶ。朱子学的な礼論では息子が父母より先に死亡した場合、嫡男であれば三年、そうでなければ一年の喪に服するものとされていた。しかし、仁祖の場合、長男の昭顕世子《ソヒョンセジャ》が亡くなった時、その息子を後継者とするのではなく、次男の鳳林大君《ボンニムテグン》を後継者とし、彼が一七代孝宗となった。こうした背景から、宋時烈や宋浚吉を中心とする西人は慈懿大妃の一年服喪を主張した。これは、王室の儀礼は一般の士大夫とは異なり、次男であっても王位を継承した孝宗には嫡男として三年の喪に服するべきだという南人との対立をよぶが、結局、西人の見解が採用され、彼らの政治勢力が強化されていくことになった。

❹ 一八世紀後半に著されたとされる農業書。朝鮮の伝統的な農学に中国の先進農業技術を導入し、朝鮮の気候風土に合った農業方法を提唱した。

❺ 朝鮮後期に記された博物学的性格をもった書籍。百十三巻、五十二冊に及ぶ膨大な記述であり、それまでの農業を技術と経済の側面から改良することを主張している。
❻ 家の主人が起居し、接客にも用いられる部屋。
❼ 朝鮮時代の身分制度は両班《ヤンバン》・中人・常民《サンミン》・賎民の四つに分けられる。中人は特定の専門職を担当する技術官僚で、訳官・医官・日官（天文学）・律官（刑律）・画員などがあった。彼らは官僚登用試験である科挙のうち、技術官僚を対象とした雑科を通じて選抜された。
❽ 妓生《キーセン》ともいい、歌舞や鍼灸などの医療に携わった女性を指す。身分としては賎民に属するが、中には文才の誉れ高い人物もおり、そうした人々は名妓として語り継がれた。本書第一部第五章を参照。
❾ 現在の江原《カンウォン》道《ド》江陵《カンヌン》市と平昌《ピョンチャン》郡の境界に位置する峠である大関嶺《テグァンリョン》の東側一帯を指す。景勝地が多い地域として知られている。
❿ 現在の朝鮮民主主義人民共和国（北朝鮮）の江原道金剛郡・高城《コソン》郡・通川《トンチョン》郡の広範囲に広がる山の総称。朝鮮半島では歴史的に名山・景勝地として高く評価され、朝鮮時代にも多くの知識人が遊覧に訪れ、金剛山を題材とした詩文や絵画を残している。
⓫ 義州は現在の北朝鮮平安北道《ピョンアンプクト》義州郡に当たる。この地域は中国との境界に接しており、朝鮮時代には義州府と呼ばれ、軍事的要衝であるとともに中国との外交ルートの出入り口でもあった。義州府尹は義州府の長官を指す。
⓬ 現在の北朝鮮の平安北道・南道および慈江道一帯を指す。前述の義州も関西地方に含まれる。
⓭ 許蘭雪軒に対する当時の「批判的評価」については、本書第一部一章を参照。
⓮ 朝鮮時代末期の近代化の中で、新しい女性教育を受けた人々をさす言葉。
⓯ 三従は「幼き時には父に従い、嫁いでからは夫に従い、夫の死後は息子に従う」という女性が守るべき道を意味し、七去は「姑に従わない、息子を生めない、淫らである、嫉妬心が強い、悪病を持っている、口数が多い、盗みを働いた」など夫が妻を追い出すことができる理由を列挙したものである。また婦人伏於人は「女性は人に従うものである」という意味になる。
⓰ 宋時烈「尤庵戒女書」に記された内容。本書第一部一章にも同じ引用文がある。
⓱ 朱子学では、この世のあり方を理（物質生成や現象を動かす原理原則＝普遍性）と気（物質や現象の元となる材料や力）の二元論的な関係として捉えた。この理と気をもとに宇宙万物の生成・変化を考察する論理を理気論という。朝鮮の場合、理気論を土台として人間の精神的・心理的な作用を説明し、そこに道徳的判断や行為の正当性・必然性の根拠を見出そうとする心性論により焦点が当てられた。
⓲ 『尚書』大禹謨篇の「人心これ危うく、道心これ微なり。これ精これ一、まことにその中を執れ」（人心惟危、道心惟微、惟精惟一、允執厥中）に由来する言葉。人心・道心は朱子によって心を磨き治める方法論としての心学の主題として探求され、朱子学を国家理念

とした朝鮮でも哲学的に様々な解釈がなされた。基本的に、人心は人間の身体から生じる感覚的な心であり、道心は先天的な善なる本性から現れる道徳的な心と理解される。善なる道心は隠されがちであり、人心には人間として当然の欲求もあれば道徳に背く欲求（人欲）もある。そうした人心・道心の現れ方を深く省察し心を治めていくことが朝鮮知識人の学問的姿勢とされた。

⓳ 四端は『孟子』公孫丑上篇に由来する言葉で、人間が本質的に持つ惻隠（あわれみ）・羞悪（恥）・辞譲（謙遜）・是非（善悪の区別）の四つの心を示す。また七情は『礼記』礼運篇にある言葉で、喜・怒・哀・懼・愛・悪（憎しみ）・欲の七つの感情のことである。これに関して退渓李滉が四端は理から出るものであり、七情は気から出ると述べたことに対し、奇大升が四端は七情の善なる部分を示したものであるとした。これはその後、理気の関係をどう理解するかという哲学的な論争に発展していく。

⓴ 一七一一年～八八年。任聖周が属する栗谷李珥系統の畿湖学派では、理気二元論をもとにして、宇宙の根本原理たる理は物質である気の運動があって現れるものであり、理自らが運動することはできないと主張した。任聖周はこれをさらに深化させ、心の純善性を確保するため、理と気はある根源的存在を異なる角度から見たものであるとした。これは「理気同実」という言葉で表され、心が持つ純善性が能動的に発揮される人間のあり方を追求しようとした彼の学問姿勢が読み取れる。彼の妹である任允摯堂も、任聖周の学問を継承していった。

㉑『論語』雍也篇に「子曰く、知者は水を楽《この》み、仁者は山を楽む。知者は動、仁者は静。知者は楽しみ、仁者は天寿のままに生きる」という文章がある。知恵ある者は流れる水のように自らの能力を滞らせることなく、仁徳ある者は山のようにどっしりとして心が安定しているということを示している。

㉒ 実学とはそれまで抽象的な理論探求に陥りがちだった朝鮮性理学に対し、中国の清から入ってきた漢訳の西洋学問（西学）の影響を受けながら、より事実に即して現実を直視し理解しようという思想展開のことである。「実事求是」とは事実に立脚して真理を探る態度を意味し、「利用厚生」は商品流通や生産機構の革新による民衆の生活の向上を目指した言葉である。

㉓ 一六一一年に許浚《ホジュン》によって記された医学書。当時の医学知識を体系化した書籍であり、その後、朝鮮の伝統医学（韓国では韓方という）の基本書籍として今日まで重要な地位を占めている。中国や日本にも伝来し、中でも徳川吉宗は本書を復刻して出版させるなど、高水準の医学書として評価されていた。一六一三年の刊行本が宝物（重要文化財に相当）第一〇八五号に指定されており、二〇〇九年にはユネスコ世界記録遺産に登録された。

㉔ 十九代国王の粛宗代（在位一六七四年～一七二〇年）に洪萬選《ホンマンソン》によって編纂された家庭生活に関する書籍。住宅・健康・園芸・家畜・調理・医療など農村を基本とした家庭生活に必要な様々な項目について論じられており、前出の徐有榘『林園経済志』が著される基礎となった書籍として評価されている。

四章

隠れた働き手、朝鮮時代の女性たちの労働現場

―機織から針仕事、金利貸しから出張料理まで―

金《キム》庚《ギョン》美《ミ》：梨花女子大学校 梨花人文科学院 Humanities Korea 教授

朝鮮時代の女性の仕事といえば、育児や料理、機織や裁縫、洗濯や掃除だけでなく、家事全体の切り盛りといったことを思い浮かべるであろう。医女《ウィニョ》[1]、宮女《クンニョ》、妓女《キニョ》〔妓生《キーセン》〕といった特殊な業務についていた女性以外は、上層・下層の女性を問わず、このような類の仕事をしなければならなかった。こうしたことは「女工《ヨゴン》」〔女性の労働〕や「治産《チサン》」〔家計の切り盛り〕という名で両班《ヤンパン》[2]階層の女性のための教訓書にもれなく登場し、家庭内での仕事という程度に認識されていた。女性たちの仕事は、家庭の中でなされる家事労働や家庭経済の範囲を超えて商業のような経済活動につながり、機織などは国家経済にも関わるものであったが、こうした事実はあまり知られてはいない。何よりもこうしたことを伝える資料が少ないからだ。だが最近になって、女性を対象とした行状〔生前の活動の記録〕や墓誌銘〔故人の氏名・出身・功績を記した文〕などの資料が整理されるとともに、女性が書いた文章や女性と関連した古文書が発掘され、家庭内での女性の仕事のあり方がすこしずつ具体的に現れ始めた。

朝鮮時代の女性の労働を探るということは、女性の労働が徳目のひとつとして要求されながらもその労働の価値が認められなかった歴史の一端を見ていくことでもある。同時に、朝鮮時代の女性の経済生活の一面を再構成することでもある。両班階層の女性については、労働や経済活動とはあまり関わりがないかのように考えられるのが普通であった。身分的に両班であるために労働を免れることができたと見られていたのである。しかし、上層身分を除いたほとんどの女性は、家事はもちろん、家族の生計まで担わねばならないこともあった。

本章では、「女工」や「治産」と称されてきた女性の家事労働や経済活動の姿を、行状や墓誌銘・祭文〔死者への哀悼文〕・伝〔一代記〕・日記・古文書などを通じて探ってみた。さらに、叙事文学〔散文・物語形式の文学〕や歌辞文学[3]もあわせて扱うこととする。ここでひとつおさえておきたいのは、行状・墓誌銘・祭文といった文章の性格についてである。行状や墓誌銘は一定の形式に従って記録され、人の死後に書かれる文章であるために、その人の行いが美化されている場合が多い。そのため、西浦金萬重《ソポキムマンジュン》[4]の母である尹《ユン》氏夫人は、当時書かれた碑文や墓誌文を読んで「婦人の徳を大きく、そして過度に賞賛しているのが欠点だ」と指摘している。こうした誇張や賞

「粛宗《スクチョン》御題《オジェ》蚕織図《チャムシクド》」（部分）。伝秦再奚《チンジェゲ》作。1697年。絹本彩色。137.6×52.4cm。韓国国立中央博物館所蔵。粛宗〔朝鮮十九代国王〕は絵画を制作するよう注文を出したり、鑑賞の際には常に「耕織図」や「蚕織図」のような教訓を得られる内容を好んだ。この絵もまた民衆に対して農業や機織、養蚕などを強調したもののひとつで、中国画風の影響が感じられる。

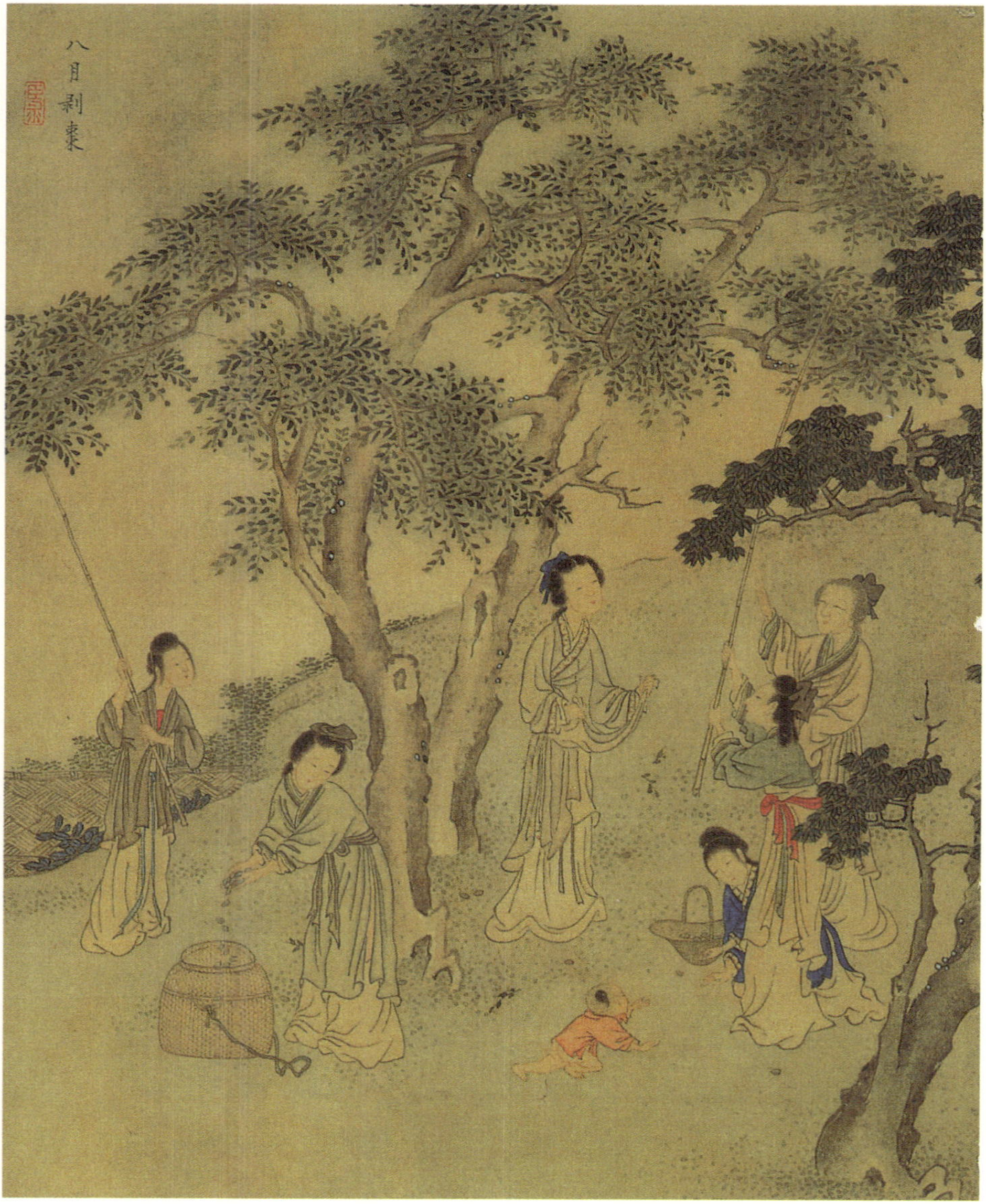

中国もまた『詩経』などの文学作品を通じて女性の労働を奨励した。この絵は『豳風図冊』の中の「八月剝棗」の一部分で、清の呉求が描いたものである。すなわち、『詩経』豳風篇の「七月」を描いたもので、陰暦８月に女性たちがナツメを収穫している様子である。

賛だけでなく、わざと省かれてしまった内容も多かったであろうから、行状や墓誌銘をそのまま信じることはできない。だが、誇張や省略そのものも、記録した人の意図や価値観を反映している。したがってこれらのことを通じて、当時の人々が何を美徳と考え、不徳としたのかを知ることができる。

両班階層の女性を対象として記録された労働や経済活動についての内容も、美化された部分があるだろう。たとえそのような「定番」の記述であったとしても、女性の労働や経済問題を強調し続けていることは、日常生活での女性の勤勉さや資産管理がそれだけ重要であったということを意味する。小説や歌辞は〔その創作や記録の中に〕現実を再現しようとするが、それらの間には隔たりや歪曲もあり得る。しかし、朝鮮時代後期に創作・記録された小説や歌辞で、女性の労働が絶え間なく扱われてきたことをみると、これが重要な関心事であったことがわかる。本章で扱う資料が当時の現象を代表するものであるとか、その流れをすべて見通したものだとはいいがたい。だが、十七世紀以後、朝鮮時代の女性たちの仕事や労働に対する思いがどのように形作られていったのか、また、実際にそれらがどのように行われていったのかを示す上では役立つであろう。

無精や怠惰は罪

女性を対象とした教訓書では、父母・夫・舅姑への献身、兄弟・親戚との和睦、子息の教育、祭祀の挙行、客の応接、奴婢[5]の働かせ方などとともに、勤勉さと資産管理が強調されている。そのうち、中国で書かれた女性教訓書で、朝鮮に流入し翻訳され多くの影響を与えた『女四書』の「内訓」では、勤勉でなければならないことと機織に努めることが強調され、特に無精・怠惰が罪とまで述べられている。

◆怠慢や怠惰、放恣や奢侈は身を滅ぼす災禍である。こつこつと努力し休まないことこそ、自らを作り上げる徳である。

◆それゆえ、農夫は畑を耕すことに努めねばならず、ソンビ❻は学ぶことに熱心でなければならず、女性は機織に努めねばならない。農夫が怠ければ五穀が収穫できず、ソンビが怠ければ学問が成り立たず、女性が怠ければ織り機が遊ぶことになって、家計が苦しくなる。

◆朝早く起きて夜遅く床に入るなら〔生計の〕心配はなく、一筋ずつ糸を紡いで休むことがなければ一疋の布を作ることができる。心に銘じよ。働かずして安楽を求めることなかれ。働かずして得た安楽はその身を傷つける鋭い刃物のようなものだ。たとえその刃が見えずとも、知らず知らずに死に直面するだろう。

◆『詩経』いわく、「婦人は公のことをするのではないから、機を織り服をつぐむことを美しいと思え」。これは無精と怠惰が罪であることを述べたものだ。

（『女四書』「内訓」、李淑仁《イスギン》訳注）

宋時烈《ソンシヨル》（一六〇七〜八九）〔本書第一部二章の訳注❻を参照〕は、嫁いだ娘に与えた文の中で、家庭の治め方は節約のほかにはないとし、常にゆとりを残しておいてもしもの時に用い、余ったもので子孫のために田畑を準備するのがよろしいと教えている。

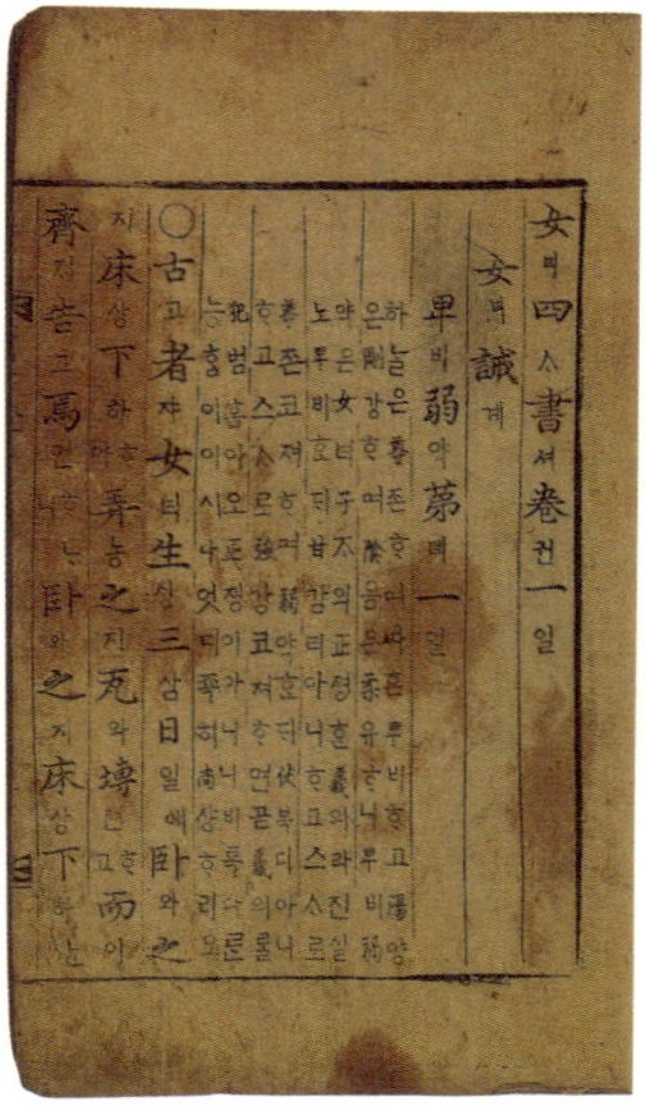
女四書巻一
女誡
卑弱第一
古者女生三日臥之床下弄之瓦塼而齋告焉

『女四書諺解』。李徳寿《イドクス》ハングル訳。1736年。奎章閣韓国学研究院〔韓国〕所蔵。『女四書』は中国の清代に後漢の趙大家の『女誡』、唐の宋若昭の『女論語』、明の仁孝文皇后の『内訓』、明の王節婦の『女範』などを集めて編纂したもので、1736年（英祖12）に英祖の命を受けて李徳寿がハングル訳をした。『内訓』などとともに女性の生活規範が窺える好材料である。

豊年であっても凶年であっても収穫した穀物の量をはかり、祭祀を行う神主〔位牌〕がいくつあるのかを数え、同じ屋根の下に住むものが何人かをよく考えておかねばならない。その上で、祭祀のための準備の品が度を越してはならず、余計な浪費をせず、必要があれば惜しむことなく、理由のないことにはわずかばかりの空費もせず、衣服や飲食を贅沢にしすぎず、堅実でないことを一切行わなければ賢く用いていることになろう。常に余分を残して、病にかかった時の薬代や喪事の際の費用として公私にわたって困ることのないようにし、しっかりと残しておいて子孫のために田畑を準備するのがまた正しいことである。家庭の治め方は節約のほかにないのである。

（宋時烈『尤《ウ》庵《アム》先生《センセイ》戒《ケ》女書《ニョショ》』十一、財物をほどよく用いる道理）

朝鮮後期の湖論❼を主導した南塘《ナムダン》韓《ハン》元震《ウォンジン》（一六八二～一七五一）は、家庭内の女性に与えた教訓として、家事をみずから取り仕切り、まじめに働き節約することを強調するとともに、ひとりの勤勉さが家庭の興亡を決定すると力説している。

韓元震肖像。絹本設彩。88×58cm。忠清北道堤川市の黄江影堂所蔵

今、世の中の婦人の中には、気楽にすごすことを好むものもいれば、働くことを恥ずかしく思うものもいる。〔働くことには〕手をこまねきながら〔自分は〕化粧をし、家事の面倒を見ず、まじめに働かず、また節約もしないのならば、富裕であってもそれを受け継いでいくことは難しいであろう。ましてや本来貧しく財物の少ない家ならなおさらのことである。一家の財産は一

度底をつければ再びよみがえることはないのだから、そうなってしまうと、内には身を覆うものさえなくなり、外に対しては家長を養うことができなくなる。また上は祖先が残したものを失い、下は子孫に伝え残すものをなくしてしまう。それゆえ、ひとりの勤勉さが家道〔一家の暮らし〕の興亡につながるのであるから、恐れずにいられようか。婦人はみなこのことをよく知っておかねばならない。

（韓元震『韓氏婦訓《ハンシブフン》』）

このように両班階層の女性たちに自ら家事を行うよう教えるほどであるから、平民の女性や奴婢身分の女性が担わなければならなかった労働は言うまでもなかろう。

家事労働：酒食準備から建築まで

朝鮮時代に男性の文人によって記録された女性の行状や墓誌銘を見ると、上層階級の女性であっても昼夜を分かたず勤勉に働いていたことが記されている。彼女たちの仕事には、飲食の準備・祭祀の挙行・客の応接といったことだけでなく、農作業の管理・機織・家屋建築まで含まれている。吏曹判書《イジョパンソ》〔官僚の人事・査定を統括する吏曹の長官〕まで登った澤堂李植《テクタンイシク》❸（一五八四～一六四七）の息子で、みずからも吏曹判書となった李端夏《イダンハ》（一六二五～八九）が書いた母親の行状は、両班階層の婦人がどのように家計を切り盛りしていったかを教えてくれる。

〔母が〕わが父に嫁がれた頃、わが一家は田舎に住み、非常に貧しく、青川《チョンチョン》〔李端夏の母の父沈惓《シムオム》〕の家もまた禍に遭って頼るところがなかった。夫人〔母〕は裕福な家庭に生まれ育ち、普段から貧しさや食べていくこと

への心配には慣れていなかったが、みずから糸を紡ぎ、農事に力を注ぎ、月日とともに徐々に生計も盛んになっていった。癸丑年〔一六一三年〕に祖父が亡くなると、父は砥平《チピョン》〔現在の京畿道楊平郡《ヤンピョン》〕の谷を埋葬地に選んで葬儀を行い、次いで祖父母の墓を移したが、母はひそかに蓄えておいた金銭をすべて出し、青川の家族が受け継いできた都の瓦屋を売って、その費用に充てた。父は官僚生活十四年目に職を退き、つれだって山中に隠居したが、母は自ら水を汲み臼をついて朝夕の食事を準備し、毎年初めにはその年に用いる費えを計画したが、費用が足りないと言ったことはなかった。父が生計を気にせず文芸に専念し、出仕への思いを断つことができたのは、すべて母の助けに頼っていたからである。朝廷に入った時から後の四十年、父はひたすらその身を清く処してきたが、母がその志によく従い、わずかでも不正な贈り物をひそかに受け取るようなことはこれまでになかった。ひとえに女工〔女性の労働〕をよく治めて本業に努め、年老いても怠ることがなかった。つ

「上疏抄」。1782年。韓国国立公州博物館所蔵。1782年1月1日にソ・ユヒョプが正祖に提出しようと作成した上疏文の抄稿で、二枚がつなげられた状態の文書である。上疏を提出する理由が言及されている中で、ある項目で贅沢な風潮の弊害を指摘しているのが目を引く。このように、朝鮮の男性は女性が贅沢することを憂慮し、国家レベルでこれを厳禁するよう求める上疏を出していた。

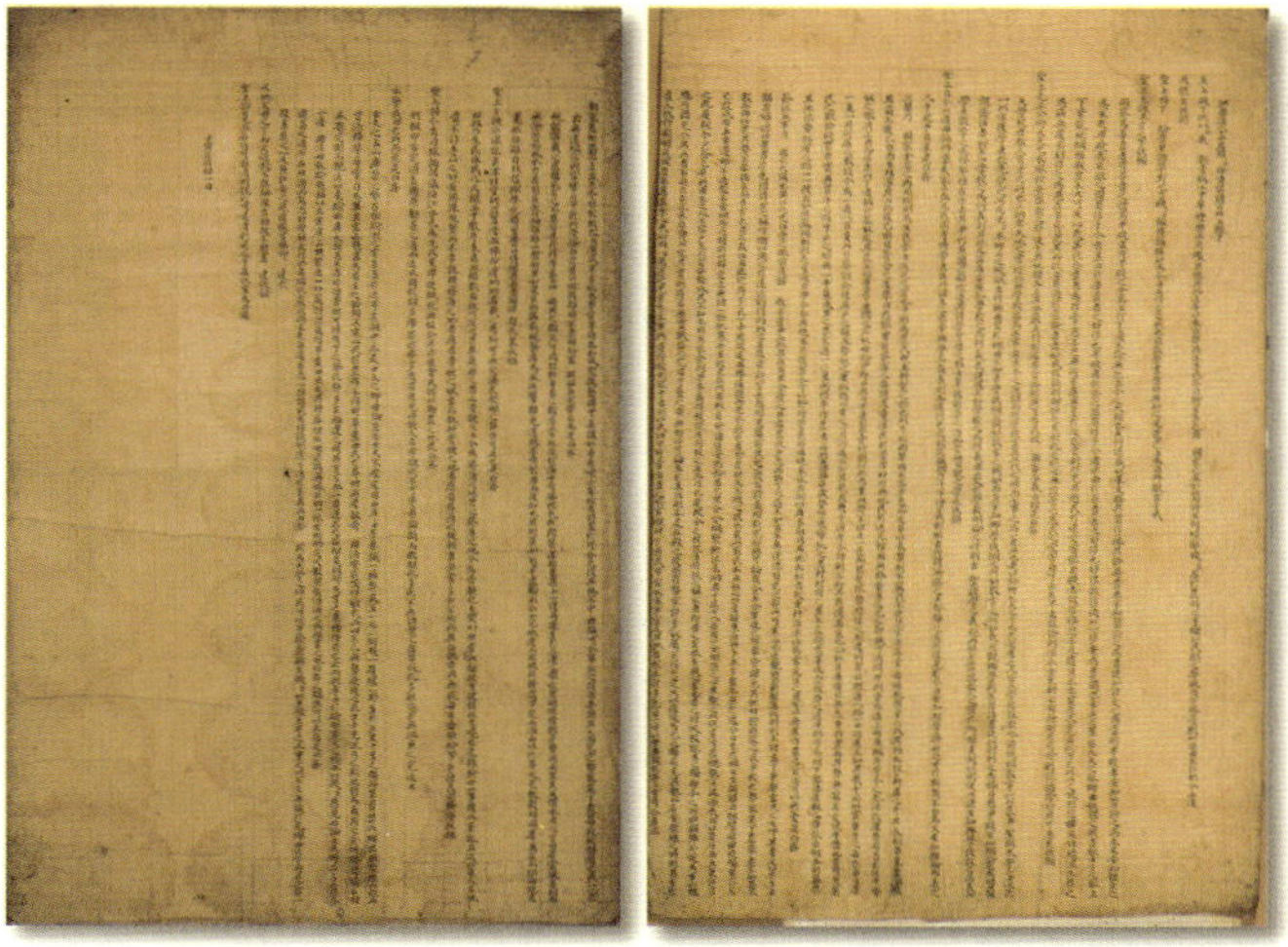

谷川は広くもとより魚もいない／山の果実は子供をつれて採り、水辺の畑は妻とともに耕す／この家の中にほかに何があろうか、わずかに机ひとつに本ばかり」

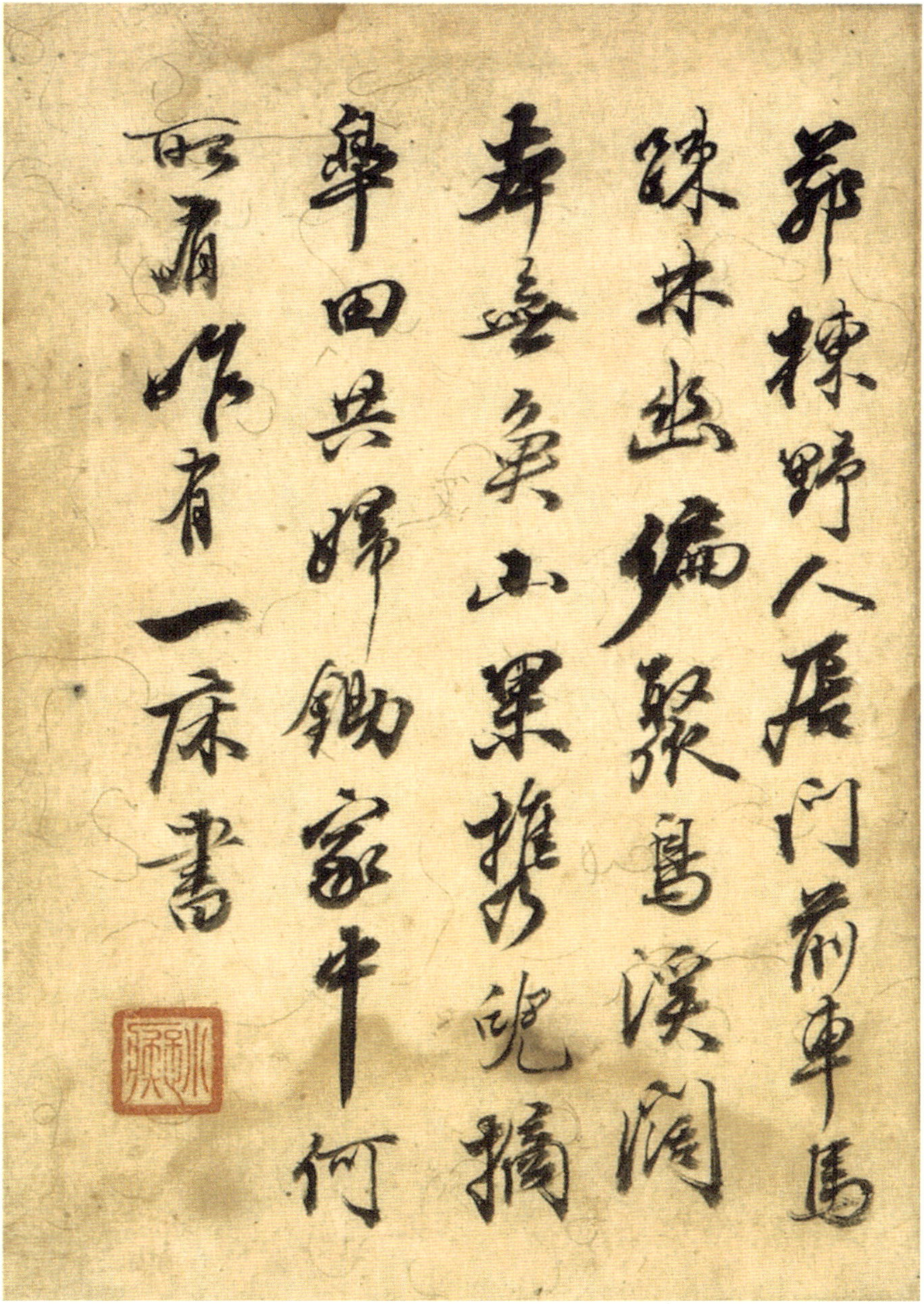

『天台帖《チョンデチョプ》』の第8面。許錬《ホリョン》画。1869年。紙本淡彩。26.7 × 34.2cm。個人所蔵。小川のほとりで洗濯の砧《きぬた》をたたいている女人とその左側に書かれた詩篇は、朝鮮時代の女性がしてきた労働の一面を教えてくれている。「野人が暮らすあばら家ゆえ、門前の車馬もまばらなり／林はほの暗く鳥だけが集まり、↗

ねに夜が明ける前に起き、自ら家内の下僕を率いて日課にしたがって働いたが、仕事の切り盛りすべてをまるで神が助けてくれているかのように行っていた。

（李端夏、「先妣《ソンビ》貞夫人《ジョンブイン》行状《ヘンジャン》」〔『畏齋集《ウェジェジプ》』巻之十に所収〕）

李端夏の母は、夫が官僚生活を始める前の貧しい時期には自ら糸を紡ぎ農作業に力を注いで生計を支え、夫が官僚を辞めるとふたたび自ら水を汲み臼をついて家庭を切り盛りしていたようである。また、葬儀を行い墓を移した時には、自分の貯えをはたいて費用に充てたりして家計をやりくりした。

十七世紀の学者李端相《イダンサン》[9]（一六二八〜六九）の夫人全義李氏《チョニイ》[10]（一六二九〜一七〇一）も、夫が官職を退いてからは粥を炊くことさえできないことも時にはあったが、夫には貧しさを忘れさせてやったという。この二人の婿になった金昌協《キムチャンヒョプ》（一六五一〜一七〇八）〔本書第一部一章を参照〕は、「先生〔李端相〕はいたって清廉な方で、家庭内に何があり何がないのかを問うこともなく、財物には穢れたものを見るかのような態度をとり、困窮はひどかった。だが夫人〔全義李氏〕は夫の志を傷つけるようなことはしなかった」と記録している。甥の徐宗泰《ソジョンテ》は全義李氏の祭文の中で、夫〔李端相〕が生涯清廉かつ厳格で道義を楽しむことができたのは、夫人〔全義李氏〕の「内治」に負うところが大きいと書いている。金昌協は李端相の婿であり弟子でもあるが、初めて教えを受けに出向くと、先生〔李端相〕は一日中部屋で座って戸を閉めて鍵をかけたまま本を読んでおり、夫人〔全義李氏〕は部屋の外で家事をしながら朝から晩まで部屋に入らず、雪降る厳冬の時でもそうしていたという〔金昌協「貞夫人全義李氏墓誌銘《ミョン》」〔『農巖集《ノンアムジプ》』巻之二十七所収〕〕。

李氏の一族は先代から生活が貧窮しており、父も家計のために努めることはなかった。〔しかし〕母は倹約を大変なこととは考えず、まめに機織をし、細部にわたって努めて家計を切り盛りした。ひどく難儀で貧しくあったが、つらい様子を見せたことはなかった。

（李畬《イヨ》「先妣墓誌《ソンビミョジ》」〔『睡谷先生集《スゴクソンセンジプ》』巻之十一所収〕）

この引用文に登場する女性は、澤堂李植の孫の嫁〔豊川任氏《プンチョンイム》〕である。この女性は生計の面倒を見ない夫に代わって勤勉に働き、家計を切り盛りしたと記録されている。このように困難な時には自ら家事労働に携わることもあったが、両班の女性の場合、奴婢がいたので直接には家事労働をしない場合が多かったようである。そういうわけで、女性のための教訓書には「奴婢の治め方」が重要な項目として出てくる。

仁祖代〔朝鮮第十五代国王〕に左議政《チャウィジョン》[11]を務めた南以雄《ナムイウン》（一五七五～一六四八）の夫人南平曺氏《ナムピョンチョ》（一五七四～一六四五）が記録した『丙子日記《ピョンジャイルギ》』は、両班の夫人がどのような仕事をしていたのかが具体的に示された一例である。〔中国の〕瀋陽に行っている夫[12]に代わって一家を率いていかねばならなかった南平曺氏は、みずから家事労働をするというよりは、主に管理者としての役割を果たしていた。南平曺氏はたびたび訪れる来客への接待から、祭祀の挙行、農作業、家屋の解体・建築にいたるまで関わっていたが、労働そのものは実際には奴婢が行っていた。それは、「下僕たちに鋤をひとつに鍬を三つ作らせ、柴垣を建てさせた」（『丙子日記』戊寅年（一六三八年）三月七日）というように直接指示を出したり、「家の下僕のう

『丙子日記』、1636～40年、ナム・デヒョン所蔵。丙子胡乱の際、南平曺氏は乱を避ける中で経験した生活の様々な話を細かく記録に残した。士大夫の家の女性である著者は、政治的な状況にところどころで言及しつつ、家庭内での生活に関する事柄を幅広く紹介している。

ち六名は草取りに行き、下女四名とチョンス〔人名〕は家畜四匹をつれて建築用の材木を取りに行った」〔戊寅年四月十一日〕と記録していることからわかる。農作業も下僕たちにさせ、田仕事には下女もいっしょに出るようにさせた。

生計のための労働：機織から商売まで

女性の重要な労働の中のひとつであった機織は、両班の女性たちでも例外ではなかった。しかしそうとはいえ、機織を主に担っていたのはやはり平民の女性や下女たちであった。

トクナムが都に行ってきたが、ムセンが織った布地のうち一疋は漂白したので先に持って来て、巫女のヘアの母が織ったものも持ってきた。戦争〔一六三六年の丙子胡乱〕が起こり避難した時は身にまとうものだけ持って出てきたが、礪山《ヨサン》〔現在の全羅北道益山《チョンラプクドイクサン》〕に行って義州の実家の綿花で休み休みゆっくりと数疋を織り、開寧《ケニョン》〔現在の慶尚北道金泉《キョンサンブクドキムチョン》市北東部〕の綿花を使って機織をしたので、着る物がなくなるようなことはなく、寒さに凍えたり暑さに苦しむこともなかった。こうしたことはどれも下僕たちがいなければどうして成し遂げられたであろうか。

（『丙子日記』戊寅年四月二十四日〔カタカナ部分は人名〕）

女性たちは家庭内での機織仕事を通じて、綿・麻布・絹などを生産した。特に綿布は服地や貨幣あるいは商品として消費・流通したため、単に家族の服地をあつらえるというレベルを超えていた。家庭で生産された綿布は、市場を通じて交換されたり、貨幣として流通した。両班の婦人たちは綿布や絹の生産を通して家庭経済を支えていった。朝鮮初期のソンビ黙斎《ムクチェ》李文楗《イムンゴン》（一四九四～一五四七）の家では、養蚕を通じて毎年紬十五疋を生産したが、これは常木（木綿）約二九〇疋に当たるものであった。これを主に取り仕切ったのが黙斎の夫人安東金《アンドンキム》氏（一四九七～一五六六）であった。安東金氏は養蚕農業を指揮し、自ら製糸作業を行った。黙斎の一家では、家で生産する

『箕《キ》山風《サンプン》俗《ソク》図《ト》帖《チョプ》』〔ドイツのハンブルグ民俗博物館所蔵〕のうち、機織の場面。朝鮮時代は両班や平民を問わず、女性であればみな機織をせねばならなかった。両班の家の婦人は家族の服地を準備するために機を織ったが、平民の女性にとっては生計の問題を解決するための手立てだった。

紬を家庭内で使用し、残りは貢物《コンムル》〔各郡県に義務付けられた上納用の特産物〕の防納《パンナプ》〔民に代わって貢物を上納して高額の代金を取ること〕に用いられたが、この時に相当な荒稼ぎをしたことから星州《ソンジュ》〔現在の慶尚北道星州郡〕の人々によって陳情書が出される事件も起こった。

黙斎一家の例でわかるように、機織は両班階層の主要な収入源であった。女性に関する記録からは、機織を通じて経済的な困難を解決して一家を栄えさせた女性の記録を簡単に見つけることができる。呉光運《オグァンウン》⑬（一六八九～一七四五）の記録がその例である。この記録は機織による収入が当時の女性の大きな関心事であったことを教えてくれる。

〔呉光運の母慶州安氏《キョンジュアン》は〕家を治めるのに敏捷かつ勤勉で、思いやりにあふれながらも威厳があり、いちいち確認しなくても物事に精通していた。家の中はまるで人がいないかのように静かで、何事もないかのように静まりかえっていた。ただ、刃物を使うトントントンという音と、機織のカシャンカシャンという音が聞こえてくるだけだった。〔生計を盛んにする慶州安氏を見て〕うらやましいと思う親戚が先を争ってやってきてその方法を学ぼうとした。そしてそれを学んだ人たちは自分たちの家を大いに栄えさせた。

（呉光運「先妣淑夫人安氏墓誌《ソンビスクブインアンシミョジ》」、『薬山漫稿《ヤクサンマンゴ》』巻之十八所収）

人々が羨望し、それを学んで自分たちの家を栄えさせるほどだったというから、呉光運の母である安氏夫人は、機織をある程度体系的かつ専門的に行っていたようである。これ以外にも順興《スンフン》安氏と呼ばれる夫人は、七十歳をこえて自ら機を織り、嫁や下僕たちにもいっしょに作らせた。こうして集めた金銭は、実家の父親の墓碑を作るために使われた。

平民の女性の場合、機織はより差し迫った生存の問題であった。朝鮮社会は両班を除いた良人《ヤンイン》⑭の男性に軍役を負わせたが、直接に軍役を負担しない代わりに布〔麻布〕を差し出すことが許されていた。壬辰倭乱《イムジンウェラン》〔豊臣秀吉の朝鮮侵略〕以後は、一年に二疋の軍布〔軍役免除のために支払う麻布〕を差し出すことで軍役負担に代え、国家はこれを受け取って財政に充てていた。ひとつの家に数名の壮丁〔軍役にあたる成人男性〕がいれば、負担しなければならない軍布はさらに増えた。その上、朝鮮社会の矛盾がさらに広がり、六十歳以上や死亡した人であるにもかかわらず滞納を理由に軍布を徴集するという過酷な状況が起きた。機織のつらさを歌った閨房歌辞や民謡が数多くあるのは、女性のこうした現実と関連があるのであろう。

女性の労働は家計を維持するために非常に大切であったため、教訓書では女性に家事をすることを強調するだけに留まらず、直接に生計を切り盛りすることまで言及している。李徳懋《イトクム》[15]（一七四一～九三）は機織や養蚕は基本であるとして、次のようにソンビの妻がすべきことを具体的に示している。

> ソンビの妻にとって、家計が貧しく困窮しているならば生きていくための若干の道理を備えて働くことは悪いことではない。機を織り蚕を飼うのは実にその根本となることであり、さらに鶏や家鴨《あひる》を飼い、醤・酢・酒・油を売り買いし、また棗《なつめ》・栗・蜜柑・ざくろなどをよく保管しておき、時を待って売りに出し、また〔染料の原料である〕紅花・紫草《むらさき》・蘇芳《スオウ》・黄檗《きはだ》・緑礬・藍などを商い集め、桃色・紅色・松花色〔松花粉の黄色〕・油緑色・草色・空色・雀頭紫色・銀色・玉色など様々な染色方法を学び知っていれば、これは生計に役立つばかりでなく、婦女子の手工のひとつにもなる。しかし、利益に夢中になりせちがらいことばかりして人情を遠ざけていたら、これもまた女性としてのしとやかな行いといえようか。
>
> （李徳懋『士小節《サソジョル》』〔『青荘館全書《チョンジャングァンチョンソ》』巻三十所収〕）

李徳懋は機織や養蚕は基本であり、商売や染色も学んでおくようにと述べ、金貸しは婦人がすべきことではな

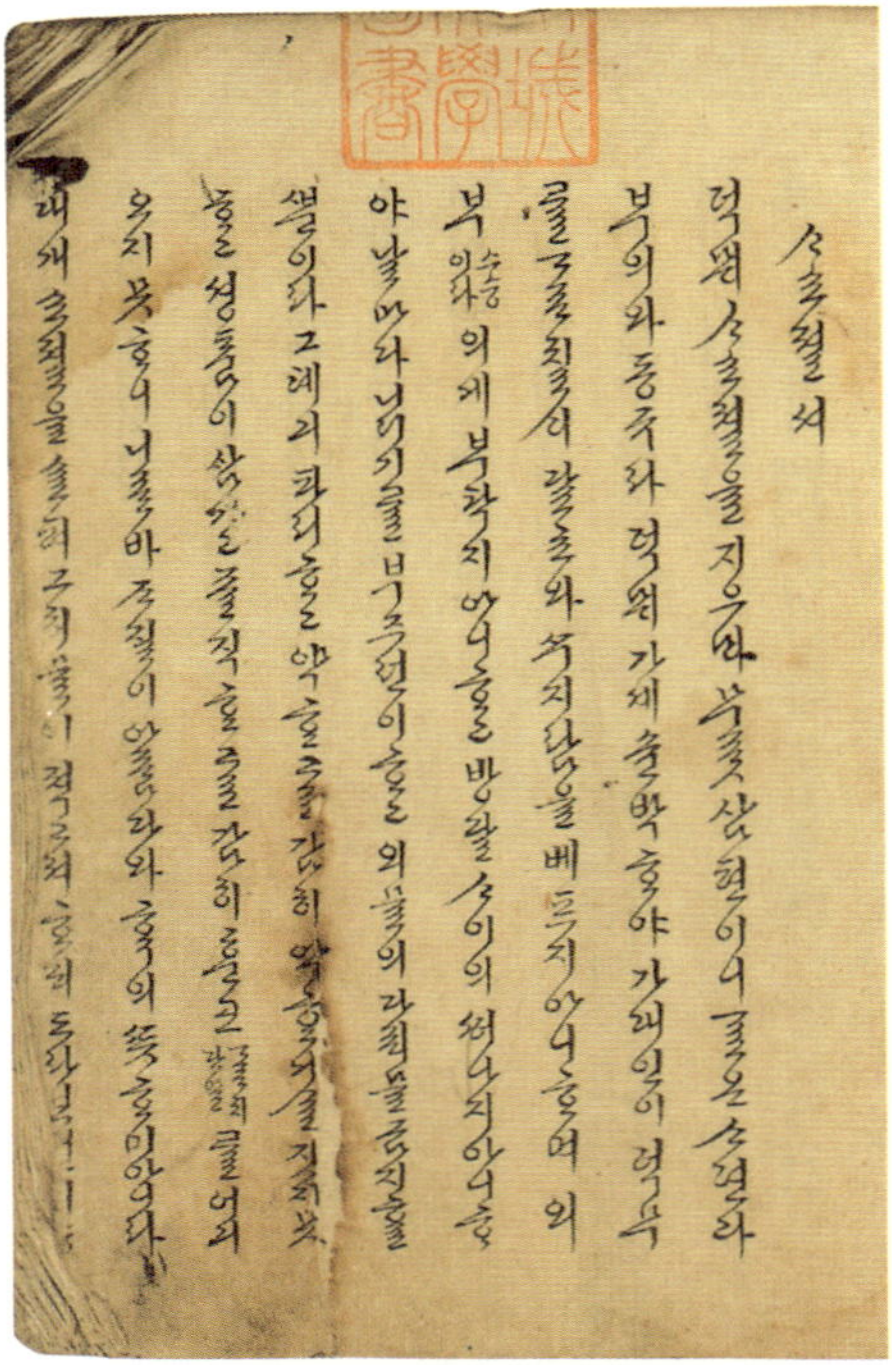

『士小節《サソジョル》』、李徳懋《イトクム》著、奎章閣韓国学研究院〔韓国〕所蔵。18世紀後半の文人李徳懋の『士小節』をハングルで翻訳した本。性行・言語・服飾・教育・人倫など、女性の品行に関する部分を扱っている。ハングルのみで書かれているため、難解な漢字語には注釈がつけられている。

いのでわずかな金を与えて多くの利子を取るようなことは正しくないとした。

李徳懋は前述の宋時烈や韓元震よりも後の世に生き、さらには庶孽《ソオル》⑯の身分であったために、彼が経験し目にした現実が異なっていたとも言える。しかし『士小節』はソンビ・女性・子供が一般的に守らねばならない内容を扱ったものであるために、先の内容のような事柄を李徳懋の個人的な経験にすぎないと言いきってしまうわけにはいかない。おそらく李徳懋がここまで述べているのは、朝鮮時代後期に入って官職に登ることができなかった両班が貧しさに迫られていたという現実と密接な関連があったのであろう。そしてこれは、貧しいソンビの妻が日常的に突き当たる問題でもあったろう。次の歌がそうした妻の心を伝えてくれている。

我が家の白面書生〔本ばかり読んで世の中に疎い人〕に生業なし、
寒くとも裘衣も纏《まと》えず、暑くとも褐衣も纏えず。⑰（「詩家婦《シガブ》」）

十年誠意を尽くしても、むしろ髪だけが白くなり、高官大爵の官職にはいつになったら登るのか。（「詩家婦」）

〔「詩家婦」は徐璘淳《ソインスン》『華軒遺稿《ファホンユゴ》』巻三に収録〕

よろず商いや貸金業で生計を支える

行状や墓誌銘の中でその具体的な実情が示されていないことがらについて、その空白を埋めてくれる資料が、朝鮮時代後期の叙事文学と歌辞である。燕巌朴趾源《ヨナムパクチウォン》⑱の作品『許生伝《ホセンジョン》』に登場する許生は、十年を区切りとして〔官僚に登用されるために〕学問をした。彼は誰を信じて十年という期間を設けたのか。もちろん、彼は〔途中で学問をあきらめ〕その期間を満たすことができなかった。天下を治めるための方策を得ようと学問に没頭して家庭経済がおろそかになったせいで、本ばかり読む夫の面倒をみつつ耐えに耐えた妻が「職人にもなれず商売もできないなら、盗みぐらいできませぬか」と叱咤したからである。そんな妻を残して家を出た許生は、金持ちの卞氏《ビョン》を訪ね、大金を借りて商売を始めた。だが許生は、家を出て百万両を稼ぐ間も自分の妻をとことん無視した。妻は許生が死んだものと思って五年間喪に服するほど、許生は家を出てから一度も妻を訪ねていかなかった。それはかりでなく一銭の金も送らなかったのである。許生は百万両の金を稼いで盗賊たちを救済し、金持ちの卞氏には借りた額の十倍もの金を返した。だがその間も、家庭経済のためには一銭も使わなかった。「たぶん家のことは妻が適当に取り計らっているだろう」と思ったのではなかろうか。よくいえば女性は針仕事をしたり、髪を切って売ったり、機織をしたりして生計のために労働する能力があったのであり、言い方をかえれば、家庭経済はすべて女性の役目として区分されていたというわけだ。実際に朝鮮時代後期に書かれた文学作品は、家庭経済のために孤軍奮闘する女性の姿をリアルに再現している。

「卞強釗歌《ピョンガンソェガ》」[19]に登場する雍女《オンニョ》は〔夫の〕卞強釗がありとあらゆる博打や喧嘩をしている間も「酒の瓶売りによろず商い」をして金を稼ぎ、「李春《イチュン》風伝《プンジョン》」[20]の李春風の妻である金氏は、李春風が巨万の財産を酒と女に使い果たすと、今後稼いだ金は全て自分の財産だと念をおして、昼夜を問わず機織・裁縫・染色をして数千の金を集めた。実際の出来事とはかけ離れていて現実を誇張した面もあろうが、「沈清伝《シムチョンジョン》」[21]に再現された次のような例は、当時の女性たちが生計のためにどのようなことをしていたのかを推し量ることができるものである。

『行旅風俗図《ヘンヨブンソクド》』のうち、「行旅婦女子《ヘンヨブニョジャ》」。筆者未詳、絹本淡彩。98×37.8cm。韓国国立中央博物館所蔵。この絵に記されている題詩は「綿を水で漂白すれば／手あれの薬は塗らずともよいとな／もしも羊氏の家の下女に会ったなら／どのように裳裾《もすそ》を染めたのか、ためしに聞いてみましょうか」（洴澼絖裏、不須問亀手之薬、此間倘逢羊家赤脚、試問練裙多少）という意味である。路上で出会った下女たちを見て詠んだこの詩と絵から、朝鮮時代の女性の労働の断片がはっきりと浮き上がってくる。

野には田畑なく、行廊《ヘンナン》〔入り口の門についた部屋〕には下人もおらず、いじらしく情け深い郭《クワク》氏夫人は針仕事で日銭を稼いだ。冠帯・道袍《トポ》〔両班の外出用の礼服〕・行衣《ヘンウィ》〔儒学者が着る外套〕・氅衣《チャンウィ》〔官僚の平服〕・直領《チンニョン》〔武官の平服〕に、夾袖《ヒョプス》〔戦闘服の下に着た軍服〕・快子《クェジャ》〔重ね着用の袖なし軍服〕・中致莫《チュンチマク》〔仕官していないソンビが着た外套〕、男女の衣服の針仕事・布団のふち縫い・網巾〔頭髪の乱れを防ぐ網状の鉢巻〕の一本縫い（……）洗濯に糊づけ、（……）、麻布・白苧《からむし》・極上の木綿布織りに婚礼・葬儀など大行事での飲食準備、青紅色・黄白色・沈香色〔黄褐色〕などの染め仕事をした。一年三百六十日、一日一時も遊ぶことなく、手の爪足の爪をすり減らし、日銭を稼いで貯えし頃には、厘を集めて銭とし、銭を集めて両とし、日済《ひな》しの金貸しに長利貸し〔年利五割の貸借〕で堅実な隣家に貸して手抜かりなく取り立てた。春と秋の祭祀や目の見えぬ家長を慎み敬い、四季の衣服や朝夕の副菜そして口に合う様々な珍味など、好みに合わせて真心を尽くすこと常に変わらず。それゆえ、村の上下の人々が郭氏夫人はつつましくしとやかだと褒め称えた。

郭氏夫人は夫を食べさせていくために、針仕事に洗濯や染色、出張料理まで、一日も休むことなく手足の爪をすり減らしてまで日銭を稼いで金を集めた。金を貯えてからは「金貸し」で金を増やし、祭祀を行い夫を養っていった。ここで興味深いのは情け深い郭氏夫人が「金貸し」をしているという点だ。次の「紅閨勧奨歌《ホンギュクォンジャンガ》」もまた、機織や農作業、商売を通じて金持ちとなる女性の奮闘を語っている。

五色唐糸〔中国の絹糸〕に五色糸〔国産の絹糸〕を
後から後へと紡ぎだし
ユクファンギの大きな織り機で[22]
一疋ごとに切り出せば

翰林注書[23]の朝服〔礼服〕となり
兵使水使[24]の戎服〔軍服〕となり
緑衣紅裳は乙女を飾り
青糸幅巾は少年の衣服
（……）
昼には二疋をつむぎ出し
夜には五種の布を織る

桑の葉をとって蚕を飼い
田畑を得ては畑仕事
（……）
茄子やきゅうりを太く育て
東の市で売ろうとし
鶏を飼い、犬を飼い
市場に行って売ってきて
夕暮れになれば火を使い
夜明け前には飯を炊き
一粒一粒大事に食べて
一銭二銭と集めれば
両がたまって貫となり

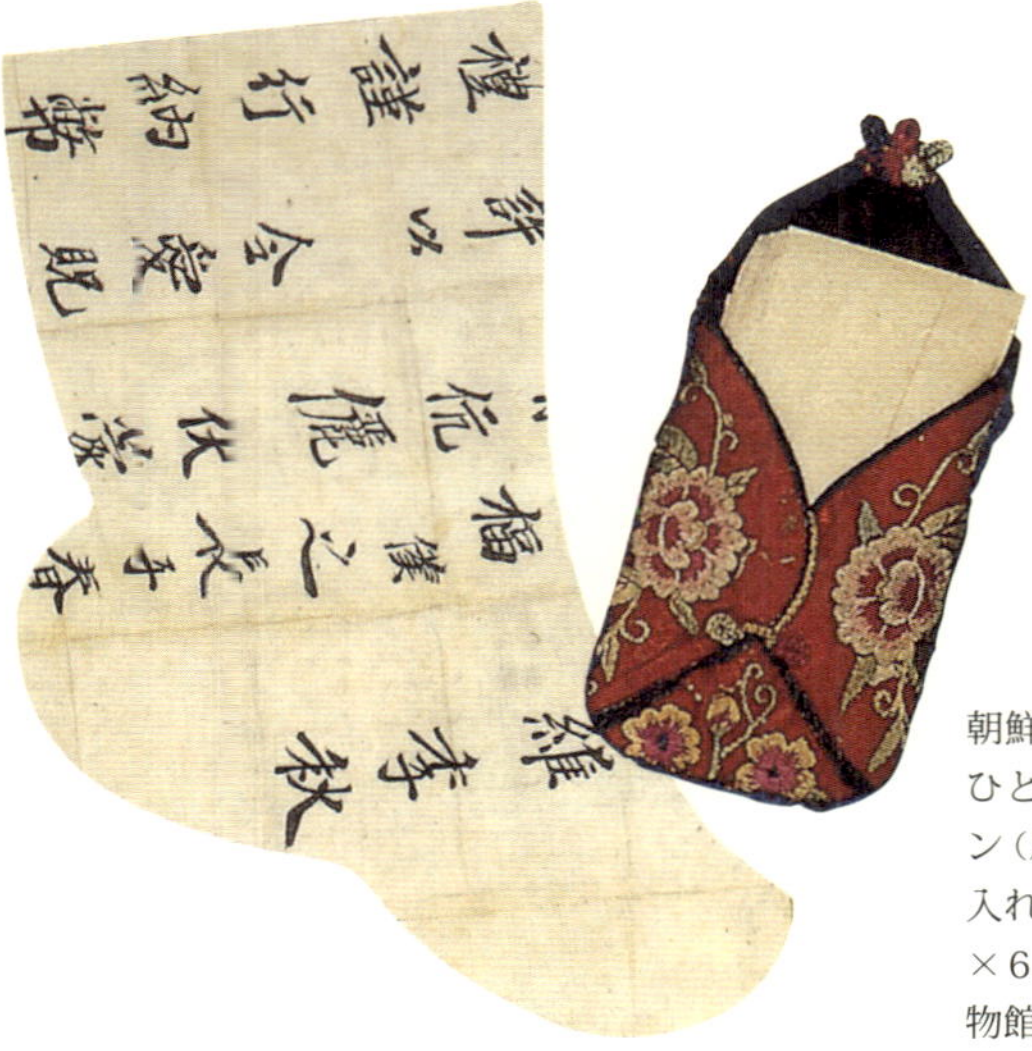

朝鮮時代の女性の労働のひとつだった裁縫。ポソン（足袋）の型紙とポソン入れ。朝鮮時代末期、10×6.7cm。ソウル歴史博物館所蔵

貫がたまって百となる〔両・貫は重さの単位、百は多量の意〕
（……）
前の野には田を買い
後ろの野には畑を買い
垣根を崩して塀を積み
茅を外して瓦を載せる
竈《かまど》がいくつも並べられ
厨房の召使たくさん引き連れ
内外の中門、高柱の大門を建て
騾馬《らば》〔馬とロバの雑種〕や驢馬《ろば》も買い入れる
（……）
金《かね》もおおよそ千両あまり
物入りがあっても充分足りる
嫁いできてから十年目
家の財産　十万なり

「紅閨勧奨歌」より

せっせと機を織り農作業をし、商売をして田を買い、畑を買って十年目には十万の金を集めたというこの内容は、実際のことというよりは「希望的プロジェクト」に近いのかもしれない。しかし、まず機を織って金を集め、農作業をして稼いだ金を貯めて田畑を買うという内容は、当時の女性の貯蓄の仕方を反映している。十五〜十六世紀のことではあるが、呉世勲《オセフン》というソンビの夫人である申《シン》氏は、生活をよく営み、相次いで土地を買い入れて財産を数倍に増やしたが、彼女の夫は治産〔財産管理〕にはおよそ無知であったという。これは、紡績をしてあまった所得が生まれればすぐに利殖に努めた結果、その全てが土地資本に転換された事例を示すものである。前に述べた歌〔「紅閨勧奨歌」〕も、紡績や農作業の利益を土地資本へと転換しながら富裕になっていくという過程を示している。「紅閨勧奨歌」というタイトルに見られるように、この歌は朝鮮後期の社会が女性にかける経済的期待を反映しているのであろう。

実際に朝鮮時代後期には、経済的に成功した女性が現れている。広く知られた金萬徳《キムマンドク》[25]のほかにも、両班の家に生まれた庶女〔妾が生んだ娘〕や中人〔本書第一部三章の訳注[7]を参照〕以下の身分の女性が成功した事例がある。古文書を通じて朝鮮後期の高利貸しの実態を明らかにした崔承煕《チェスンヒ》の研究では、朴召史《パクチョイ》という女性が一八九四年に一四〇マジギ[26]の畑を担保にして五分の利子〔月利5%〕で千両を稼いだという文書を紹介し、この女性が相当な財力を蓄えた人物であったと推測している。朝鮮時代後期に記された野談〔民間の野史や説話などをまとめた物語本〕には、夫婦が心をひとつにして貯蓄に成功する物語が伝えられているが、特に女性がその中心的な役割を果たしている。だがこうした成功談は例外的なものであって、ほとんどの女性は家門の名誉を維持するために、あるいは生計のために生涯労働をしなければならなかった。それゆえ、女性たちの中には、こころの痛みや胸のつかえを爆発させる者もいた。

地獄のようなこの閨《ねや》に、灯火を立てかけ
火熨斗《ひのし》と鋏を探しておき、中針と細針を選び出し
流行《はやり》に合わせ尺数に合わせてみるものの、なんとも難しきことよ
チュルチョゴリ[27]に縫い取りし、道袍《トポ》を作り、足袋《ポソン》を繕い

都への出入り、村の寄り合い、明日行くのかあさって行くのか
準備もなく慌ただしき時に、前触れもなく礼服探し
舎廊《サラン》〔接客を主とした男性の部屋〕におわすあの両班《かた》に、世の事々《ことごと》がわかろうか
ほんのわずかな不足にも、なんとも厳しい怒鳴り声
大きな声で小言をいわれ、何ゆえこれほど責められるのか
取り柄のない女どもは、昼夜を通じて遊ぶと言われ
か細き腰は折れ曲がり、手の指はどれもささくれ立ち
（……）
女の体が罪となり、口があっても語ることできず
心の奥底に燃える火を、胸に刻んで忘れまじと
ひそかに思ってみるならば、どうしてこれほど口惜しきかな

「女子嘆息歌《ヨジャタンシクカ》」より

自らの労働に対する鬱屈とした感情や矛盾は、寝屋にいる女性だけが感じていたわけではなかった。妓女や宮女など特殊な〔職業を持つ〕女性も同様であった。妓女や宮女についてはあらためて論ずる内容であるから、ここでは他の例を挙げてみよう。金春澤《キムチュンテク》（一六七〇～一七一七）は済州《チェジュ》島に流罪となったが、そこで海女に出会って問答を交わした後、これを「潜女説《チャムニョソル》」という文章に残した。あわび獲りのつらさを問う金春澤にむかって、海女はその苦しみを語ってから、実はそれよりもあわびを買うほうがもっと大変だと述べた。金春澤がその言葉の意味を問うと、海女はあわびを獲って税として納めるものの、足りない貢納品を満たすために新たにあわびを買い入れなければならないというあきれかえるような事情を打ち明けている。これ以外にも、女性が果たさねばならな

いことでありながらその姿を現していない労働は数多くあるであろう。

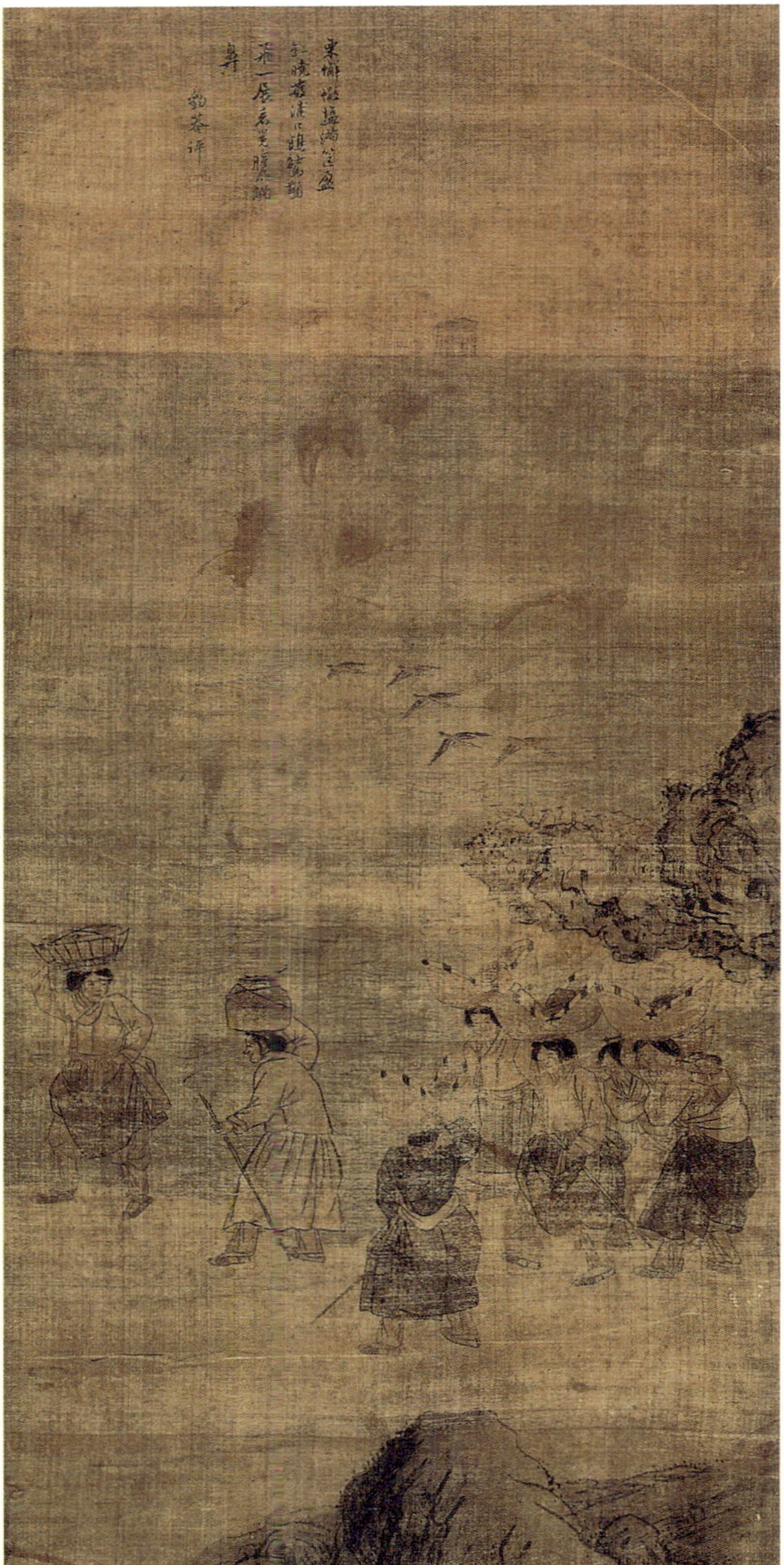

『行《ヘン》旅《ヨ》風俗《プンソク》図《ト》屏《ピョン》』の「売《メ》塩《ヨム》婆《パ》行《ヘン》」。金《キム》弘《ホン》道《ド》画、1778年、絹本淡彩。90.9×42.7cm。韓国国立中央博物館所蔵。浦の入り口で甕や籠を頭に載せた女性たちの姿は、朝鮮の女性にとって、家庭の中であれ外であれ、労働が生活そのものであったことを教えてくれる。最上部の題詩は「栗・蟹・海老・塩／籠と甕にいっぱいつめて／明け方浦口を出発すれば／鷺が戯れ飛んでいく／ひとたびすみずみまで匂いをかげば／風に乗った磯臭さが鼻をつく」（栗蟹蝦塩、満筐盈缸、鷗鷺驚飛、一展看覚、腥風触鼻）という意味である。

隠された女性の労働の価値

身分制社会だった朝鮮では、下層賤民にいた女性たちは当然ながら労働する存在として考えられていたために特に注目されず、また、両班階層の女性たちは家内の管理を担うものとして近代以降の女性と特に違いがないと考えられ、注目を浴びてこなかったようである。女性の労働を個別に取り上げる必要がないのは当然であり、家庭の中でのみなされていた家事労働に価値を認めないという意識がより深いところに潜んでいた。家族のために行う労働は貴いものだと称えながらも、その価値は認められていなかったのである。もちろん、産業化時代に入って女性が労働市場に参入していったからといって、その価値が正しく認められたというわけではない。依然として女性の労働は劣等なものと蔑まれ、家事労働は正規の労働の外部にあるものとして残っているからである。現代の韓国社会は、女性の賃金労働を当然のものとしてとらえ、夫婦の間での家事の分担がされている場合も珍しくない。だが、女性の労働条件はやはり男性に比べて劣悪である。

朝鮮時代の女性の生き方に対する好奇心から探し始め読み始めた女性の資料から見出されたのは、働く女性たちであり、どのような場合でも生計の責任を持つ女性であった。奴婢を率いた両班の女性から貧しいソンビの妻に至るまで、両班といえども女性に求められるのは倹約と勤勉であった（もちろんこうした徳目は王家の女性にも形式的に求められるものだった）。これは、朝鮮時代の男性が儒教的理念に従ってどのような女性を理想像と考えていたのか、現実的にどのような女性を必要としていたのかを教えてくれる。だが、これは単に言説の次元だけでなく、きわめて現実的なものであった。

先に見たとおり、夫や息子を食べさせ経済活動を行う女性の姿は、いうまでもなく「生計扶養者」であり、さらには国家経済の根幹を支える労働主体の姿であった。それにもかかわらず、朝鮮時代の女性の経済活動は隠され、低評価を下されてきた。これが、儒教の家父長制によって女性が持たねばならない婦徳のひとつとして当然視される一方で、徹底して家庭内のものとして限られてきた女性労働の実状と価値である。私的な領域でなされていた女性の労働は、〔その価値が〕算出されないまま時間が流れてきた。このように歪められ、しわになった時間をふたたび伸ばし広げること、それは歴史を書き直すことになるであろう。

【訳注】

❶朝鮮時代の女性医師。男女有別の観念から男性医師による診療を避けようとする女性たちへの治療を目的に養成され、診脈・鍼灸・助産をはじめとする医療を担当したが、身分的には賤民として扱われた。

❷朝廷での朝会で、南面する国王に対して東側に並ぶ文臣（東班）と西側に並ぶ武臣（西班）の総称。本来は官僚に対する呼称であるが、官僚制度の形成過程の中で、朝鮮時代には官僚を輩出した家族や同族全体を含む特権的な身分層を示す言葉として用いられるようになった。

❸朝鮮時代の伝統的歌謡のひとつ。三七調あるいは四四調を基本とした句を制限なく続けることができる形式で詠まれる。

❹朝鮮時代中期の文臣（一六三七〜九二）。本書第一部一章で扱われている『謝氏南征記』の著者でもあり、韓国古典小説の不朽の名作と評価されている『九雲夢』の作者でもある。

❺前近代の伝統的な身分制度の中で賤民として扱われた階層。奴は男性、婢は女性を指す。官庁に属する公奴婢と個人の所有対象となる私奴婢に区別され、支配層にとっては売買・相続・贈与の対象でもあった。朝鮮時代の特権階層である両班は、奴婢による生産労働を通じて自らの経済力を維持し、学問に専念することができた。

❻儒教的教養と道徳的人格を備え、不正を憎み清廉な道学者をさす言葉で、朝鮮時代の知識人の理想的人間象とされた。経験や地位あるいは学問的に自分より優れた「先輩」（韓国語で「ソンベ」）が「ソンビ」へと変化したとされる。

❼朝鮮時代の学派のひとつ。栗谷李珥（本書第一部二章の訳注❶を参照）に始まる畿湖学派から分かれたもので、韓元震《ハンウォンジン》を祖宗とする。朱子学では全ての事物は普遍的法則としての「理」と物質的根源としての「気」によって成り立っていると考えたが、湖論では「気」の影響を受けて生じた性質である「気質之性」を中心に人間と事物の違いを強調した。この主張は、理によって先天的に与えられた純粋善としての「本然之性」をもとに人間と事物の共通性を強調する洛論との学問対立をおこし、「湖洛論争」と呼ばれた。

❽ 第十六代国王仁祖の時の文臣。十五代国王光海君から王位を奪ったクーデタ（仁祖反正）以後、朝廷の要職を歴任。文章家としても名声が高く、李廷亀・申欽・張維とともに朝鮮の漢文四大家と称された。

❾ 朝鮮時代後期の文臣。本書第一部一章および二章に登場する金昌協・金昌翕の学問的師匠であり、その門下から優れた学者が輩出された。

❿ 韓国には一族の家系を記した族譜というものがあるが、伝統時代には女性の名前は族譜に記されなかった。そのため、朝鮮時代の女性を語る場合、特定の名称や固有名詞が伝えられていない場合は、一族の本貫（一族の始祖の出生地あるいは居住地）と姓を用いて表現するのが一般的である。全義李氏の場合、現在の忠清南道燕岐《ヨンギ》郡全義《チョニ》面を本貫とする李氏の一族であり、その一族から嫁いできた女性ということになる。

⓫ 朝鮮時代の政策決定における最高機関だった議政府の最高責任者である三政丞（領議政・左議政・右議政）のひとり。

⓬ 夫の南以雄は、中国の清による侵略（一六三六年の丙子胡乱）により朝鮮から人質として連れて行かれた昭顕《ソヒョン》世子《セジャ》（仁祖の長男）に仕えるために瀋陽に同行した。なお、世子の瀋陽での生活は九年に及んだ。

⓭ 朝鮮時代中期の文臣。文章に優れ、英祖代に王世子の教育担当者である書筵官《ソヨングァン》や国王秘書官に当たる承旨《スンジ》、さらには宮中の経書や史書を管轄する弘文館《ホンムングァン》の校理《キョリ》などを歴任し、一七四三年には礼曹参判《イェジョチャムパン》となった。

⓮ 朝鮮時代の身分構造を示す語。広い意味では賤民以外の全ての人をさすが、より具体的には、両班・中人・良人・賤民に区分される。良人には租税・軍役・徭役などの義務があり、大部分は農民だが、それ以外にも商人や匠人などがいた。

⓯ 朝鮮後期の実学者。正祖が王立図書館である奎章閣を創設した際、その高い知識と文章力が評価されて検書官に登用され、『国朝宝鑑』『大典通編』『弘文館志』をはじめとする重要書籍の編纂に加わった。また彼が記した『蜻蛉国志』は、朝鮮後期を代表する日本研究書籍である。

⓰ 両班の男性と正室以外の女性の間に生まれた子に対する呼称。正室の子供とはその待遇に差別があり、官僚登用でも制限が設けられた。しかし朝鮮時代後期には庶孽の増加に伴う待遇改善の要求が高まり、そうした運動が一定の効果を挙げ、官僚登用の制限が緩められた。李徳懋は、文芸復興の政治を展開したと評される二十二代国王の正祖が一七七七年に出した「丁酉節目」によって抜擢された。

⓱ 裘衣は裏地に動物の毛皮をつけた服。褐衣は麻で作った服。

⓲ 一七三七年〜一八〇五年。朝鮮後期の代表的な実学者。経済・流通の改革による民衆の生活向上のための「利用厚生」を目標とした北学派の学者。前出の李徳懋は彼の弟子に当たる。本章で紹介されている『許生伝』をはじめ両班階層の偽善を指摘した『両班伝』などの漢文小説や、清の乾隆帝の古希祝賀のために中国を訪れた際の紀行録『熱河日記』など優れた記録を残している。

⓳ 作者および制作年代未詳のパンソリ系統の作品。南方からやってきた卞強釗と北方からやってきた雍女が開城《ケソン》で出会って夫婦となる。遊覧生活を続けた二人は智異山《チリサン》〔全羅北・南道にまたがる山〕に生活の場をさだめるが、薪を取りに行った卞強釗は村の入り口の守護神である長丞《チャンスン》を引き抜いて燃やしてしまい、その祟りのために死んでしまう。夫の死体を始末しようと助けを求める雍女であったが、彼女を助けた男性にも禍が起きてしまうというストーリー。

⓴ 作者・作成年代不明のハングル小説。女遊びと博打で財産を失い、さらに妓生との遊興に溺れる夫の李春風を、その妻金氏が懲らしめ金を取り戻す物語。西岡健治「【本邦初訳】韓国古典小説『李春風伝』—堪忍袋の緒が切れた朝鮮時代の妻の反撃—」（福岡県立大学人間社会学部紀要十八集、二〇一〇年）にて、ソウル大学所蔵の伽藍文庫本を底本とした日本語訳を読むことができる。

㉑ 韓国を代表する古典小説のひとつ。孝女の沈清が目が見えない父親の沈鶴圭《シムハッキュ》の視力を回復させるために、身を売って供養米三百石を得て海に飛び込むが、彼女の心に感動した龍王に助けられる。その後王妃となった沈清は父を探そうと目が見えない人のための宴を開く。そこで娘と再会した沈鶴圭に奇跡が起き目が見えるようになるという内容。

㉒ 韓国語原書では「육 황기《ユクファンギ》 큰《クン》 베틀에《ベトゥレ》」となっているが、「ユクファンギ」が具体的に何を指すのかについては明らかでない。本章の執筆者である金庚美氏は、機織機の一種ではないかと述べている。

㉓ 翰林は、国王の命令や訓示を作成する芸文館《イエムングァン》に属する奉教《ポンギョ》（正七品）・待教《テギョ》（正八品）・検閲《コミョル》（正九品）などの官職の総称。また、注書《チュソ》は国王の秘書機関である承政院《スンジョンウォン》に属する正七品の官職をさす。

㉔ 兵使《ピョンサ》は全国の兵馬の指揮・統率を担当する兵馬節度使《ピョンマジョルドサ》（従二品）をさし、水使《スサ》は全国の水軍を統括する水軍節度使《スグンチョルドサ》（従二品）をさす。

㉕ 金萬徳（一七三九～一八一二）はもともと済州島の官妓（官庁に登録された妓生）として生きていたが、その後は商品の委託販売業を通じて富を得、その財産を当時暴風雨で飢饉にあっていた済州島の民衆救済に用いた。その善行は、当時の国王正祖への謁見が許されるほど高く評価された。彼女については本書第一部五章でよりくわしく言及されている。

㉖ 韓国で伝統的に農地面積を示す際に用いられる単位。田畑に一斗の量の種をまける広さをいう。地域によって広さの違いがあったが、畑の場合、一マジギ＝二百坪（約六六一平方メートル）が最も多かった。

㉗ 韓国語原書では「줄저고리《チュルチョゴリ》」と記されているが、どのような種類のチョゴリなのか明らかではない。本書執筆者の金庚美氏は、ヌビチョゴリ（ワタを入れて刺し子縫いをしたチョゴリ）とも推測できるが、確実な典拠がなく、正確には知りがたいと述べている。

五章

愛の嘆き節なぞやめてしまえ

―妓生の人生、その冷酷な現実―

鄭炳説《チョンビョンソル》：ソウル大学校　国文科教授

黄真伊、その輝かしい人生

妓生《キーセン》といえば、〔韓国の人ならば〕普通は黄真伊《ファンジニ》を思い浮かべる。小説として、映画として、テレビドラマとして、黄真伊は妓生の代表的なイメージとして多くの人々の脳裏に刻まれている。当代最高の妓生として、権力者の前で堂々とふるまい、はっきりとした自意識を持って愛に身をささげた。黄真伊が示した妓生〔のイメージ〕とは、娼婦ではなく芸術家であり、男性の慰みものではなく自らの人生の主人公であった。黄真伊を通じて見てみると、近代人が持つ妓生に対する否定的な認識は日帝強占期〔日本による植民地期〕に変質され歪められた妓生像が映し出されたものと理解できる。

だが、黄真伊を通じて理解できる妓生像は、多くの妓生の実状とかなりかけ離れたものだといえる。〔韓国人にとって〕国王といえば世宗大王《セジョン》❶が思い浮かぶであろうし、学者といえば退渓李滉《テゲイファン》〔本書第一部二章の訳注❶を参照〕や茶山丁若鏞《タサンチョンヤギョン》❷を思い浮かべるであろうが、全ての国王が世宗大王のように偉大だったわけではなく、全ての学者が退渓や茶山のように高名であったわけでもなかった。実際に世宗・退渓・茶山は実情よりもはるかに理想化された姿で一般の人々に知られている。これは黄真伊の場合にも同様であろう。本章では、妓生にかぶされたイメージから抜け出し、彼女たちの生き方をもう少し冷徹に見渡してみようと思う。

妓生は歴史的な存在であり、同時に個別的な存在である。わずかな言葉で簡単に定義づけることができないものだ。時代によって異なり、地域によって異なり、相手とする人によって異なり、またそれを描いた人によって異なっている。いつ、どこで、誰が、どのような姿を見たのかによってまったく異なった姿を描き出すことができるのである。黄真伊は十六世紀初めの妓生である。それから一、二世代が過ぎた十七世紀の初めから、許筠《ホギュン》❸や柳夢寅《ユモンイン》❹などが彼女のことを短い物語形式で記録した。これを現代人が十九～二十世紀になってソウルや平壌の妓生に重ねて理解した。しかし、実際に黄真伊は、生没年代さえはっきりとしていないのが実情である。

十六世紀と十九世紀の朝鮮社会は気風からして大きく異なる。特に、性風俗の変容には驚くべきものがある。壬辰倭乱《イムジンウェラン》〔豊臣秀吉の朝鮮侵略〕と丙子胡乱《ピョンジャホラン》〔本

四季風俗図のうち「弾琴《タングム》風流《プンニュ》」。作者未詳。19世紀、絹本彩色。76×39㎝。韓国国立中央博物館所蔵。妓生はひとりで数名の客を接待することもあるが、この絵に見られるように、客ひとりにつき妓生ひとりが相手をすることもある。

書第一部三章の訳注❶を参照〕の二大戦乱を前後して、それ以前の時期は性的な開放性が見られていたのに比べ、それ以後の時期は性的な統制が強められた。これは『朝鮮王朝実録《チョソンワンジョシルロク》』❺を通じてもすぐに確認でき、また学界でも広く認められているものである。[1] また、妓房《キーバン》〔妓生が居住する酒家や遊興場〕の風俗は地域差が大きい。たとえば朝鮮時代後期のソウルの妓房では、妓生ひとりが同時に数名あるいは複数の団体客を相手にしたが、黄海道海州《ファンヘドヘジュ》〔現在の北朝鮮黄海道海州市〕の妓房では、ひとりの妓生がひとりの客あるいはひとつの団体を相手にした。小説や映画などに描かれた黄真伊によって、私たちは妓生に対して多くのことを知ったと思っているが、実情はそうではない。だが、妓生についての情報不足よりもっと大きい問題は、偏った視点である。妓生を妓生の視点から見るのではなく、彼女たちを慰みものとした男性客の立場から見ているのである。本章では文学作品を中心に、できるだけ妓生の視点から彼女たちの普通の姿を描いてみたいと思う。[2]

愛の歌の真情

冬至月の長い長い夜を、その真ん中で切り分けて
春風のもと、夜具の中にしまいこみ
愛しき人が来た日の夜には、幾重にも広げよう

今日伝えられている黄真伊の時調《シジョ》❻は六首にしかすぎない。そのわずかな時調の代表作がこれだ。恋する人はそばにいない。だから、さびしい真冬の長い夜の半分を切り取ってとっておき、恋する人がやってきてともに過ごす短い夜にそれを使おうという詩想である。詩想も表現も、やはり名妓の黄真伊らしい絶品だ。黄真伊の時調

としで伝わるその他の作品も全て、愛する人や離別など、男女の愛の問題を扱っている。詩だけで見れば、黄真伊の脳裏を支配するのは、ひとえに愛だけだ。いや、その詩を伝えてきた人々が黄真伊をそうした人間として見ようとしていたのである。

今日まで残っている詩妓《シギ》〔詩作に長けた妓生〕の詩は、そのほとんどが黄真伊のものと似ている。「柳を選び折って送ろう、愛しき人のもとへ／ご寝所の窓の外にお植えになって／夜雨《よさめ》に若葉が伸びたなら、私と思ってくださいませ」と詠った節義の妓生洪娘《ホンナン》❼もそうであり、「梨花が雨のごとく舞い散る春、泣きすがりながら別れた愛しき人よ／秋風に散る葉の中に、あの人も私のことを思っているのでしょうか／千里の隔たりを、さびしき夢が行き来します」と詠った全羅道扶安《プアン》〔現在の全羅北道扶安郡〕の名妓梅窓《メチャン》❽もそうであった。その他に、十九世紀の文人裵《ペ》婰《ジョン》❾〔一八四三～九九〕に送った慶尚道金海《キメ》〔現在の慶尚南道

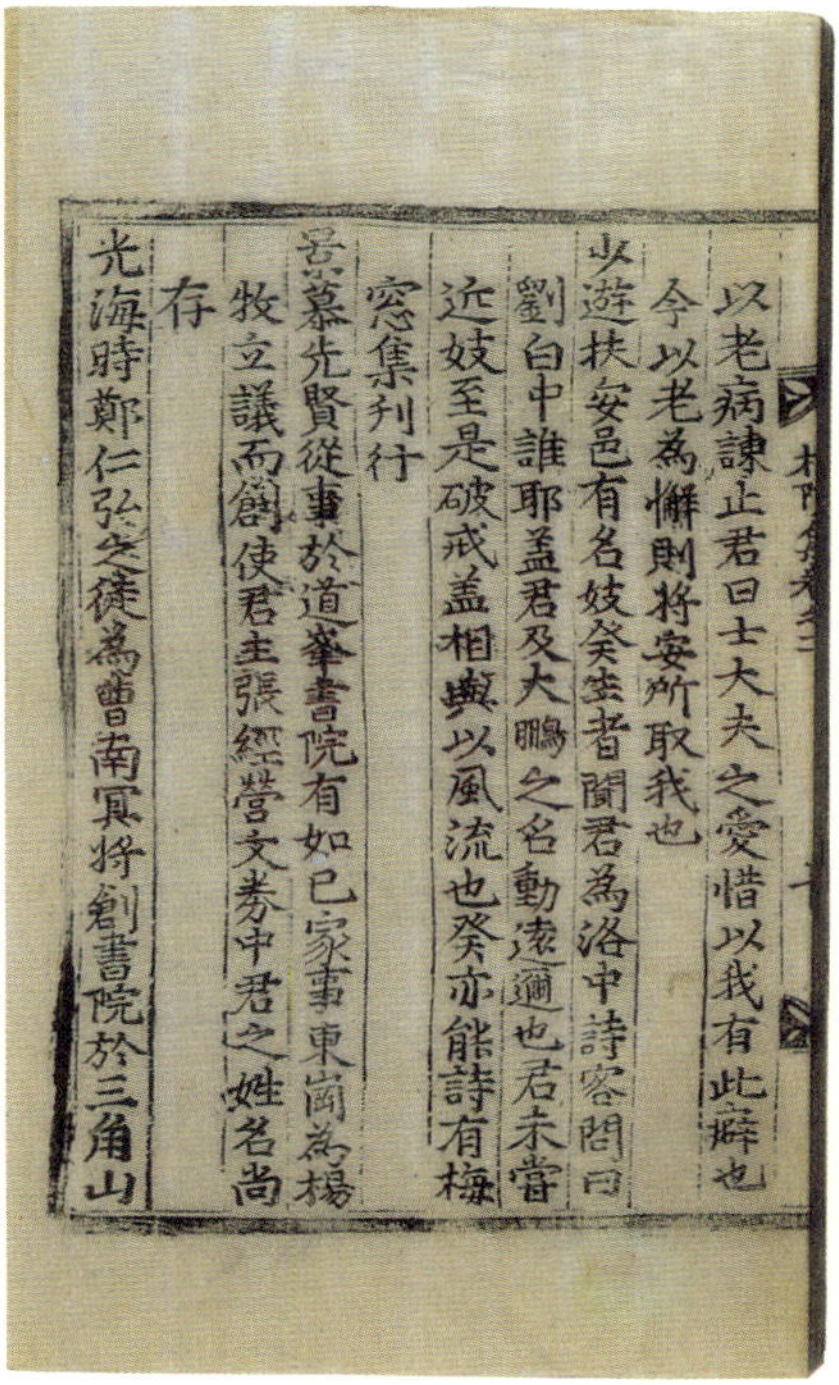

以老病謝止君曰士大夫之愛惜以我有此癖也
今以老爲憐則将安所取我也
少遊扶安邑有名妓癸生者聞君爲洛中詩客問曰
劉白中誰耶蓋君及大鵬之名動遠邇也君未嘗
近妓至是破戒蓋相與以風流也癸亦能詩有梅
窓集刊行
邑人慕先賢從事於道峯書院有如己家事東岡爲楊
牧立議而劒使君主張經營文券中君之姓名尚
存
光海時鄭仁弘之徒爲曹南冥将創書院於三角山

『村隠集』、1707年、奎章閣韓国学研究院〔韓国〕所蔵。村隠劉希慶の文集。劉希慶は朝鮮中期の詩人で、扶安の妓生梅窓と深い交わりを持っていた。写真にもあるように『村隠集』にも『梅窓集』刊行に関する記事がある。『梅窓集』は現在、ソウルの澗松美術館とハーバード大学に所蔵されている。

1 朝鮮前期の性風俗の開放性については、ソン・ジョンフム『朝鮮男女相悦之事』〔エルピー、二〇〇八年〔손종흠『조선남녀상열지사』、엘피〕〕などの書籍から簡潔に理解できる。

2 妓生の視点を示した資料は多くない。筆者はそうした資料を集めて『われは妓生なり』〔文学ドンネ、二〇〇七年〔정병설『나는 기생이다』、문학동네〕〕という本を刊行した。詳しい議論はそれを参考にしていただきたい。

金海市〕の妓生澹雲《タムン》の漢詩や、流配地で文人金鑢《キムリョ》❿（一七六六～一八二一）を世話した咸鏡道富寧《プリョン》〔現在の北朝鮮咸鏡北道富寧郡〕の妓生蓮姫《ヨニ》が送った手紙でも、妓生は常に愛する人を恋い慕う心に満ちた存在として登場する。名妓の脳裏には果たして愛情しかなかったのであろうか。

彼女たちの愛と詩は、ある程度は事実であり本心であろう。だが、一般的な妓生の人生を探ってみると、彼女たちの時調の真情については疑いをぬぐうことができない。アメリカのカリフォルニア大学バークレー校には『艶謡』という韓国書籍が所蔵されている。これには、都〔現在のソウル市〕から来た官吏たちの別れの宴で公州《コンジュ》〔現在の忠清南道公州市〕の妓生が詠んだ歌が収録されている。官吏たちは妓生を集めて白日場《ペギルジャン》〔文章コンクール〕を開いたが、離別を主題として時調を書かせては、ソンビの科挙試験よろしく妓生の作品に等級までつけた。最優秀に選ばれた妓生ヒョン・サノクの歌辞の最後は「無情なのはあなた様、紅顔薄命のわが身をどうすべきか／やるせなきかなこの離別、残されし思いに心苦しく／いつまた我が君と再会し、この世の縁《えにし》を結ぼうか」と結ばれていた。別れを惜しんで離別後の苦痛を詠い、さらには再び会う日を約束している。しかし、こうした切々とした歌辞であるにもかかわらず、詩が作られた状況を考えてみると、その真実味が感じられない。むしろ、折にふれて行われる送別の宴で常套的に登場する歌詞と思われる。

黄真伊の時調も、こうした白日場で詠まれた時調のように公開の場で歌われた歌であるという可能性が高い。いわば、感情をひそかに表したものというよりは、自らの優れた〔時調の〕腕前を見せつけたものであった。このような歌に、真実味はそれほど重要ではない。むしろ、客の趣向や要求が大切だったのである。資料からは具体的な情報が得られないため、その内幕まで知ることはできないが、ほとんどの妓生の作品が愛のみを詠っているのを見ると、その相当部分は妓生の生活感情というよりは、男性客の趣向や要求を反映したものと推察される。妓生は決して愛のみを求める者ではなかったのである。

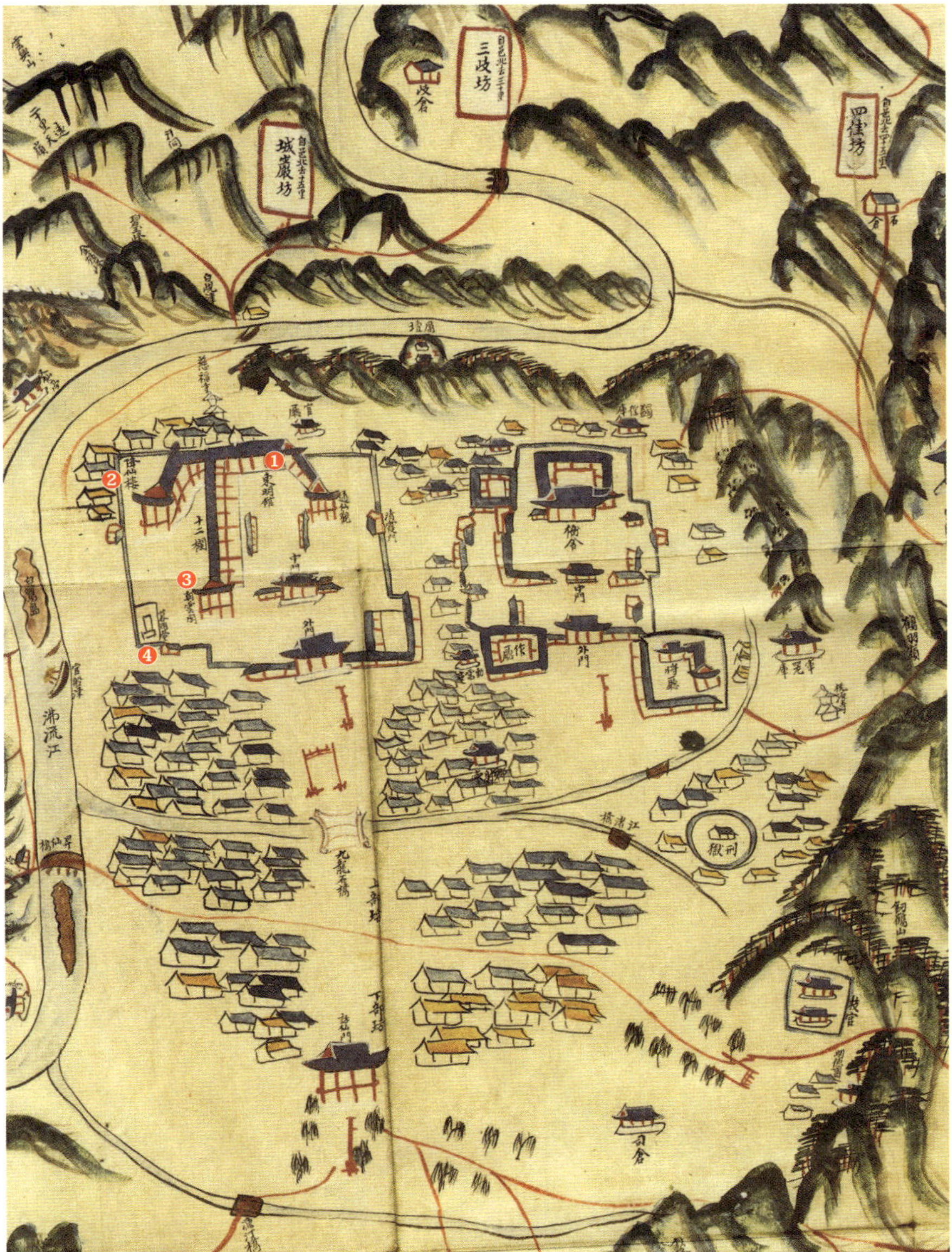

「平安道成川府地図《ピョンアンドソンチョンブチド》」、1872年、74×131cm。奎章閣韓国学研究院〔韓国〕所蔵。客舎（地方から来た官員の宿泊・接待施設）である東明館（図❶）の周辺に降仙楼（❷）、朝雲閣（❸）、暮雨台（❹）などが見える。これは、中国古代の伝説である楚の襄王と仙女の愛を背景とした朝雲暮雨の物語をもとにしたものである。仙女と一夜をともにした襄王が別れを惜しむと、仙女が「朝は雲となり夕方には雨となってあなたのそばに参ります」と答えたという物語である。「雲雨之楽」（男女の情交）という故事成語で広く知られている。この客舎では往来する使臣の宴が数多く催されたが、宴に参加した妓生はここでは「仙女」として受け入れられた。

平安道成川の客舎、東明館《トンミョングァン》。東明館はその規模や美しさで朝鮮時代を代表する建物である。朝鮮戦争の際に米軍の爆撃を受けて消失したが、のちに復元された。写真は日本の植民地時代に刊行された『朝鮮古跡図譜』に載せられたものである。

妓生にとって愛とは何なのか？

韓国の国立中央図書館には『消愁録《ソスロク》』という妓生関連の詩文集がある。これには海州の妓生ミョンソンが記した「自述歌《ジャスルガ》」をはじめとして、妓生自身が自らの人生を振り返り記した詩や文が載っている。これらを通じて、妓生の視点から妓生の意識と生き様をわずかながら理解することができる。

海州の妓生ミョンソンの「自述歌」をみると、彼女は十二歳で初めて男性と夜をともにしたという。相手の男性は黄海道《ファンヘド》〔現在の北朝鮮黄海道〕の観察使《クァンチャルサ》〔道の長官〕だったと考えられる。ミョンソンはその瞬間を「獣のようだった」と振り返っている。自らの置かれた状況が獣のようであったということなのか、相手の行動が獣のようであったということなのかははっきりわからない。だが、ミョンソンの「獣のような」人生は特別なものではなかった。燕巌朴趾源《ヨナムパクチウォン》〔本書

第一部四章の訳注⑱を参照〕のように当時の誰よりも他者の苦痛をよくわかっていたといわれる人でさえ、ミョンソンの苦痛は理解できなかった。燕巌は安義県監《アニヒョンガム》〔安義県の長、安義県は現在の慶尚南道咸陽《ハミャン》郡安義面〕だった時、彼を訪ねてきた友人の朴斉家《パクジェカ》[11]のところに十二歳の妓生を連れて行き、夜をともにさせたことがあった。ミョンソンによれば、妓生は〔現代ならば〕幼稚園に入る年齢である五、六歳で童妓となり、中学校に入学する前に男性を経験したのである。これが妓生が経験した普通の現実であった。

朝鮮時代後期のソウルの妓房の風俗を見ると、初めて客の前に出た妓生は極めて過酷な「お披露目」をしなければならなかった。女性が最も恥らう部分を多くの男性の前で見せさせられるのだが、そのような状況に慣れるよう何度もそうさせられたのだという。そしてここには必ず暴力が伴った。手首をつかまれただけでも貞節を失ったかのように自殺まで考えねばならない儒教社会の女性が、このようなことを何度も強要される中で受ける羞恥心は耐え難いものであった。みずからを「獣」と思わないわけにはいかなかった。普通の妓生にとって男性とは、みずからを野蛮へ、また獣へと追いやる存在であった。

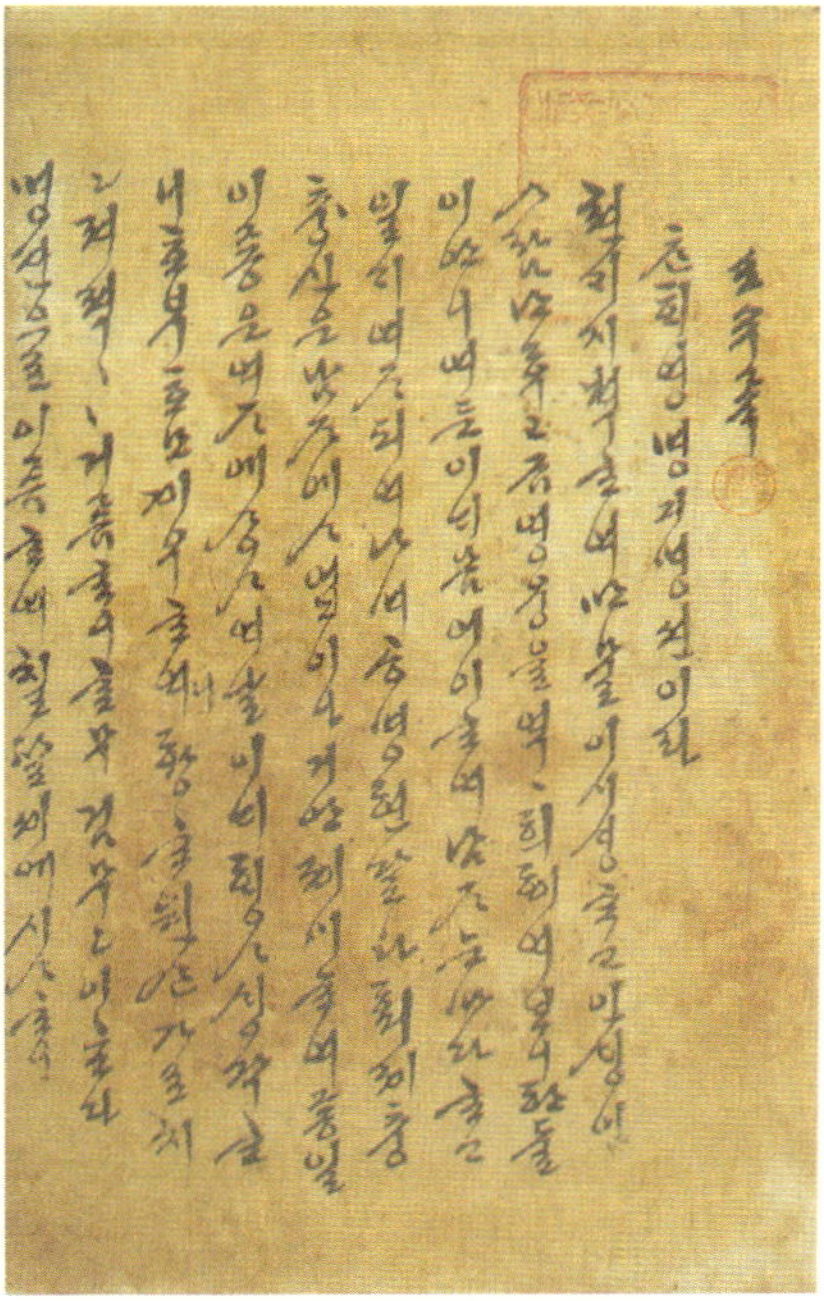

『消愁録』、19世紀後半、韓国国立中央図書館所蔵。

妓生に対する男性の一方的、強圧的、そして暴力的な態度は、妓生に関する説話に無数に見出すことができる。ある野談集〔伝承や物語を集めた文集〕には、無法者が妓生を「店中溺綱《チョムジュンヨガン》」と呼ぶ場面が出てくる。ここで「店」とは客店、すなわち旅館であり、翻訳すると「旅館の尿瓶」ということになる。妓生を人間ではなく物と見る「妓生物化」の代表的な表現である。このように妓生を人格〔生身の人間〕として見ていなかったのだから、妓生を強姦することくらいはなんでもなかったのである。

『渓西野談《ケソヤダム》』[12]を見ると、あるところの小作管理人が、平安道観察使〔現在の北朝鮮平安道を治めた長官〕に向かって、自分の一生の願いをかなえてくれと請う物語がある。小作管理人の願いとは美しい妓生と夜を共にすることであったが、彼は醜く汚くて吐き気がするほどであったという。観察使が監営《カミョン》〔観察使の官庁〕にいる妓生の中からひとりを選べと言うと、この醜い男は妓生たちに向かって駆け寄っていった。妓生たちは彼を避けようとあちこちへ逃げ回ったが、結局ひとりの妓生がこの醜い男に捕まり、塀の隅で辱めを受けた。妓生は死にたい思いであったがそうすることもできず、汚されたわが身をきれいに洗ったものの数日間は吐き気が止まらず食事もできなかったという。権力の命令による妓生の蹂躙は非常に多かった。一方的に繰り返される侮辱と忘れることのできない羞恥心を経るなかで、妓生の人格は歪まざるを得なかった。自らを人間と考えては生きていけない辛い状況であった。

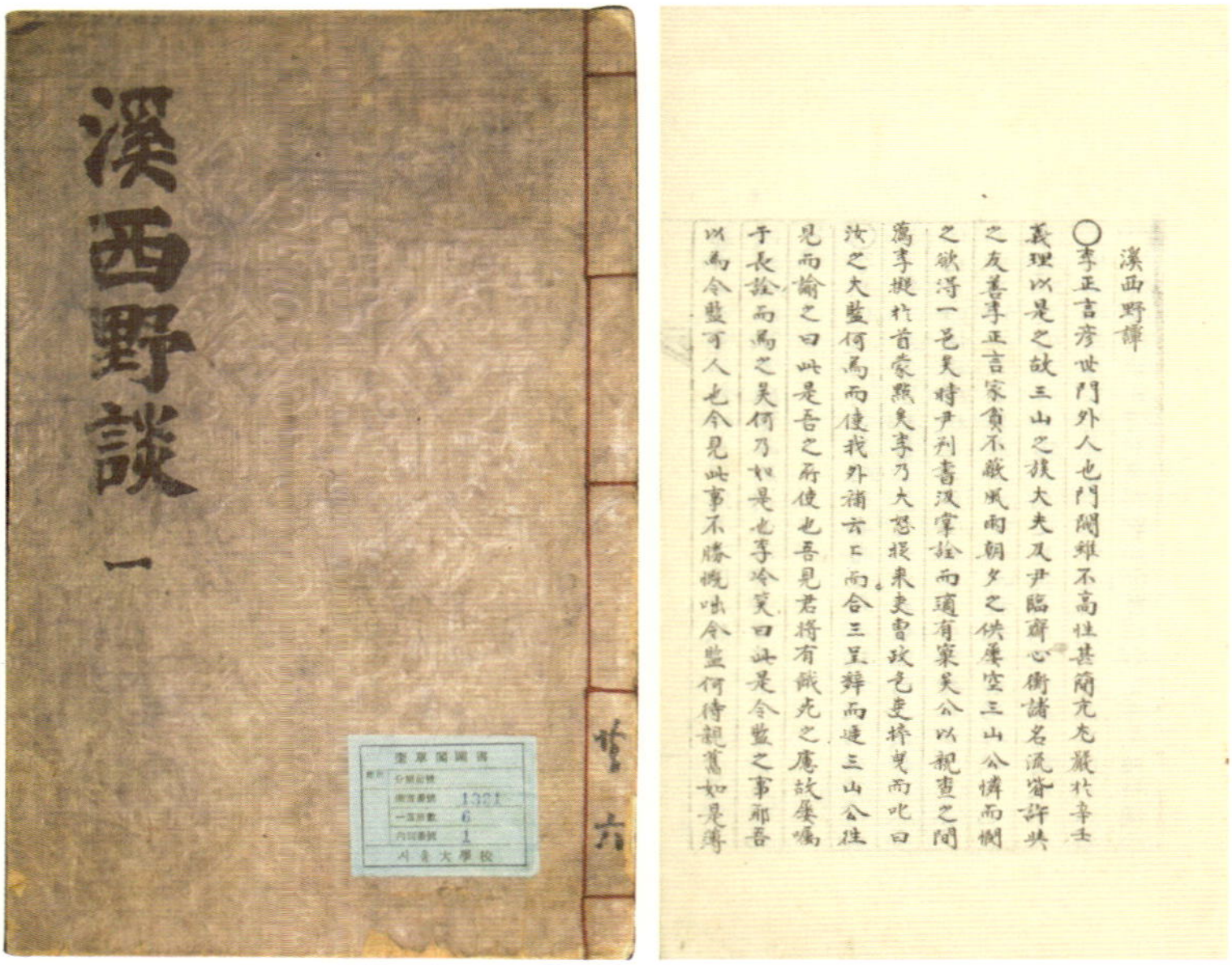

『渓西野談』。19世紀、奎章閣韓国学研究院〔韓国〕所蔵。

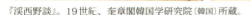

愛を侮辱と強要のもうひとつの名称としてしか考えられない妓生に、まことの愛を期待するのは男性の錯覚と誤解である。愛の証として妓生に自分の歯を抜いて与えた男が、その後、妓生が心変わりしたという話を聞いて歯を取り戻しに行くと、妓生は歯の入った巾着袋を投げてよこしたという物語は、妓生にとって愛が何であるかということをよく表しているといえよう。

妓生は男性客を五つの類型に分けていた。憐れで同情してしまう男である「愛夫《エブ》」や、金持ちで見栄えがして人気のある「情夫《チョンブ》」、互いに慕いあいながらもなかなか会えない「未忘《ミマン》」、女性に知性で仕える「和姦《ファガン》」、そして妓生に溺れて生死の分別もできない馬鹿な男の「痴愛《チエ》」がそれである。妓生を愛の化身とし、常にいとしの人を思い慕うか弱い女性と思うのは、まさに妓生が「痴愛」と呼ぶ「まぬけな男」の考えなのである。

お金が一番

妓生についての最初の総合研究書である李能和《イヌンファ》の『朝鮮解語花史《チョソンヘオファサ》』（一九二七）には、妓生の母と童妓の興味深いやりとりが一編紹介されている。妓生の母が童妓にむかって、お金のない美男子と醜い金持ちの男のどちらを選ぶかとたずねると、童妓は金持ちの男を選ぶと答えた。すると、妓生の母が「良心のない娼婦だ」と童妓を叱りつけるという物語である。童妓の答えは妓生らしく、妓生の母が好みそうなものだった。妓生の母は童妓の本心がよくわかっていたからこそ、叱ったのである。童妓は金について知るには幼かった。この物語には、妓生は何よりも金銭を優先するという考えがその根底にあったのである。

金持ちの妓生としては、済州島の萬徳《マンドク》（一七三九〜一八一二）〔本書第一部四章の金萬徳の訳注㉕も参照〕を挙げることができる。萬徳は一七九〇年代の初めに何年も飢饉が続くと、自らの財産の一部をなげうって飢えに苦しむ民衆

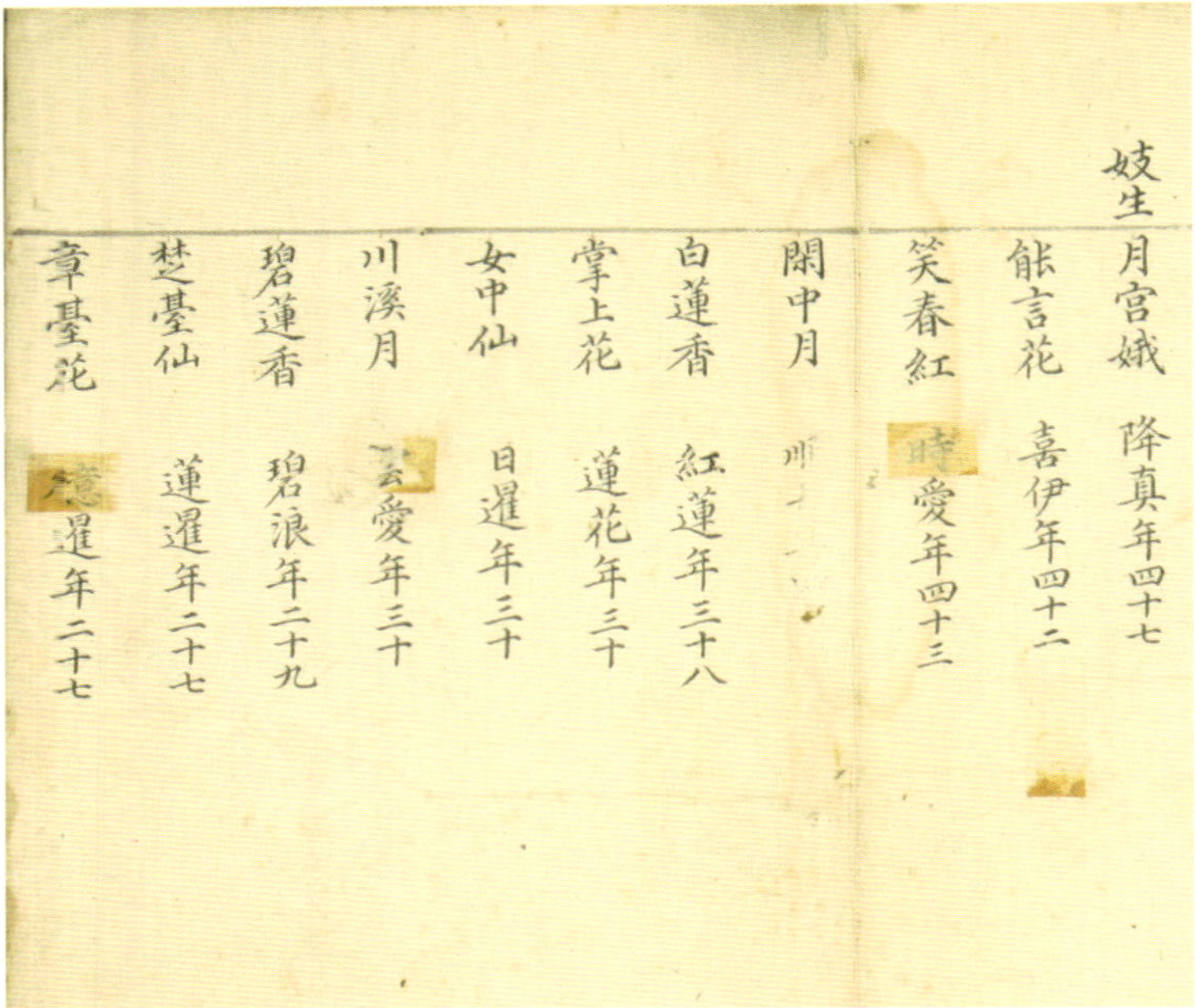
妓生
月宮娥　降真年四十七
能言花　喜伊年四十二
笑春紅　時愛年四十三
閑中月
白蓮香　紅蓮年三十八
掌上花　蓮花年三十
女中仙　日還年三十
川溪月　愛年三十
碧蓮香　碧浪年二十九
楚臺仙　蓮還年二十七
章臺花　還年二十七

宮奴婢官案。奎章閣韓国学研究院〔韓国〕所蔵。1750年の全羅道の監営（道の長官である観察使の官庁）の奴婢の名簿である。奴婢の名簿には写真のように妓生の名簿が別途にあった。妓生名簿は、妓生の出席確認名簿の形式をとっていた。これについては鄭炳説『われは妓生なり』（文学トンネ、韓国、2007）を参照。

を救済した妓生である。このことは、〔朝鮮二十二代国王の〕正祖《チョンジョ》の耳にまで届いた。正祖が彼女に願いを聞くと、彼女は「王宮と金剛山《クムガン》⑬を見物したい」と答え、それが実現した。正祖は蔡済恭《チェジェゴン》⑭らに萬徳の伝記を書かせたが、それを見ると、萬徳は良家の女性であり、幼い頃に母親がなくなって身を委ねるところがなくなり、官庁の妓籍〔妓生の登録台帳〕にその名を載せたという。だが萬徳は妓生のような行いはせず、二十歳になると官庁に請うて妓籍から名前を外し、再び良人《ヤンイン》〔本書第一部四章の訳注⓮を参照〕になったという。金を稼ぐことに手腕があり、結婚もせず独りで暮らし、数十年で大金を手にしたといわれ、蓄えた金でこのような善行をしたのである。

しかし、萬徳に対する賞賛一色の評価の中で、沈魯崇《シムノスン》⑮（一七六二〜一八三七）による評価はそれらとはまったく異なる「裏事情」を教えてくれる。沈魯崇は妓生桂纖《ケソム》の物語を記した『桂纖伝』の末尾で、萬徳を陰険・凶悪でけちくさい人物として紹介している。沈魯崇は済州牧使《ジェジュモクサ》〔当時の済州島の行政区域済州牧の長〕だった父に従って済州島で暮らしながら、その地の人々から萬徳についての話を聞いたという。沈魯崇によれば、萬徳は、金を使い果たして去っていく男たちからパジチョゴリ〔男性用の伝統服〕まで奪い取った。そうして集めたパジチョゴリが数百着にもなったが、それらを日なたに広げて干していると、同僚の妓生が唾を吐いて罵ったという。萬徳はこのように財を成して済州島最高の長者となり、済州島の女性は陸地〔朝鮮半島〕に渡ることはできないという国法を超え、都〔ソウル〕と金剛山を見物するためにこのような莫大な寄付をしたのだと述べている。つまり、萬徳の善行は慈善の心によるものではなく、寄付者の寄付額によって政府からの報償が大きくなることを利用して、自らの生涯の願いであった都と金剛山の見物を成し遂げるためのものだったというのである。

萬徳は、本当に沈魯崇が伝えた言葉のようにあざとく金を稼いだのかもしれない。だが、そのあざとさが萬徳の善行を覆い隠すことはできない。また、その動機が不純であったからといって、彼女による〔民衆の〕救護を低く評価することもできない。彼女が救い出した多くの命を軽く考えることはできないのである。彼女の善行に徹底した打算があったとしても、妓生が経験していく出来事を念頭におけば、萬徳の行動は極めて現実的であり賢明なものだった。彼女は都にやってきて内医院《ネウィウォン》〔宮廷の医薬を管轄した官庁〕の行首《ヘンス》妓生〔所属妓生の筆頭〕となった。内医院の行首妓生は、妓生が登ることのできる最も高い地位である。萬徳は二十歳の時に妓籍からその身を除いたとはいえ、他者からは依然として妓生として見られ、彼女もまたその世界から完全に離れることはできなかったのである。

誰も萬徳のようになることはできない。妓生なら誰でも大金を稼げるというわけではない。普通の妓生は、自分を愛し権勢と富も持った男性に出会うことを望むばかりである。そうした高い地位の男性が妓生を妻として迎え入れるはずはないから、せめてそんな男性の妾になることを望むだけである。その中には春香《チュニャン》のように成功した妓生もおり[16]、咸鏡道明川《ミョンチョン》の君山月《クンサヌォル》〔後述〕のように裏切られ捨てられた者もいた。

妓生以後

春香のようにその時の生業〔妓生〕を退いて自らの地位を高めた妓生の代表例として羅閤《ナハプ》を挙げることができる。羅閤は羅州《ナジュ》〔現在の全羅南道羅州市〕の妓生で、後に金左根《キムジャグン》の妾となった。金左根は純祖〔朝鮮二十三代国王〕の妃である純元《スヌオン》王后の弟で、十九世紀に安東金《アンドンキム》氏の勢道を開いた権勢家であった⓱。金左根は羅閤に溺れ、彼女の言うことなら何でも聞いてやった。羅閤の手からは監司《カムサ》〔観察使、道の長官〕が現れ、郡の守令《スリョン》〔道以下の行政区域の地方官〕が現れるという言葉が広まった。さらには羅閤が腹を立てて金左根の頬をたたいたという噂まであった。このような状況であったことから、彼女を恨む人が「羅州の政丞〔大臣〕」という意味の羅閤という別名をつけたのである。政丞たちは彼らが住む村の名前の下に尊敬の意味を表す「閤」をつけて呼ばれるが多かった。〔つまり、「羅閤」という名は彼女が手に入れた〕とてつもない権力への冷やかしの表現であるが、羅閤は妓生としては最高の成功を収めたわけである。

挫折した妓生君山月は、咸鏡道明川に流配された安東出身の文官金鎮衡《キムジニョン》が妾としておいた女性である。流配者に何の見るべきものがあって妾となったのかと言うかもしれないが、流配生活から解放されればたちまち中央の高級官僚となるのが常であったから、単に罪人としてのみ見るわけにはいかなかった。さらに咸鏡道では、都から来た金鎮衡のような高官は、伝統的に名士としての待遇を受けた。流配者の妾となった女性は、特に「配修妾《ペスチョプ》」と呼ばれるほどであった。流配地での現地妻というわけである。金鎮衡は君山月に、流配から解かれた暁には自分の家に連れて行くと約束した。結果的に、金鎮衡の流配生活は二ヶ月で終わった。金鎮衡は郡の官吏の力添えで、官婢〔官庁に属する下女〕である妓生を私的に妾とすることはできないという国法に背いて、約束を守って君山月を男装させて連れて行った。ところが、都に来る途中、安辺《アンビョン》〔現在の北朝鮮咸鏡南道安辺郡〕で突然

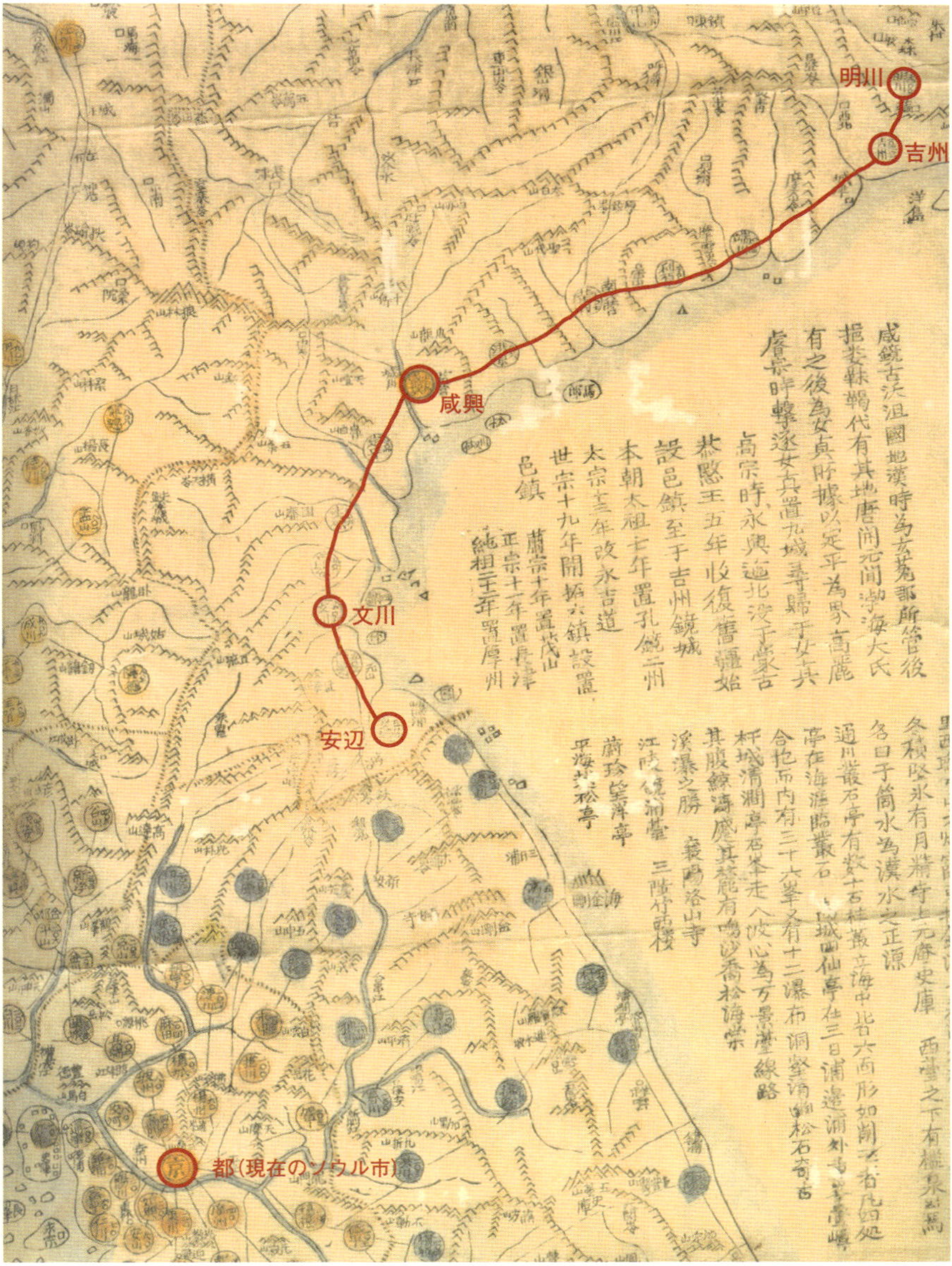

「海左全図」。19世紀半ば、98×57.5cm。奎章閣韓国学研究院〔韓国〕所蔵。赤線で表示された部分が君山月の行路である。君山月をつれて明川を出発した金鎮衡は、20日間をこえる旅路の果てに安辺に到着し、ここで君山月を明川へ送り返した。

心変わりし、君山月を明川へと追い返してしまった。流配者の帰路に妓生を連れて行くのは重荷となったのである。そのことを金鎮衡は、自ら作った流配歌辞「北遷歌《ブクチョンガ》」に詠み、君山月は己の痛みを「君山月哀願歌《クンサヌォルエウォンガ》」⓲に表した。
二つの歌辞から、金鎮衡が君山月を捨てる場面を見てみよう。

鶏鳴の頃に顔を洗い、君山月を起こしてみれば
朦朧たる深き眠りに浸り、まるで露に濡れし続随子草《ほるとそう》のごとし
愛らしく美しく、情け深くも無情なことよ
昔のことを語るゆえ、そなたはすこし聞いておれ。
かつて張大将が済州牧使となりしのち、
そばに仕えし馴染みの妓生、捨て置き出て来てみたものの、
海を渡りしその後も、とうてい忘れることできず、
船をかえしてふたたび戻り、妓生をば呼び寄せて、
匕首《あいくち》を出して手討ちにして後、
もどってからは大将となり、万古の英雄となりし。
我《われ》は本来文官で、武官とは異なりし故、
そなたを送り返すこと、これこそ我が匕首である。

「北遷歌」より

か弱き女の身で、数日間の旅路に出て、
旅の疲れのひどきことよ。

わたくしがやってきた道を思うに、前世か夢の中のよう。
酒幕にて眠り、朝餉ののちに、
旅装を調え、気負いたって立ち上がると、
旦那様が続随子草を見て顔色を変えておっしゃる言葉は、
「可憐で見目良きそなたを初めて目にした時、
約束は金石のごとく、人情は泰山のごとし。
春風の三月花咲く頃や、六月の薫風よき時、
そして全ての悲しみが乱れ、気もそぞろとなって、
切にふるさとと思う時には、
昼も夜もそなたを連れて、旅人の心を慰め、
ふるさとの山川をともに行き、我が膝元に置こうとしたが、
今になって思えば、どうにもできず難儀なことよ。
もともと私の過ちで、そなたをここまで惑わしたれば、
恨めしいとはいうなかれ。達者でおれよ。さらばじゃ。」

「君山月哀願歌」より

金鎮衡は済州牧使の張大将の話を聞かせ、自らが決然と愛する妓生君山月との関係を断ち切ったと、自慢して語っている。張大将は刀で愛する妓生を殺して未練を断ち切ったが、自分は文官だからそうすることはできず、送り返すしかできないといっている。ぞっとする脅迫である。周囲の人々や子孫に、自分がどれほど厳正で決然としていたかを示そうとしたのであろう。だが、君山月が聞いたという言葉は、脅迫ではなく信義を打ち捨てた

ことへの謝罪であった。齢五十三歳の名士が孫娘ほどの妓生にこうもむごく脅迫したとは信じられない。自分がいかに毅然として女色を斥けたかを誇るために、後にこのように歌ったものと理解される。いずれにせよ、金鎮衡の裏切りは、君山月には耐え難いものであった。だが、それが現実である。良い家門であるほど、妓生が受け入れられることはより難しくなったのである。

もし成功して妾になったとしても、幸福が保証されたわけではなかった。夫に愛されなければ、妾は取るに足らない存在だったからである。妓生の妾は、その家を治める細君どころか、家庭を壊そうとやってきた「女狐」として扱われた。朝鮮時代後期の両班家の家訓を見ると、妾に気をつけろという言葉で満ち溢れている。いくら自分を受け入れ労わってくれるとしても、見知らぬ家では気楽にいられないのに、蛇や蠍を見るかのように忌み嫌われているのであるから、心も体も安らかでいられようか。不慣れな家に入って警戒と妬みの視線を一身に受ける妓生出身の妾のつらい身の上は、「別室自歎歌《ピョルシルジャタンガ》」によく表れている。

言行慎ましく落ち着きがあれば、悪びれるところがないと非難され、
おとなしいふりしてしとやかぶっていれば、生意気だとのけ者にされ、
静かでなくやかましければ、傲慢だと声をひそめ、
賢くかわいければ、女狐と仇名され、
やり手で腰が低ければ、腹黒いと仇名され、
小粋で艶めかしければ、おしとやかでないと苦言をいわれ、
すがすがしく機敏であれば、邪悪なやつと目をつけられ、
是非を区別して目端が利けば、小憎らしいと知らせが回り、
正直で凛々しければ、飯がまずくなると口を尖らせ、

あちらこちらへとついて行って人心を得ようとすれば、
ありがとうの一言もなく、いかれたやつだと陰口をたたかれ、
純真で無難であれば、水汲み女で地獄の苦労、
よくやったとほめられることもなく、称賛を聞くこともなし。

あれこれと身の上を嘆くこの妾が、妓生の出であるかどうかははっきりしない。ただ、妾はそのほとんどが妓生出身であり、妓生出身の妾がこれらと異なる境遇であったはずがない。大部分の妓生は妾になっても別室〔側妻《そばめ》〕の歎きを歌うしかなかった。しかし、だからといって、他に方法があるわけでもなかった。萬徳のように例外的に大金を稼いだ場合でなければ、「老妓自歎歌《ノギジャタンガ》」の年老いた妓生のように、みすぼらしくも寂しい身の上となるしかなかった。

常に春の日だと思っていたが、二十歳《はたち》、三十歳《みそじ》もあっという間よ。
「東園桃李片時春」[19]とは、私をさしてつけし名なり。
わが身の美しさを信じておごり高ぶり、人心さえも失えり。
乱れ飛ぶアゲハチョウを見るに、私を訪ねる友などいようか。
九月、十月の寂寞たる草屋に吹くわびしい風は、なんとも冷たきものよ。
家財をかき出し売ってはみたが、衣服なぞどれほどになろうか。

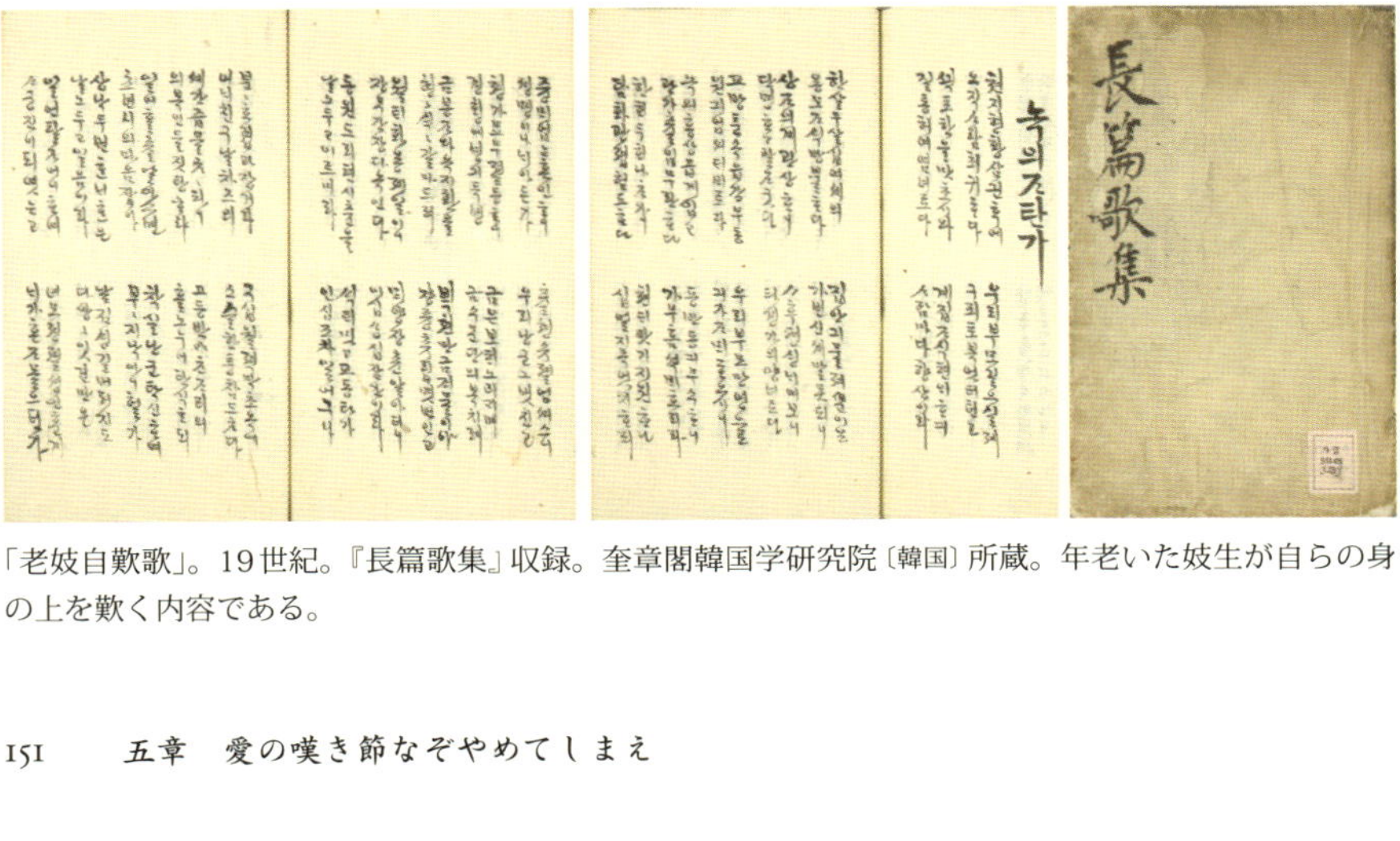

「老妓自歎歌」。19世紀。『長篇歌集』収録。奎章閣韓国学研究院〔韓国〕所蔵。年老いた妓生が自らの身の上を歎く内容である。

年を取るほど顔はあばたになり体もみすぼらしくなる。しばらくは技芸も保てようが、しがない芸妓を訪ねてくるような人は少ない。訪れる人が減るから稼ぎも減り、生計さえも見通しが立たない。これまでしてきたことを続けようとすれば、二牌妓生である「密淫売婦」[20]になることを免れない。そうでなければ酒幕〔旅籠〕でも開いて糊口をしのがねばならない。ここまでくれば、もともと卑賤な上にさらにその身を貶める痛みまで加わり、ますます悲惨である。賢明な妓生ならば、老後に備えて着実に金を蓄える。信じるものは金のみである。『消愁録』で男性客を五つの部類に分けた妓生のオクソが、結局は金持ちの男を最高とした理由もここにある。それがまさに妓生の現実であった。

われは妓生なり

妓生の人生には光と影がある。華麗な衣装をまとって高官や名士を相手にし、多くの金を稼いで権力の周辺に達することもできたが、はやくから侮辱と羞恥を経験し、裏切られ捨てられて貧困と寂しさの苦痛を味わうこともあった。海州妓生のミョンソンは自らの身を任せた金進士《キムジンサ》との将来を期待しつつ、「一口の飯の小さな恩徳、横目でちらりと小さな恨み、思い通りに返せようか」と詠った。我が愛しき君が後に高官となる時を今から思い、恨みを返す計画から立てていた。それほど骨身にしみる痛みがあったのである。

しかし、妓生の身の上がこのようであったからといって、彼女たちを憐れだとばかり見るわけにはいかない。妓生は相手の男性たちの辛い人生と自らの生き様をこのように比べている。

あなた様のことはよくわかっております。木綿の布団がやっとのこの暮らし。

幼子《おさなご》たちの尿糞は模様を描き、
春の興趣がまさに濃くなり、夜の営みをせんとすれば、
寝ていた子供は尿瓶を探し、幼子は乳をよこせという。
安らかさと豪華さを、花柳界とくらべてみましょう。
黄金の家での豪奢なくらしでは、財物を惜しむことなどありましょうや。

妓生の安らかで華麗な人生は、否定と非難の対象でもあったが、貧しい民衆には憧れと嫉妬の対象でもあった。十八世紀の物語本『禦睡新話《オスシンファ》』には、ソウルのある宰相の家の行廊《ヘンナン》〔屋敷の表門の内側にある部屋〕に住む貧しい夫婦が、生まれ来る子供のためにそれぞれ発願する場面があるが、娘ならば「随庁侍女」「善釘閣氏」「伝喝婢子」「饌色姮娥」「阿只乳母」「毛廛粉廛抹楼下」「医女巫女」「首母仲媒」などになってほしいと祈っている。これらは宮中や官庁の下人、乳母、市井の店主、巫女、結婚仲介など下賤な者たちであるが、ここに医女《ウィニョ》が含まれている。医女は当時、薬房妓生《ヤクバンキーセン》と呼ばれ、最上級の待遇を受けた者たちである。このように卑しい妓生も、さらに貧しい平民や賤民には希望の対象であった。

妓生は特別な憧れの対象でもなければ、特殊な憐れみの対象でもない。ただ前近代を生きてきた力なき民衆のひとつの部類に過ぎない。彼

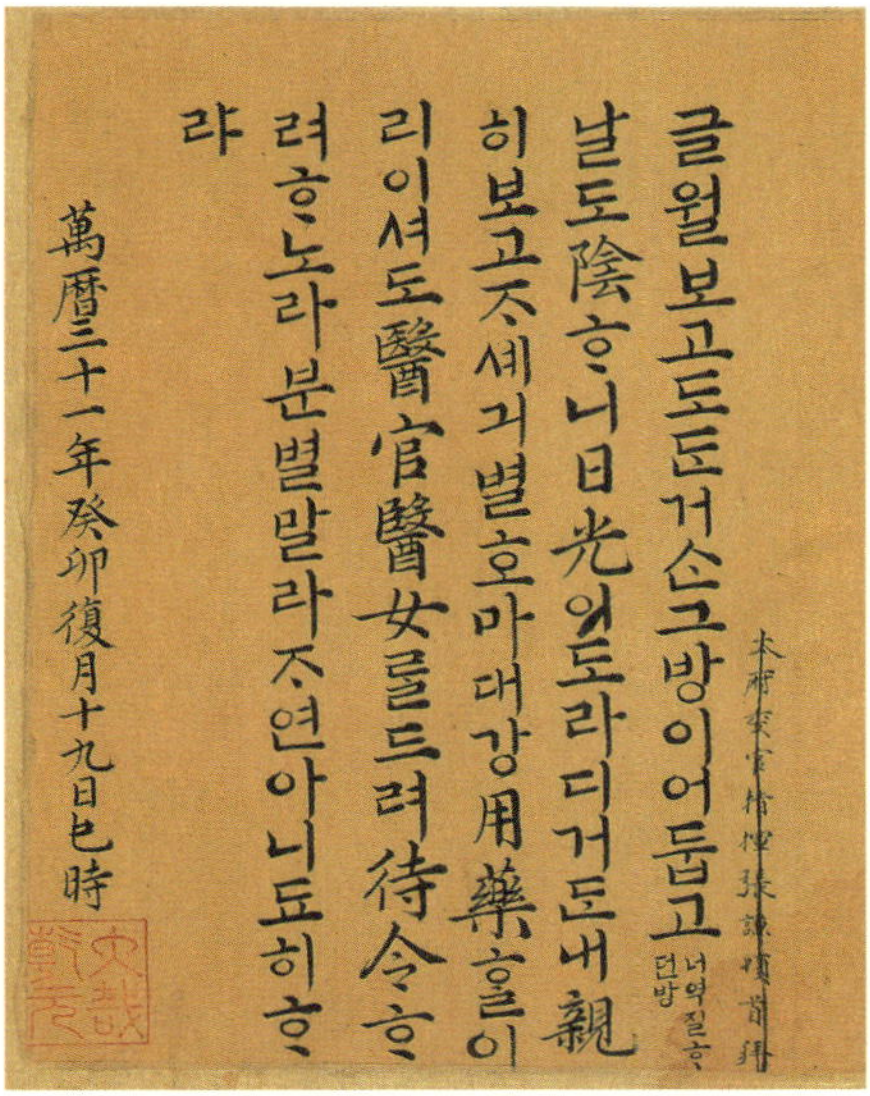

仁穆《インモク》王后の手紙。1603年。41 × 19.6cm。奎章閣韓国学研究院〔韓国〕所蔵。手紙の中間に医女について言及されている。内医院の医女は薬房妓生とよばれ、最高の妓生として待遇された。

桂月香肖像。作者未詳、19世紀。絹本彩色。105×70cm。国立民俗博物館〔ソウル〕所蔵。豊臣秀吉の朝鮮侵略の際、平安道兵馬節度使（陸軍司令官）だった金応瑞の愛妾。金応瑞を助け、日本の将の首を切らせたという伝説が伝えられている。日本の将を殺した後、自らも自決したが、こうして平壌城の奪還に成功したという。この絵は平壌にあった桂月香の祀堂に安置されていたものである。

女たちが常に訴えようとした言葉は「私は妓生だ」「私も人だ」という叫びである。その叫びを最も克明に表した人々が、いわゆる義妓《ウィギ》である。論介《ノンゲ》㉑が最も有名であり、平壌には桂月香《ケウォルヒャン》㉒がいた。日帝〔日本の植民地期〕の頃の国債報償運動㉓などにも妓生が積極的に参与し、民族反逆者を厳しく咎めた山紅《サンホン》㉔のような義妓もいた。妓生《キーセン》は決して「寄生《キーセン》」ではなかった。男性から離れられない寄生する存在ではなく、明らかに主体的かつ自立的な存在であった。彼女たちは妓生の母を持ったという身分や出自の条件のために、また絶対的な貧困のために妓生になる場合もあったが、自ら人間であることを放棄したことはなかった。世の人々からいくら娼婦と後ろ指をさされても、彼女たち自身はそれをきっぱりと拒んだのであった。

【訳注】

❶朝鮮王朝第四代国王。在位期間は一四一八年～五〇年。祖父の太祖李成桂《イソンゲ》によって建国された朝鮮は、世宗の代に政治・社会・文化的に安定した体制となり、朝鮮時代の名君として評価されている。また、彼の主導によってハングルが創製されたことから、現代の韓国人にとっても歴史上の偉人として認識されており、一万ウォン紙幣の肖像画にもなっている。

❷一七六二年～一八三六年。朝鮮後期の代表的実学者のひとり。実学の大成者とも評価される彼は、文化の先進性は地域的に固定されたものでなく、夷狄であっても儒教文化を体現することで中華になることができるという多元的世界観を提示したことで有名。また、世界文化遺産に登録されている京畿道水原《スウォン》市の華城《ファソン》建造の際、西学（中国経由の西洋学問）をもとに挙重機（クレーンの一種）を作成し、工事の短期化を実現した。

❸一五六九年～一六一八年。朝鮮中期の文臣。彼の作品『洪吉童伝《ホンギルドンジョン》』は名門の家に生まれながら妾の子であるために差別され、盗賊の首領となって不正役人たちの財産を奪う洪吉童を主人公として社会矛盾を描いた内容であるが、これは今日最も有名な朝鮮時代のハングル小説である。また、彼は本書第一部三章に登場する許蘭雪軒の弟でもある。

❹一五五九年～一六二三年。朝鮮時代中期の文臣。文章家として高い評価を受け、野史や風説などの民間説話を集めた韓国最初の野談集『於于野談《オウヤダム》』を編纂した。

❺初代太祖から二十五代哲宗まで、各王代ごとの記録をまとめた歴史書。年月日順の編年体で記録され、国王周辺および朝廷での様々な出来事が記されている。記録された期間は四七一年にわたり、その内容は朝鮮内外の幅広い分野に及んでいて、朝鮮時代研

究における最も重要かつ基本的な歴史記録である。韓国の国宝第一五一号であり、一九九七年にユネスコ世界記録遺産に登録された。

❻韓国の伝統的な歌謡形式。基本的な形は音節（文字数）を基準として初章（3／4／3／4）・中章（3／4／3／4）・終章（3／5／3／4）の構成となるが、日本の和歌や短歌に比べると、各章の文字数は比較的自由な形での創作がなされる。時調は高麗時代の半ば以降から優れた作品が登場し、朝鮮時代に入って広く詠われるようになった。

❼生没年不明。宣祖代に生きた妓生。当時、文章家として名を馳せていた崔慶昌《チェギョンチャン》との関係は、妓生という身分ゆえに別れざるを得ない切ない恋物語として知られている。ここで紹介されている彼女の歌「折楊柳寄与千里」は、そうした彼女の心情が表れたものとして有名である。

❽一五七三年～一六一〇年。朝鮮を代表する名妓のひとり。前出の許筠をはじめ当時の文人とも交流を持ち、ここで紹介された歌「梨花雨」をはじめとして多くの歌を残し、漢詩集『梅窓集』を残した。彼女の墓地が全羅北道扶安郡にあり、全羅北道記念物第六五号に指定されている。梅窓については本書第二部十二章でも論じられている。

❾朝鮮時代末期の書画家。山水画や器皿折枝図（器に花枝や文房具などの静物を描いた絵）に長けた人物として知られている。

❿朝鮮後期の文人。彼は一七九七年と一八〇一年の二度にわたって配流の身となったが、配流地での妓生や民衆との交流を背景にした優れた文章を残した。特に慶尚南道鎮海《チネ》での漁民との交流を通じて韓国の南海岸の魚類を研究した『牛海異魚譜』（一八〇三年）は、韓国最初の魚類研究書である。また、本文で言及されている咸鏡道の富寧は一七九七年の配流地である。

⓫一七五〇年～一八〇五年。朝鮮時代後期の実学者。朴趾源・李徳懋・柳得恭などの北学派（中国の清の先進文化を積極的に取り入れようという学派）と交流し、一七八八年に謝恩使の随行員として清に赴き、その見聞をまとめ朝鮮の商工業発展と農業生産力の改善を主張した『北学議』を著した。

⓬李羲準《イフィジュン》（一七七五～一八四二）が当時伝えられていた奇事や雑説、巷談などを編集した書籍。一八三三年～四二年ごろに編集されたものと推定されている。

⓭現在の北朝鮮（朝鮮民主主義人民共和国）江原道金剛郡・固城郡・通川郡にまたがる山。「金剛一万二千峰」と呼ばれるように多くの峰が連なる山で、最も高い毘盧峰は一六三九メートル。古来より名山として知られ、多くの文人が遊覧し、詩文や絵画を残してその優れた景勝を称えた。

⓮一七二〇年～九九年。朝鮮時代後期の文臣。都承旨《トスンジ》や領議政《ヨンウィジョン》など朝廷の要職を歴任し、経済政策に積極的に関わった。朱子学の正統を重視し、西学（清経由の西洋学問）には否定的であったが、天主教や仏教に対しては、排斥ではなく朱子学的な教化を主張した。

⓯朝鮮時代後期の文人。古来の文章を模範として作る擬古文に対して否定的立場をとり、民間の伝承や物語を評価するなど、朱子

学的な詩文観を脱皮して感情の自然な発露を実現する文章を目指す姿勢を示した。作品に『孝田散稿』や『積善世家』などがある。

⑯韓国で最も有名なパンソリ小説『春香伝《チュニャンジョン》』では、主人公の妓生春香は、南原府使《ナムォンプサ》の息子李夢龍《イモンニョン》と出会い、互いに愛するようになる。しかし彼は都に戻ることになり、新たに赴任した悪徳官僚の卞《ピョン》府使が春香を自分のものにしようとする。だが、春香は李夢龍への貞節を守ろうと抵抗したために投獄されてしまう。そこに官僚として出世し暗行御使《アメンオサ》（地方官僚の不正を糾弾するために国王の特命により秘密裏に派遣される特使）となった李夢龍が現れ、卞府使の悪政を暴き春香を救い出す。その後二人は末永く幸せに暮らす。このようなハッピーエンドの内容から、春香を「成功した妓生」と述べている。

⑰十九世紀に入ると、朝鮮では国王の外戚に権力が集中する政治状況が約六十年続いた。これを勢道政治とよぶ。二十二代国王の正祖が死去し、十一歳の幼い王子が二十三代純祖として即位するが、彼の妃である純元王后の一族安東金氏（安東は現在の慶尚北道安東市）が幼い純祖を補佐する名目で権力を独占していった。勢道政治の時期は国王の権威低下や科挙の有名無実化、さらには各地で反乱が起きるなど混迷した社会状況となった。

⑱この歌の題名は本来は漢字ではなくハングルで記されたものだが、その意味を踏まえてあえて漢字に翻訳した。このあと出てくる「別室自歎歌」や「老妓自歎歌」も同様である。

⑲韓国の古典小説で、女性の美しさは一時のものだという思いを述べる時に用いられる表現。「花の命は短くて」といった意味合い。

⑳朝鮮末期に入ると、妓生は一牌・二牌・三牌に区分された。一牌は官庁に属する官妓の総称で多くの場合は夫がおり、他の男性に身を任せることはなかった。二牌はそれなりの技芸を持つ一方でひそかにその身を売る妓生をさす。三牌は売春を生業とする妓生のことをいう。

㉑朝鮮時代の妓生（?〜一五九三）。豊臣秀吉の朝鮮侵略における第二次晋州《チンジュ》城の戦い（一五九三年。晋州城は現在の慶尚南道晋州市所在）で朝鮮軍が敗れた時、着飾った論介が晋州城のそばを流れる南江《ナムガン》の岩に立って日本の将兵を誘い出し、将兵を抱きしめてともに身を投げたと伝えられている（柳夢寅『於于野談』）。論介のこうした物語は多くの人々に語り継がれ、「記憶」として拡大し、国のために身をささげた義妓として認識されるようになった。

㉒朝鮮時代の妓生（?〜一五九二）。豊臣秀吉の朝鮮侵略の際、彼女は平壌城を攻撃した小西行長の副将に捕まりお伽をつとめていたが、隙を見て平安道兵馬節度使（平安道の陸軍指揮官）の金応瑞《キムウンソ》を城内に呼びいれ、自らを助けてくれるという条件で金応瑞を助け、副将を殺した。しかし金応瑞は二人で逃げたらともに死んでしまうと考え、桂月香を殺し、ひとりで帰還したと伝えられている（『平壌志』）。その後、朝鮮時代の歴史小説『壬辰録《イムジンロク》』などで彼女は金応瑞の愛妾として描かれ、あるいは穢れた身ゆえ自ら命を絶ったと語られるようにもなった。このように彼女も論介と同様に義妓として認識されていく。本書の桂月香の肖像画のキャプションもそうした桂月香に対する「記憶」の変遷を背景に記されている。

㉓ 一九〇七年〜〇八年にかけて韓国（当時は大韓帝国）で起こった運動。当時日本は韓国に対し再三にわたって借款供与を行い、韓国の経済資本を日本の下に置こうとした。こうした日本の対応を自国の経済的独立を脅かすものと捉えた韓国では国民的な募金運動が起こり、全国的な拡大を見せた。だが、統一的な指揮系統がなかったことや日本側の圧力により一九〇八年に入ってその活動は衰えていった。

㉔ 大韓帝国の頃の晋州の妓生。晋州を訪れた李址鎔《イジョン》（日本の朝鮮に対する内政干渉を認めた日韓議定書［一九〇三年］に調印し、大韓帝国の外交権の日本掌握を認めた第二次日韓協約［乙巳保護条約、一九〇五年］に署名した人物）が山紅を自分の妾にしようとすると、山紅は「たとえ賤しい妓生の身であっても、どうして逆賊の妾になることができようか」と逆らい、李址鎔の怒りを買ったと伝えられている。

六章

禁じようにも禁じ得ず

―女性への規制とその亀裂―

鄭《チョン》　智泳《ジヨン》：梨花女子大学校　女性学科教授

作られた「李朝[1]の女人」

朝鮮時代、家父長制は流動的に形成される過程の中にあった。朝鮮初期の国家運営に加わった者たちは、朱子学的な理念による生活慣行を定着させるために、様々な措置をとっていった。親迎制[2]の施行、再嫁女子孫錮法[3]、女性上寺〔女性が供物を奉げるために寺院に留まること、後述〕の禁止、淫祀〔巫俗行事、後述〕の禁止、内外法[4]などがそれである。また、族譜への記載、財産相続、祭祀の継承が嫡長子〔嫡男〕を中心に行われ、朝鮮は徐々に宗法〔一族の組織規定〕に基盤を置く家父長制社会となっていった。

女性の活動と人生を規制する制度は、権力を持った者たちの利害関係によって細かなしきたりとして作られたものであり、特定の歴史局面から生み出されてきた。朝鮮時代の理想的な女性の姿は、こうした制度が定着する過程で作り出され、それは韓国の近代社会の中で「韓国の伝統的女人像」の原型として選ばれた。このように、朝鮮時代の特定の制度の中で作られた「女人」は、近代韓国社会の男性中心の歴史言説の中で復活し、近代的性別関係を構成する重要な根拠として活用された。

しかし、こうしたイメージと過去の現実がそのまま一致することはないであろう。朝鮮時代の資料をみると、国家によって禁止された淫祀に加わり酒に酔って帰宅した士大夫の家の女性から、群れをなして歩き回る比丘尼〔尼僧〕にいたるまで、典型的な「朝鮮の女性」とはずいぶん違った人々に出会うことができる。こうした女性たちは当時作られた様々な禁制に背いたり、その規制を超えてしまう存在であった。朝鮮時代の女性に対する〔従来とは〕異なった想像は、近代社会の枠の中で設定された一定の方式による「男女関係」についての固定観念に、亀裂を作り出すスタート地点となるであろう。

「平轎子が禁止でも、歩くことまでだめだという道理があろうか」

朝鮮時代には、閨房《キュバン》〔奥の間、上流層での女性中心の生活空間〕の女性に対して、外出や往来、顔をさらすことへの規制が作られた。

両班の女性は、外出して往来する際には四方がさえぎられた籠に乗るよう義務付けられた。もともと朝鮮の両班の女性は平轎子《ピョンギョジャ》に乗って行き来した。平轎子は文字通り四方をさえぎるものがない担架のような形をした輿である[5]。このような平轎子は使い勝手が良くて重さも軽く、これに乗った女性は道すがら出会う人々や風景を自由に見ることができ、またその光景に加わることもできた。だが、朝鮮時代初期の建国の混乱を収拾した後に作られたいわゆる儀章法度〔儀礼の規範や法令〕を修正する措置において、三品[6]以上の正室〔正妻〕は平轎子に乗ることができないとする規制が含まれるようになった。〔彼女たちが〕輿の四方につき従う召使たちと袖をすり合わせて肩をなで、気兼ねすることなく近づいているというのがその理由であった。その後、三品以上に当たる官吏の正妻である女性は屋轎子《オッキョジャ》、すなわち屋根がついて四方が完全にさえぎられた輿に乗らなければならなかった〔『太宗実録』四年五月二十五日条〕。

屋轎子に乗せるということは、女性を保護するという名分を掲げてはいたものの、現実的には女性が外界〔家庭の外部〕と通じることができないようにすることを意味した。実際、女性が平轎子に乗ることを禁じる措置は〔朝鮮第三代国王の〕太宗《テジョン》の時にすでに公布されていたが、これが現実化するにはかなりの時間がかかった。〔第四代〕世宗《セジョン》二六年〔一四四六年〕の記録をみると、平轎子には乗るなという禁令が下された後にも公然とこれに乗って往来する者がおり、司憲府《サホンブ》〔風俗矯正や官僚の糾察・弾劾を担った官庁〕でふたたび法を作ったという内容が出てくる〔『世宗実録』二十六年六月五日条〕。平轎子に乗っていた女性を屋轎子に乗るようにさせるのは、そう簡単に成し遂げら

蕙《ヘ》園《ウォン》 申潤福《シンユンボク》の『風俗画帖《プンソクファチョプ》』のうち、第５面。朝鮮時代、外出の際に両班階級の女性たちが顔を隠すため、羅兀《ラウル》（女性の外出用ベール）の代わりに手軽なチョネ（被り物の一種）を着用した姿。1930年代までよく見られた。その形は韓国の典型的なチマ（女性用の裳）と似ているが、頭の上からすっぽりと被り、チマのウエストにあたる部分で両頰を覆い、あごの下で紐を結ぶようになっている。

れるようなことではなかった。禁止令が出されてもそれにはおかまいなしという女性たちがおり、彼女たちは門地枋《ムンジバン》〔部屋の内外を仕切るための敷居〕を越えて庭を通り過ぎて中門〔庭の出入り門〕を出て、禁法を破って外出したのであった。

平轎子に乗ることを禁止しようという論議で目を引くのは、太宗の時に三品以上の正妻は屋轎子に乗ることとし、三品以下の正妻には平轎子の代わりに馬に乗るようにさせたという点である。当時、女性が馬に乗るのは非常に珍しいことであったようだ。朝鮮時代の閨房の女性は自由な行動ができず、四方がさえぎられた輿の中で顔を隠していなければならなかったのも事実であるが、一方では馬に乗って往来した女性がいたというのも興味深い。

だが、そのまた一方で、歩いて移動する女性がいて問題となった。平轎子に乗屋轎子。朝鮮時代後期。81 × 101 × 113cm。ソウル歴史博物館所蔵。輿は国王の妃、両班や士大夫の女性の交通手段であり、男女が直接顔を合わすことを避ける手段であった。外への出入りが制限されていた女性が門外に出て行くときは、屋根がある輿、すなわち屋轎子に乗ることで、他者との接触を避けるようにしていた。

るなという措置が下されると、士大夫の妻や士族の娘たちが道を歩くようになったのである。平轎子には乗るなといっているのであって歩き回るなとはいっていないのだから、女性の立場から見ればそれほど間違ったことをしているとは思っていなかったのであろう。しかし、国家の立場から見れば、平轎子には乗らず屋轎子や馬に乗れといっているのであって、歩いて移動することを勧めていなかったのは明らかだ。だが女性たちは、平轎子には乗るなといわれてからは、堂々と道を闊歩するようになったのである。すなわち、国家による「賤しい者たち、特に男性」との接触防止のための方策が、むしろ〔女性たち〕みずからに道を闊歩させたのであるが、こうしたやり方で、女性たちは国家に対してひそかに抵抗していたのではなかろうか。

新たな想像、朝鮮時代の女性の外出と遊び

贅沢にその身を飾り、屋轎子や馬に乗り、あるいは何も乗らずに歩いて往来した女性たちは、どこに出かけて行ったのだろうか。家の敷居を越えて外へと出ていった両班の女性たちは、道で顔を隠す布をまくりあげて何を見ようとしたのであろうか。あるいは誰かに自らをさらけ出そうとしたのだろうか。また、外の世界への関心はどのようなものだったのだろうか。

『風俗図《プンソクト》』のうち、「路上《ノサン》風情《プンジョン》」。作者未詳。19世紀、紙本彩色。76×39cm。韓国国立中央博物館所蔵。

朝鮮時代の風俗画のうち、馬に乗って行く女性の姿。下男が先導し、下女が荷物を持ってつき従っている。馬上の女性は顔を比較的はっきりと出しており、周囲に気兼ねせず移動している。

＊街頭での行事見物

閨房の女性たちは〔様々な催しの〕観覧を楽しんだ。中国から使臣がやってきたり国王の行幸がある時、両班の婦人たちは街頭に出て行って行事を見物した。彼女たちは街頭に集まって帳《とばり》をはったり楼閣の手すりにもたれたりして見物した。顔を突き出して人知れずちらっとのぞきみる彼女たちは、男性の目には危ういものと映った。そのため見物を禁止しようという意見が司憲府から提起されることもあった。そうした中、〔第九代国王の〕成宗《ソンジョン》二十四年〔一四九三年〕二月に国王が親耕する行事〔農業奨励のために国王が直接農事を行う儀式〕を行うと、見物に現れた士族の女性たちが雨に降られ、〔ある者は〕雨を避けようとする中で召使とはぐれてひとり夜道をさまよい、見知ら

「風俗画帖《プンソクファチョプ》」のうち、「牛の背に乗る女人」。作者未詳。19世紀、紙本彩色。56.4×36.5cm。韓国国立中央博物館所蔵。

『華城陵幸図屏《ファソンヌンヘンドビョン》』のうち、「華城聖廟展拝図《ファソンソンミョジョンベド》」（部分）。金得臣《キムドゥクシン》ほか画、絹本彩色、151.5×66.4cm。韓国国立中央博物館所蔵。1795年、正祖が閏2月9日から8日間、母の恵慶宮洪氏《ヘギョングンホン》を連れて父親の思悼世子《サドセジャ》の墓所である顕隆園《ヒョンニュンウォン》を訪れた後、盛大な宴を催した場面を描いたものの中の一場面。絵の左に女性たちが道に出てきて行列を見物している様子が描かれている。

ぬ家の門をたたいて一晩過ごさせてくれと頼んだり、〔またある者は〕街中で転んでしまうといった事件が起こった。そうした混乱の中、洪孝廷《ホンヒョジョン》〔法制業務を主管する刑曹の正郎（中堅の実務責任者）だった人物〕の妻は一晩中ひとりで道端で過ごしていたという〔『成宗実録』二十四年二月二十九日条〕。

一方、国王が行幸するときは、士族の女性がその行列を見物するためにあらかじめ道の脇の小屋に来て留まり、一晩過ごすことも多かった。成宗代にはこうしたことに対する非難が絶えなかったが、国王は、女性がその身を表に出して正面を見たり、顔をさらけ出すことのみを禁じた。しかしその後、〔第十一代の〕中宗《チュンジョン》代に入ってついに士族の女性の観光が厳しく禁止された。だが、それ以後も女性が見物に出かける行動はとどまる気配がなかった。〔第十四代の〕宣祖《ソンジョ》代の記録を見ると、士族の女性は見物を慎むどころか、輿に乗り濃い化粧をして見物するようになり、問題がさらに大きくなったことがわかる。日中も庭の外に出てはならないはずの閨房の女性が、郊外に出て行って見たい物を思う存分見物し、これでもかと装飾した輿を自慢し、化粧した顔を隠すことなくさらしていたのであった。

＊山や渓谷に集まり遊ぶ

女性たちは国家が主催する行事を見物するだけでなく、自ら遊戯の行事をとり行うこともあった。士族の女性は親しい友人を見送るという口実で、山間の渓谷に集まり、そこで様々な遊びをし、踊り、交わった。こうした中、時には酒に酔うこともあった。成宗三年（一四七二年）、礼曹《イェジョ》〔儀礼・祭祀・外交などを担当した官庁〕では、士族の女性が山間の渓谷で宴会を開き酒を飲んで酔い、脇を支えられて帰ってくることの罪を問うよう要請した。また、〔第十代国王の〕燕山君《ヨンサングン》代には、大司諫《テサガン》〔国王への諫言を担当する司諫院《サガンウォン》の最高責任者〕の李自堅《イジャギョン》が、士族の女性が風楽を鳴らして酒を飲み、好き勝手に遊ぶ風俗を厳しく禁断するよう求めた。興味深いのは、国王がこれに対して「法を作ったところでそれにしたがって行動するわけでもないのに、どうしろというのだ」と、無気力な対応を見せている点である。

一方、士族の女性は、温泉や冷泉などを訪ね回り、沐浴を楽しんだ。温陽《オニャン》❼の温泉は、宰相や士族の女性らに開放された場所であった。また、〔第十三代〕明宗《ミョンジョン》十八年〔一五六三年〕には、広州《クァンジュ》〔現在の京畿道広州市〕の田から湧いた冷泉に女性たちが輿に乗って一度に集まり、三十台あまりの輿が列をなすといったことが話題となった〔『明宗実録』十八年八月四日条〕。輿に乗って来ることができた女性たちは、非常に地位が高い家門の人々であったと思われる。面白いのは、彼女たちがめいめい

『四季風俗図《サゲプンソクト》』のうち、「花柳遊戯《ファリュユヒ》」。作者未詳。19世紀、76×39cm。韓国国立中央博物館所蔵。

でおとなしく移動してくるのではなく、一時に三十台あまりの輿で同時に集まってくるやり方で集団で動き回り、遊興を楽しんだという事実である。このほかにも士大夫の家の女性が集まって南山《ナムサン》〔ソウル市中区にある山〕や三清洞《サムチョンドン》〔現在のソウル市鍾路区三清洞〕を遊びめぐり、寺院をあまねく観覧するなどして問題となった〔『孝宗実録』十年四月十八日条〕。こうした行動に驚き、またけしからぬことと考えたものの、結局のところ、処罰はその家長が引き受けるはめになった。それはまさに士大夫の家庭を正しくさせるためであった。

＊仏事と淫祀

太宗四年〔一四〇四年〕から、朝鮮では女性の寺院出入りを禁ずる措置がとられた。だが、女性の寺院出入りは朝鮮時代を通じて完全に断ち切ることはできなかった。士族の女性は寺院に入って供物を奉げ、いわゆる「雑談」〔多くの女性がひとところに入り混じって話すこと〕を交わして問題となった。世宗の代は、先ほども述べたように女性の生活文化を儒教式に変えていくための規制が整備・強化された時期である。だが、こうした時期に王室が司どる仏教行事が公然と開かれ、これに都〔ソウル〕のソンビや女性たちが集まった。世宗十四年〔一四三二年〕二月には、孝寧大君李補《ヒョリョンテグンイボ》〔世宗の弟〕が七日間にわたって漢江で水陸斎《スリュクジェ》〔陸地や水中をさまよう霊魂や餓鬼を慰めるための仏教儀礼〕を催したが、都に住むソンビや女性が雲のごとく集まり、両班の女性もご馳走を準備して持っていき、供物として奉った。

世宗七年〔一四二五年〕には、死亡した判府事《パンブサ》[8]の李和英《イファヨン》の妻童《トン》氏が、その兄と娘だけでなく親族の女性たちを引き連れて寺に行き、三間ほどの小さな庵で僧侶たちとともに過ごしていた。また、金銀を溶かして法華経を書き写して五日間そこで読んでいただけでなく、油蜜果《ユミルクァ》〔小麦粉で作った生地を油で揚げ、蜂蜜をまぶした韓国の伝統菓子〕を作って僧侶をもてなした。世宗十六年〔一四三四年〕には、楊州《ヤンジュ》〔現在の京畿道楊州市〕にある華厳寺《ファオムサ》が修理のための法会を開き、士大夫の妻、女僧、女性たちが互いに見物しようと群がり、またひとつの事件となった。この時、三人の僧侶が無㝵戯《ムエヒ》（西域から伝わった仏教劇で、無㝵（ひょうたん）を持って踊り歌う）を始めるや、女性たちが僧侶への施しだといって服を脱いで与え、物議をかもした。だが、こうしたことに対して、国王が「婦女子が物事の道理をわかっていないからそうなのだ」という具合に処罰を避けている様子が見受けられる。このように華厳寺に女性が集まった事件は世宗代に大きな問題となったが、結局は、士族の女性や女僧に杖罪八十回を宣告し、贖銭《ソクチョン》（金銭を払って刑の執行を免除してもらうこと）を徴収することでけりがつけられた。

成宗二十五年（一四九四年）には月山大君《ウォルサンデグン》（成宗の兄）の夫人が興福寺《フンボクサ》で法事を行うと、士大夫や士族の女性たちが雲のごとく集まったが、「僧徒にまじって留まり宿泊した」ことが原因で大問題となった。この時、寺で繰り広げられた光景は、「楽工を呼んで風楽を鳴らし、ろうそくを作り、（装飾用の）花や草を作り、金銀や絹織物を仏像の前に並べ、男女が入り混じっていた」と描写されている。しかし国王は依然として、こうしたことは根拠が見出しがたいという理由で処罰を後回しにした（『成宗実録』二十五年四月十八日条）。

儒教が支配する社会、すなわち儒教という秩序と規範にあわせて生きていくことが勧められた社会で、女性たちは仏教を信じ、仏教式の祭祀を行い、仏教行事を開き参加した。国家の規制や処罰が決してこうした文化的な流れを変えることはできなかった。また、女性たちは寺院に詣でる一方で巫俗[9]行事をひらいて楽しみ、社会的に問題をかもし出すこともあった。巫俗は「淫祀」、すなわち淫乱で道理に外れた祭祀と称された。朝鮮時代、巫堂《ムーダン》は城[10]の外の遠く離れたところに集まって住まわされ、巫堂村として区別されていた。しかし、現実にはそうすることができなかった。世宗十三年（一四三一年）に司憲府が主張したと

「路上托鉢《ノサンタクパル》」（部分）。申潤福画、紙本淡彩。28.2×35.3cm。澗松《カンソン》美術館〔ソウル〕所蔵。

「宋《ソン》氏《シ》夫《ブ》人《イン》図《ド》」。朝鮮時代、59×94cm。慶熙大学校博物館〔ソウル〕所蔵。巫堂〔シャーマン〕が信仰する特定の神を写実的かつ絵画的な技法で描いた宗教画。このように、朝鮮時代には巫俗信仰〔シャーマニズム〕が依然として盛んであり、その痕跡は様々な遺物や祠に残されている。この絵では宋氏夫人が主な巫祖神となっている。ソウル地域における村々の守護神として信じられた府君神の祠に神体として祭られた神像である。

ころによれば、当時、巫堂は城内に入り混じってすごし、両班の女性が時を選ばず〔巫堂のところに〕出入りしていたという。それだけでなく、女性たちは病にかかると巫堂の家を頼りとすることが多かった〔『世宗実録』十三年七月十七日条〕。そのため、世宗二十五年〔一四四三年〕には禁令を犯した女性に対し、もし家長がいなければその長男に、長男がいなければ次男に、次男がいなければ長男の孫に、そして、長男の孫がいなければ次男の孫に罪を与え、万が一家長も子孫もいなければ、女性本人に罪を与えることを明確にした〔『世宗実録』二十五年八月二十五日条〕。

しかし、いわゆる淫祀は、士族の女性の立場からすれば単純な信仰の次元で行ったものではなく、彼女たちが中心となったひとつの「集いの場」であった。

鬼神を楽しませることにかこつけて、風楽を奏でて楽しむこと甚だしく、夜を過ごして帰る途中では得意満面で大騒ぎし、広大《クァンデ》[11]や巫堂が前や後ろで馬に乗って風楽を演奏し、ほしいままに遊戯をしても、その夫の中には、それを禁じないばかりか、何とも思わずにともに過ごし、おかしなことだと思わない者が時折おります。

（『世宗実録』巻五二、十三年六月二十五日）

酒やご馳走を盛大に施し鬼神を楽しませると言っているが、その席には祭祀をとり行う女性とネットワークを持った他の女性たちが加わっていたのである。彼女たちは春や秋の、遊興に最もいい時期に山を訪れて風楽を奏でて夜通し楽しみ、それに留まらず、街頭でそれを自慢し騒ぎ立てていた。

仏事や淫祀は宗教的な行事であり、同時に観燈祭《クァンドゥンノリ》〔釈迦の誕生を祝う祭り〕であり、さらには山や渓谷に行って見物し宴を開く女性だけの祝祭であった。地方の両班の女性は、酒や肉を持って公然と集まって娯楽をし、儒教国家が女性に教えようとしたいわゆる「正しい風俗に向けての教化」の過程を「汚す」ことになった。こうした女性たちの生活や遊びの文化は、朝鮮時代の男性支配者たちの意志による規制を通じて、自然に、少しずつ消えていくようなものではなかった。〔仏事や淫祀を〕禁じようとする儒教に基づいた男性支配者と、その禁止を「公然と」無視した両班の女性たちの長きに渡る駆け引きがあったのである。

禁じようにも禁じ得ず

『朝鮮王朝実録』には、女性への規制条項をめぐって朝廷で繰り広げられた数多くの議論が載せられている。

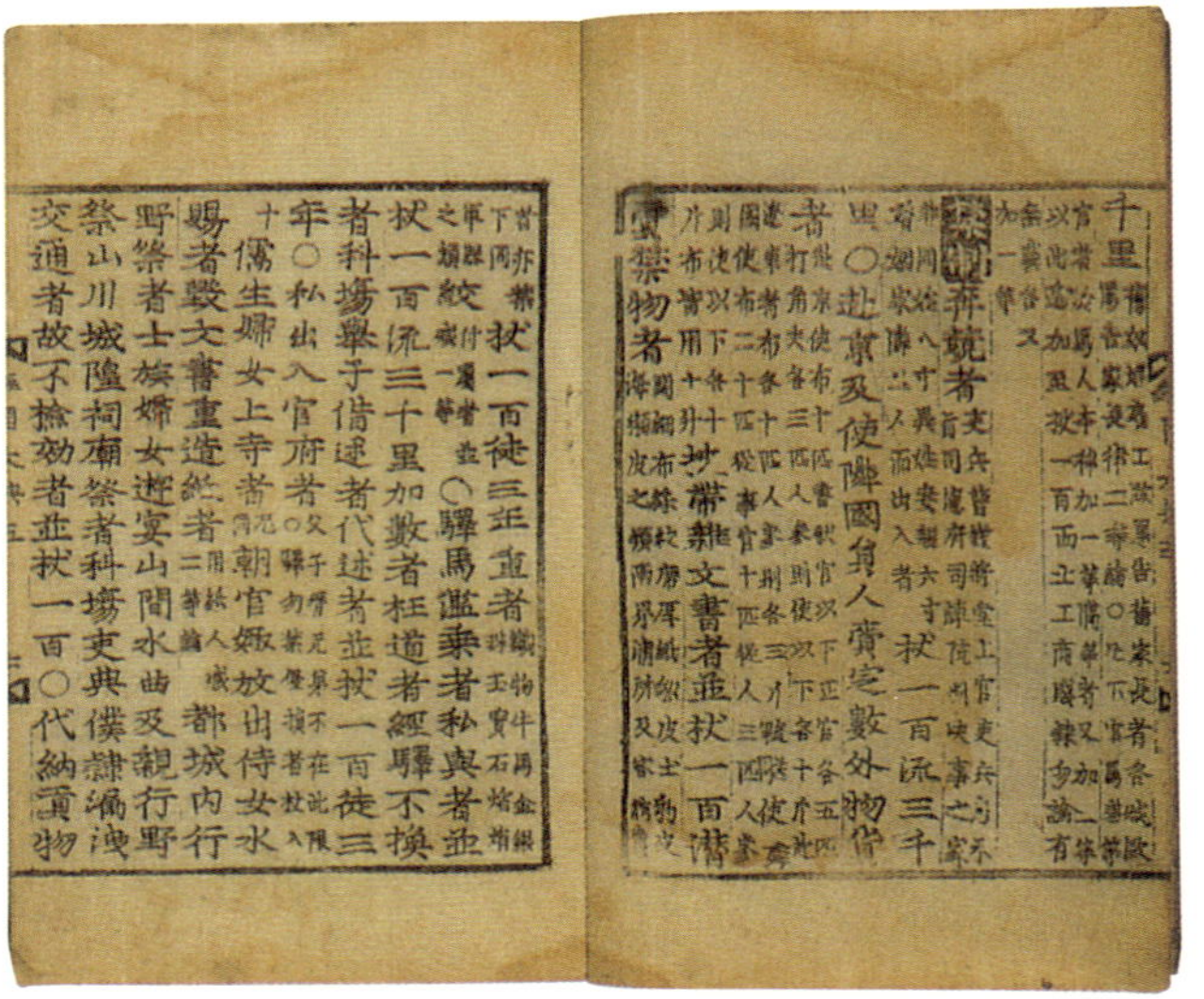

『経国大典《キョンググテジョン》』。1485年。ソウル歴史博物館所蔵。『経国大典』では、女性が寺に行ったり、山や渓谷に遊びに出かけたりした場合、杖刑100回に処する（刑典禁制条）など、女性の外出を厳しく制限している。

これはつまり、その規制が簡単には貫徹されていなかったことを立証している。閨房の女性への処罰はなかなか強力には行えなかった。寺院に行くなという禁令を破った場合、女性を処罰しなければならないのが普通だが、女性たちは「自覚がないために」処罰しがたいというのが国王の立場であった。国王は「婦女子は事理にくらい」という理由で直接罰を与えることはなかった。そのため、むしろその場に同席していた僧侶のみがその職帖[12]を没収される形で処罰が行われた。もちろん、ひどい場合には女性に杖罪八十回の処罰が下されたが、それも多くの場合は贖銭を徴収することで代わりとした。

このような状況で台諫《テガン》[13]の官僚らは、その家長を処罰することで女性の行動を懲らしめるよう要請した。すなわち、事理の分別がない女性を直接罰することはできないから、彼女たちが禁制を破った時は、ほとんどの場合、その家長に罪を与えたのである。こうした処罰のやり方は、ひとつの家庭の家長に対する懲戒という点でより重いものとも考えられるが、いずれにせよ、女性の立場からすれば、国家からの刑罰を避けることができたのである。

実際、女性が外に出て遊ぶことは、国家でも取り調べることが難しかった。しかし、それを抑えることができなかったという理由で夫、すなわち家長を処罰するのはさらに現実性のないことであった。国家の立場からも、

化粧用の容器。朝鮮時代後期。コリアナ化粧品博物館〔ソウル〕所蔵。

よくよく考えてみれば、直接罪を犯していない家長をやみくもに処断するのは難しい状況であったから、結局誰にも罪を問うことができなかった。いや、下手をすれば、その家長を処罰しようと主張した当事者たちや親戚たちが、処罰されねばならないその「家長」でもありえた。もしそうした女性の家の家長を処罰しようとすれば、当時の名高き家門の男性が集団で処罰対象になったであろうし、処罰の主体が新たに処罰の対象になるという状態となりえたのである。

結局、「禁じようにも禁じ得ず」という嘆きが国王の口から絶えず漏れることとなった。

朝鮮時代、閨房の女性はみずからを飾り、見せつけようという欲望をもった存在であった。女性に対する規範にそのまま従う者たちがいた反面、禁制にもかかわらず思うがままに振舞って生きる閨房の女性もいた。「閨房」という場所は、いわゆる門地枋《ムンジバン》〔敷居〕をみだりに越えることのできない、格子《こうし》のない監獄のような場所であった。だが同時に、秘密めいていて侵すことのできないひそやかな場でもあった。「閨房をことごとく覗き見ることができないのに、どうして規制することができようか」という言葉は、逆説的にいえば、閨房が女性だけの領域であり、男性支配者の直接的な統制がその中まで及ばなかったことを語っているのではなかろうか。

*

朝鮮は儒教という理念を国家運営の基本原理としていた。儒教的な礼法を生活に導入することは、すなわち儒教の理念と秩序を現実に具現化することであった。朝鮮時代には、閨房の女性に対しても儒教的な礼法にそって生活するよう導き、その秩序を内面化させるための様々な措置がとられた。この過程で、〔女性についての〕禁止条項がさらに増えていった。禁止条項の内容をつくづく見てみると、その核心は外出や露出の規制にあったことがわかる。女性が自由に行き来して自らをさらしたり、他の人と会ったり、集まって遊んだりすることを防ごうとしたのである。つまり、女性が外部の世界と通じることへの規制であった。外の世界を行き来することも問題であったが、顔を露出するのはさらに大きな問題となった。顔をさらけ出して遊ぶのも許すことはできないが、集まって往来するのはより深刻なことと見なされ、仏事や淫祀のように女性たちだけの儀礼・行事を開くことは許されがたいことだった。しかし、結局のところ、これらへの規制がいちばん難しく、不可能なことであった。

朝鮮時代、閨房の女性の人生は、両班の男性によって上から加えられた規制の影響を受けた。〔だがそこには〕それに対してこっそりと、あるいは露骨に立ち向かい対応してきた歴史が隠されてもいる。国家や両班の男性の規制が閨房の女性の欲望や生活を変える過程は、円滑になされたわけではなかった。女性に対する男性の統制はそうやすやすと行われたのではなく、時には彼らの意図とはまったく異なる結果を生みもした。閨房は、両班の女性を隔離する幽閉空間であったが、女性だけの文化が創られ、互いに通じ合う女性たちの場でもあったのである。

【訳注】

❶ 朝鮮は李氏によって立てられた王朝であったことから、李氏朝鮮、さらにそれを縮めて李朝とよばれた。現在の韓国では李朝は日本の植民地時代に朝鮮を指す言葉として使われたとして、特別な場合を除いて用いられていない。

❷ 朝鮮時代の婚姻習俗は、新婦の実家で婚礼を挙げた後、新郎が一定期間そこで生活する男帰女家婚が一般的だった（現代でも韓国語では男性が結婚することを「장가든다（丈家〔妻の実家〕に入る）」といい、消え去った習俗の痕跡が言葉の中に残っている）。だが、朱子学の価値観の定着が進められる中で『朱子家礼』に記された「親迎」（新郎が新婦を迎えに行き、新郎の家で婚礼を挙げる）が奨励された。記録上、最初の親迎は世宗十七年（一四三五年）だが、伝統的な家族制度と結びついていた「男帰女家」がすぐに変化することはなく、新婦の家で婚姻を挙げ、三日ほどしてから新郎の家に行く「半親迎」が折衷案として出された。「親迎」が社会全般に本格的に定着

したのは十八世紀に入ってからと考えられている。朝鮮時代の婚姻に関しては本書第二部七章に詳しく言及されている。

❸成宗十六年（一四八五年）に交付された法律。再婚した女性の子孫の官職登用を制限したもので、こうすることで両班家門の女性が貞節を守ることを奨励するものであった。

❹「内外」とは『礼記』内則篇に由来する言葉で、男女有別の礼を示す言葉である。現在も年配の韓国人は夫婦の意味で「内外《ネーウェー》」という言葉を使うことがある。朝鮮時代には朱子学の奨励とともに、「内外」の区別は女性に対する男性の優位性を示す論理となり、それをもとにして女性の日常生活を規制する規則が様々な形で作られ、それらを総称して内外法という。

❺前後に二人ずつの人が支え持ち、中心には座椅子が備え付けられている。

❻官僚の等級を示す品階のひとつ。朝鮮では一品から九品まであり、それぞれがさらに正・従の二つに分けられ、正一品を最高位として十八の品階に分かれていた。三品はその中の大きな区分点のひとつで、正三品以上は堂上官と呼ばれ、国政の議決や執行に直接関わる最高レベルの官僚であった。

❼現在の忠清南道牙山市温陽洞。古代から温泉地として知られ、朝鮮時代にも国王が巡幸した。現在も温陽温泉の名で観光地として有名である。

❽判中枢府事《パンチュンチュブサ》の略称。中枢府とは現職についていない堂上官を待遇するための機関で、判中枢府事はその長にあたる。

❾精神的なトランス状態を通じて神霊と人間とを媒介するとされる巫堂《ムーダン》を中心とした信仰。巫俗はシャーマニズムの一形態であり、韓国文化の基層を形成するものである。古代においては巫堂の職能を持ったものが祭政一致の支配者として国家の中心となっていったが、宗教として体系化された仏教の伝播以後は民間信仰として伝承された。

❿韓国では「城」は建物というよりは、城壁によって囲まれた居住区全体を指すのが普通である。

⓫仮面劇や人形劇の演者、綱渡りや皿回しなどの曲芸師、あるいは韓国の伝統歌謡であるパンソリの歌い手など、民間の芸能者を指す呼称。

⓬朝廷から下された官職証明書。特に、朝鮮時代前期、僧侶には度牒と呼ばれる僧侶の身分証明書が発給され、僧侶数を統制する政策を取っていた。

⓭官僚に対する監察を任務とした台官と国王への諫言を職務とした諫官を総称した呼称。

第二部
朝鮮時代の女性　その人生の現場

七章
女性にとって家族とは何だったのか
—常識とは異なる朝鮮時代の婚姻と祭祀規則—

金美栄《キムミヨン》：韓国国学振興院 首席研究委員

新郎は新婦の家へ。男帰女家婚

「穀麦が三斗さえあれば妻の家では暮らさない」〔こぬか三合あるならば入り婿するな〕ということわざがある。嫁入り婚が当然と見なされている韓国社会の婚姻習俗をよく表した表現である。その一方で、巷では「시집가다《シジプカダ》〔新郎の家に行く〕」〔=嫁入りする〕や「장가 들다《チャンガトゥルダ》〔新婦の家に入る〕」〔あるいは「장가가다《チャンガカダ》〔新婦の家に行く〕」〕〔=男性が結婚する〕という言葉も伝わっている。「夫の家に行く《シジプカダ》」というのは、婚礼を挙げた後に女性が男性の家に入ることを指し、「新婦の家に入る《チャンガトゥルダ》」という表現は、男性が女性の家に行く妻方居住婚を意味する。だが、嫁入り婚が根を下ろした韓国社会で、〔男性が結婚するという意味の〕「新婦の家に入る《チャンガトゥルダ》」という言葉が伝えられてきた理由はなんなのだろうか。

男性を中心として家〔家門〕が継承されることを望ましいと考える儒教の場合、婚姻すると『朱子家礼』にのっとって女性が男性の家に入る嫁入り婚をするよう明示されている。婚姻当日の朝、新郎は自分の家で婚礼を挙げるために新婦を迎えに行くが、これを親迎という。そして新郎が新婦を連れて家に到着し、日が沈み始めると大礼〔結婚式〕を挙げたのである。このように、本来婚礼は夕方や夜に行われたが、こうした理由で『朱子家礼』でも婚礼を「暗い夜の儀礼」という意味で「昏礼」と表記した。それが韓半島〔朝鮮半島〕に伝わる中で、明るい真昼に行うものへと変わっていき、用語もまた「婚礼」へと置き変えられた。

一方、朝鮮時代に行われた親迎は、新郎が新婦の家に行き、そこで婚礼を挙げて三日後に新婦とともに自分の家に帰るやり方であった。これを「三日于帰《サミルウグィ》」という。このように『朱子家礼』の親迎が韓半島に入って形を変えたのは、韓国固有の婚姻習俗である男帰女家婚のためである。これは新郎が新婦の家で婚礼を挙げてから自分の家には帰らず、子女が生まれ成長する時まで妻の実家に留まるという方法である。よく知られた高句麗《コグリョ》の婿屋制もこれに該当するが、次の文は『三国志』に記された内容である。

その風俗〔高句麗の風俗〕では、婚姻が口頭ですでに定まれば、女性の家では大屋の後ろに小屋を建て、婿屋と名づけた。夕方、婿は女家にやってきて門の外で自らの名を述べ、ひざまずいて拝礼し、女性と同宿させて

「箕山風俗図帖《キサンプンソクトチョプ》」〔ドイツ、ハンブルグ民俗博物館所蔵〕のうち、伝統婚礼の場面にある新婦の輿。

ほしいと嘆願する。これを二度三度行うと、女性の父母がそれを聞いて小屋に出て行き、〔婿屋で〕寝るようにさせる。横には銭帛を置いておく。子供を生み成長したらようやく女性を連れて家に帰る。

〔『三国志』、魏書、烏丸鮮卑東夷傳、高句麗〕

妻方居住婚は、高麗時代に始まり儒教的な家族理念が本格的に定着し始めた朝鮮中期まで続いたものと理解されている。これについての手がかりが『高麗史《コリョサ》』❶や『朝鮮王朝実録』などに記されている。

高麗の風俗を見ると、男性は本家から分かれて暮らすことはあっても、女性は家を離れないことになっている。これはちょうど秦の入り婿のようであり、父母を扶養するのは女性の任務となっている。それゆえ、娘を産むと非常に大切にして育て、昼も夜も娘が成長することを望む。これは娘が父母を養ってくれるからである。

〔『高麗史』〔列伝巻第二十二、李穀〕〕

前朝〔高麗〕の旧俗によると、婚姻の礼法では男性が女性の家に入って息子や孫を生み、外家《ウェガ》〔妻の実家〕で育てさせるために、外家の親戚の恩恵が重く……。

〔『太宗実録』〔十五年〔一四一五年〕一月十五日条〕〕

我国〔朝鮮〕は中国のように親迎する礼がないので、妻の家を自分の家とし、妻の父を父とよび、妻の母を母とよび、平素より〔本当の〕父母のように仕え……

〔『成宗実録』〔二十一年〔一四九〇年〕六月二十七日条〕〕

内容から推察するに、妻方居住婚は十五世紀にも続けられていたことがわかるが、十六世紀に書かれた柳希《ユフィ》春《チュン》の『眉巌日記《ミアムイルギ》』〔『眉巌集《ミアムジプ》』眉巌先生集《ミアムソンセンジプ》、巻之五～十四所収〕（一五六七年～七七年）にも、彼の息子柳景濂《ユギョンニョム》が妻方居住婚をしたとされており、孫の柳光先《ユグァンソン》もまた南原《ナムォン》〔現在の全羅北道南原市〕の妻の実家で暮らした。一方、妻方居住婚の場合、子女が外家で成長し母方の親族と緊密な関係を保つ可能性が高いが、これは儒教で追求する父方の親族形成を妨げることにもなった。こうした理由で、朝鮮初期に儒教理念を順守しようとしていた士族らは妻方居住婚を厳しく禁止し、親迎を行うよう建議した。当時は王族の婚姻で親迎に従った程度で、民間にまで広めることはできておらず、一四三五年（世宗《セジョン》十七年）、尹汻《ユンピョン》が〔世宗の父である〕太宗《テジョン》の十三番目の娘粛慎翁主《スクシンオンジュ》を親迎したのが最初だとされている。

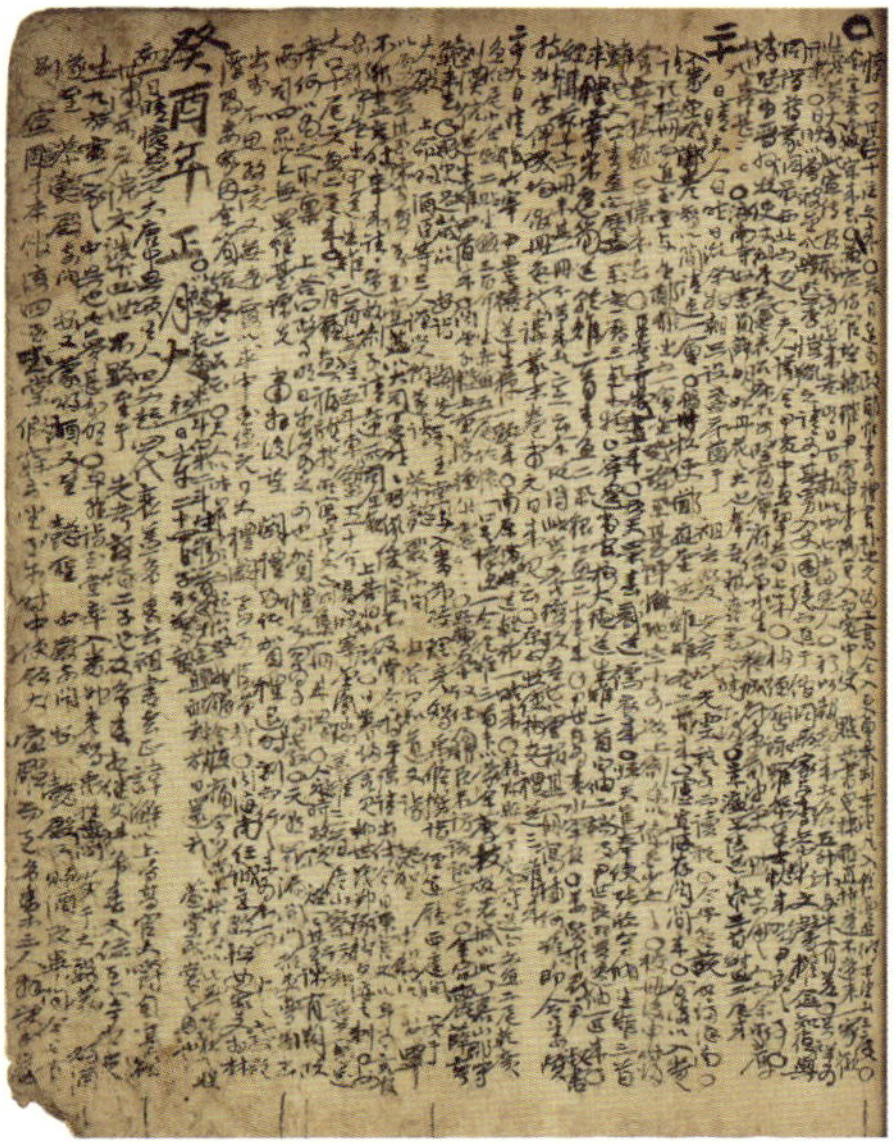

『眉巌日記』。柳希春著、宝物〔重要文化財に相当〕第260号。ユ・グニョン所蔵。

　このように国王が自ら親迎を行う努力をしたにもかかわらず思うように実施されないと、中宗《チュンジョン》代に入って本格的な議論が始まり、明宗《ミョンジョン》代には妻方居住婚と親迎制を折衷した「半親迎」制度が施行された。『増《チュン》補文献備考《ボムノンビゴ》』❷を見ると、「明宗朝に入って士庶人〔士大夫や庶民〕の婚礼が以前の制度とは異なり、少し変わった。新郎が新婦の家に到着すると、新婦が出てきて礼を行い、交拝礼〔新郎・新婦の互いの挨拶〕と合卺礼《ごうきん》〔結婚式での杯のやり取り〕を行い、二日目に舅姑に面会した。これを半親迎という」と記録されている。半親迎とは新婦の家で婚礼を挙げ、その翌日（または三日後）に新郎の家へ行き、新婦は新郎の両親に対する面会の礼である「見舅姑礼」を行うというものであった。このように、婚礼を挙げた翌日に新郎の家に行くことを「当日于帰《タンイルウグィ》」といい、三日後に行くのを「三日于帰」という。しかし、実際の慣行ではこれよりもはるかに長い期間新婦の実家に留まっていたことがわかっている。婚礼を挙げた月を過ごしてから新郎の家に行く「タルムギ」〔一ヶ月留まるという意〕があり、その年を過ごす「ヘムギ」〔一年留まるの意〕も少なからず見つかっているのである。

したがって、今日の嫁入り婚は儒教が導入されてから定着したものであり、「妻の家に入る《チャンガトゥダ》」〔男性が結婚する〕という表現は妻方居住婚が行われていた頃に生まれたものだといえる。こうした傾向はまた、父系中心の家族理念と異なり、韓国固有の家族文化が男女の区分がない両系的な属性を主流としていたことを示す事象でもある。実際、儒教が定着する前は財産や祖先祭祀では男女均等相続が行われており、これに関する文献記録が少なからず発見されているのである。

娘も祭祀を取り仕切った「輪回奉祀」

今日、韓国の祖先祭祀は息子〔男性〕を中心に行われており、茶礼《チャレ》❸など各種の祭祀に娘が参席する場合は非常に珍しい。しかし、儒教が導入される前は、嫁いでいった娘が父母の祭祀を行うこともあった

「祭祀輪回図《チェサユンフェド》」。上の欄には父母の年忌を除いた高祖父母・曽祖父母・祖父母の祭祀および様々な節句での祭祀を明示しておき、下の欄には担当者の名前を書いておいた。

が、これがほかでもない「輪回奉祀《ユンフェボンサ》」の習俗である。輪回奉祀とは息子や娘が祖先の祭祀を交代で担当・挙行するもので、高麗時代に盛んだった風俗である。仏教国家だった高麗時代には、祖先の位牌を寺院に祭り、祭祀を行うよう依頼するやり方がとられたが、これに用いられる費用を兄弟姉妹が交代で全額負担したのであった。

以後、朝鮮時代に入って寺院で行う祭礼を全面的に禁止し、儒教的祭礼を勧めることで、ほとんどの家で〔儒教的な〕祭祀を行うようになったが、輪回奉祀の伝統は依然として続いた。だが、祖先祭祀を寺院ではなく家で行う場合、祀堂や龕室〔位牌を安置する厨子〕に祭られていた神主《シンジュ》〔位牌〕をどのような方法で祭祀床〔祭祀の時に供物を置く台〕に祀るのかに大いに関心が向けられた。これについて考える糸口を、朝鮮中期の文臣李文楗《イムンゴン》の『黙斎日記《ムクチェイルギ》』（一五三五年～六七年）に見出すことができる。

> 一五四五年正月初四日：母の忌日のため〔休暇を得て〕家で斎戒した。
>
> 一五四五年正月初五日：母の忌日。祭祀の順番は一番上の姉の家である。かつて煇《フィ》〔長兄の息子〕とともに青坡洞《チョンパドン》〔現在のソウル市龍山区青坡洞〕に行くと、熤《ヨム》〔次兄の息子〕もちょうど到着したところだった。そこで紙榜《チバン》〔亡くなった祖先の氏名を記した紙〕を書いて祭祀を執り行った。祭祀が全て終わった時にはすでに日が高く上っていた。紙榜を燃やして祭床〔祭祀床〕を片付け、姉にお供して食事をし、酒も一杯飲んだ。煇は弘文館《ホンムングアン》❹で集まりがあるので先に行き、私も別れの挨拶をして出てきて〔帰る道すがら〕修撰〔弘文館の正六品の官職〕の安久淑《アングスク》の殯所〔かりもがりの部屋〕に立ち寄って弔問した。

この内容のうち、「祭祀の順番は一番上の姉の家である」という部分から、子女が祭祀を交代で執り行っていたことがわかる。さらに、当時の神主は長兄の家の祀房に祀ってあったが、これを祭祀の場所に移さずに紙榜を使用した。興味深い点は、寺院での祖先祭祀がほとんど断絶した朝鮮時代でも、輪回奉祀の習俗が依然として行われていたという事実である。『中宗実録』〔中宗十一年十月二十一日条〕に「我国〔朝鮮〕で祭祀が礼文どおりに行われていないことはすでに申し上げたところでございます。嫡子がいるなら支孫〔分家の子孫〕が祭祀を奉げられないのは当然の礼であるにもかかわらず、今の風俗では自分の親の忌日をむかえて神主を放置し、紙榜を作って家々で順々に祭祀を挙げております。こうした風俗は礼法から非常に外れたものであるので、礼官をして禁じるようにさせていただきたく存じます」という内容が登場することから見れば、『朱子家礼』が普及した後にも相当期間続いていたことがわかる。

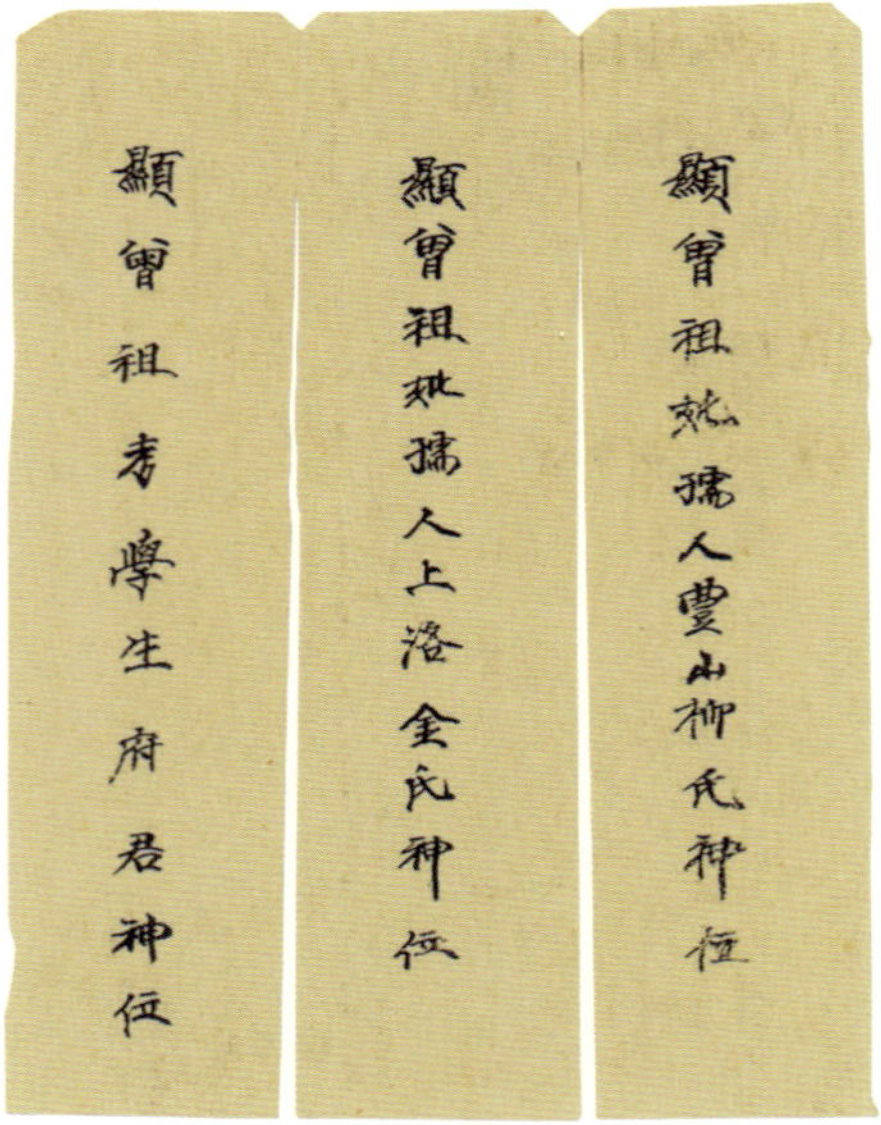

真城《チンソン》李《イ》氏の紙榜。20世紀。25.7×18.9cm。ソウル歴史博物館所蔵。

輪回奉祀は財産相続と密接な関係があった。これと関連して、儒教理念の影響をほとんど受けていなかった高麗時代には長子優待相続ではなく子女均分相続が行われていたが、こうした内容が『高麗史』に記されている。

〔高麗第二十八代国王の〕忠恵王《チュンヘワン》四年〔一三四三年〕、〔尹宣佐《ユンソンジャ》は〕病にかかり、子女をみな呼んで「今日、兄弟が和睦できなかった理由は、財物を前にお互いが争っているからだ」と述べた。そして息子の尹粲《ユンチャン》に文書を作成するように命

祭礼の際に使用された青銅製の香炉。朝鮮時代。パク・ムンギュ所蔵。

じ、財産を均等に分けて「互いに和睦し争うなということをそなたたちの子孫にも教えよ」との訓戒の言葉を残したのち、衣冠を整え、息を引き取った。享年七十九歳であった。

〔『高麗史』、列伝巻第二十二、尹宣佐〕

このように、財産を公平に分けたために祭祀もまた子女が順番に行うようになったのだが、こうした習俗は両系的な親族理念を土台として成立したものであった。さらには儒教が導入された朝鮮時代にも、子女への均分相続が続けられた。これを立証する資料として一六七一年に作成された安東《アンドン》の川前村《チョンジョンマウル》〔現在の慶尚北道安東市臨河面川前里〕にあった義城金氏《ウィソンキム》の青渓《チョンゲ》宗家❺で伝えられてきた分財記がある。

父は生前に口伝によって五人の兄弟姉妹に田と奴婢を分け与えたが、その数が正確でなかった。そのため父が亡くなると残りの財産を五人の兄弟姉妹が均等に分けて所有し、父母への祭祀を順番に行うこととした。

さらに、宝物〔日本の重要文化財に当たる〕第四七七号に指定されている「栗谷先生男妹分財記《ユルゴクソンセンナム メブンジェギ》」にも、一五六六年五月二十日に栗谷李珥を含む七人の兄弟姉妹が一同に会して、父母が残した財産を均等に分けたという内容が記されている。ここで注目される点は『経国大典《ギョングク テジョン》』❻の相続篇にも息子と娘を差別せず、均等に配分するよう明示されているという事実である。しかしその後、『朱子家礼』の普及などにより、家系の永続化を追求する宗法理念が普遍化し、これにより祖先祭祀の継承は男系を中心になされるようになり、婚姻をすることで「他家の人」となる娘は財産相続や血統継承から自然と排除されていった。

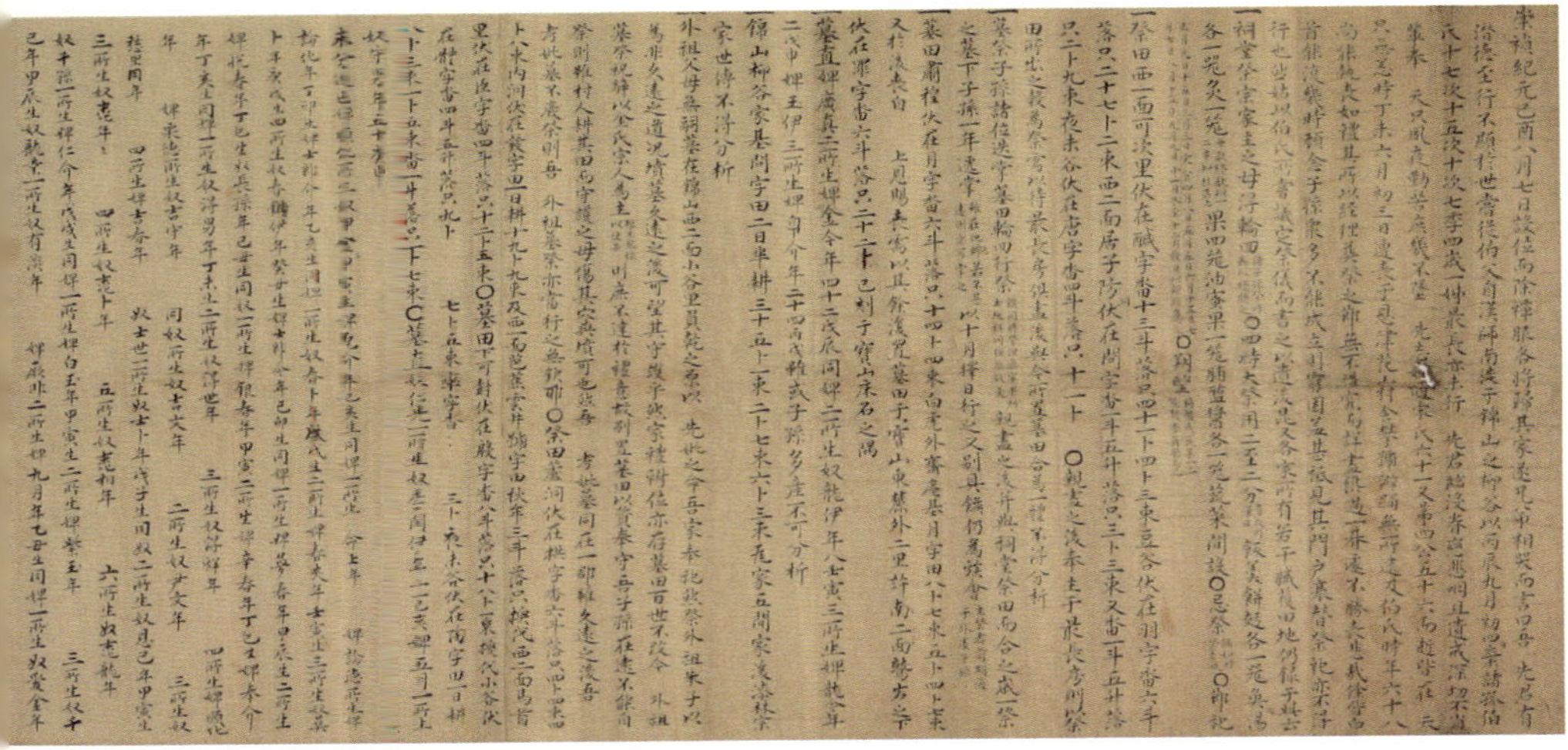

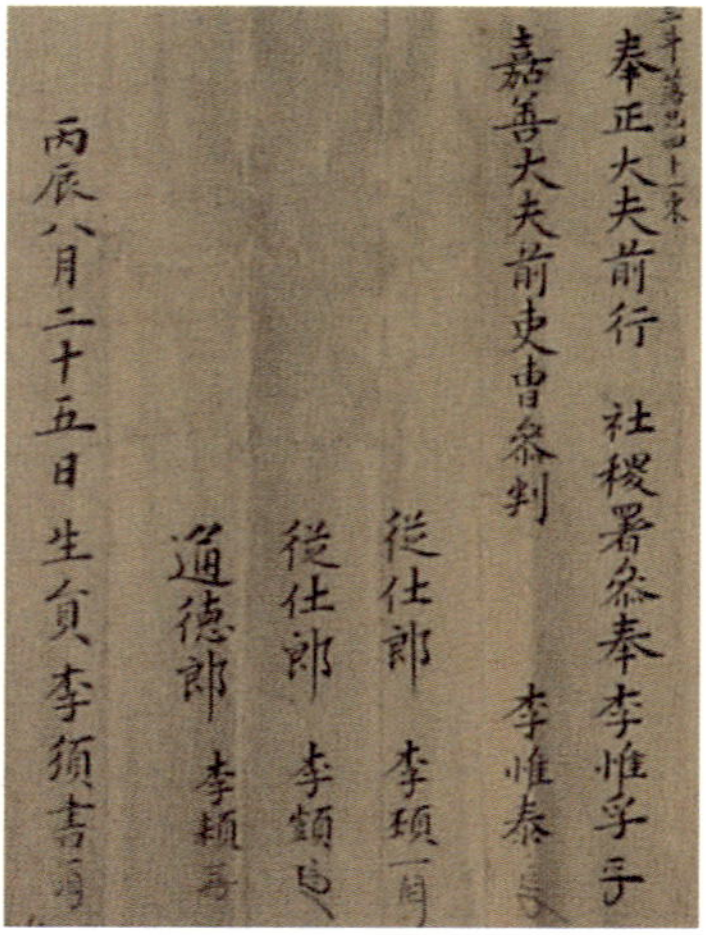

嘉善大夫前吏曹參判 李惟泰

奉正大夫前行 社稷署參奉李惟孚

從仕郎 李頊

從仕郎 李頲

道德郎 李穎

丙辰八月二十五日 生員李須書

「分財記」（和会文記《ファフェムンギ》）。1669年。63×274cm。イ・ジョンウ所蔵。1669年3月7日、李曙《イソ》の子女6人が、父母がなくなった後に和会分給〔和会は合意の意〕した分財記である。財産が分け与えられる対象は子女であり、長姉〔長女〕の宋氏家・大興家・参奉家・参判家・通仕郎家・咸悦家など6名である。この分財記の特徴は、奉祀条〔祭祀の主管する者の相続関連項目〕や墓田〔祭祀のための費用を得るために耕作する田〕について、相続の割り当てや用途を非常に細かく記録している点である。たとえば、祠堂祭については、宗家が主管して輪番で行えないようになっており、祭祀に必要な物品まで具体的に記録してある。墓祭〔墓前で行う祭祀〕については、子孫が順番に墓田を管理し、順番に祭祀を行うように記されている。さらに親尽〔祭祀が続けられる世代数が終わること〕となってからの処分まで記録されている。錦山《クムサン》や柳谷《ユゴク》〔ともに地名〕の家の敷地と瓦屋5間、家の後ろの漆の林と宗家は代々伝え、分け与えることはできないようにした。17世紀の相続慣例がわかる好例である。

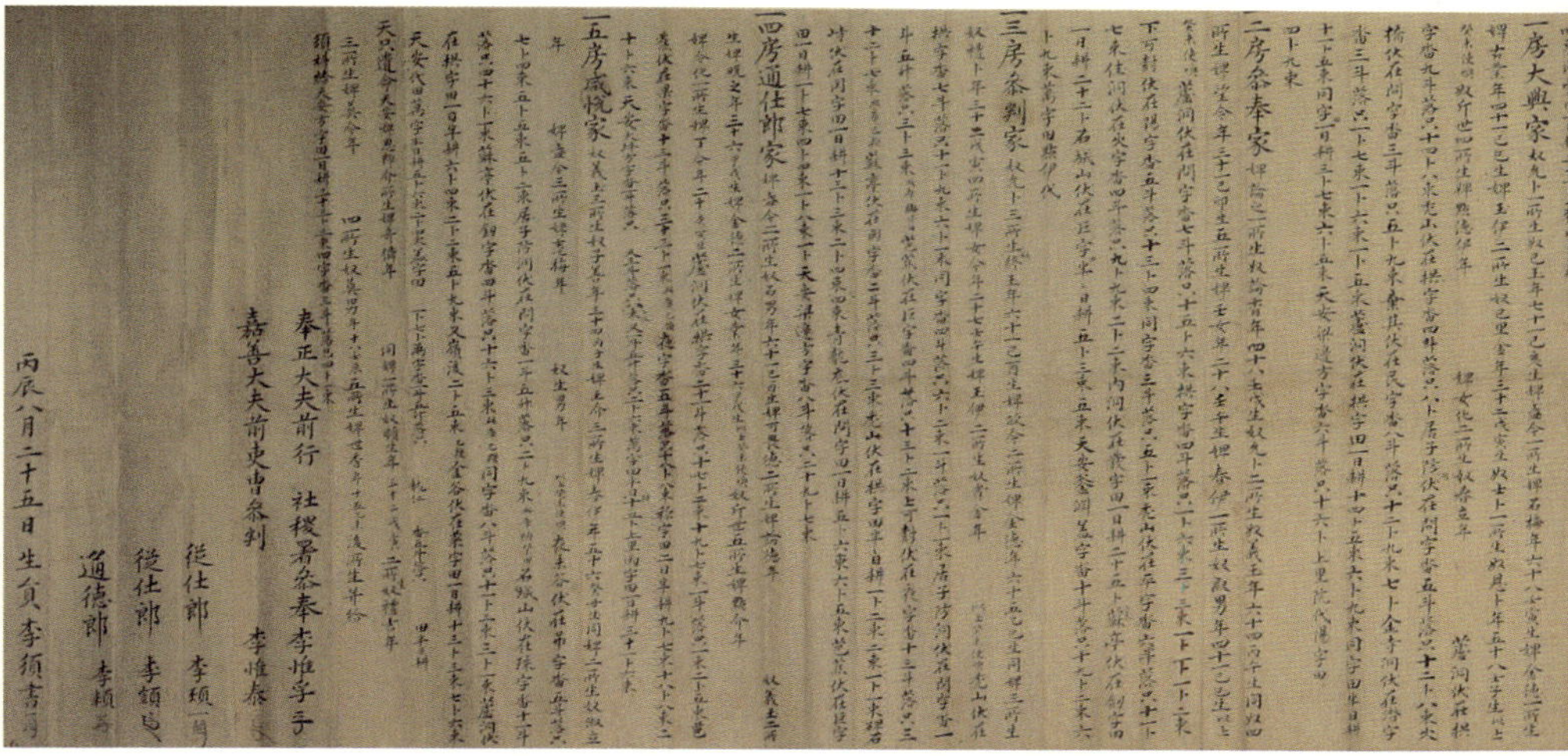

母方の祖先を奉る外孫奉祀

外孫〔娘が生んだ子供〕が外家〔母方〕の祖先祭祀を受け継ぐ習俗がある。これを外孫奉祀という。江陵《カンヌン》の烏竹軒《オジュクホン》は、朝鮮の儒学者栗谷李珥《ユルゴクイイ》が生まれ育った場所として有名である〔本書第一部二章を参照〕。烏竹軒は彼の母である申師任堂《シンサイムダン》の家、すなわち栗谷の外家である。京畿道坡州《パジュ》出身の李元秀《イウォンス》と結婚した申師任堂は、実家の烏竹軒で子女を産み育てながら二十年余りの間居住し、その後都〔ソウル〕へ移った。

もともと烏竹軒は、申師任堂の外家の曽祖父である崔応賢《チェウンヒョン》の所有であったが、自分の娘と結婚した李思温《イサオン》〔龍仁李氏《ヨンインイ》、申師任堂の外祖父〕に譲り与え、李思温の一人娘〔申師任堂の母〕が申命和《シンミョンファ》〔申師任堂の父〕と結婚してさらに受け継ぐこととなった。申命和は娘のみ五人おり、申師任堂は次女だった。申命和が死去した後、四女の息子権処均《クォンチョギュン》に墓所の世話をしてほしいという名目で烏竹軒を譲り与え、次女の申師任堂の息子栗谷には先祖の祭祀を頼み、都の家一棟と田畑を与えた。烏竹軒をめぐる外孫奉祀の伝統が、栗谷の当代からではなく、数代に渡って形成されてきたことをよく示したものである。また先に例として挙げた『眉巖日記』

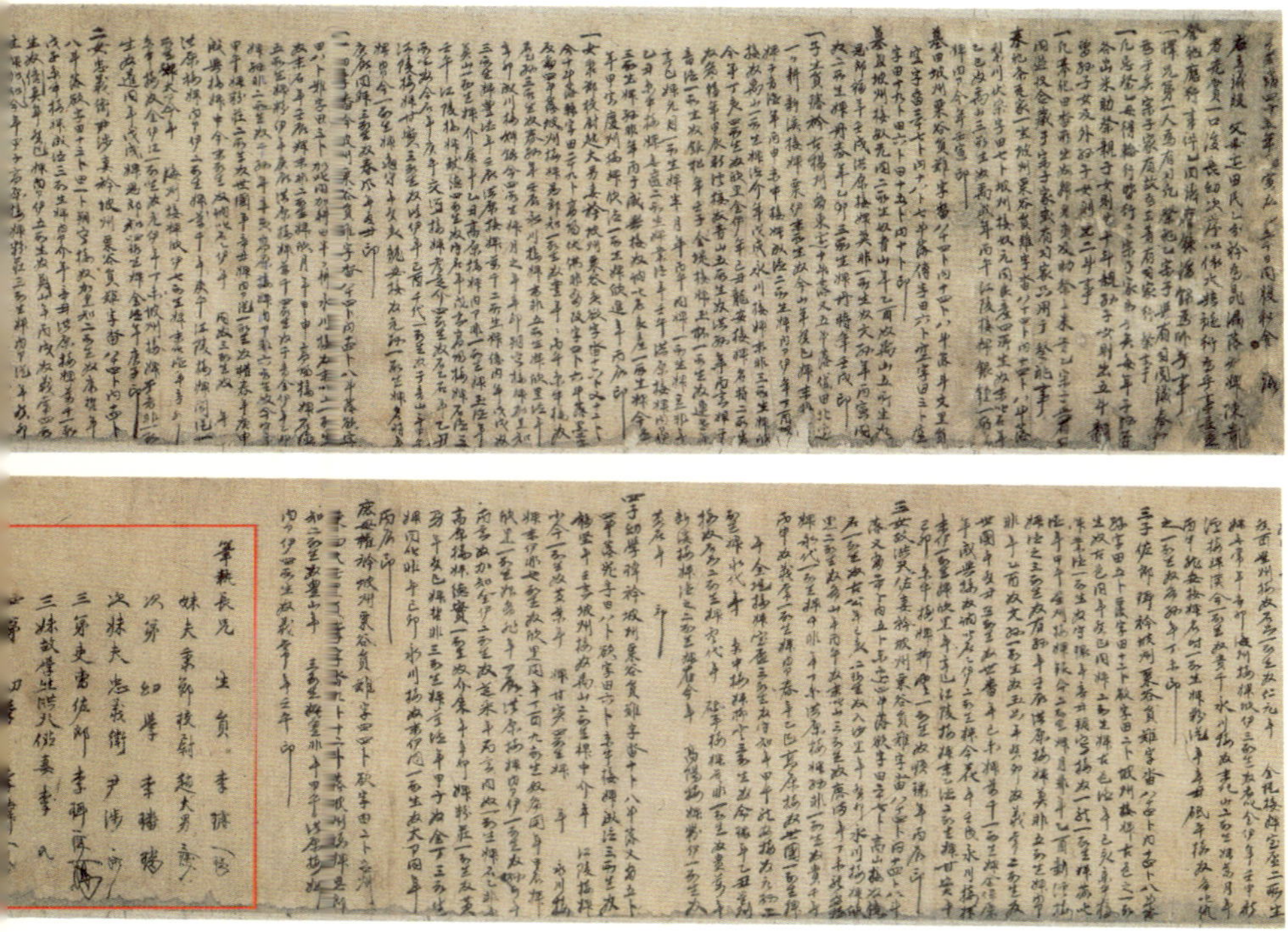

〔赤枠の中の記述〕

筆執	長兄	生員	李璿
	妹夫	秉節校尉	趙大南
	次弟	幼学	李璠
	次妹夫	忠義衛	尹涉
	三弟	戸曹佐郎	李珥
	三妹	故学生洪天佑妻	李氏
	四弟	幼学	李瑋

栗谷先生男妹分財記。1566年。48×270cm。宝物〔重要文化財に相当〕第477号。建国大学校博物館（ソウル）所蔵。1566年5月20日、栗谷〔李珥〕の同腹の兄弟姉妹4男3女が集まり、父母（父：李元秀、母：申師任堂）から受け継いだ財産を兄弟・姉妹同士で相談して分け合い、その事実を記録した和会文記〔合意文〕である。財産相続文書には和会文記と分給文記があるが、このうち和会文記は財産所有者の死後に相続の当事者が集まって相談し分配することを記したもので、おおよそ三年の服喪を終えた後に作成され、参加した人数分つくり、それぞれが1部ずつ保管した。栗谷の継母である権氏は、一定額の財産分配を受けたものの、財産分配会合の参加者名簿から外されており、また、栗谷の三番目の妹が若くして寡婦となったことがわかる。朝鮮時代前期は男女の区別なく均等分配が原則であったが、後期に入って長子相続の影響が強く表れるようになった。

にも、柳希春が外家の家族と交代で外祖父母の忌祭〔忌日の祭祀〕を行っただけでなく、妻の父母の忌祭までも行ったことが記録されている。

さらには、外々孫奉祀というものもある。安東の河回村《ハフェマウル》❼の豊山柳《プンサンリュ》氏の入郷祖〔村に初めてやってきた祖先〕柳従恵《リュジョンヘ》は近隣の豊山の上里《サンニ》に住んでいたが、友人の興海裵氏《フンヘペシ》の裵尚恭《ペサンゴン》とともに河回村に移ってきた。その後、裵素《ペソ》〔裵尚恭の息子〕に息子が生まれなかったために安東権氏《アンドンクォンシ》の権雍《クォンオン》が婿として入り、妻の家である興海裵氏の祭祀を行うことになった。だが、権雍もまた後継者を得ることができず、婿の柳沼《リュソ》〔柳従恵の二番目の孫〕に財産を譲渡したが、この時には権雍が所持していた興海裵氏の外孫奉祀も含まれていた。こうした背景から柳沼の子孫は権雍の祭祀を行って外孫奉祀をするようになり、また裵尚恭と裵素の祭祀までも譲り受けることで外々孫奉祀を行うようになったのである。外孫奉祀は、親族構成において親孫〔息子が生んだ孫〕と外孫の区別があまり厳格でなかった儒教定着以前に行われた習俗であり、主に十五～十六世紀にわたって広く見られたものであった。

一族に号令する「内房の奥方《アンバンマニム》」

男女有別は儒教が標榜する主要な実践徳目であり、「内外」〔本書第一部六章の訳注❹を参照〕という名分によって日常の全ての領域に適用された。特に家庭での内外の区分〔男女の区別〕は厳しかった。代表的なものとして家長権と主婦権〔家庭内を管理する権限〕がある。内外の区分によれば、男性は家の外のこと〔外での生活や仕事〕を担当し、女性は家の中のこと〔家庭のきりもり〕の責任を負うのが原則であった。たとえば経済生活では、家長は収入と管理を、主婦は支出を担当する。さらに、宗教生活の場合、家長は儒教的な祖先祭祀を担い、主婦は家の神々を信仰してこれを管轄する。子女養育でも娘の教育は母がもっぱら担い、息子はだいたい六、七歳までは内棟《アンチェ》〔母屋、女性を中心とした家族の居住空間〕で母とともに暮らし、事理分別がつき始める七歳くらいになると舎廊棟《サランチェ》〔接客など外部とつながる建物で、男性中心の居住空間〕に移っていく。

主婦の役割のうち、家族の食生活、特に食糧管理は主婦の固有の権限といえるが、これを最もよく示しているのが「庫間《コッカン》〔倉庫〕管理権」である。家族の食料を貯蔵しておく庫間は、家庭の女性の中でも主婦権を所有している人のみが自由に出入りすることができた。家長は収穫の季節を迎え庫間に食料を入れてからはその使用にはあまり関わらず、主婦〔主婦権を持つ女性〕に任せるのが一般的な慣例であった。収穫した穀物を庫間に貯蔵しておき、家庭内の親戚に分配したり、翌年の収穫期まで家族の食料として残しておくのは、「内棟の主人《アンチュイン》」〔主婦〕の固有の役割であり権利であったのである。こうしたことから姑が嫁に主婦権を渡す際には、庫間の鍵を譲り渡す場合もあった。

男女の役割区分は、居住空間の分離という形態にも表れている。舎廊棟と内棟がまさにそれである。伝統家屋では家長が居住する舎廊棟と主婦の領域である内棟を中心に、男女の居住空間を分離し、日常的な往来を厳しく統制した。さらには夫さえも周辺の視線を意識して、真昼ではなく、暗い晩に夾門《ヒョムムン》〔大門の横につけられた小さな門〕を通じて内棟に出入りした。さらには、舎廊棟を訪問した外部からの訪問客が内棟をのぞきみることができないよう、中門の横に「内外塀」を設置することもあった。

朝鮮時代の家庭の切り盛りを担った夫人たちは、外部とは区別された内棟で生活の全てを解決した。

女性専用の空間としての内棟の中心は「内房《アンバン》」である。そして内房の主人は主婦権を持つ「内棟の主人《アンチュイン》」、いわゆる「内房の奥方《アンバンマニム》」である。しかし、既婚女性が内房を手に入れるまでにはいくつかの過程を経なければならず、地域によって二種類の類型がある。ひとつは姑が亡くなってから内房を譲り受けるものであり、もうひとつは嫁が息子を産んだ後に譲り渡す場合である。前者は「死後譲渡型」といって湖南《ホナム》地域〔全羅道全域〕を中心に伝承されており、後者は嶺南《ヨンナム》地域〔慶尚道全域〕に主として見られるいわゆる「内房譲り《アンバンムルリム》」である。

「内房譲り」をするためには、「苦椒《こしょう》や唐椒《とうがらし》が辛いといえども、嫁入り暮らしより辛かろうか」などといわれる嫁の学習時期を経なければならない。そうして姑をはじめとした嫁ぎ先の一族の顔色をうかがいながら、辛い日常を耐え忍ばねばならない。だがその後、息子を生むことで姑から主婦権を受け継ぐことになる。こうして嫁は家庭内の生活についての絶対的な権限を持った「主婦」としての確固たる地位に上ることになる。さらに、これを契機として庫間の鍵とともに内房も譲り受ける。そうした後、歳月が流れ、自分の息子が結婚し、嫁が息子〔孫〕を出産すれば、主婦権〔内房〕を譲り渡してから越房《コンノンバン》〔伝統家屋の中央にある板の間をはさんで内房の

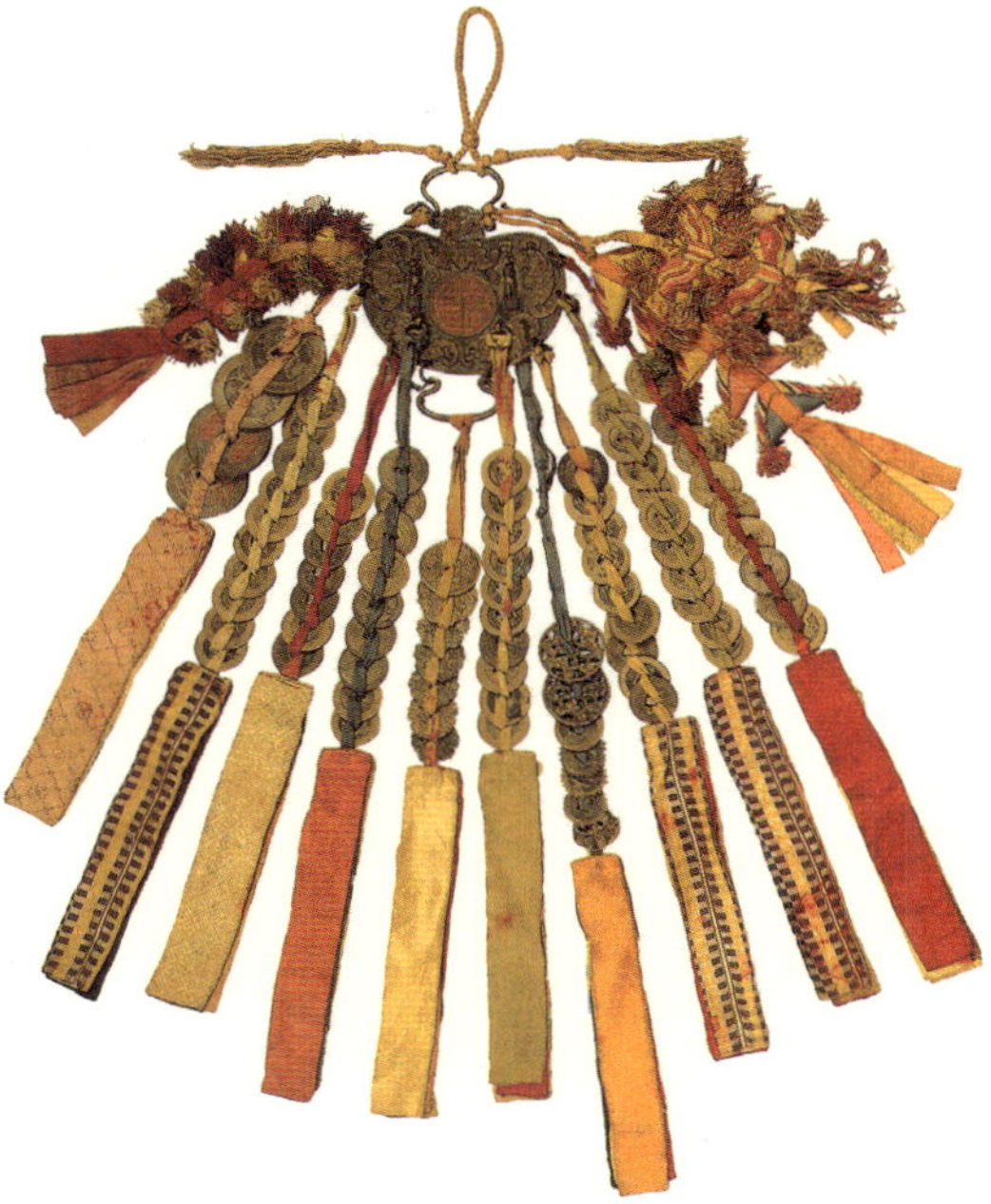

鍵牌。朝鮮時代後期。62.5cm。ソウル歴史博物館所蔵。鍵牌は家計の象徴だった。嫁は姑から鍵牌を引き継ぐことで完全に「内棟の主人」になることができた。巾着の形をした錠本体の鉄板の中心には唐寿福紋を、その周囲にはコウモリの模様を浮き彫りにし、ケブル〔装飾具の一種〕や葉銭を結わえて装飾しているのが特徴である。

向かいにある部屋〕へと引き下がり、のんびりとした老後の生活を送るのである。

主婦が酒盃をささげる「亜献」

『朱子家礼』によれば、祭祀を行う前に沐浴斎戒し謹慎する過程で、家長と同様に主婦もまた斎戒し、敬虔な心で祭祀の準備に臨む。また、祭器や祭物〔供物〕を取り揃え用意するのは主婦の主な役割として規定されており、祭祀を終えた後に祭物を分け与える「飲福」や、これを保管するのも主婦の固有の任務であり権限であった。普段女性の出入りが制限されている祀堂もまた、この時だけは主婦をはじめとする一族の女性たちに開放された。たとえば、祀堂から神主〔位牌〕を移す「出主儀礼」や祭祀を行った後に神主を祀堂に安置する「納主儀礼」などに、主婦や一族の女性たちが同行した。

また、女性が祭物を用意すると男性が〔供物を祭壇に並べる〕「陳設」を行う今日とは異なり、家長と主婦が祭物をともに調えるという内容も興味深い。

特に目を引く部分は、祭祀の中心的な役割である献官《ホングァン》のうち、二番目に盃を奉げる亜献《アホン》を主婦が担当するよう明記されている点である。伝統礼法を固守する宗家〔一族の本家〕の場合、『朱子家礼』の指針によって宗婦〔本家

舎廊棟の客が中を覗き込むことができないようにした伝統家屋の内外墻〔壁〕。

今日とは異なり、伝統的な祭祀方法では、家長と同様に主婦は祭祀準備の全過程に加わっていた。特に祭祀の中心的な役割である献官のうち、二番目の杯を奉げる亜献は主婦が担当することになっていた。

の一番上の嫁〕に亜献を任せることもある。だが、ほとんどの家門では初献《チョホン》・亜献・終献《チョンホン》の役割を男性が担う。さらに「侑食《ユシク》」〔供物をさらに加える儀礼〕の順序では、家長が杯に酒を注ぎ足してから主婦が匙を飯椀に挿して箸を並べ置く「挿匙正箸」を行い、祖先に茶〔ご飯のおこげを入れた湯〕を奉げる「献茶《ホンタ》」でも、家長と主婦が「考位」〔祖父・父の位牌〕と妣位〔祖母・母の位牌〕にそれぞれ〔茶を〕奉げることになっている。このように祭祀で明示された女性の主体的役割は、家族の中心的な存在としての主婦の位相をよく示すものだといえよう。

女性の出身地として家名を記す「宅号」

忌諱思想あるいは忌諱観念に基づいて、名前〔諱、生前中の実名〕を記す時やそのほかの日常生活で国王や父親など祖先の名前を記すことを「侵諱」と考え、忌み嫌う習俗がある。忌諱観念は中国で始まったものだが、言い伝えによれば、秦の始皇帝の名である「政」を用いることを避け、同じ発音をもつ「正」さえも使えなくしたことで、当時の文献には正月が「端月」と表記された。韓国でも高麗時代に〔第二十九代の〕忠穆王《チュンモクワン》の名である「昕《フン》」の字を避け、醴泉《イエチョン》昕氏〔醴泉は現在の慶尚北道醴泉郡〕を醴泉権《クォン》氏に変えさせたことがあった。日常生活での忌諱観念は、年長者の個人名（personal names）を呼ぶことを禁止したり避ける行為として表れた。こうした理由で、男性が成人すると字《あざな》・号・別号などを名前の代わりとした。「宅号《テクホ》」もまた忌諱観念によって生じたものといえるが、班家〔両班の家〕の既婚女性は自分の出身地の地名がつけられた宅号を名前の代わりとし、夫もまた夫人の宅号を用いて呼ばれた。宅号は文字どおり解釈すれば「家の名前」となるが、実際には家だけでなく個人の呼称（terms of address）〔相手を直接呼ぶ際の名称〕や指称（terms of reference）〔話題に登場する第三者への呼称〕にも用いられる。特に宅号は父系的な傾向が強い朝鮮時代に、女性の出身地名を借用してつけるという点で、大きな注目を浴びてきた。

伝統時代では、嫁を迎える舅姑や一族の年長者が、嫁の出身村の名前を用いて「女性の出身地名＋宅」という形で宅号をつけた。たとえば「松谷《ソンゴク》」という村から嫁いできた女性ならば「松谷宅」という宅号を持つことになる。そして、日常生活で「松谷宅」という宅号は、「松谷宅に行く」という表現のように、家を指し示すこともあった。

だが、もしひとつの家に夫の祖母・母そして嫁がいれば、宅号は三つあることになるわけだが、この時、誰の宅号を使用するのかで問題が起きた。こうした場合、ほとんどはその時点でその家の「内棟の主人《アンチュイン》」の役割を果たしている女性の宅号が選ばれやすい。また、話し手と聞き手によって、用いられる宅号が異なることもある。たとえば、話し手が姑ほどの年配者であれば姑の宅号を、嫁と同じ年齢層であれば嫁の宅号を好んで用いたのである。

宅号で個人を直接呼ぶ場合には「松谷宅」となり、そのほかの家族を指すときは「松谷宅の誰それ」という形で使用した。すなわち夫であれば「松谷のご主人《ソンゴクオルン》」とか「松谷の旦那《ソンゴクヤンバン》」となり、子女の場合には「松谷宅の長男《クンアドゥル》」「松谷宅の長女《クンタル》」「松谷宅の婿《サウィ》」のように宅号の後ろに個人を示す用語をつけるのである。

宅号は親族用語とも結びつけて用いられた。叔父〔父の弟〕が複数いる場合、彼らが集まった席で「叔父上《スクブニム》」

あるいは「次の叔父上《チャグンスクブニム》」〔父の弟という意味をよりはっきりさせた呼称〕といったら彼らを区別することができなくなる。この時、叔父の妻の出身村が「陽村《ヤンチョン》」ならば、「陽村の叔父上」と呼ぶことで違いがはっきりする。ただし、叔母〔父方の姉妹、韓国では「姑母《コモ》」という〕に使う宅号の作り方は少し異なっていた。粉洞《プンドン》村から大谷《テゴク》村に嫁いでいった叔母を称するときには「宅号は女性の出身地名を借用してつける」という通念にしたがって「粉洞の叔母上《プンドンコモニム》」と呼んだ場合、叔母が複数いると全員が「粉洞の叔母上」になってしまう。したがって、こうした時には叔母の夫の出身地名を借りて「大谷の叔母上《テゴクコモニム》」、すなわち「叔母の夫の出身地名＋叔母《コモ》」と称することで違いをはっきりさせることができた。

夫人の出身地名によってつけられた宅号は、婚班《ホンバン》〔婚姻によって形成された血縁集団間の関係〕を示す機能も持っていた。村の既婚女性は、婚姻によって新たにやってきた外部の人間である。したがって、「女性の出身地名＋宅」という形をとることで、その女性がどの地域、どの家門の出身であるかをすぐに把握することができた。宅号はまた、家門の家柄〔班格〕を示す手段としても利用された。「男性の宅号をみれば、家門の格がわかる」という言葉で伝えられているように、夫人の出身地名がつけられた宅号を通じて婚姻関係を把握し、該当する家門の家柄を推し量った。こうした傾向は宅号が主に両班の間で通用していたという点からも立証される。すなわち、婚班を誇る必要があった両班たちは、その手段として宅号をうまく利用したのであった。

【訳注】

❶ 朝鮮時代初期に前王朝の高麗の歴史をまとめた紀伝体の歴史書。朝鮮建国当初から高麗の歴史を編纂する様々な作業が進められたが、四代国王世宗の命によって行われた編纂作業の結果、一四五一年に完成した。なお、『高麗史』を編纂するに当たり、高麗時代に記された『高麗実録』が参考とされたが、この史料は現存していない〔豊臣秀吉の朝鮮侵略の際に焼失してしまったともいわれている〕。そのため、『高麗史』は今日の高麗時代研究における最も基本的な史料のひとつとなっている。

❷朝鮮時代に有職故実を記録・分類するために刊行された百科全書的な書物。一七七〇年に『東国文献備考《トングクムノンシビゴ》』が刊行されたが、内容の誤りや漏れが多く指摘され、補完・増補の作業が続けられ、『増補東国文献備考』が編纂された。さらに、朝鮮王朝が大韓帝国と国名を変える過程で文物制度が大きく変化したことを反映させるため、一九〇三年～一九〇八年にかけて編纂作業が行われ、『増補文献備考』の名で刊行された。

❸陰暦で毎月一日と十五日、旧正月や秋夕（陰暦八月十五日）などの名節、祖先の誕生日などに行う祭祀。

❹宮中の経書・史書を管理するとともに、国王の諮問に応じて建言する任務を果たした官庁。その機能から、官吏の弾劾と紀綱・風俗の取締りを行う司憲府や国王への諫言を担当した司諫院とあわせて「三司」と呼ばれた。

❺青渓は十六世紀の文臣金璡《キムジン》の号。青渓宗家は金璡の血筋を受け継ぐ本家をさす。彼の息子五人が全て科挙に合格したことで、金璡の家は「五子登科宅」と呼ばれ名門として認識されるようになった。特に彼の四男金誠一《キムソンイル》は朝鮮の大学者李滉の門人であり、豊臣秀吉の朝鮮侵略直前（一五九〇年）に通信使副使として日本に来日し、豊臣秀吉と直接面会している。金璡の肖像画は一九九五年に宝物一二二一号（重要文化財に相当）に指定されている。

❻朝鮮時代の基本法典。朝鮮は建国初期から基本法の制定が進められていたが、十七代の世祖代になって総体的な制定作業が行われ、一四六六年に第一次の『経国大典』が制定され、一四八一年の第五次『経国大典』をもってその後の改修を禁止するとともに、一四八五年に施行した。一四七一年に公布された第二次『経国大典』巻三が現存する最も古いものとして、宝物一五二一号に指定されている。

❼慶尚北道安東市豊川面河回面にある村。朝鮮時代の名門豊山柳氏を中心とした韓国を代表する氏族村であり、朝鮮時代の両班の伝統と当時の建築物が多く残されている。一九八四年に重要民俗資料第一二二号に指定され、二〇一〇年にはユネスコの世界文化遺産に登録された。

八章 女学校はなかった。しかし教育は重要だった

―家門の栄光を照らす「鏡作り」―

韓《ハン》嬉《ヒ》淑《スク》：淑明女子大学校 歴史文化学科教授

十九世紀末に韓国で門戸開放〔欧米や日本への「開国」〕がなされ女学校が建てられるまで、朝鮮社会には女性のための教育施設がなかった。医女《ウィニョ》〔女性医師〕や宮女《クンニョ》〔宮廷の女官〕のような特別な場合でなければ、女性のための制度教育は行われておらず、ほとんどの女性は「いろはのいの字も知らない」無学の環境に置かれていた。女性の社会進出が禁止されていた儒教社会で、娘は勉強をしても官僚になることはできず、どうせ家庭内で家事をするのであれば、学問は使い道のないものと考えられた。そうしたことから、女性たちの知識レベルは、家庭生活を行っていく上で不便のない程度で満足されるものであった。

女性にとって最も強く要求されたのは、彼女たちの知識レベルではなく、家父長的な家族構造の中で従順であり、忍耐を理解する品性を具えることであった。これを拒否すれば「家庭を台無しにする雌鶏」と見なされた。しかし、朝鮮時代だからといって、社会が追求する性理学的〔儒教・朱子学的〕な秩序にふさわしい理想的な女性を作る必要はあった。そのため、女性にも「婦徳」を培う教育と基本的な文字教育が行われた。社会的な教育施設が作られることはなかったが、娘や嫁は家庭や家門の構成員であり息子を産み育てる母であったことから、家庭内でも女性を教育する目的と効果についてははっきりと認識されていた。したがって、女性の教訓書が作られ、これを言葉や文章を通じて教えたわけだが、〔本章では〕こうした女性教育の実情がどのようなものであったかを探ってみたい。

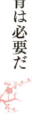

文字は教えずとも品性教育は必要だ

朝鮮王朝を建国した士大夫たちが追求した社会秩序は、忠・孝・烈の生活化という性理学的なものであった。朝鮮建国の最高の参謀であり一等功臣だった鄭道伝《チョンドジョン》❶は、「学校は教化の根本であり、ここで人倫を明らかにし、人材を育成する」と述べ、教育の重要性を強調した。教育を通じて儒教的な倫理規範を確立することが、仏教国家だった高麗王朝から脱して新たな国家の統治秩序を固める近道と考えたのである。こうして中央には成均館《ソンギュングァン》❷や五部学堂《オブハクタン》❸を、地方には郷校《ヒャンギョ》❹や書院《ソウォン》❺、書堂《ソダン》❻などを置いた。しかし、これらは全て男性のためのものでしかなかった。

士農工商❼という職業による身分の区分がはっきりとしていた朝鮮時代の人々は、息子には社会生活や官職を過ごす上で必要な知識を教えた反面、娘には生活に必要な技能的なことを教えた。両班の女性の場合は、さらに『千字文』や『小学』などの基礎的な教育や、歴代国家の名前や祖先の名前といった知識を教えた。特に両班家門でも、男性が文章が読めないのは父母や祖先を辱める汚点となったが、女性にはそれほど欠点にはならなかった。女性の社会活動が禁止されていた社会で、彼女たちにあえて力を注いで文章を教える必要はなく、むしろその時間に生活に必要な技能的な物事を学んだり、婦徳を磨くことを望んだのであった。

もちろん、朝鮮時代の為政者は女性を夫の内助者としてだけでなく、家庭内での物事に対する賢い管理者として、父母の世話をよくする者として、社会秩序の根幹となるよう作りあげる

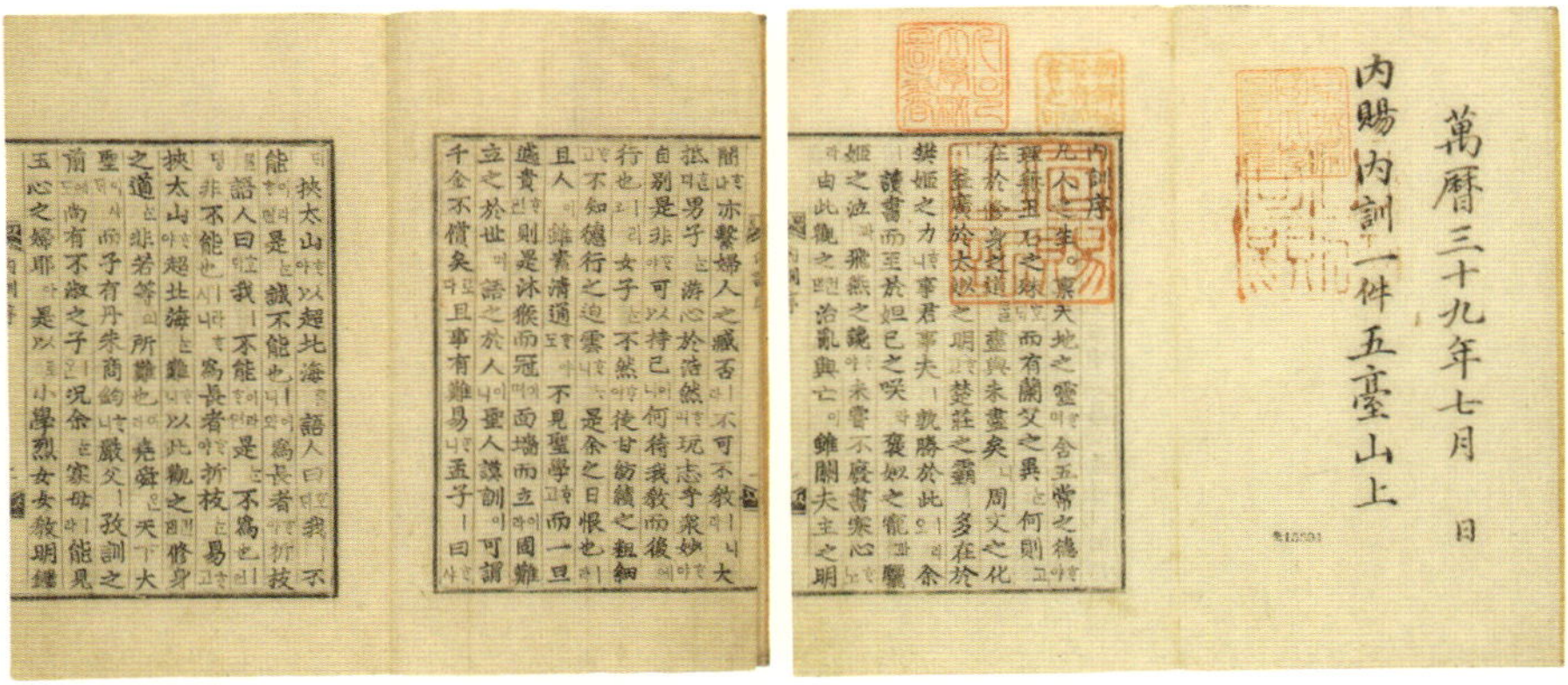

「内訓《ネフン》」。奎章閣韓国学研究院〔韓国〕所蔵。世祖の長男の嫁であり、成宗の母である昭恵《ソヘ》王后が、中国歴代の教訓書から女性の訓育に必要な部分を選び出して書いた書。1475年に刊行されたものが1611年に訓練都監字〔朝鮮後期に使用された木版活字〕で3巻3冊が重刊された。その後、原文〔漢文〕を書き示した後にハングル翻訳文を載せるようになった。

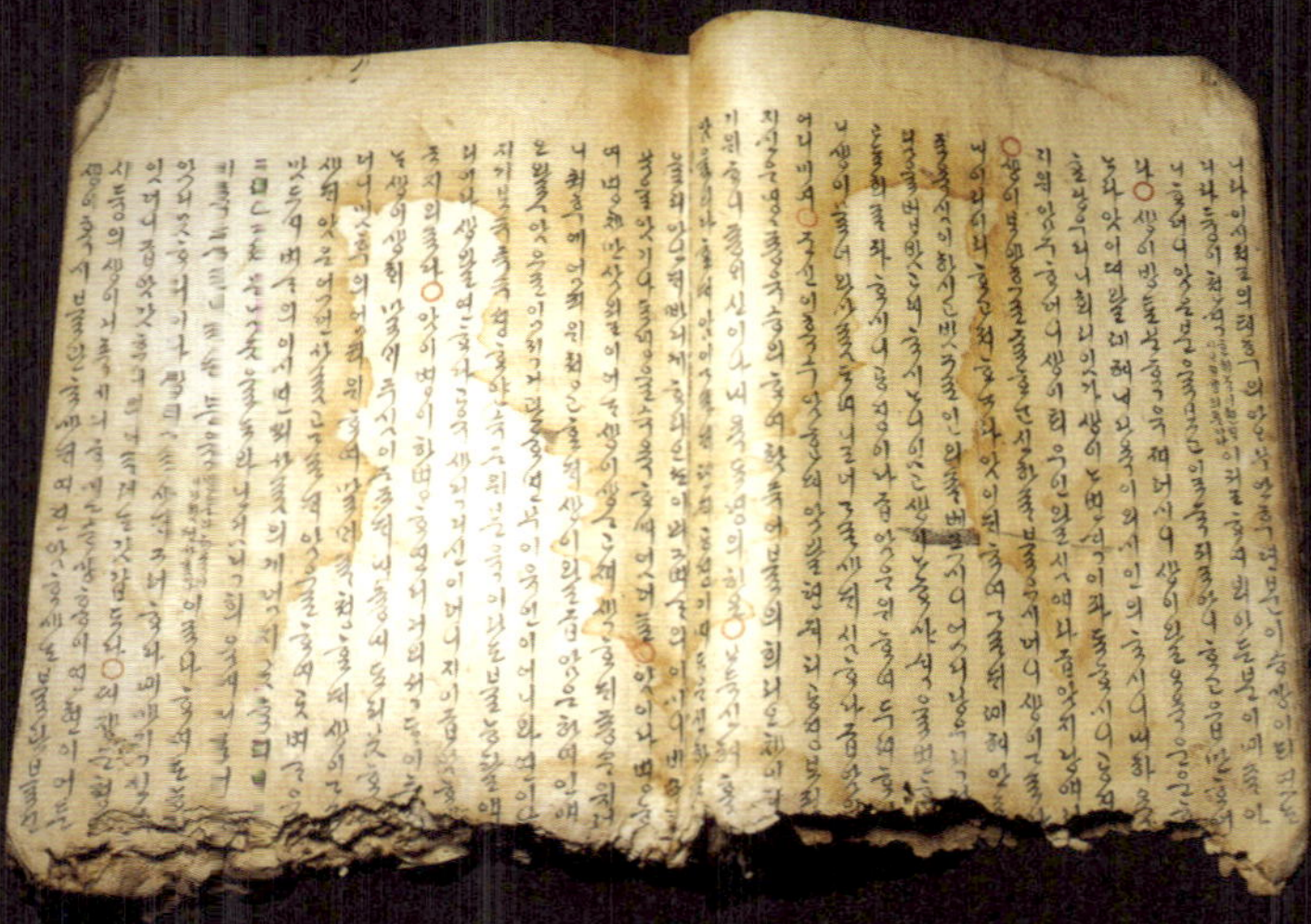

（写真上）『小学諺解』。朝鮮時代。忠賢博物館〔韓国京畿道光明市〕所蔵。
宗家では、初学の女性が女性としての役割を内面化し教養を高めるよう『小学』を読ませたが、特に一般の女性が手軽に読めるようハングル本の『小学諺解』を刊行した。この本は衿川《クムチョン》〔現在のソウル市衿川区〕にある梧里《オリ》李元翼《イウォニク》〔朝鮮時代中期の文臣〕の家に伝わるものである。
（写真下）『綸音』。朝鮮時代。忠賢博物館所蔵。
国王が民衆に下した詔勅〔綸音〕をハングルで書き写した綸音諺解もまた、宗家において女性の教育のメインテキストとして使われた。

ためには教育が必須であると考えていた。そのため、「夫は天であり、妻は地である」といった陰陽の道理にそって「三従之道」〔生家では父に従い、嫁ぎ先では夫に従い、夫の死後は息子に従う〕を教え、日常生活の礼儀作法を身につけるよう教育した。当時の女性たちも自らこうした規範を認識していた。朝鮮初期に〔第九代国王の〕成宗《ソンジョン》の母昭《ソ》恵《ヘ》王后韓《ハン》氏は、『内訓《ネフン》』を著して女性教育の必要性について次のように述べている。

> 一国の政治の治乱や興亡は、男性の大丈夫が賢明であるか愚かであるかにかかっているとはいうものの、やはり婦人の善悪にも関わりがあるのである。それゆえ、婦人にも教育をせねばならない。およそ男性は心を広くゆったりさせた中で鍛錬し、様々な玄妙なものの中からその意を修め、自ら是非を分別して　充分にその身を保持できるようにせねばならない。それゆえ、〔男性ならば〕我が教えを待って行う者など誰がいようか。しかし女性はそうすることができない。ただ機織の編み目が太いか細いかということだけに満足し、徳行の高さを知らない。そのため、これがまさに私が日々心苦しく思うことなのである。

一国の命運の危機への直面や興亡といったことが男性だけの務めではなく、婦人の役割にもかかっているということであり、それだけに女性も徳を積み、おのれの品行を自ら引き締めることが重要であると強調している。女性は主に家庭の中で教育を受けた。父母や祖父母の行動や教えが学びの源泉であり、親戚・姻戚の立ち居振る舞いや見聞を見聞きして成長した。娘の「鏡」は母親であったから、婚姻の際には、新郎の家から「問名」といって人を送り、新婦の家の母やその家系からまず調べたりした。

もちろん、女性が文字や書籍を通じて教育を受ける機会がまったくなかったわけではない。両班の女性は幼い時には祖父や父、兄から文字を習い、男兄弟の間で肩越しに学問を身につけたりもした。このようなわけで、その学問レベルはそれほど高くはなく、知識を具えた両班の女性の中には「不幸にも婦人〔女性〕となり、自分の

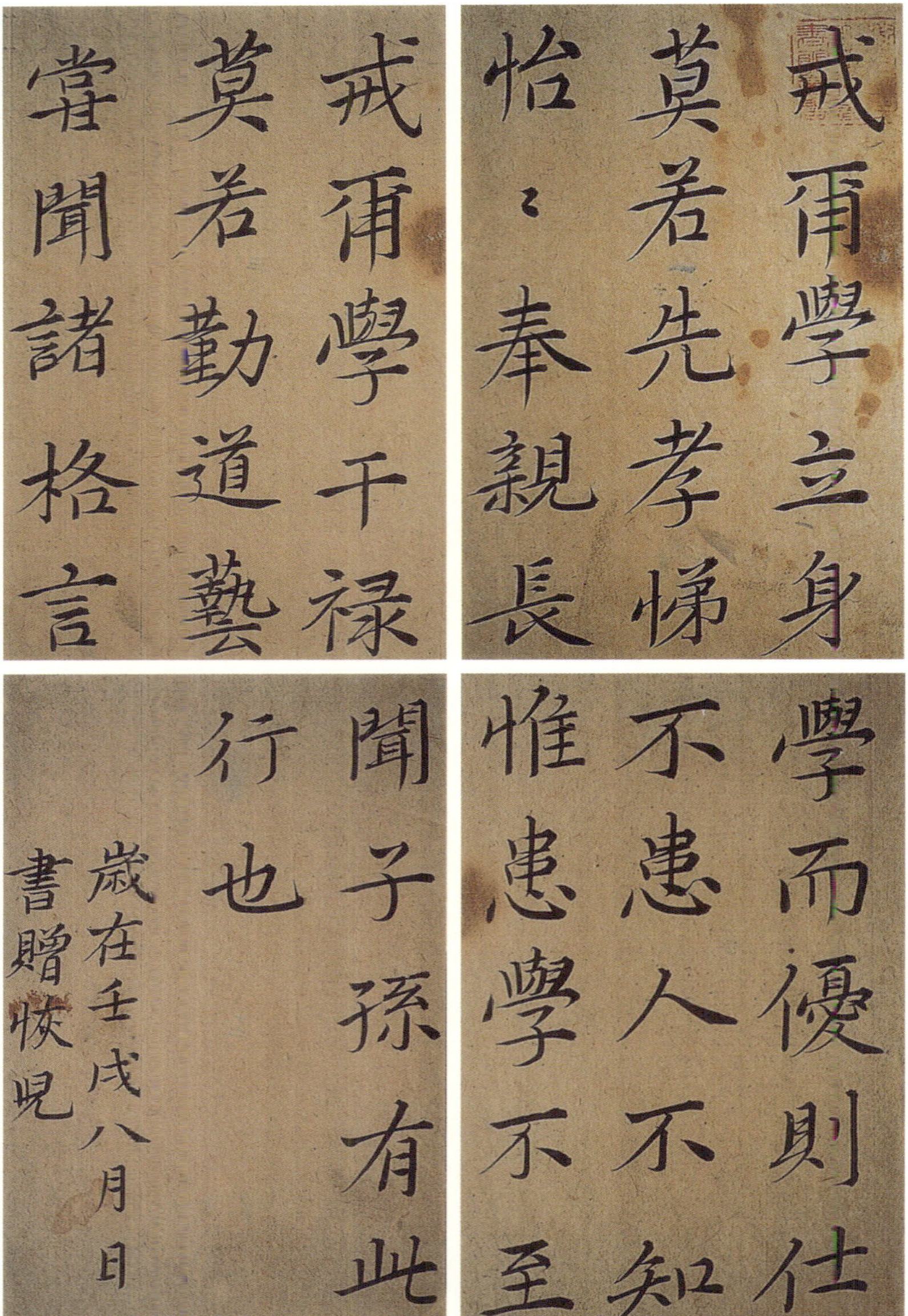

「戒兒《ケア》」。貞明公主《チョンミョンコンジュ》李氏、25.5×16cm。淑明女子大学校博物館（ソウル）所蔵。貞明公主〔宣祖の長女〕が1682年（粛宗8）、80歳となった年に次男の洪萬恢に書き与えた文。立身と孝悌に始まり、官職を求める道理、日常の言葉使いや品行に至るまで、戒めの条目がまとめられているが、これは当時の女性にも多く読まれた『小学』の「嘉言」にも載っている内容でもある。

すべきこと〔女性がしなければならないこと〕をやめて文章や歴史を学ぶことはできなかった。それが恨めしい」と、みずからが置かれた立場を嘆く者もいた。学問の深さよりは品性を優先したのが、朝鮮時代の女性教育の目的であったのである。

時代の求めに応じる女性づくり　女性教訓書の編纂

朝鮮の女性にとって公教育の機会は提供されなかったが、国家レベルで求められる女性像を確立するために、国家や門中〔一族〕で女性教訓書を作り広めた。〔朝鮮時代の〕前期には主に国家で編纂したが、後期になるほど知識人階層が厚くなり、門中で個人が編纂した教訓書が主な教材となることもあった。そのうち、メインテキストやサブテキストとなったのが修身書や生活実用書であった。修身書は女性としての正しい身持ちについて教えている。朝鮮という国家は、その社会に依然として蔓延していた仏教の痕跡を消し去ることに努め、儒教の徳目で風俗を引き締めるため、経典を通じて婦徳の涵養を強調した。

その代表的な教訓書が『列女伝』である。これは中国から取り入れられたものであるが、朝鮮の女性たちにはさらに強調された。「孝」と「烈」は儒教社会の中心となる美徳であり、女性が貞節を守るのは夫に対する「烈」とされた。これは国王に対する「忠」や父母に対する「孝」と同じ価値を持っていた。その後、世宗の代には忠・孝・烈を強調した『三綱行実図《サムガンヘンシルド》』を刊行し広く行き渡らせた。

社会全体が性理学で武装されていった成宗の代には、女性にもその理念がさらに強調された。そうした時代の流れをリードしたのが、前に述べた『内訓』であった。その序文には本書の編纂動機がよく表れている。

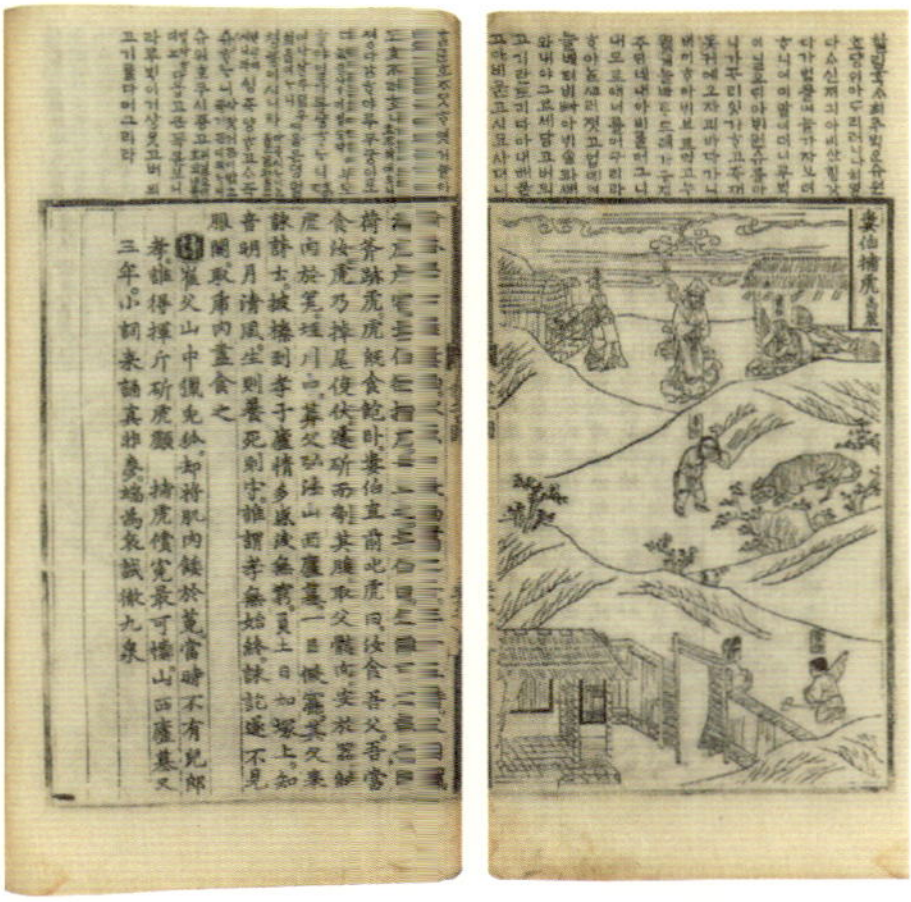

『三綱行実図』諺解本。奎章閣韓国学研究所〔韓国〕所蔵。『三綱行実図』のハングル本は、16世紀と朝鮮後期に刊行されたものが残っている。日本でも朝鮮本を定本として刊行するほど、東アジアに広く普及した本である。

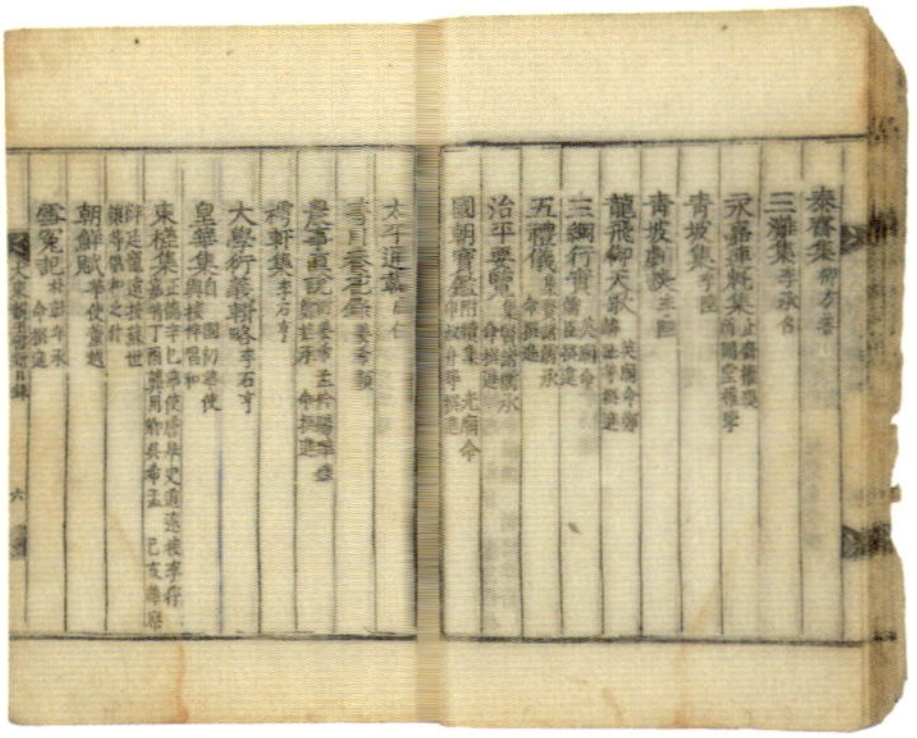

私は夫と死別した未亡人であるから、玉のような心をもった嫁に会いたいものだ。そのためには『小学』『列女』『女教』『明鑑』などが非常に適切であり、疑いのない書籍である。しかし巻数が多く複雑で、簡単に理解することができない。それゆえここにこれら四巻の書籍の中でも重要だと思われる教えを取り集め、七つの章に作り、そなたたちに与えるのである。ああ、一身への教えが全てここにあるのである。その道をもし一度でも失うことになれば、後悔しても追いかけることなどできようか。そなたたちはこれを心に刻み、骨に刻んで日々聖人の境地を仰ぐようにせよ。明るい鏡とは輝くものである。油断なく戒めずしてそうしたことができようか。

『内訓』は『小学』『列女』『女教』『明鑑』[8]など四巻の書籍の中から重要だと思われる内容を選び作ったものである。第一巻は「言行」「孝親」「婚礼」、第二巻は「夫婦」、第三巻は「母儀」「敦睦」「廉倹」などで構成されている。参考とされた書籍や各巻の項目を見ただけでも、本書が何を教えようとしているのかがよくわかる。このうち、「夫婦」は夫に対しどう接す

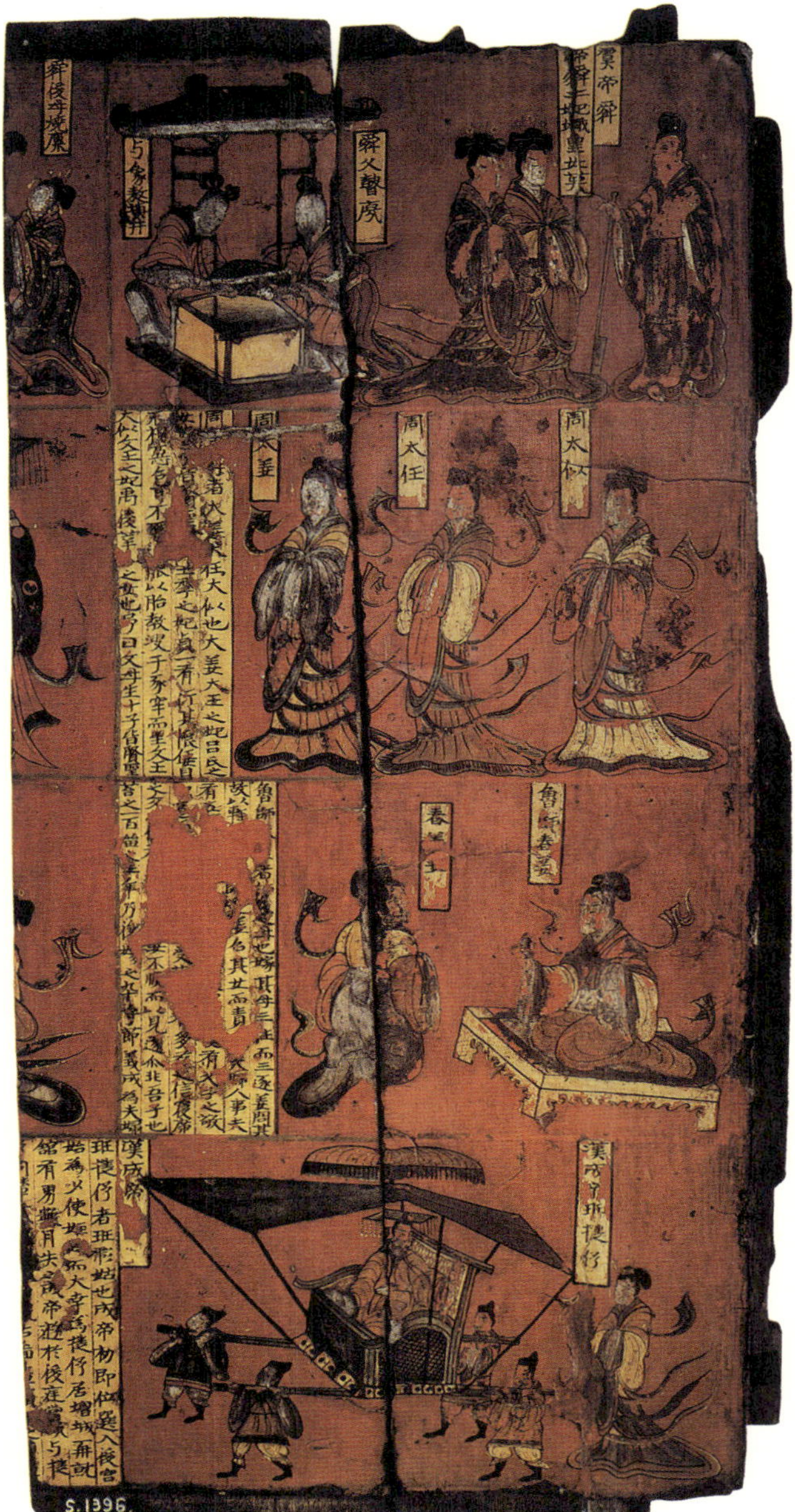

朝鮮の烈女観念あるいはイデオロギーは、中国から影響を受けた。この絵は漢代の有名な宮中女人だった班昭が伝統的な男女有別の格式を守るために、皇帝と同じ輿に乗ることを拒んだという故事を描いた「人物故事漆屏」である。484年以前の作。彩色漆画屏風。各部分の大きさは80×20cm。中国の山西省大同文物管理委員会所蔵。

るべきかについての内容が記されているが、これが全体の最も多くの分量を占めている。これは、夫婦間の道理、すなわち従順を最も大切なものと考えたからであろう。離婚が禁じられていた農業国家で、女性が夫に悪く思われ追い出されてしまう場合、これは実家と嫁ぎ先にひどい迷惑をかける行為であり、女性自らの人生の根拠地を失ってしまうことにもなったために、大きな社会問題となる余地があった。『内訓』は当初は主に王室の妃嬪《ヒビン》〔国王や王世子の夫人たち〕の修身書として活用された。しかし、徐々に士大夫の女性や一般民にも影響を及ぼすようになった。また、成宗は在位十二年〔一四八一年〕に女性の教化のために諺文《オンムン》〔ハングル〕で記された『三綱行実烈女図《サムガンヘンシルヨルリョド》』を刊行し頒布した。そして礼曹に命じて、女性に講習させる条項を準備し報告させるようにした。

〔成宗は〕礼曹に対して

「国家の興亡は風俗が純朴か薄情かというところに由来するが、風俗を正すことは必ず家庭を正すところから始まらねばならない。かつて東方〔朝鮮〕は心正しく誠実で淫らではないと称されていた。しかし最近では士族の婦女の中にも道義に外れた行いをするものがおり、私は非常に憂慮している。諺文で記された『三綱行実烈女図』数部を印刷し、都の五部〔首都漢城(ソウル)の五つの行政区域〕や各道に分け与え、田舎の町の婦女が全て講習できるようにせよ。そうすればおそらく風俗を変えることができるであろう。」

とお命じになられた。

〔『成宗実録』十二年四月二十一日条〕

礼曹では成宗の意を受けて、都の場合では宗親〔王族〕や両班の家だけでなく、家門がそれほど優れていない者であっても、家長に命じて家族を教育させた。また地方では、貧しい田舎であっても年配の者の中から名声の高い人を選び、村全体に教育を行わせた。さらに、家長や下女に命じて〔女性の徳目を〕よく理解するよう学習に努めさせ、しっかりと悟らせるようにさせた。さらには、品行が他者より優れた女性に対しては、特別に旌閭門《チョンニョムン》〔烈女をはじめ、忠臣や孝者を称えるために立てた門〕を建ててやった。

朝鮮時代後期に入って、〔第二十一代の〕英祖《ヨンジョ》も女性教育に多くの関心を寄せたが、彼は李徳寿《イドクス》に命じて『女四書』

をハングルに翻訳させた。

国王〔英祖〕は

「唐板〔中国書籍〕である『女四書』は、『内訓』と異なるところがない。かつて聖王の政治は必ず家門を正すことを根本としたが、閨門〔女性の居所〕に関する法はすなわち王化〔国王の徳への感化〕の根本となる。もしこの書籍を刊行して頒布すれば、必ず閨法〔女性が守るべき規則〕に役立つであろう。ただし、諺文で翻訳することで容易に理解できるであろう」

とおっしゃり、校書官《キョソグァン》❾に命じて刊行し提出させ、提調《チェジョ》の李徳寿に諺文に翻訳するよう命じた。

〔『英祖実録』十年十二月二十日条〕

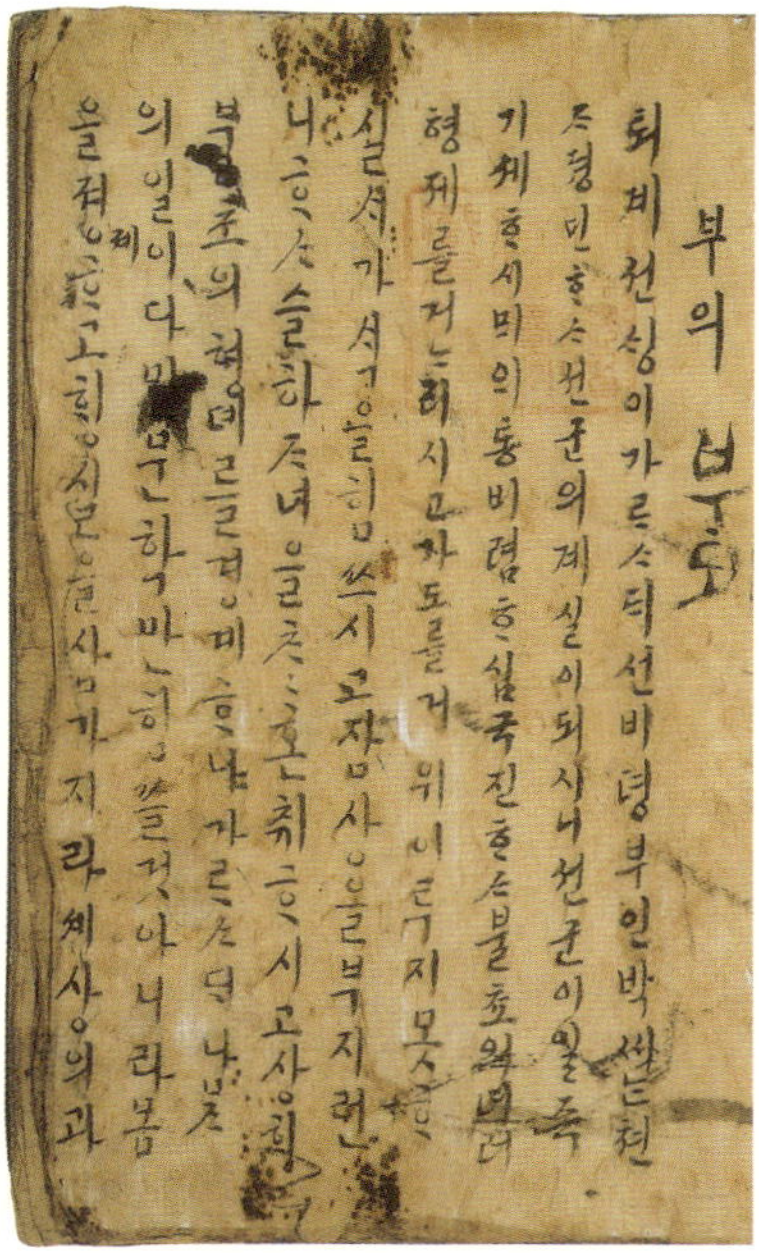

『閨中要覧』。李滉。1544年。韓国国立中央図書館所蔵。李滉が漢文で著したものを門人のひとりがハングルで記したもの。退溪李滉は、良妻賢母となるために婦徳・婦言・婦容・婦功の四行に尽力するよう強調しており、朝鮮時代の性理学者の女性観が窺える。

『女四書』は『女誡』〔後漢の班昭編〕、『女論語』〔唐の宋若昭著〕、明の仁孝皇后の『内訓』や『女範』など四巻の女性教訓書を編集して作った書籍である。英祖は朝鮮の女性がこれを易しく学び実践しなければならないと考え、ハングルで翻訳するよう命じた。中国で女性を教えた教訓書をもとに、朝鮮の女性もそれらに従うよう教材としたのであった。

こうした国家レベルでの政策だけでなく、個人もそれぞれがすすんで教訓書を著した。朝鮮時代中期以降、李《イ》滉《ファン》の『閨中要覧《キュジュンヨラム》』をはじめとしてソンビが自らの見解と経験をもとに女性教訓書を執筆した。さらに朝鮮時代後期になってからは、家門意識が強調され門中を中心とした儒教的な家父長制が強化される中、男性は自らが要求する理想的な女性をつくるための教訓書を著述していった。代表的なものとして宋時烈《ソンシヨル》の『尤庵先生戒女書《ウアムソンセンケニョソ》』、韓元震《ハンウォンジン》の『韓氏婦訓《ハンシブフン》』、李徳懋《イドクム》の『士小節《サソジョル》』、朴文鎬《パクムンホ》[10]の『女小学《ヨソハク》』などが挙げられる。こうした女性修身書は、倫理意識や女性としての身持ちを扱っており、両班の女性は自ら筆写本を作って家門の女性教訓書として活用した。

これ以外にも『小学』『五倫歌《オリュンガ》』[11]『明心宝鑑』『孝経』をはじめとして祖先の来歴や族譜〔一族の家系譜〕などをあまねく活用し、女性たちを教える教材とした。

教訓書で求められる女性になることは決して易しいことではなかったが、当時のほとんどの両班の女性たちは、こうした国家的・社会的な努力に応えて多くの忍耐と苦痛をこらえつつ、儒教的な倫理に順応していった。特に両班家門の女性たちは、自らも模範となるべく、進んで〔教訓書の内容を〕実践していったのである。

王室女性の教育、全ての女性の模範となるべし

王室の女性に対する教育は、両班の女性に比べてはるかに厳しかった。王室の女性のほとんどは、両班家門で教育を受け嫁いできた人たちであったが、彼女たちが暮らす王宮は、両班の家とは区別される政治・社会・文化的に特殊な空間であった。こうした女性たちに対して、王室では制度や法規、礼儀、品行、品性などについて厳正な基準を突きつけ、わずかなあやまちも許さなかった。王室の女性は全ての女性の模範とならねばならなかっ

たからだ。王妃のことを「国母《クンモ》」というではないか。国王は国家を象徴したが、女性である王妃は民衆すべての母を象徴したのである。王妃の地位はそれほど高く、そして辛いものであった。

一四二七年〔世宗九年〕四月、世宗は金五文《キムオムン》の娘である徽嬪《フィビン》金氏を王世子〔後の〔五代国王となる〕文宗〕の嬪[12]に任命した。だが、彼女の「失徳」を問題にして二年後に嬪の地位を退かせた[13]。また一四二九年〔世宗十一年〕十月、奉礪《ボンヨ》の娘純嬪《スンビン》奉氏を再び王世子の嬪として任命したが、彼女もまた一四三六年〔世宗十八年〕十月に退けられた。世宗はその理由を次のように述べている。

当初、金氏を廃して奉氏を立てた際には、彼女に対して、昔の教訓を理解して油断なく戒め、注意し、今後はこのようなこと〔嬪の地位を追われるようなこと〕がないようにし、女師《ヨサ》〔女性の指導役〕に命じて『列女伝』を教えさせた。だが奉氏がこれを学んで数日後に、この本を庭に投げ捨てて「私がどうしてこんなことを学んで生きていけるというのか」といい、学業を受けることを好まなかった。『列女伝』を教えさせたのは私の命令であるのに、敢えてこうした無礼な行いをしたからには、どうして息子の妻の道理に合うといえようか。また考えるに、婦人が文章を学んで政事に関わる道を開くことは必ずしもいいことではないから、彼女には二度と教えないようにした。

〔『世宗実録』十八年十一月七日条〕

王室内では王室の女性の教育を専門に担当する女師を別途に置き、王子の妻に対して何よりも『列女伝』を学ばせた。しかし、奉氏はこれをきちんと学ばずに、政事に関わろうとしていたようである。このほかにもいろいろな理由があったが、結局、舅〔世宗〕の命令に逆らう形となった。そのために追い出されてしまったのである。よく知られているように、成宗代に〔のちの一〇代国王となる〕燕山君の母尹《ユン》氏が王妃の地位を追われ死罪となった⑭のも婦徳を失ったという理由のためであるが、「七去之悪」〔本書第一部三章の訳注⑮を参照〕のうち「口数が多く、言うことをきかず、嫉妬をしたら捨てる」という条目に触れたのである。いいかえれば、沈黙を守り、従順であり、妬んだりしなければ追い出されることなく、その地位が保証されるということであった。

王室の女性の教育書としては、一般の士大夫の女性が学ぶ教訓書のほかにも王室の譜牒〔家系を記した文書〕の類や歴代の王・王妃の行跡を記録した列聖録などがあった。士大夫の家の女性が婚姻後に嫁ぎ先の族譜の内容を理解しなければならないように、王室の女性もまた、王室の族譜はもちろん、歴代の王の行跡を知っておかなければならなかった。王室の譜牒のうち代表的なものとして『璿源録《ソヌォルロク》』と『璿源系譜記略《ソヌォンケボキリャク》』がある。『璿源録』は国王の親戚・姻戚の人的事項を記録した王室の族譜であり、『璿源系譜記略』は国王の王子や王女の子孫を記録したものである。このほかにも中国歴代の后妃の行跡について知らなければならなかったが、鑑《かがみ》となったり自戒しなければならないような内容を抜粋した『后鑑《フガム》』をはじめとして、王后たちの誌文〔故人の行跡や墓地の位置などを記した文〕、行録〔言行を記した記録〕、行状〔故人の行跡を記録した文〕などを収録した『列聖后妃誌文《ヨルソンフビジムン》』『列聖誌状通紀《ヨルソンジジャントンギ》』などの列聖録の類を学んだ。これらは、王室の女性はもちろん、王室の構成員が知っておかねばならない教養であった。

英祖は昭恵王后の『内訓』に直接小識《ソジ》〔自らの考えを述べた文〕を付け、『御製内訓《オジェネフン》』という題目で新たに刊行し、王室の女性はもちろん士大夫の女性の教化用書籍として活用させた。恵慶宮洪《ヘギョングンホン》氏が九歳で王世子の嬪に選ばれ、別宮〔特別に建てられた宮殿内の建物〕で訓導を受けた五十日あまりのあいだに学んだのは、『小学』『内訓』『御製《オジェ》訓書《フンソ》』〔英祖が著した一七五六年刊行の教訓書〕などであった。結婚して初めて挨拶に来た王世子の妻恵慶宮に、舅の英祖は「〔王宮内には〕いろいろな人々の視線がある。どんなものを目にしても宮中ではよくあることであるから、そなたは知らぬふりをし、知っているという素振りを先にしてはならぬ」と忠告した。知っていてもそしらぬふりをすること、知っていると自慢しないこと、それが当時の王室の女性たちに求められた美徳であり、王室以外

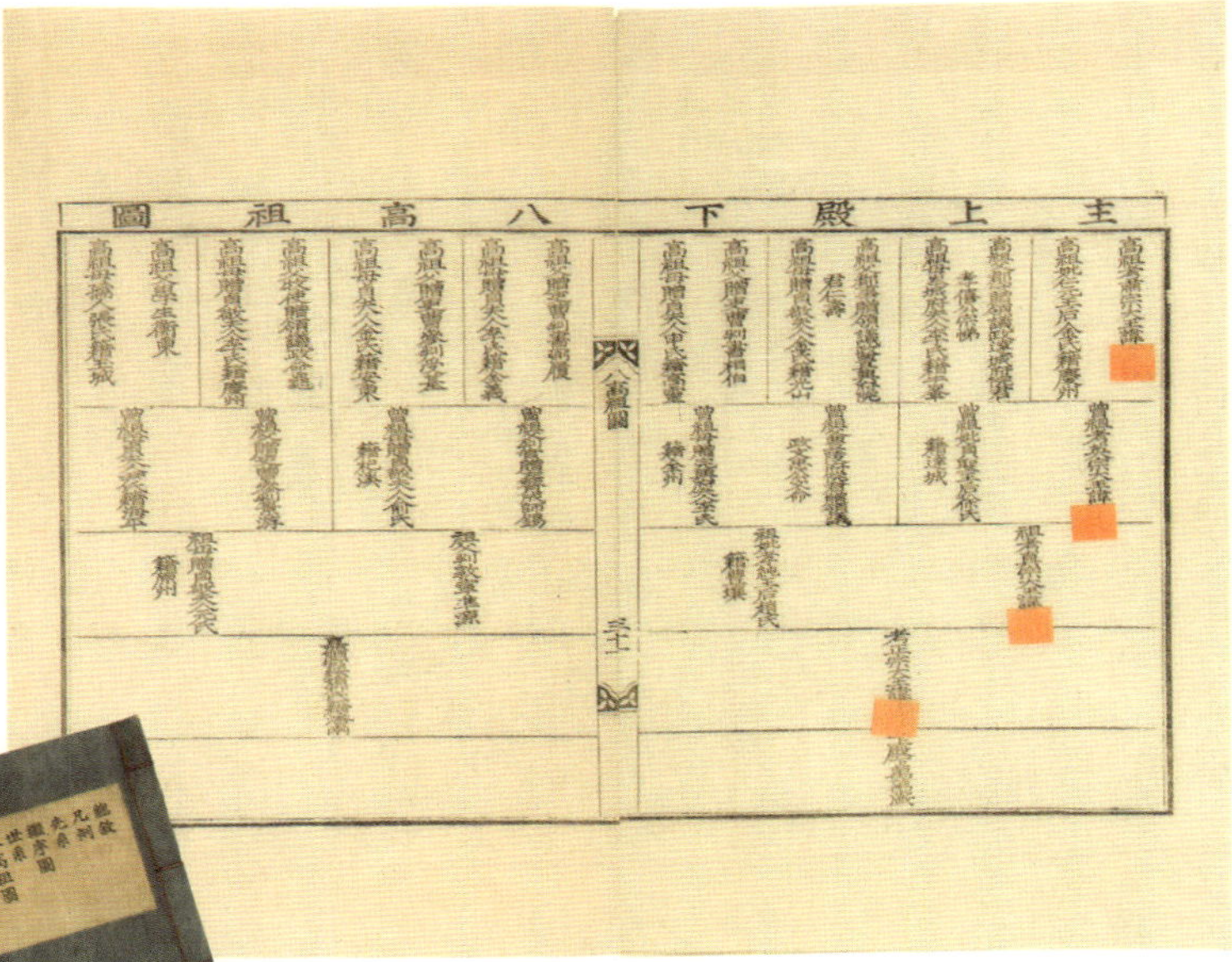

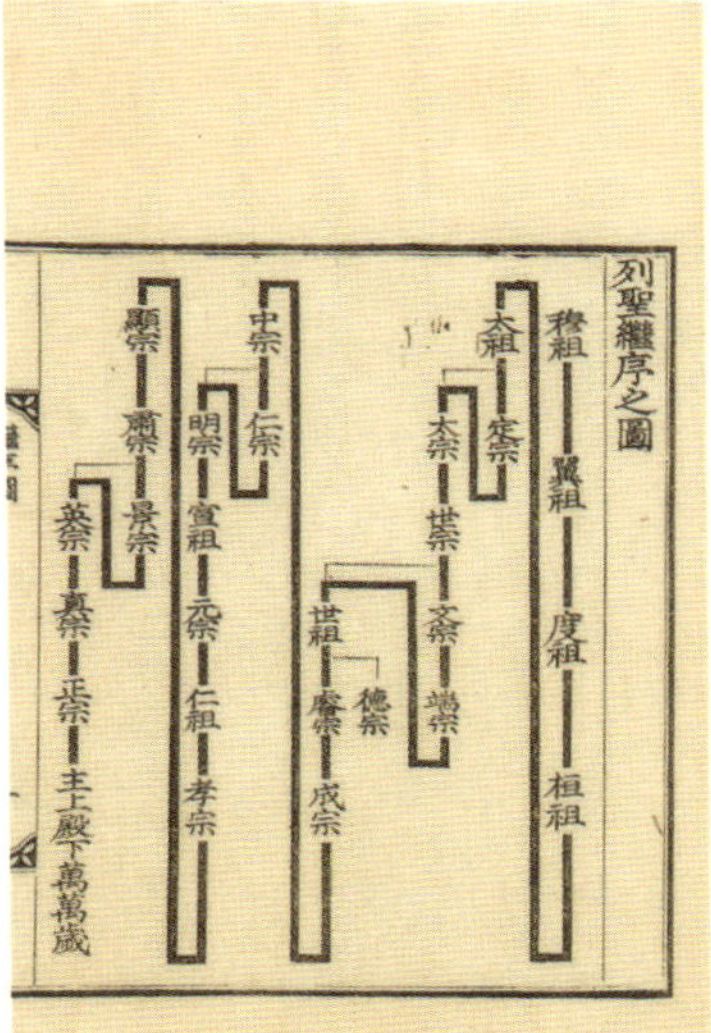

『璿源系譜記略』。奎章閣韓国学研究院〔韓国〕所蔵。朝鮮王室の族譜で、〔略称として〕『璿源譜略』または『璿源録』〔214頁で言及している『璿源録』は別の記録〕などとも呼ばれる。粛宗代に、太祖代から顕宗代までの族譜を初めて作ったが、その後、歴代国王が新たに即位するときごとに重校・補刊したものを、1897年（高宗34）に合わせて刊行した。総敍・凡例・先系・継序図・世系・八高祖図などが収められている。

の全ての女性にも要求された婦徳だった。

婚前は孝女が、婚姻後は従順な嫁が一番

朝鮮時代の女性教育の目標は、内外法〔本書第一部六章の訳注❹を参照〕や男女有別観に立脚して家庭生活に必要な婦徳と礼儀作法を教えることであった。娘が婚姻の後も実家に留まり続ける風俗が強かった朝鮮時代前期には、娘の立ち居振る舞いが欠点としてそれほどひどく指摘されることはなかった。だが、結婚後に嫁ぎ先に入って暮らさねばならない風俗が強まった朝鮮時代後期には、男性の家の嫁となる娘の言行は実家の決まりごとや道理と対をなすものと考えられたため、両班の家では家門の名誉のために娘への教育に気を使わざるを得なかった。こうしたことは、朝鮮時代後期の代表的な性理学者宋時烈が、嫁いだ娘に与えた『戒女書』《ケニョソ》によく表れている〔本書第一部一章および四章を参照〕。

男性にとっての『小学』のようにこの書〔『戒女書』〕を尊敬し、嫁ぎ先に行ってからは大小の様々なことでお前の過ちのために父母の是非が問われないようにすることが、大きな孝行となるのである。そのことを心に刻み、あらゆることをこのように行えば　そなたの身のそばを離れようとも、膝元で我が言葉を聞くかのごとく・となろう。くれぐれも油断なく戒め、心深く忘れぬように。

宋時烈の望みは、娘が嫁いでから実家の家門の名誉を貶めるようなことのないよう、その行動をしっかりと修めることであった。『戒女書』で示された内容は二十あまりで、父母・夫・舅姑に仕える道理をはじめとして、兄

弟・親戚と和睦する道理、子女養育、祭祀の挙行など、修身と家事労働に必要な筋道であった。

娘に対するこうした望みは、『閨中要覧』や『士小節』などにもはっきりと表れており、「息子を正しく教育しなければ我が家が滅び、娘を教え導かねば他家を滅ぼす」と率直に力説し、女性教育の重要性を強調した。李徳懋は『士小節』の中で、女性の人生での過程で一生守らねばならない身持ちについ

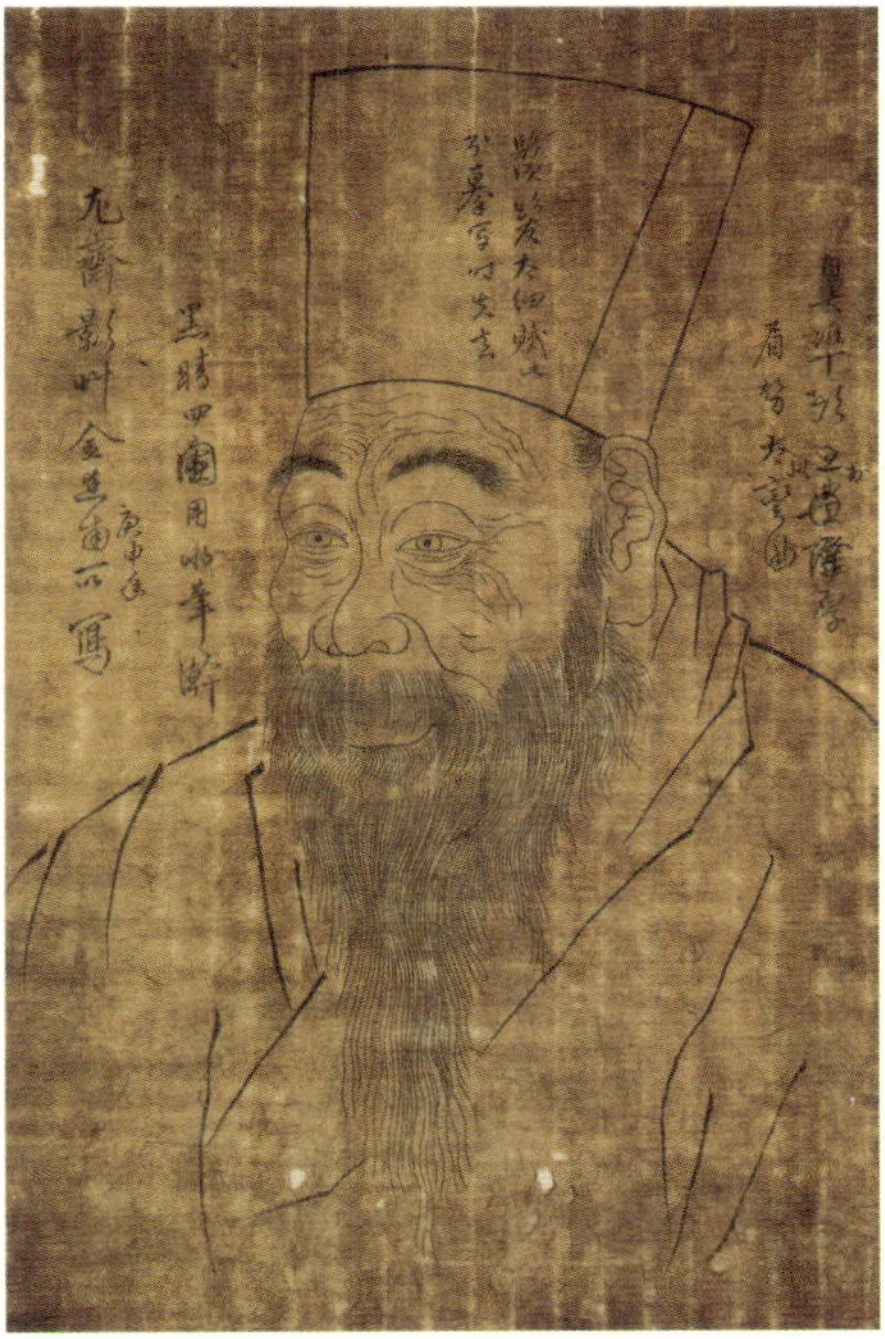

宋時烈影幀、金鎮圭草書。紙本水墨。
56.5 × 36.5cm。尤庵宗宅所蔵。

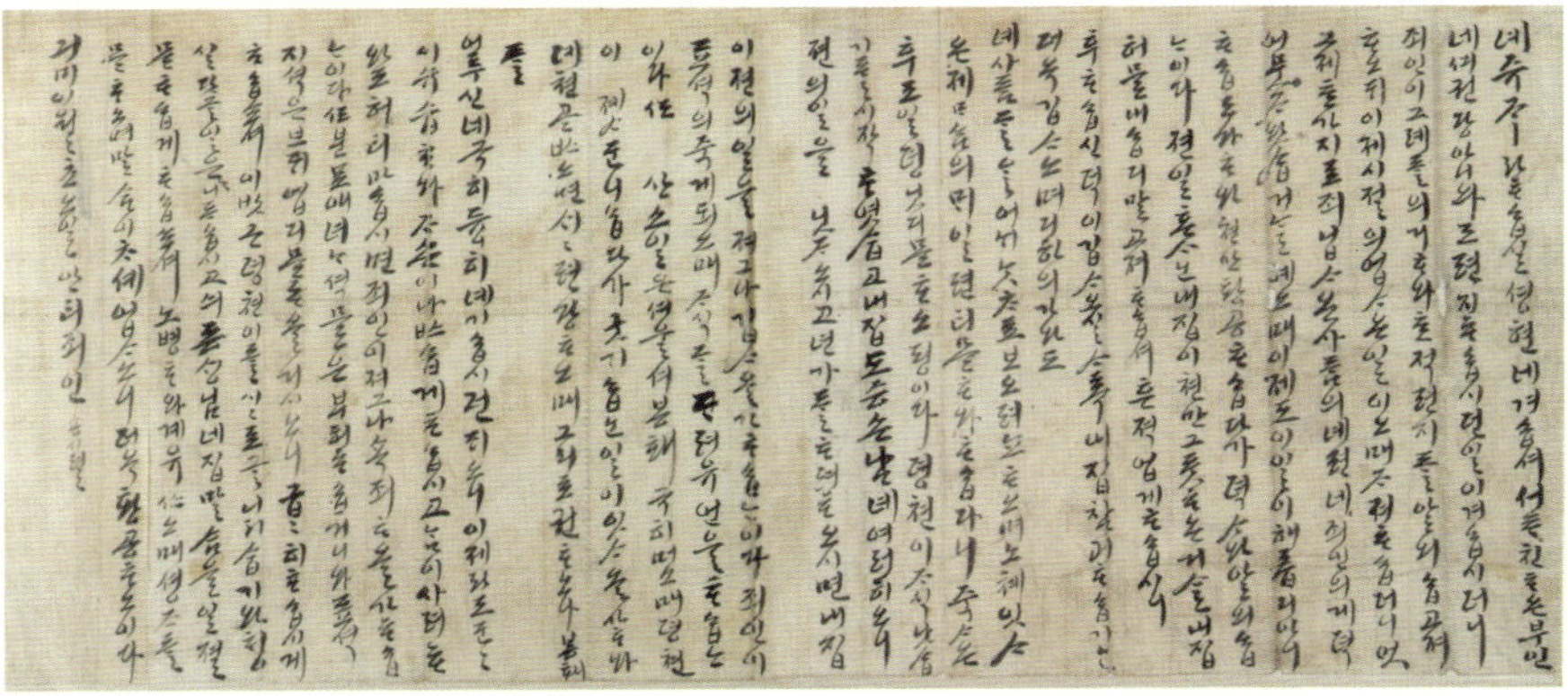

遺言：「その昔、朱子は」〔遺言の冒頭部の意味〕。宋時烈書。29.7 × 62.3cm。個人所蔵。1679年（粛宗5）2月5日、尤庵〔宋時烈〕がある夫人に書いたハングルの遺言。文書の初めに、朱子が親戚でない互いに親しい夫人に手紙を書いたことがあると前置きし、それに基づいて自分もそうしてみようとしたがこれまで躊躇し、ようやくこうして書くことになったと述べられている。婚姻に関わることや墓地について、子孫への戒めの理由が記されている。漢文で作成された「示諸子孫姪孫等示諸子孫姪孫等」（子孫たちに伝える文）とともに、尤庵が後の子孫のために願った心がうかがい知れる。

て、次のように語っている。

　家庭では孝女となり、結婚後は順婦・淑妻となり、子女を産んでからは賢母となり、不幸にも寡婦となったり苦しみに陥っても普段の意を変えることなく、貞女・烈女となれば後の世に女宗《ヨジョン》〔模範となる女性〕となる。

　すなわち、女性が教育を受けたのは、結婚以前は父母によって孝行娘となるためであり、結婚後は善良な嫁であり貞淑な妻になるためであったからであり、寡婦となった時に貞節を守るためであった。儒教的な実践様式において、孝は全ての行いの根本と考えられ、これを中心とした家庭の秩序は、他のあらゆる社会秩序の根幹になると考えられた。孝は道徳修養の第一原理だった。そのため、嫁ぐ娘のための教育で何よりも重要視したのは、結婚前に父母に行った孝行の延長として夫に従順な態度を取り、舅姑に対しては実家の両親に仕える以上に孝行するよう教え込むことであった。そのほとんどが十代半ばには結婚した当時の女性たちは、自我を示す頑固な嫁となるよりは、自分を殺して言うことをよく聞くおとなしい嫁になって嫁ぎ先に忠誠を示し、その家の「鬼神」〔霊魂〕となるまで自らを犠牲として、婦徳を具えるよう教育されたのである。

　一般的に〔朝鮮時代の〕女性たちは、「修身教育」で気立て・言葉・行動・教養の教育を、「人倫教育」で婚礼・夫婦・親孝行・情誼の睦まじさを、「家事教育」で衣服・飲食・祭祀・客の応接を、「子女教育」で胎教・育児法・二女教育・婚前教育を受けた。こうした女性教育が可能だったのは、朝鮮社会が性理学的な理念を基盤とした農業社会であり、純粋な血統を強調した家父長的社会だったからである。

母は家門の栄光を守る子女の教育者

結婚した女性には、妻や嫁としての役割と同様に、母としての役割も強調された。女性の結婚が選択ではない必須の通過儀礼だった当時、結婚した女性はわずかな例外を除いて、ほとんどが母親となったからである。そのため、子供への教育について母として具えなければならない立派な品性が強調され、特に娘への教育に対する責任は、全面的に母親にかかっていた。

母が子供に一番最初に影響を及ぼすのは妊娠初期からと考えられた。したがって女性が妊娠したら、胎教から出産後の育児法まで、母性を養い育てるために必要な多くの内容を教育した。妊婦の人となりや言行が、胎児の成長・発達や出生後の性格を形成する上で大きな影響を及ぼすと考えたからである。朝鮮時代、男女共通の最高修身書だった『小学』の冒頭を見ると〔『小学』立教〕、立派な子供を生むためには必ず胎教をしなければならないと記されている。

『列女伝』によると、遠い昔、婦人が子供を持った時は寝床が曲がらないようにし、一方に傾かないように座り、一方の足で立たないようにした。また、邪悪な食べ物は食べず、きちっと切られていなければ食べなかった。さらに、席が正しくなければ座らず、よこしまな色を見ず、淫らな音を聞かなかった。夜になったら瞽者〔目が見えない人〕に詩を諳んじさせて道理にかなった言葉を語らせた。こうすれば生まれた子供は顔立ちが端正で才能は人より優れていることだろう。

朝鮮時代、王室の女性や士大夫の女性の教訓書として最も多く読まれた『列女伝』にも、その冒頭に胎教に関する内容が載せられており、これを借りて『小学』のはじめにも胎教を強調したのである。結婚した女性に最初に与えられた任務は、代を受け継ぐ息子を産むことであり、妊娠した時に胎児が将来立派な人物となる資質を持って生まれるよう、行動に注意することであった。胎教に対する重要性はさらに強調されていき、胎教関連の書籍として『胎産要録《テサンヨロク》』『胎産集要《テサンジピョ》』『胎教新記《テギョシンギ》』などが編纂された。

女性は出産後、育児法についても非常に神経を使った。『内訓』では児童の年齢水準にそって教育し、愛をもってその任務を果たすことが強調された。子女が正しい人間になるかどうかは、母親にかかっていたのである。知識を具えた両班の女性の場合は、幼い子女に人格的な教育だけでなく、基礎的な儒教経典を教えたりもした。家門の維持や興亡が子女教育の如何にかかっていると信じていたため、女性が直接教育に乗り出し、勉強を嫌ったり言うことをきかない子供を説得し、勉強にいそしんで立派な官吏になるよう面倒をみたのである。

個人に関する記録である行状を見ると、朝鮮時代後期は家庭内で女性の文章学習が強化されていった。当時の両班の家の女性たちは、知識水準が高い家庭内の雰囲気のために、直・間接的に文章の勉強をし、相当なレベル

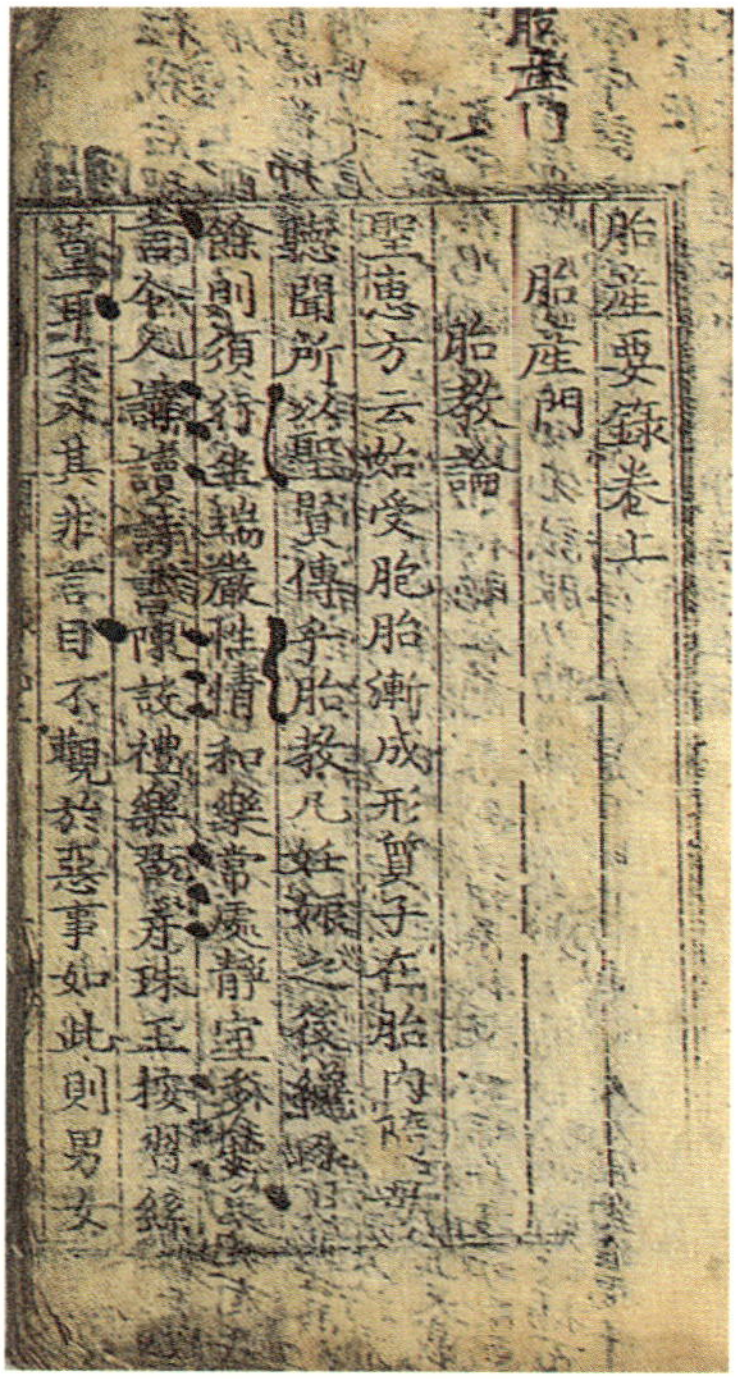

『胎産要録』。宝物〔重要文化財に相当〕1179号。嘉川《カチョン》博物館〔韓国仁川市〕所蔵。本書は世宗代の医学者盧《ノ》重《ジュン》礼《ネ》が世宗16年（1434）に王命を受けて編纂したもので、妊娠や育児での疾病治療に関する専門医学書である。上下2巻で、上巻は妊娠・出産についての教養を記し、「胎産門」という題目のもと、胎教論・転女為男法（女児を男児に変える方法）・食忌論（避けるべき食べ物）など20項目が収められている。下巻は嬰児の保護の仕方が記されており、「嬰児将護門」と題され、挙児法・拭口法・蔵胞衣法など27項目が収められている。15種もの医学書籍を参考とし、実用に便利に編纂されている。

の知識を身に着ける場合もあった。女性たちの無知はもう美徳ではく、学識があることは恥ずかしいことではなくなった。勉強のために女性としてしなければならないことを忘れさえしなければ、学識と徳望を具えた女性はさらに尊敬されたのである。丁時翰《チョンシハン》⑮の母横城趙《フェンソンチョ》氏は、弘文館《ホンムングァン》の直提学《チクジェハク》〔正三品の官職〕を務めた父趙正立《チョジョンニプ》から詩書と礼儀の教訓や、古今の人物の名言や良い品行を聞き学んだ。また、朴世采《パクセチェ》⑯の養母孺人趙《ユインチョ》氏も書籍や歴史を好み、『論語』数十篇を通読しただけでなく、『綱目』から『春秋四伝』⑰まで常に読んでいたと伝えられる。金柱臣《キムジュシン》⑱の母豊壌《プンヤン》趙氏は、『小学』をとても好み、糸をつむぐ合間を見つけては休むことなく読み続け、子供たちにもまず『小学』を教えて自らが志向しなければならないところを理解させるのが正しいと語った。金萬重《キムマンジュン》の母〔本書第一部四章を参照〕も息子に『小学』『史略』や唐詩などを直接教えたことで有名である。そのほかに『内訓』や経書、『史記』『詩伝』『孟子』などを学んで優れた資質と学問成就により認められた女性も少なくなかった。両班の女性の中には、経書や詩書に明るく義理に通じた人物を目にすることが珍しくない。母親の究極的な目標は、息子を立派に育て、家門の栄光を維持することであったため、彼女たち自ら息子の家庭教師にもなったのである。

祭祀奉納・客の応接から、姑の食の好みへの気遣いまで

朝鮮時代の女性教育の内容を貫通するふたつの要素は、従順と依存性を意味する「三従之道」と、言行や手際を意味する「四行」に要約される。「三従之道」

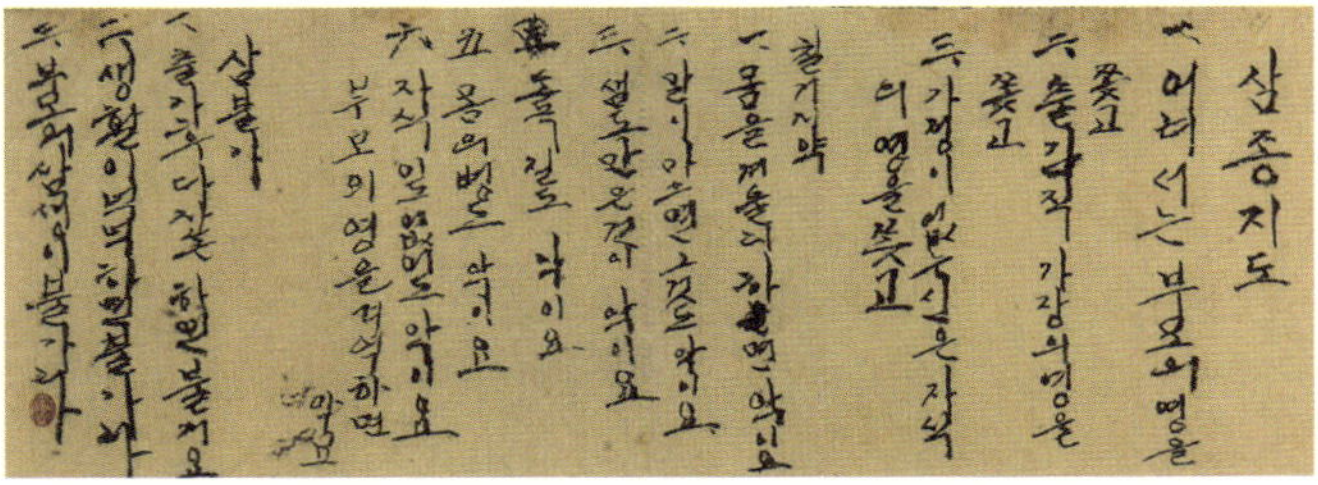

「三従之道・七去之悪・三不許」。女性は三つの従うべき道がある。家では父の意に従い、嫁いでは夫に従い、夫が死んだら息子の意に従わねばならない（女子有三従之道、在家従父、適人従夫、夫死従子）。

とは幼い成長期には父親に従い、結婚してからは夫に従い、夫が先立ってからは息子に従うというもので、女性の一生は男性に頼って生きてこそ安らかになるという教えである。また、「四行」は婦徳（貞節を守り、従順であり、恥のないよう正しく行動すること）、婦言（言葉をわきまえて述べること）、婦容（身体をきれいで清潔にしておくこと）、婦功（笑い遊ぶことを楽しまず、機織にのみ専念し、家族や客の接待をよくする手際をもつこと）である。（これらを強調することで）将来家庭内の「奥方《アンチュイン》」として具えねばならない行動や品性、家庭を一定の規模を維持して率いていく実用的な内容を身に着けさせたのである。

このうち、特に「女功《ヨゴン》」といって、針仕事、刺繍、機織、客の応接などの家事労働も非常に重要なものとして教えられた。家庭内での主婦の手先の器用さ、すなわち「手工《スゴン》」（手先による工芸）の技術を磨くことは、優れた「内房《アンバン》」（女性が起居する空間、本書第二部七章を参照）の文化を作り、文化的な交流をする上で重要な社会的機能を果たした。針仕事や刺繍は、下人を多く率いた両班階層の女性であっても基本的に知っていなければ

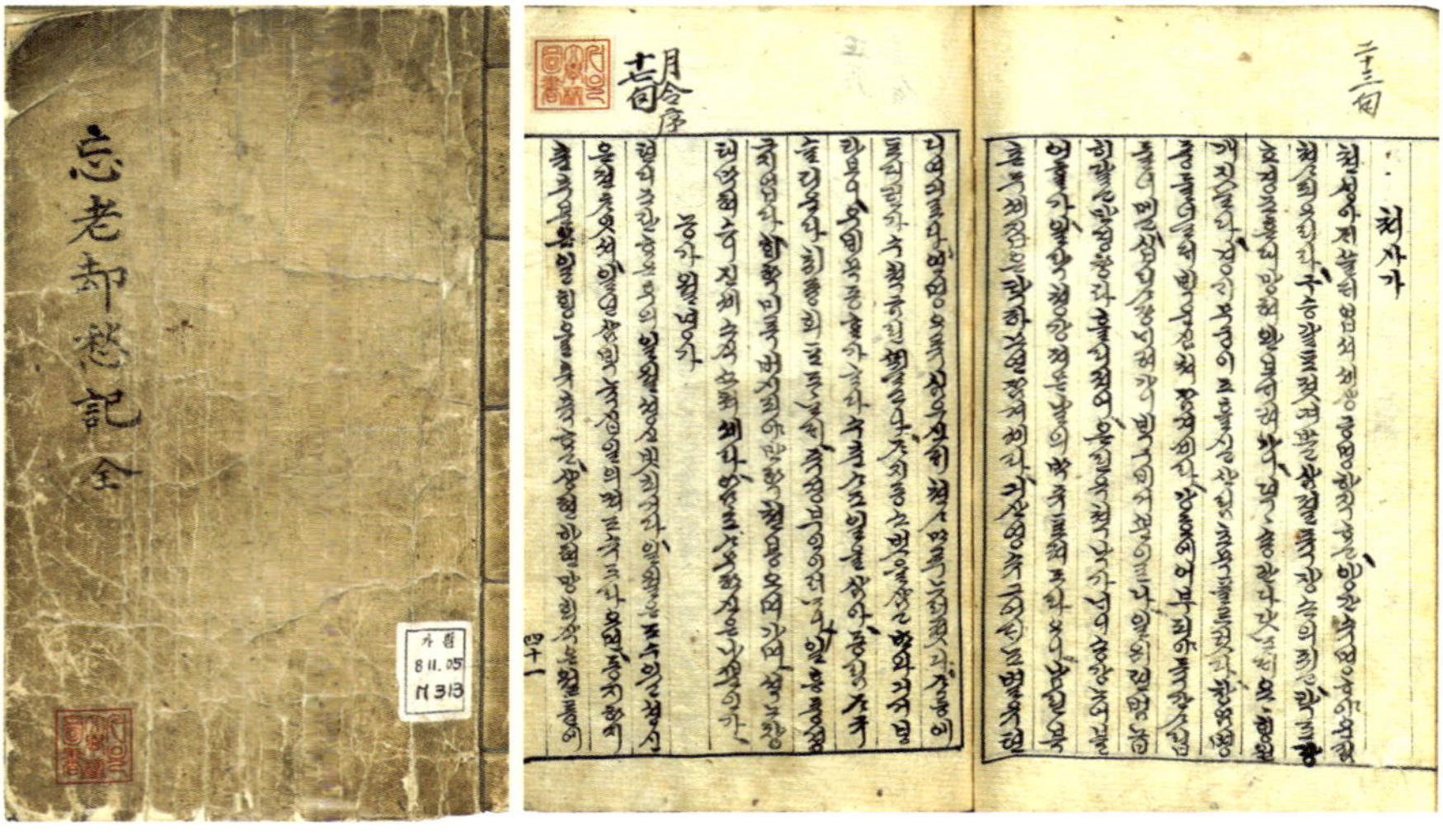

『忘老却愁記《マンノガクスギ》』、朝鮮時代後期、ソウル大学校嘉藍《カラム》文庫所蔵。「閨中七友争論記《キュジュンチルノンジェンギ》」はいくつかの異本が伝えられているが、『忘老却愁記』に載せられたものが最も詳しく正確である。閨中の婦人たちの終わることのない針仕事で用いる七つの道具を擬人化し、人間社会を風刺した内容である。

ならないことであった。服を工場で作り出すのではなく、家庭内で女性が作り着せるような時代であったから、針仕事は「女功」の筆頭として数えられた。機織や針仕事は全ての女性の必須の労働であり、学ばねばならない「課程」であった。

　飲食もまた同様であった。内外法によって男女の性的役割が

裁縫道具入れ。33.8×9.4cm。
京畿道博物館所蔵。

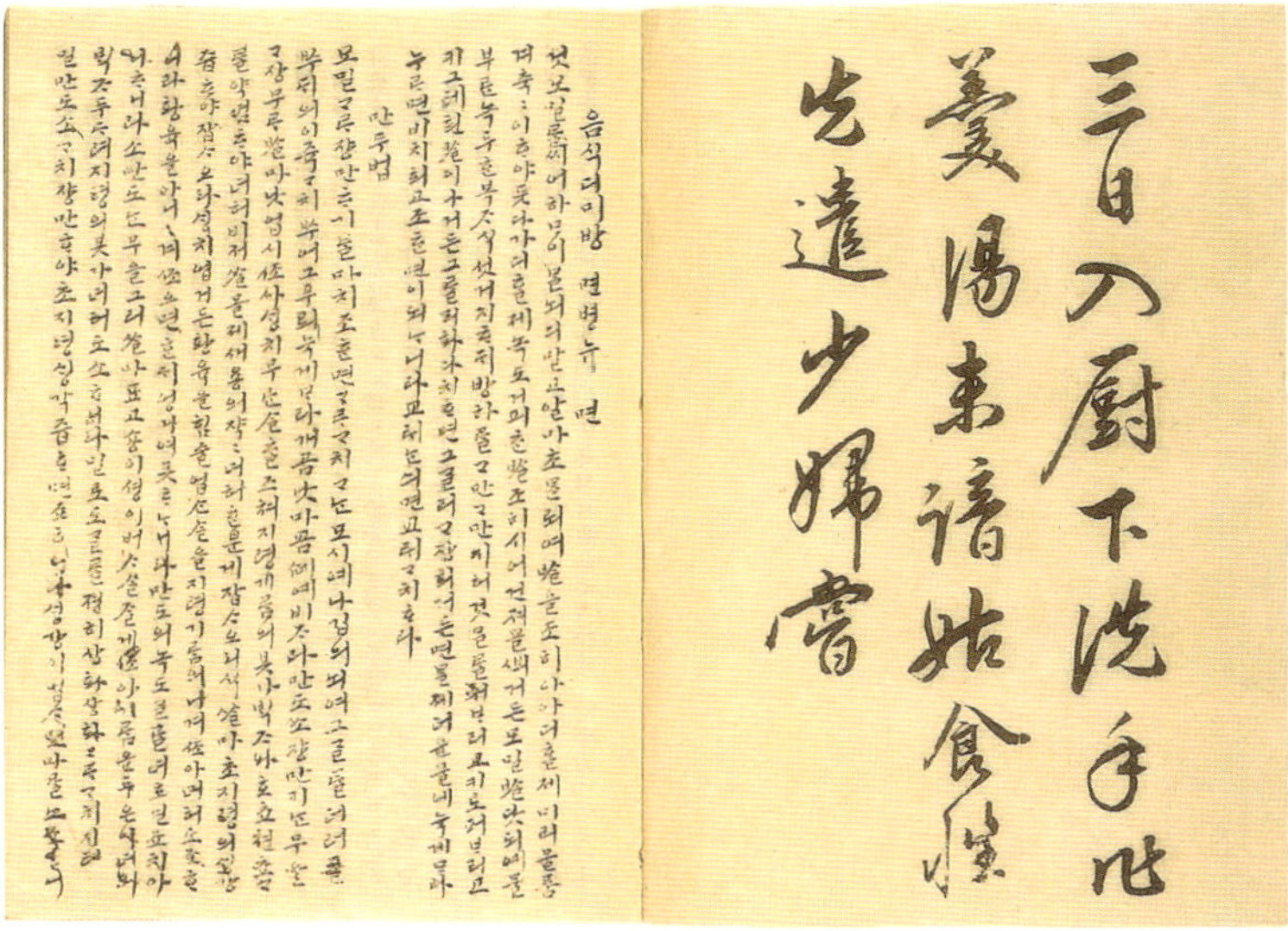

『飲食知味方』。安東張《アンドンチャン》氏著、1670年。25.5×18.8cm。三星出版博物館〔ソウル〕所蔵。粛宗代の学者葛庵《カラム》李玄逸《イヒョニル》の母である安東張氏が著した飲食の調理法と酒の醸造法を記録した飲食調理書。「飲食知味方」の名は「よい食べ物の味を生み出すレシピ」という意に理解できる。本の表紙の内側に唐の中期の頃の詩人王建の詩「新嫁娘詞」（嫁いで三日目には厨房に入り［三日入厨下］／手を洗い、汁物を作る［洗手作羹湯］／姑の食の好みがわからず［未諳姑食性］／まずは小姑に味見してもらおう［先遣小婦嘗］）が記されており、嫁いだばかりで姑の食べ物の好みに合わせられずに気をもむ新妻の心を通じて、本の著述動機を間接的に明らかにしている。また、本の裏表紙には「無学にもかかわらずこのように本書を著したからには、その意を理解してそのまま施行し、息子や娘はそれぞれ筆写せよ。しかし、本書を持っていこうと考えてはならない。どうか本書が破損することのないようにしてほしい」との願いが記されている。

強調された儒教文化で、厨房で食べ物を作ることはひとえに女性の役割であった。衣服作り、飲食作りなどをはじめとした様々な仕事の面倒を下人にさせることもできたであろうが、基本的に「奥方《アンチュイン》」ができなくてはならないことであった。特に宗家を中心に家門が発達する中で、両班の女性にとって最も重要な任務として与えられたのが、祭祀奉納と客の接待であった。祖先神をこの上なく尊重した朝鮮時代、祭祀の飲食を準備するのは当然ながら女性の役割であり、外食文化がほとんど発達していなかった当時の社会で、家を訪れる客を接待する責任もひとえに主婦の役目であった。したがって、飲食を作る主体である女性自らが、様々な飲食関連の実用書を作り、家門の女性たちに料理の秘訣を伝授することもあった。特に、酒や肴は欠くことのできない重要な品目であったため、両班家門では特有の自家製酒や飲食文化が発達した。代表的な料理書として『閨壺是議方《キュゴンシウィバン》』（『飲食知《ウムシクディ》味方《ミバン》』）[19]、『飲食譜《ウムシクボ》』、『飲食類聚《ウムシクニュチュイ》』[20]、『金承旨宅酒方文《キムスンジテクジュバンムン》』、『酒の仕込み方』、『酒の造り方』、『是議全書《シウィジョンソ》』などを挙げることができる。特に『閨壺是議方』や『閨閤叢書《キュハプチョンソ》』〔本書第一部三章を参照〕は、飲食を作るための調理法や酒の醸造法を網羅した文献という点で、その価値が非常に高い。

女性への最高の賛辞、どうせなら「女君子」になれ

朝鮮時代の女性教育の特徴に、人間の生まれついての能力や資質を開発するのではなく、陰陽論に基づいた儒教的な女性像を形成することであった。女性教訓書の著者たちは女性のための教材がないことを批判し、その教育の必要性を強調したが、その内容は女性に対する支配と統制を正当化する性理学的な名分論と男尊女卑の女性観に基づいていた。

朝鮮は前期よりも後期に行くほど性理学的イデオロギーが強化され、家父長制的な家族構造はさらに確固たる

ものとなった。これと対をなすものとして家庭を中心とした女性統制と教育がさらに深まった。したがって、男性の学習が幼い頃から出世のための科挙を目標として積極的になされていたのに比べ、女性の学問的な勉強は結婚後の複雑で厳しい家庭生活の中で中断し、老年期に入って再び可能となったのである。女性の教育は文字に依存するというよりは、記憶を通じて成され、言葉を通じて伝えられた。

にもかかわらず、当時最も理想的な女性像であり最高の女性として受け入れられていたのは、「女君子《ヨグンジャ》」であった。「君子」が儒教的な教養と徳を完成した人間の姿として朝鮮社会の男性が追求した理想的なモデルだったとすれば、これと同様に女性に対する最も高い賛辞もまた「女君子」「女士《ヨサ》」「女処士《ヨチョサ》」であった。女性でありながら君子であるという賛辞は、当時の女性に与える最高の価値であり、尊敬の意味を持っていた。朝鮮は女性教育を強調しながらもその一方では警戒する両面性を見せていたが、その中でも一部の女性には女君子となるための人並みはずれたあり様を示す者もいたのである。

【訳注】

❶一三四二年～九八年。高麗末期から朝鮮初期にかけて生きた朱子学者であり、朱子学を国家理念とする朝鮮王朝の「設計者」として太祖李成桂とともに朝鮮建国の中心人物であった。しかし、宰相中心の政治運営を目指す彼の思想は、王権強化を志向する太祖の五男李芳遠（のちの第三代太宗）との摩擦を生み、李芳遠によって殺害されてしまう。

❷現在の国立大学に相当する朝鮮時代の最高学府。現在の成均館大学校（ソウル）がある位置に設置されていた。成均館には、科挙のひとつである生員試や進士試の合格者や、そのほかの基準をクリアした者しか入学できず、定員も定められていた。

❸朝鮮の首都漢城（現在のソウル市）を東西南北と中央に分け、それぞれに儒教教育のための学校を置いて五部学堂とした。しかし、北部はほとんど機能せず、顕宗二年（一六六一年）に一時的に復活したのみで、実際は東・西・南・中央の「四学」が中心となった。

❹地方で儒学教育を行うための国立学校。ここに通う学生は四書五経をはじめ儒学・朱子学の書籍を学び、科挙の受験に備えた。また、孔子を祭る文廟も設置され、祭祀が行われた。

❺儒教の先賢を祀り、両班の子弟を中心に儒教的徳目を備えた人材を育成するための私設機関。その始まりは高麗時代までさかのぼるが、朝鮮時代中期に在郷士族（士林）による地方社会の求心地構築のために本格的に建てられるようになり、その後、儒教教育の中心的役割を果たしていった。書院の中には朝廷から書籍や土地が与えられた賜額書院も登場し、郷校の機能を弱化させる原因にもなった。

❻書堂は書院と同じ私設の儒教教育機関であったが、一般の民衆も学習が可能であり、学問的にも初等から中等レベルの学習が行われた。

❼ここでいう「士」は日本の士農工商でいう武士ではなく、儒教・朱子学の素養を見につけた知識人、いわゆるソンビを指す。

❽ここで記されている参考書籍については、『小学』は明の何士信による『小学集成』、『列女』は明の解縉が編纂した『古今列女伝』と本書で何度も登場する前漢の劉向による『列女伝』の総称、『女教』は宋の方澄孫による『女教』・元の許熙載による『女教書』・明の王直による『女教続篇』の総称、『明鑑』は高麗の秋適が編纂した『明心宝鑑』を指すという見解があるが、研究者によって異論がある。

❾経書の印刷・頒布、祭祀の祝文作成、印信（官印）製作などを管掌する官庁。提調はその長。

❿一八四六年～一九一八年。朝鮮時代末の経学者。中国の学者をはじめ、李滉・李珥・宋時烈など朝鮮歴代の著名な学者の説への註釈を集大成した『七書詳説』が代表的である。

⓫儒教の徳目である五倫の内容を歌の形式で分かりやすく解いた書。世宗の代に編纂されたものと推測されている。

⓬正室以外の国王の妻、あるいは国王の後継者である王世子の妻の地位。品階は正一品。

⓭『世宗実録』十一年七月二十日条によれば、夫である王世子の寵愛を受けようとした徽嬪金氏が、世子の他の夫人たちに呪術を用いていたことが発覚した。国王の世宗は、このように嫉妬が強い女性を妻としていたら、夫婦和合の徳や内助、子孫繁栄を望むことができないとし、嬪の地位から追い出し、庶人（庶民）の地位に落とした。

⓮尹氏は一四七六年に後宮から王后へと昇格し、のちに十代国王となる燕山君を産んだ。しかし、国王の寵愛を受けていた夫人同士の争いで、尹氏は国王や後宮を毒薬で殺害しようとしたという嫌疑がかけられ王后から嬪に降格された。さらに彼女は国王の顔に爪を立てるという事件を起こしてしまった。朝廷内では後継者（燕山君）の母であるということで彼女に対する同情論もあったが、成宗は結局一四八二年に彼女に賜薬（死罪となった王族や重臣に与えられる毒薬）を与え、処刑した。

⓯一六二五年～一七〇七年。在野の学者として後進の指導に当たる一方、徳を具えた品性と行動が高く評価された。李滉の学説を継承し、その後の退溪学派形成の先駆的な役割を果たした。

⓰一六三一年～九五年。右議政・左議政など最高官職を歴任し、少論（朝鮮後期の党派のひとつ）の領袖として政治に関わり、清によ

る丁卯・丙子胡乱以後の対外政策として尊周大義の実現を掲げた。また学問的にも礼学に関する書籍を数多く残した。

⓱『春秋集伝大全』ともいう。『春秋』の注釈書として有名な『左氏伝』・『公羊伝』・『穀梁伝』（いわゆる春秋三伝）に、南宋の胡安国による注釈書（『胡氏伝』）をあわせた書籍。一四八〇年（成宗十一年）に弘文館を通じて編纂され、広く普及された。現在、韓国の延世大学校図書館に所蔵されている。

⓲一六六一年～一七二一年。朝鮮中期の文臣。文章に高い評価を受け、文集『寿谷集《スゴクジプ》』が残されている。その娘は粛宗の継妃（仁元《イヌオン》王后）となった。

⓳この書には漢字名の「閨壷是議方」とハングル名の「음식디미방《ウムシクディミバン》」が記されている。このハングル名をその内容に合わせて漢字で表記すると「飲食知味方」となる。本来は女性である筆者の安東張氏がハングルのみで書いたものに、彼女の夫あるいは子孫が書籍に格式を与えるために漢字の書名をつけたのではないかと考えられている。今日の韓国では、ハングル表記の「ウムシクディミバン」で広く知られている。

⓴この書籍の書名は本来ハングルで「음식뉴취《ウムシクニュチュイ》」と記されており漢字による書名表記はないが、翻訳上はその意味からあえて漢字を当てた。

九章

閨中を支配する唯一の文字

—翻訳小説からゲームブックまで、女性の文字生活とハングル—

李《イ》鍾《ジョン》黙《モク》：ソウル大学校 国文科教授

ハングルと宮中女性の文字生活

一四四六年、世宗が訓民正音《フンミンジョンウム》、すなわちハングルを創製した。創製初期、ハングルは国王や王子をはじめとした極めて最上層の人々にのみ使用されていたが、時をおかずして身分の上下を問わず女性の間に急速に広まっていった。『世祖実録』によると、世祖の妃である貞熹王后《チョンヒ》がハングルで書いた文章を世祖に奉げたとされており、十五世紀半ばからは王室の女性がハングルを自由に使いこなしていたことがわかる。以後、端宗と成宗の代に至ってからは大妃〔先王の妃〕や妃嬪〔国王や王世子の夫人たち〕、宗室〔王室〕の夫人など最上流層をはじめとして、宮女や侍女、乳母、医女までもハングルで手紙を書くようになるほどであった。

このように宮中の女性にとって、ハングルは「公式の文字」としての地位を徐々に固めていった。貞熹王后はその後、成宗代にも垂簾聴政を行い[1]、ハングルでの伝教〔命令書〕を数度下し、王室女性の文書がハングルで製作される基準が整えられていった。こうした伝統は、朝鮮が滅びるまで続いた。行跡〔行状、故人の記録〕を記録する文章もハングルで作られるのが慣例となった。慈順大妃《チャスン》〔成宗の継妃〕は、国家で成宗の伝記を編纂しようとした時、夫である成宗の行跡を直接ハングルで書くとともに、自分の死後、伝記の作成時に使用できるよう、自らの行跡もハングルで書き残した。また文定王后《ムンジョン》〔十一代中宗の継妃〕も〔十二代国王の〕仁宗《インジョン》の行跡をハングルで記録した。

王室の女性と関連した祭文や冊文〔簡冊〔竹簡〕に記した文章〕なども、ハングルで翻訳するのが慣例だった。『燕山君日記』〔十一年（一五〇五）九月十五日条〕には、死亡した宮女のために祭文を記し、これをハングルに翻訳して医女に読ませたという内容が登場する。『中宗実録』〔十九年（一五二四）二月二十八日条〕には婚姻および冊封〔王妃や嬪などの爵位を授けること〕と関連した書籍『世子親迎儀註《セジャチニョンウィジュ》』や『冊嬪儀註《チェクピンウィジュ》』をハングルで翻訳し宮廷や世子嬪〔王世子の妃〉の家に送らせたという記事がある。こうした事例からみて、王室では女性に関わる文書や書籍をハングルで翻訳しなければならなかったことがわかる。また、後代の資料ではあるが、『粛宗実録』〔二七年（一七〇一）十一月十一日条〕には大妃の葬礼に女官に命じて諡冊文〔王や妃のおくり名を国王に報告する際に、生前の功績や徳行を称賛するための文〕や哀冊文〔王や妃の死を哀悼する文〕を読ませるために、漢文とハングルの二種類で作成したという記録が見られる。もちろん、ハングルが国家の公式の記録物に公式文字として採択されることはなく、漢文で再び翻訳された。『成宗実録』〔二三年（一四九二）十一月二一日条〕に大妃のハングルによる伝教を漢文で翻訳したという記事が初めて出てくるが、こうした伝統は後の世まで続けられた。国王や大妃の行状を作成する際、ハングルで書かれたものもやはり漢文で翻訳され使用された。

こうした過程を経て、ハングルは宮中女性の「公式文字」としてその座を占めていった。さらにそれは、ハングルを書く人々だけでなく、文章を受け取る対象が女性の時にも当てはめられた。『明宗実録』〔即位年（一五四五）七月二五日条〕によると、朝廷の大臣たちは若い国王の日常の行いを戒める文章を書いて奉げたが、国王には漢文で、大妃にはハングルで書いたものを提出した。以後、ハングルの手紙でも同一の現象が見出されるようになる。発信者や受信者のうち、どちらかが女性の場合は、往信・返信どちらもハングルが「公式文字」となった。民間の場合だけでなく、発信者が国王であっても事情は同じであった。宣祖が翁主《オンジュ》〔側室が産んだ娘〕に送った手紙もハングルで書かれている。❷

民間でも徐々に女性の公的な文書にハングルが用いられるようになっていった。『光海君日記』に、ハングルで作成された所志《ソジ》〔請願書〕が提出されたがそうした行為は前例がないことだという記事❸があることから見て、女性たちが国家に上奏する公式文書もこの頃はハングルで書かれていたことがわかる。しかし、ハングル文書の出納は法律で禁止されており、問題となった。また、現存するかなりの数のハングル古文書も官印が押されていないので、公文書としての効力は持っていなかったようである。

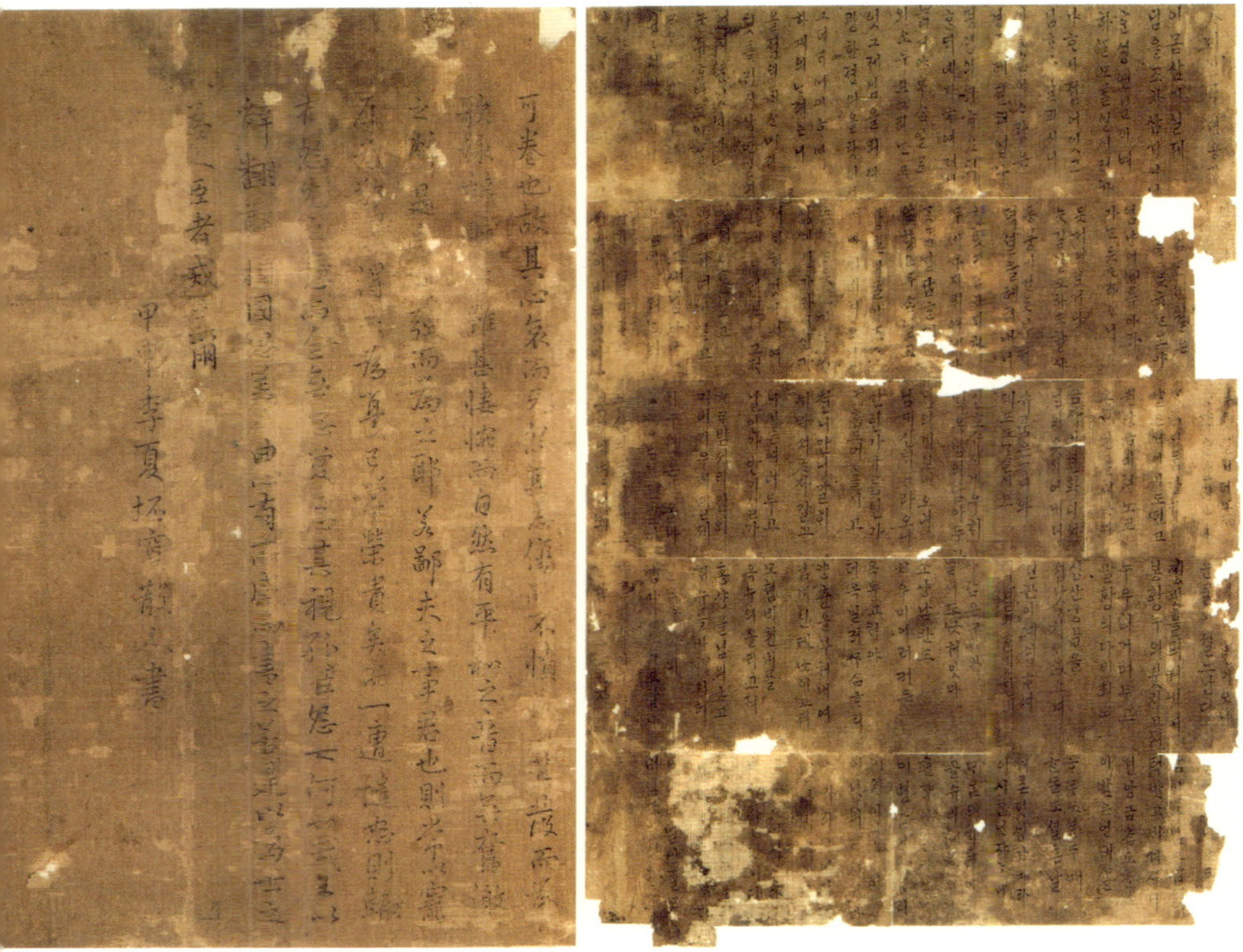

「思美人曲《サミインゴク》」。奎章閣韓国学研究院〔ソウル〕所蔵。鄭澈《チョンソン》の「思美人曲」と「続《ソク》美人曲」を絹に筆写した書。冒頭に19世紀の作品と推定される絵が収められている。金相肅《キムサンスク》〔朝鮮後期の文臣〕が訳した二編のハングル歌辞が1764年の年度表記とともに収められており、それに続いて「思美人曲」と「続美人曲」が筆写されている。最後の部分には成大中《ソンデジュン》〔1763年通信使で日本にも来日した朝鮮後期の文臣〕の跋文がある。ハングルの歌が漢文へと反対に翻訳され広まった事例である。

このような状況になると、女性たちは漢文が理解できてもハングルを使わねばならず、漢文で書かれた書籍を読もうと思ってもハングルで書かれた書籍を読まなければならないという言語的差別を受けねばならなかった。これと関連して、最近紹介された〔第二十三代〕純祖《スンジョ》の妃純元《スヌォン》王后のハングル伝教が異彩を放っている。ハングル〔漢字音

のハングル表記〕で「죵《ジョン》고《ゴ》후《フ》비《ビ》지《ジ》님《ニム》 됴《ディヨ》뎡《ディヨン》 내《ネ》유《ユ》국《グク》지《チ》대《テ》불《ブル》행《ヘン》야《ヤ》라《ラ》 미《ミ》망《マン》인《イン》이《イ》이《ィ》만《マン》만《マン》불《ブル》행《ヘン》지《ジ》인《イン》 쳐《チョ》만《マン》만《マン》불《ブル》행《ヘン》디《ディ》하《ハ》여《ヨ》 거《コ》연《ヨン》위《ウィ》칠《チル》 년《ニョン》 지《ジ》구《グ》의《ウィ》라《ラ》」〔従古后妃之任朝廷、乃有国之大不幸也、未亡人而萬萬不幸之人、処萬萬不幸之地、居然為七年之久矣〕❹と記されており、その意は「昔から、大妃や王妃が朝廷で政治に関わるのは国家の大きな不幸である。私が非常に不幸な人として不幸な境遇に置かれてから、いつの間にか七年にもなる」というものである❺。これは、漢文のハングル翻訳というより、漢文の原文〔漢文の音をそのままハングル表記した文章〕にハングルで口訣《クギョル》〔韓国での漢文読解で使われる送り仮名の形式〕を付けて記したものに過ぎない。朝鮮時代初期にハングルの伝教が下された頃は口語に近い文章であったのだろうが、朝鮮時代後期にハングル伝教が慣例化され公式的な

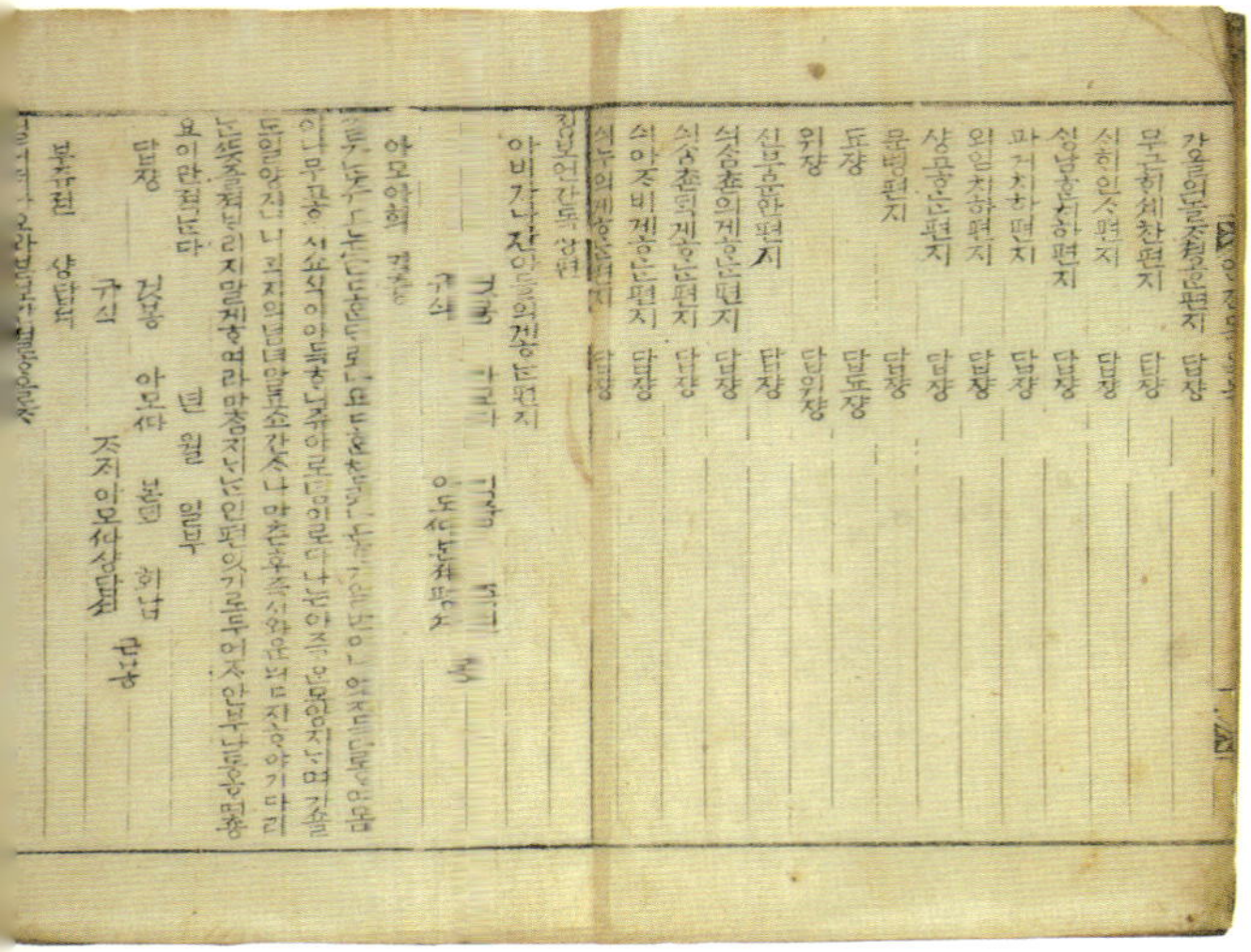

『増補諺簡牘《ジュンポオンガンドク》』。作者未詳、朝鮮時代末期。ソウル歴史博物館所蔵。諺簡牘とはハングル書簡の書式の一種で、士大夫の女性や一般庶民が手紙を書く時に参考にする模範例のようなものである。外出も思い通りにならず、実家と嫁ぎ先の気楽な往来も難しかった女性たちは、手紙を通じて家族の様子を確かめ、一族の年長者にあいさつすることができた。そのため、ハングルを読み書きし、ハングルの手紙の書式を身につけることは、裁縫や料理とともに女性たちが具えるべき徳目のひとつであった。

機能を果たす頃には、ハングルで表記されていたとしても、漢文で書いたものと変わりない体裁〔上記のような漢字音のハングル表記〕をとるようになっていたようである。

こうした伝統の中、女性を対象とした書籍はハングルのみで記されるようになった。ハングルで書かれたテキストであってこそ、女性たちは公に接することができたのである。朝鮮時代後期に、王室女性の教化や教養と関連して多くのハングル翻訳書が登場したのはこのためである。たとえば『詩経』を抜粋してハングル翻訳し女性に読ませたりしたが、これは女性を教化したり彼女たちの教養を高めるためのものと見られる。同じ『詩経』といえど、男性を読者としたものと女性を読者としたものは、その体裁から異なっている。男性のための書籍は、原文〔の漢字〕一文字ごとにその下にハングルで漢字の音を記し、口訣が付けられ、さらに逐次訳が記されていた。しかし、女性を読者とした書籍はハングルのみで書かれていた。十九世紀ごろ『詩経』を抜粋・翻訳した『国風』という書籍も同様であった。ここで選ばれている『詩経』の作品は、王室女性がすべき務めを中心としたもので、この書籍の主な読者が女性であったと推測される。『国風』はたとえば「관《クアン》 관《クアン》 져구여《ジョグヨ》 재하지쥐로다《ジェハジジュイロダ》 뇨됴숙네《ニョデヨスンネ》군자호구로다《クンジャホグロダ》」❻（「鳴

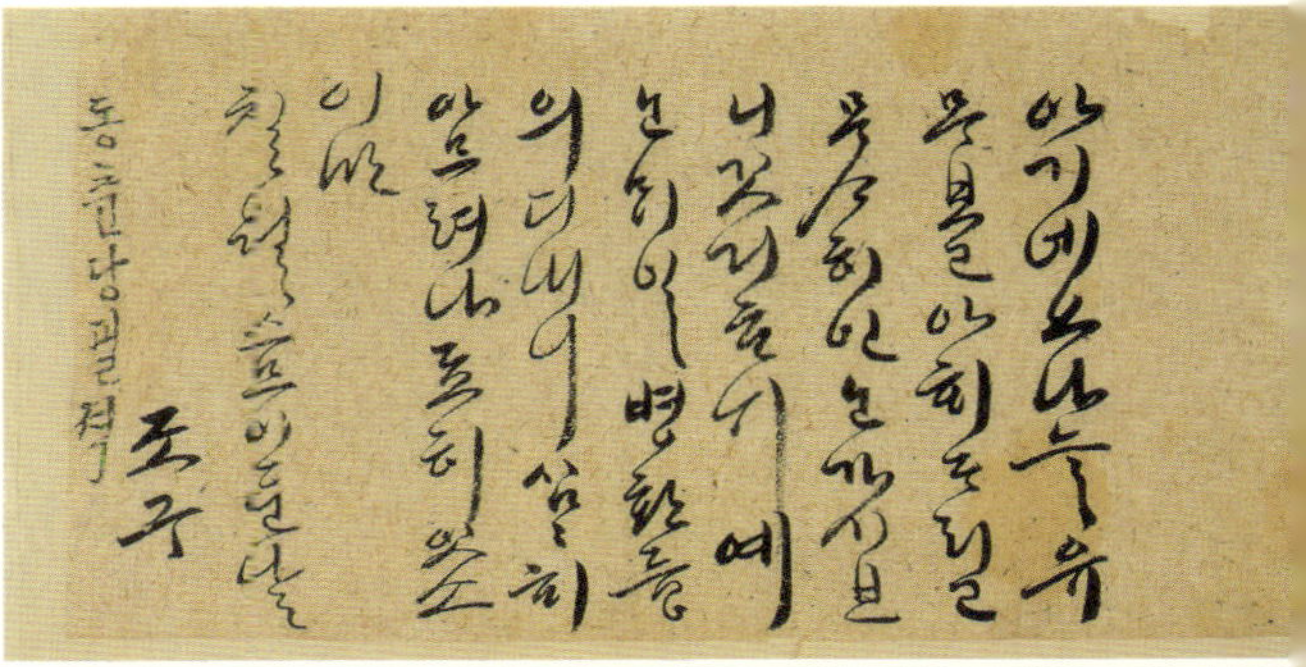

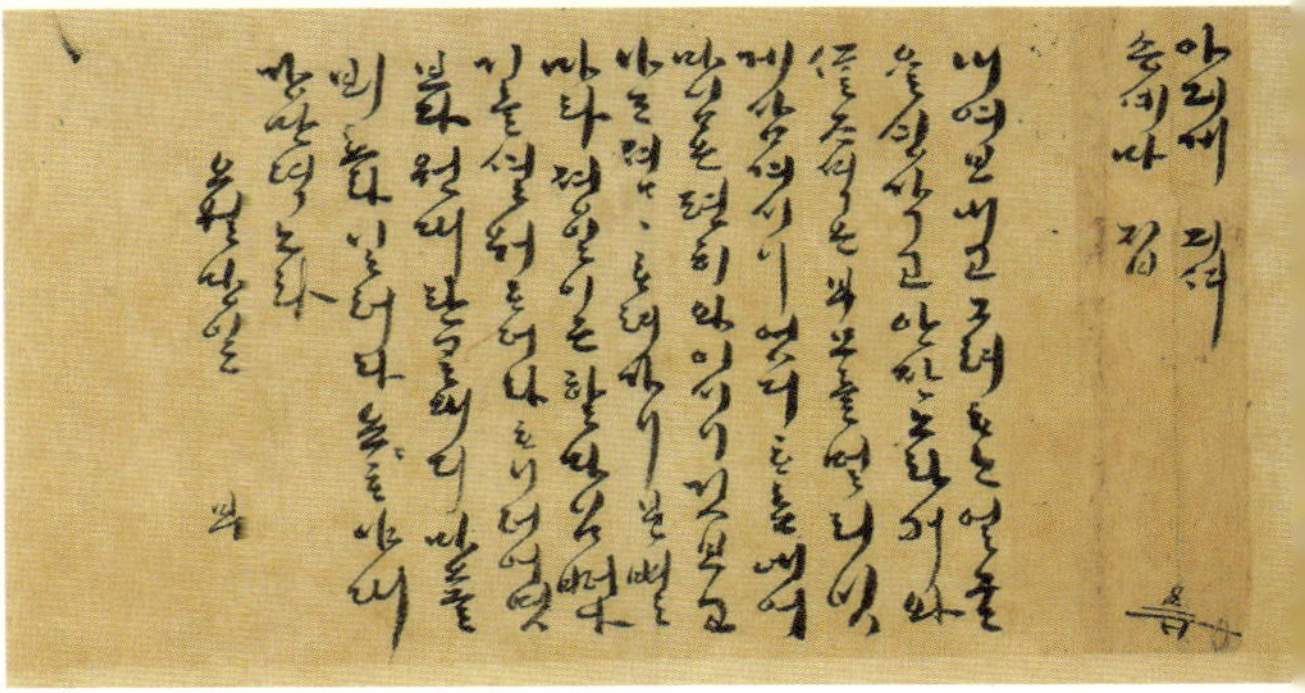

（写真上）宋浚吉《ソンジュンギル》のハングル書簡。宋浚吉筆。17世紀。紙本墨書。35.1×25.3cm。大田《テジョン》ソンビ博物館〔韓国、大田市〕所蔵。17世紀の学者宋浚吉（1606～72）が孫の嫁安定《アンジョン》羅《ナ》氏に送った近況を問う手紙

（写真下）鄭経世《チョンギョンセ》のハングル書簡。鄭経世筆。1630年頃。紙本墨書。21.9×41.5cm。大田ソンビ博物館所蔵。朝鮮中期の文臣で性理学者でもあった愚伏《ウボク》鄭経世（1563～1633）がハングルで書いたもので、宋浚吉に嫁いだ末娘に送った近況を問う手紙。その中には嫁に出した娘を懐かしく思う父親の切ない心情がよく表れている。嫁いでいった娘を「アギ」〔娘への愛称〕と呼んでいるのが興味深く、また愛情を感じる。

く水鳥は水辺におり、行い正しき女性は君子の良き対《つい》である」という意味）のように、口訣をつけ、原文の音をハングルで記してあるのみで、漢字はまったく使われていない。さらに注目されるのは、原文〔オリジナルの漢文〕をハングルで翻訳していないという点である。朱子の『詩集伝』〔『詩経』の解釈・解説書〕に出てくる注釈の中から、詩の理解に必要な基本的ことがらを選び出して翻訳してあるだけである。こうした体裁は、女性たちが『詩経』の原文をハングル〔漢文音のハングル表記〕で一度読み、注釈を通じて女性の美徳を学べという意味として理解できる。作品自体の意味は重要ではなかったと考えられる。

『詩経』を翻訳した書籍は女性の教化のために広く読ませるためのものであったが、それに加えて、特に歴代王室の人物の優れた品行を教えるための書籍も何度も翻訳された。朝鮮時代前期から王室女性と関わりがある行事に必要な文章がハングルで翻訳された。そ

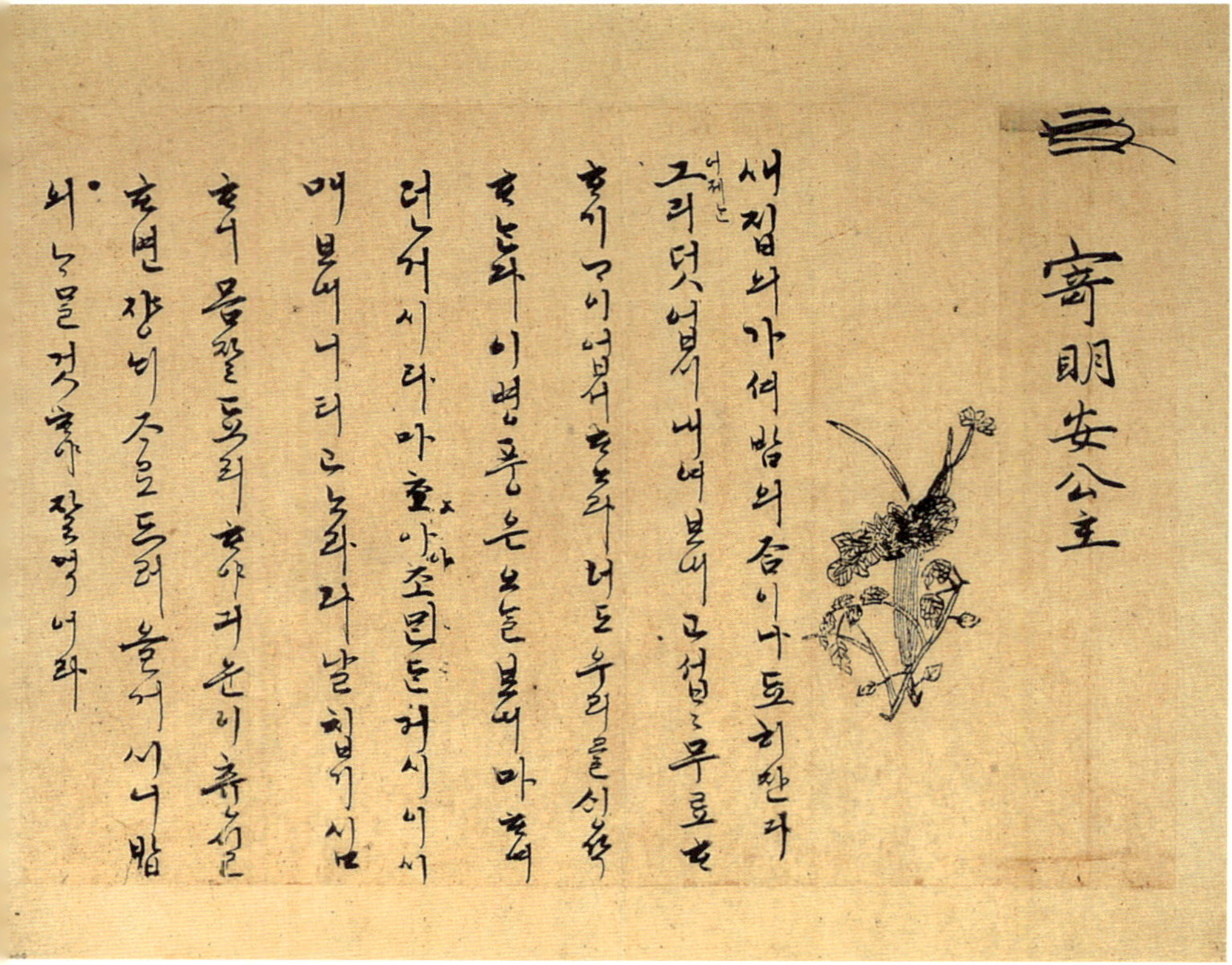

顕宗簡札。顕宗筆。17 世紀。33.5 × 28.1cm。烏竹軒市立博物館（江陵市、韓国）所蔵。

ればかりでなく、このような伝統を受け継いで、朝鮮時代の国王・王妃の碑文や伝記を集めた『列聖誌状通《ヨルソンジジャントン》紀《ギ》』のハングル本が十八世紀前半に登場して以来、『列聖后妃誌文《ヨルソンフビジムン》』など類似した書籍が相次いで翻訳された。特に『列聖誌状通紀』には、国王や王妃の伝記、碑文、祭文、漢詩など様々な文章が収録されている。漢詩だけは原文の音をハングルで表記してあるが、そのほかの〔文章の〕様式は全て翻訳文のみ収められている。この書籍を翻訳したのは王室女性に歴代国王や王妃の品行の足跡を知らしめるためであったが、これを通じて、王室の女性が漢詩や祭文、楽章などの漢文学作品もハングルで楽しむようになったという事実もまた注目に値する。

　王室を中心として、女性たちの教

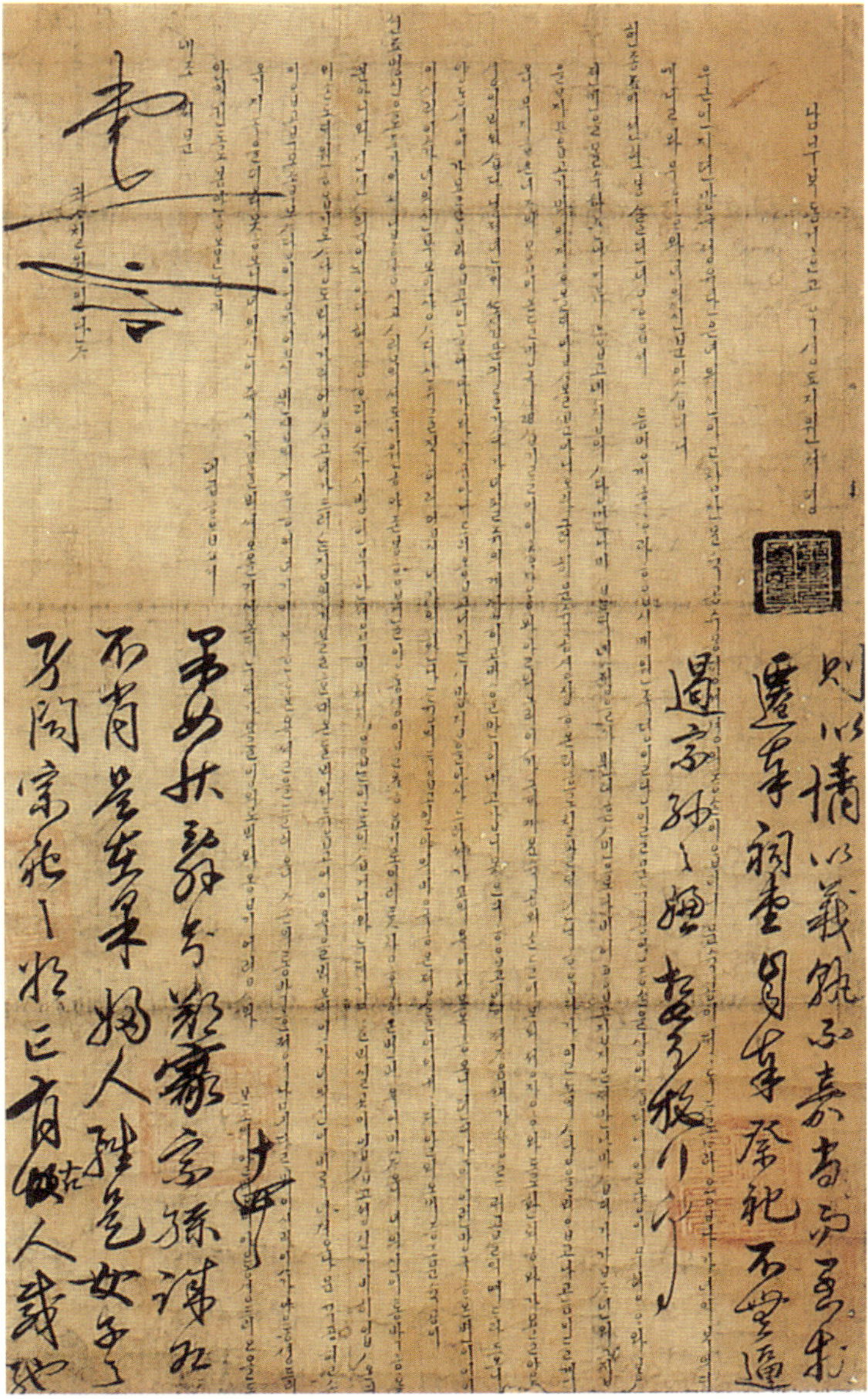

鄭《チョン》氏夫人のハングル上疏。1687年。83×57.5cm。韓国国立中央博物館所蔵。

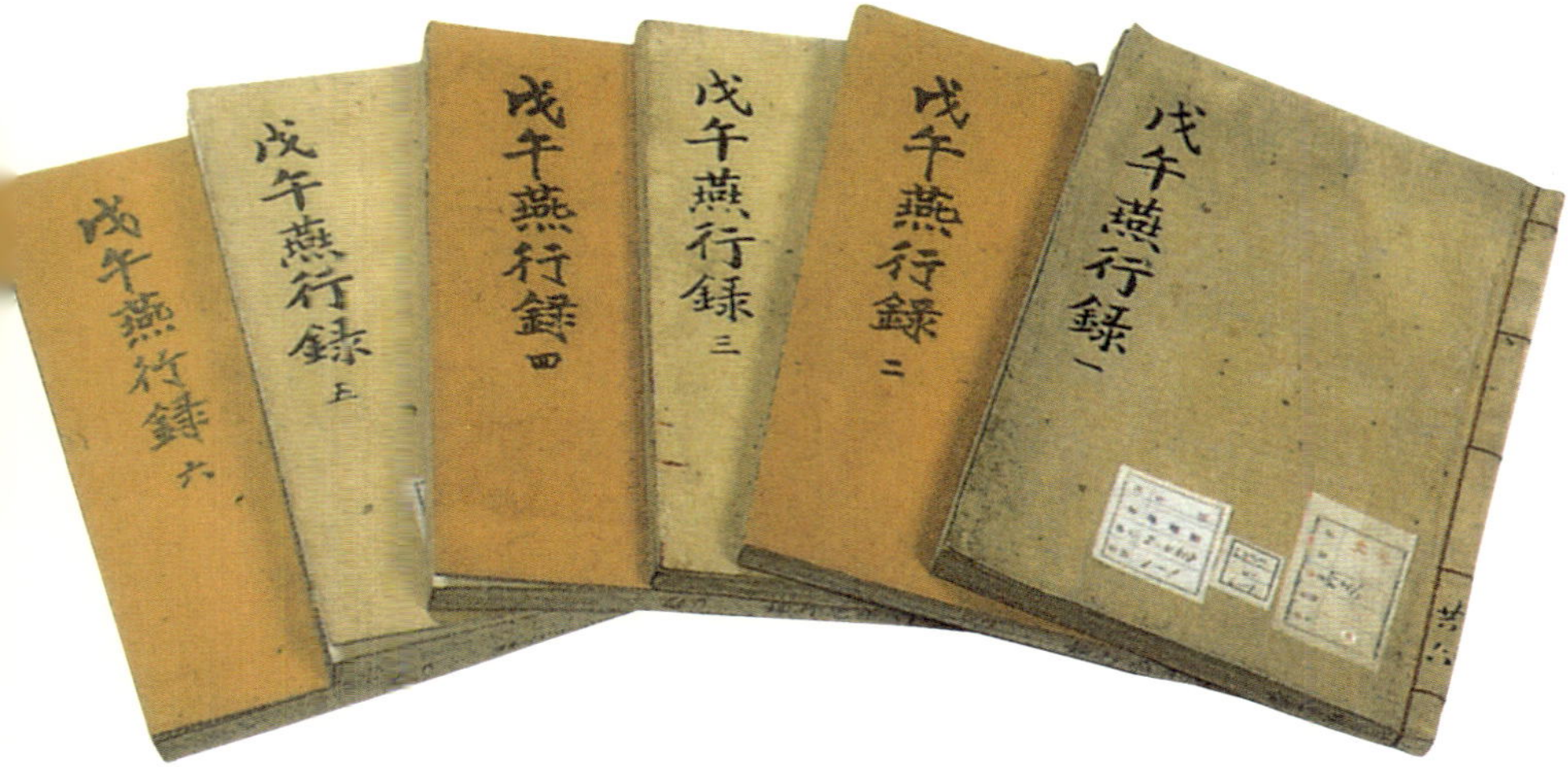

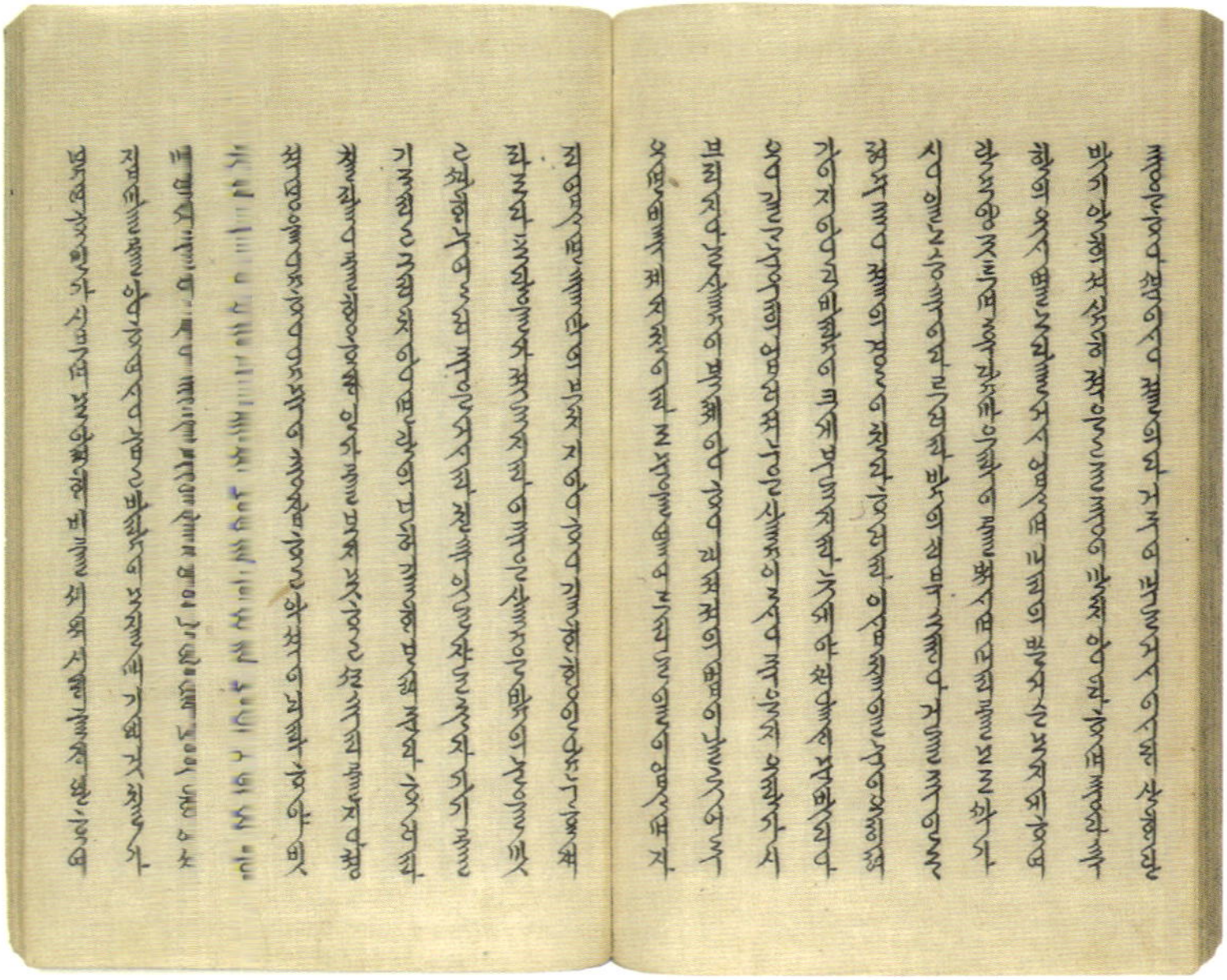

『戊午燕行録』。徐有聞著。朝鮮時代後期。韓国学中央研究院蔵書閣〔韓国〕所蔵。朝鮮時代後期の文臣徐有聞が記した燕行録をハングルに翻訳し筆写した旅行記。徐有聞は1798年（正祖22）10月に三節年貢兼謝恩使の書状官として北京に派遣され、翌年の4月に帰国した。この書籍は徐有聞の160日あまりの北京旅程をハングルで記した日記形式の文であるが、漢文本は現存していない。

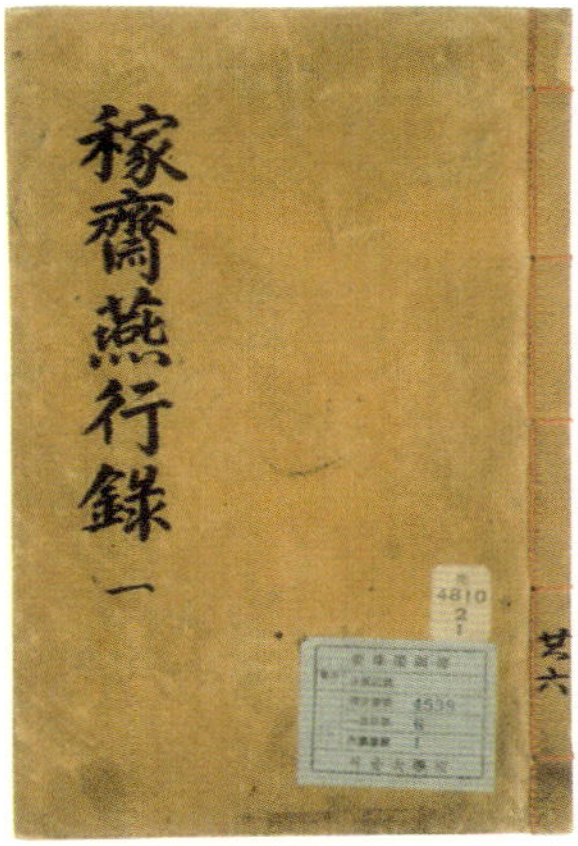

稼齋燕行錄 一

稼齋燕錄 全

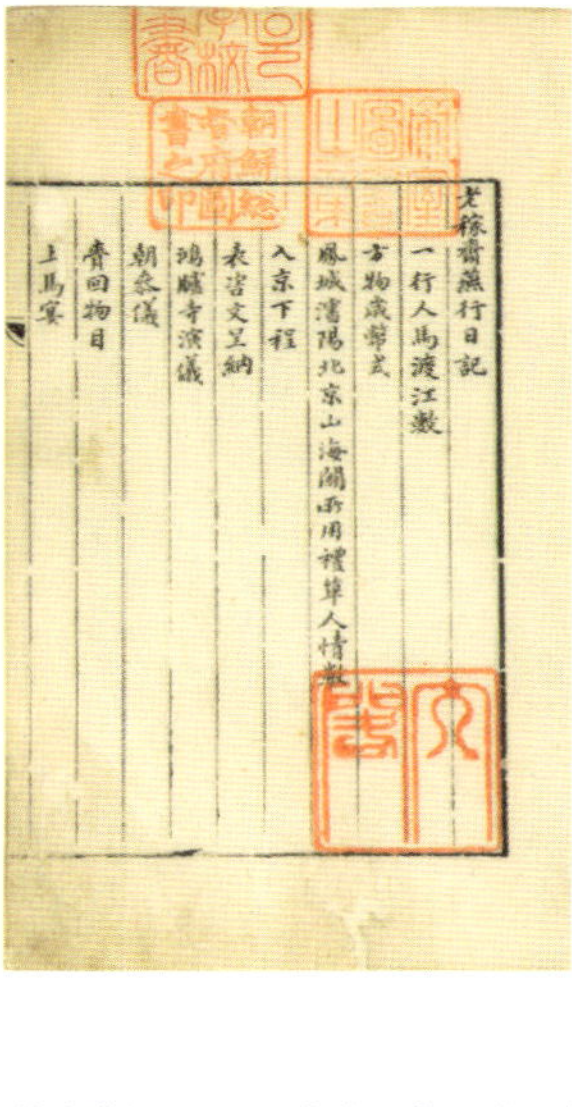

老稼齋燕行日記

一行人馬渡江數

方物歲幣式

鳳城瀋陽北京山海關所用禮單人情數

入京下程

表咨文呈納

鴻臚寺演儀

朝參儀

賞回物目

上馬宴

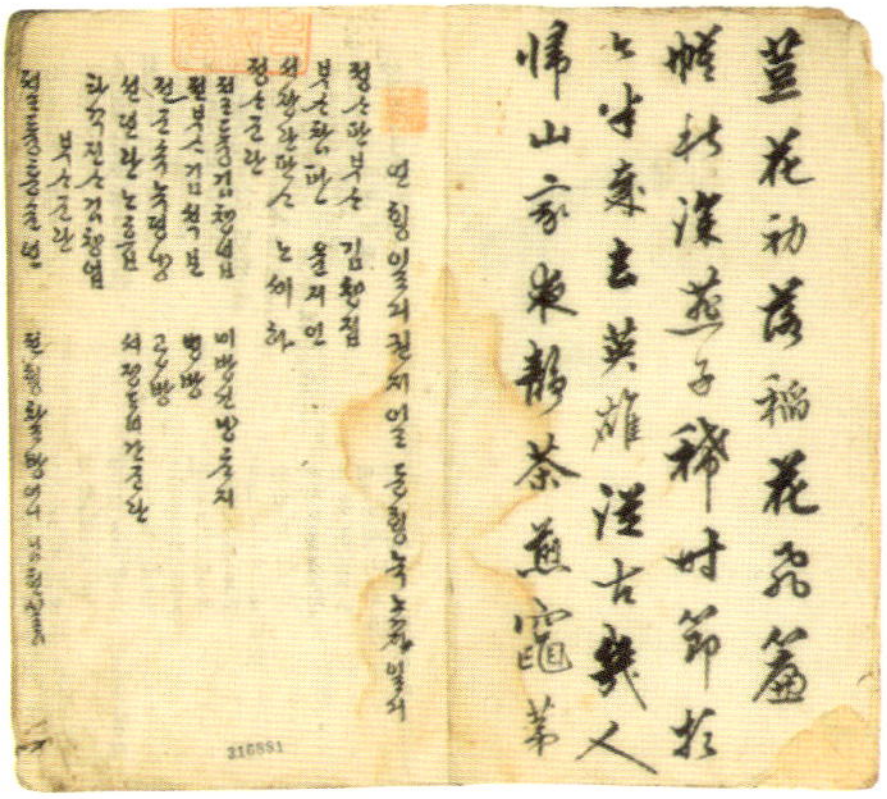

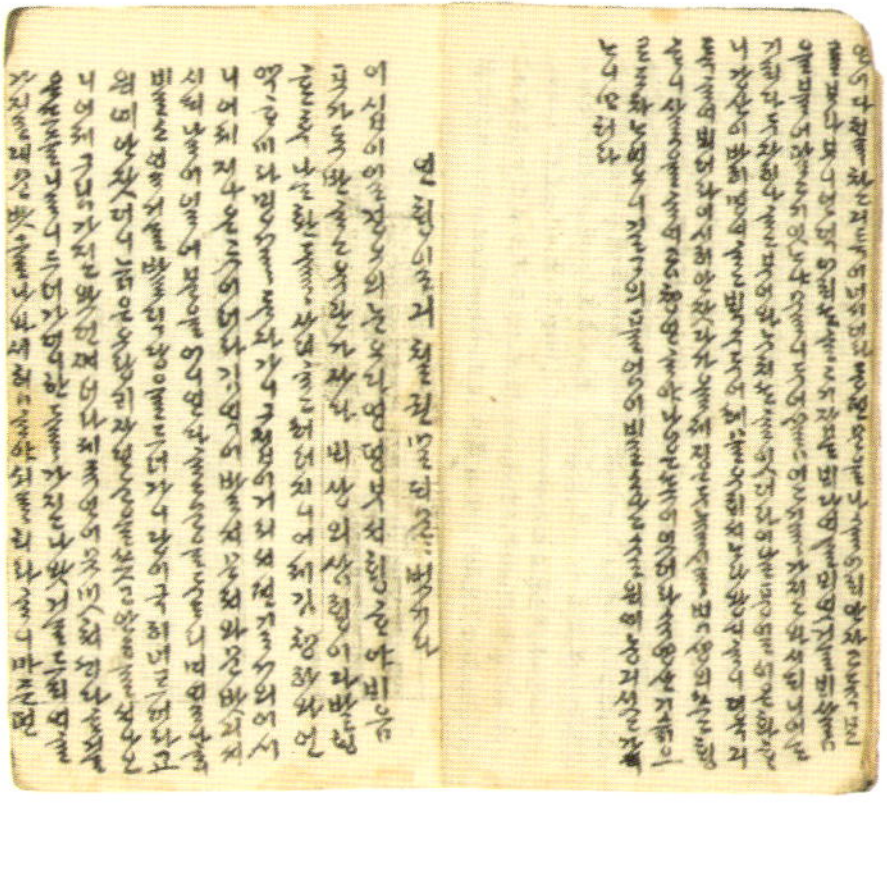

『老稼齋燕行日記』。奎章閣韓国学研究院〔韓国〕所蔵。1712年に金昌業が中国の使臣一行に従って北京に行き、翌年帰国して書いた燕行日記。9巻6冊の漢文本が奎章閣に伝えられており、一部をハングルで訳した国文本〔ハングル本〕が別途に伝えられているほど広く読まれた。表紙は「稼齋燕行録」となっている。ハングル本は93章からなっている。

養のために数多くの書籍がハングルのみで翻訳された。五十冊を越える『朝野会通《チョヤフェトン》』[7]『野奇聞《ヤギムン》』[8]『野簽載《ヤチョムジェ》』[9]、七十冊を越える『正史紀覧《チョンサギラム》』[10]などがハングルのみで翻訳され伝えられたが、『正史紀覧』を翻訳した尹用求《ユンヨング》の序文によれば、〔第二十六代国王であり大韓帝国初代皇帝の〕高宗《コジョン》が宮中の大妃や王妃、後宮の女性への歴史教育のために翻訳させたものだということがわかる。さらには、単に教育用だけではなく、十九世紀以後の王室の女性が政事に関わることが増え、そのための広範囲な〔内容を持つ〕書物が求められたのであろうとも推測できる。

中国の旅行記であるハングル版の燕行録《ヨネンノク》〔朝鮮時代の中国紀行録の総称〕が宮中に入ってきたのも、王室女性の見聞を広めることが目的であったようだ。たとえば、金昌業《キムチャンオプ》[11]の『老稼齋燕行録《ノガジュヨネンノク》』や洪大容《ホンデヨン》[12]の『乙丙《ウルビョン》燕行録』、徐有聞《ソユムン》[13]〔一七六二～一八二二〕の『戊午《ムオ》燕行録』、洪淳学《ホンスンハク》[14]の『燕行録』、そのほかに『漂海録《ピョヘロク》』[15]なども王室の図書目録『大畜《テチュク》観書目《クァンソモク》』に見られることからして、王室の女性たちがこれらのハングル本を通じて海外の見聞をも広めていたことが推測される。もちろん、こうした書籍もまた、ほとんどの記事は漢文の原文はなくハングルで記されているが、漢詩についてはハングルで口訣を付けて読む体裁そのままにしたがっており、場合によっては漢詩の原文をハングルでの音表記といっしょに示しているものもある。特に洪大容がハングルで記した『乙丙燕行録』には、朝鮮や中国の文人の漢詩がかなりの数で翻訳されている。『乙丙燕行録』は洪大容が母親のために書いたものだという説を考え合わせてみると、朝鮮時代後期の女性たちの読書趣向の中で、漢詩が占める比重が非常に大きかったことがわかり、また、漢詩をハングルによる音表記の原文と翻訳文で楽しむという伝統も確認することができるのである。

ハングルで楽しむ漢詩

女性の「公式な文字」としての地位を固めたハングルを通じて、朝鮮王室の女性たちは漢文資料を広範囲に読みあさった。こうした環境の中で、朝鮮時代後期には両班家の女性のための翻訳が盛んになっていったが、これらもまた徹底してハングルのみで行われた。特に家門意識の成長とともに、女性たちにも祖先の優れた行いを教えようと、家乗〔一門の血統的な由来を直系の祖先を中心に記した記録〕や実記類〔個人の行跡の記録〕を広く翻訳し普及させた。さらに注目されるのは、女性の文集がハングルで翻訳され読まれるようになった点である。浩然斎金氏《ホヨンジェキム》の『浩然斎遺稿』〔本書第一部三章を参照〕、意幽堂南氏《ウィユダンナム》[16]の『意幽堂遺稿』、作者未詳の『綺閣閒筆《キガクハンピル》』などが今日まで伝えられており、憑虚閣李氏《ホビンカクイ》〔本書第一部三章を参照〕の『憑虚閣全書』にもハングルで翻訳された漢詩が百首以上載せられている。

こうした詩集は、ハングルでのみ記されている。漢詩の原文でさえ漢字音のハングル表記だけで書かれており、難しい単語のみハングルで注釈が付けられることもあった。これらが女性が漢詩を楽しむ基本的な文字生活であった。奎章閣に所蔵されている『翼宗簡帖《イクチョンカンチョプ》』にも、孝明世子《ヒョミョン》[17]とその妹が交わしたハングルの手紙と漢詩が収録されており、女性の文字生活がよく表されている。明温公主《ミョンオンコンジュ》〔孝明世子の妹〕は、まず「昼食を召し上がり、お元気でいらっしゃいますでしょうか。この文は私が書いたものなのでご覧いただき、いかがなものかお読みいただきたく存じます」と記してから、「구슈《クシュ》 상야당《サンヤデャン》、독대옥 촉명《トクテオンチョクミョン》、져두요상《チョドゥヨサン》

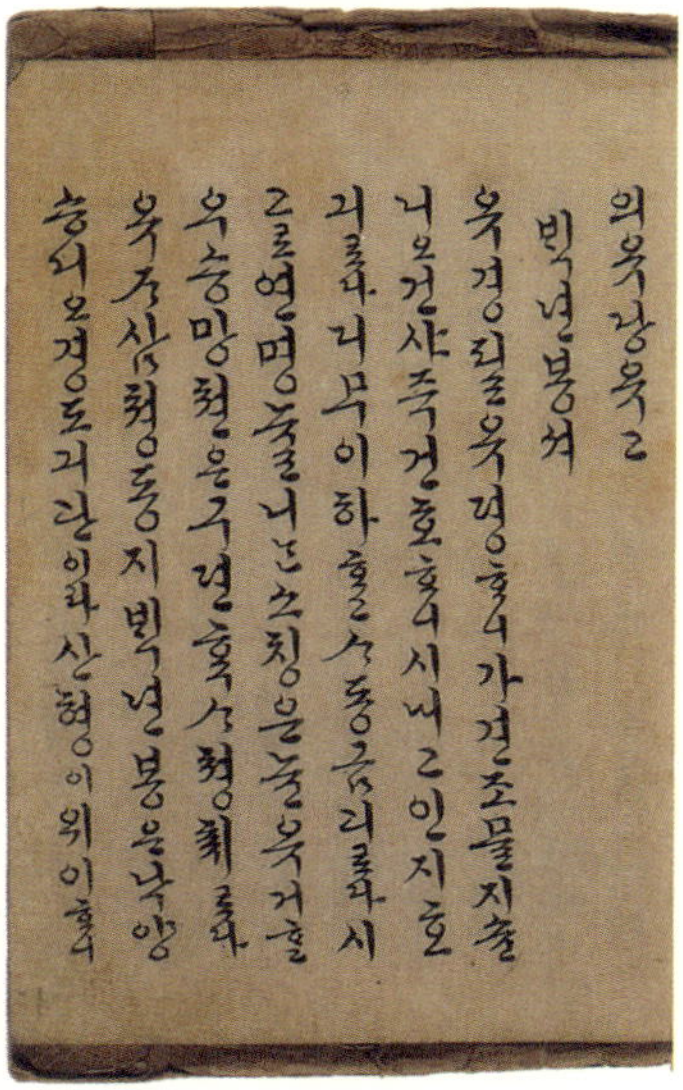

『意幽堂遺稿』。宜寧南氏〔意幽堂南氏〕著。1843年。リュ・タギル所蔵。石台という人物によるハングル筆写本。宜寧南氏の詩文集で、「白蓮峯序」「春景」「寄於幼孫」などの漢文3篇、漢詩17首、ハングル文3篇が収められている。宜寧南氏は正祖の后だった孝懿《ヒョウイ》王后の母方のおばにあたり、「意幽堂関北遊覧日記」などの作品も残した。

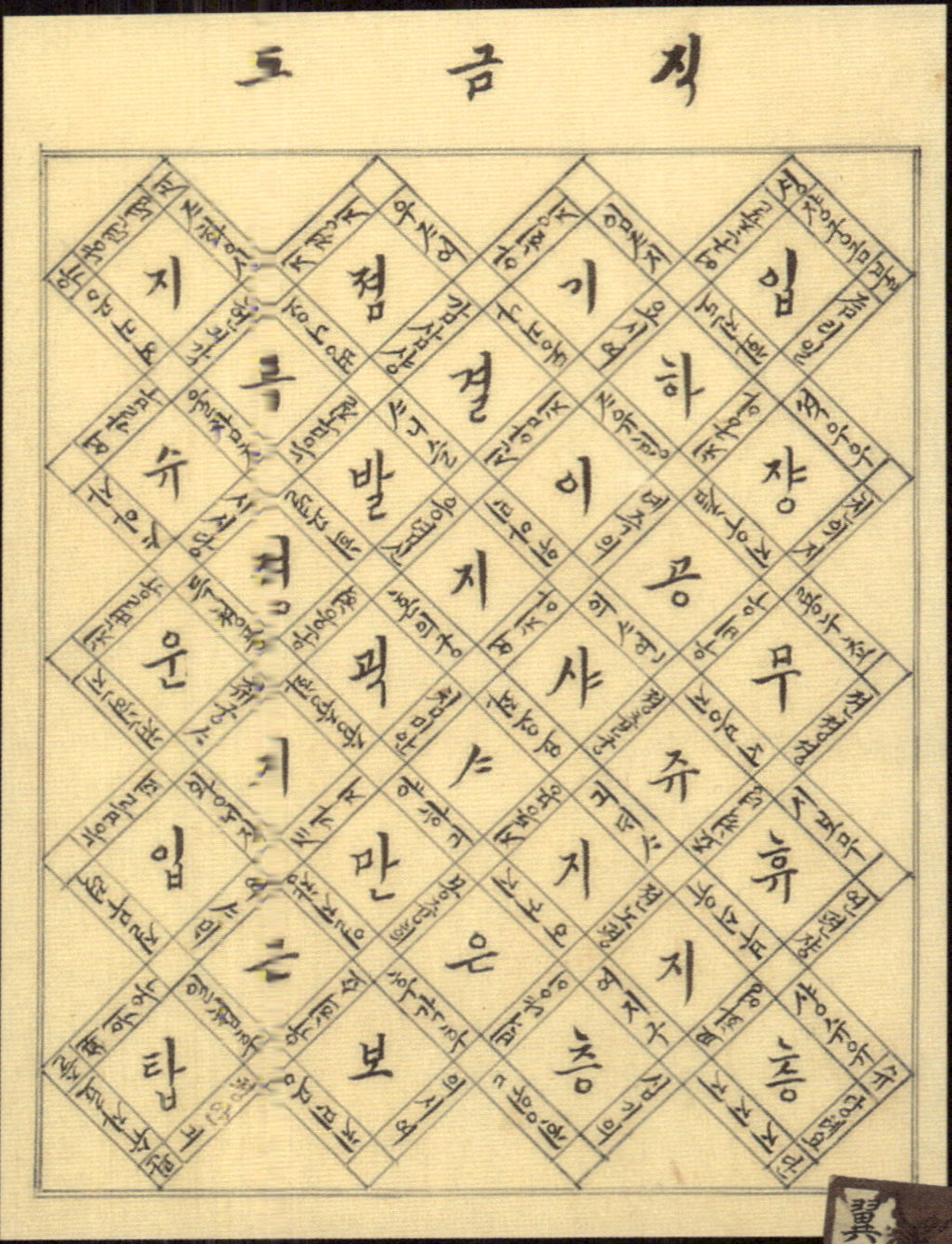

『翼宗簡帖』（2貼）。奎章閣韓国学研究院〔韓国〕所蔵。翼宗に追贈された孝明世子が妹の明温公主らに送った詩文と、それをハングルに訳した書籍。19世紀に筆写されたものと考えられる。ハングルで書かれた「織錦図」は、妹に見せるために図形に描いた詩をハングルで書き送ったものである。

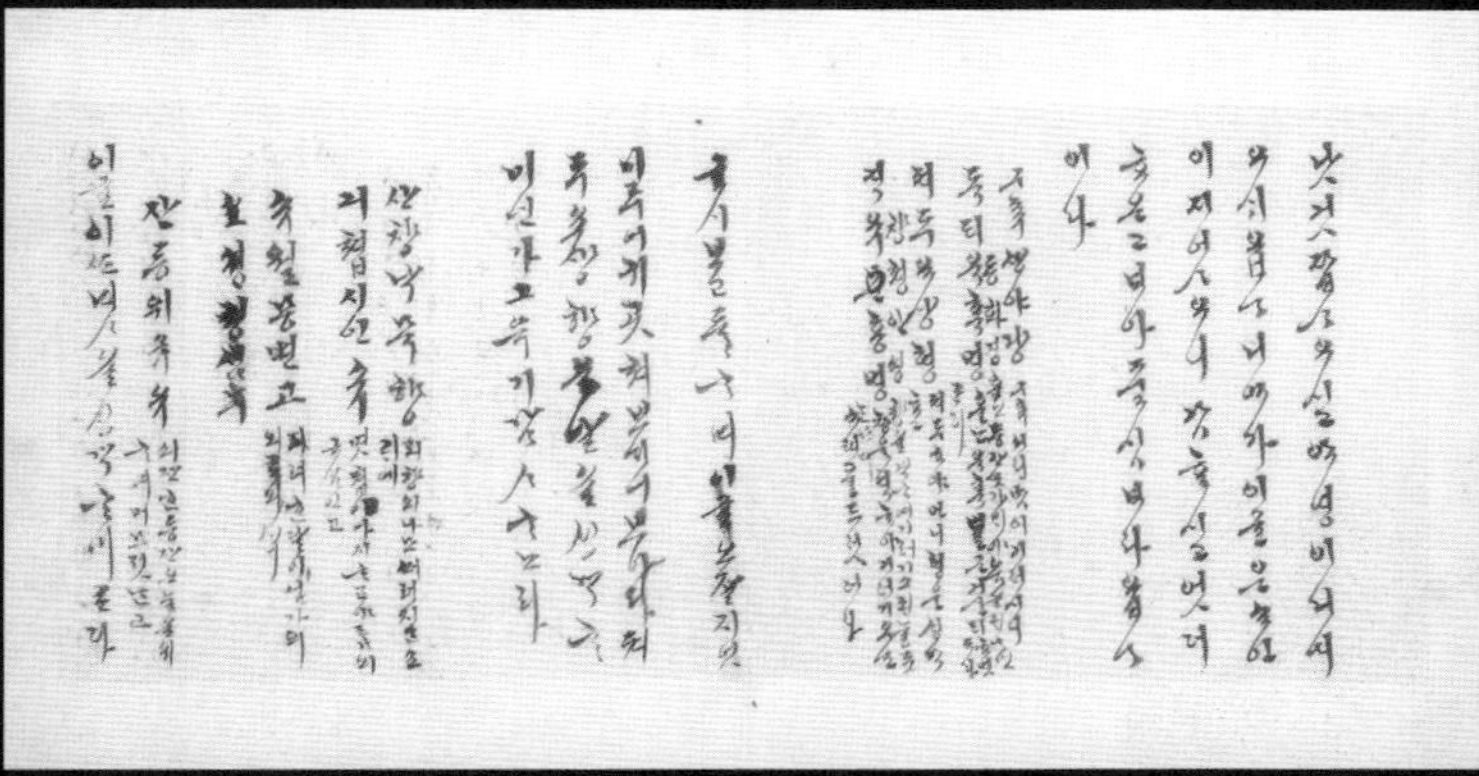

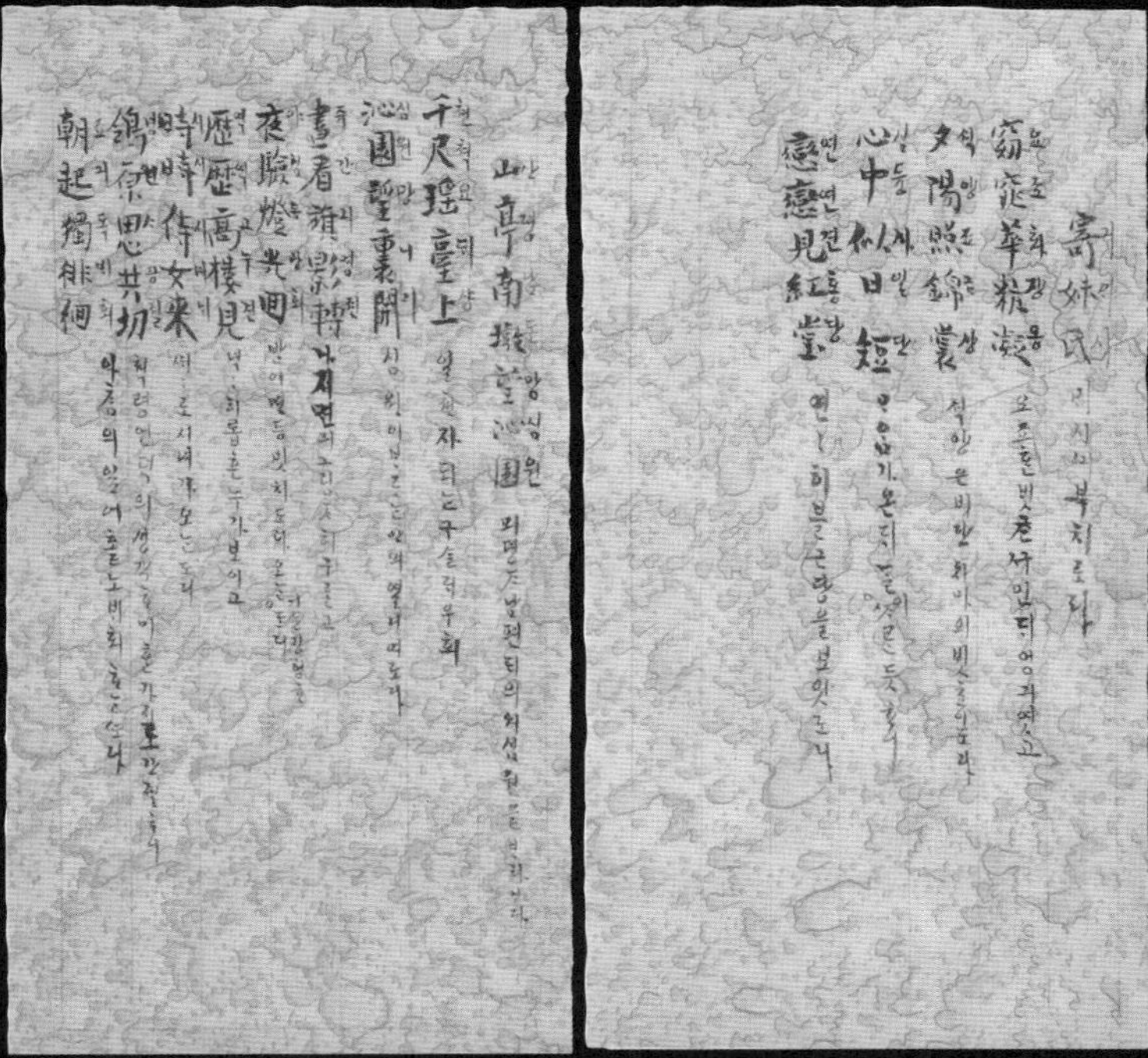

〔写真上〕妹が翼宗〔孝明世子〕に送った手紙と詩、そしてこれに対する翼宗の返事と詩を後に新たに書き写したもの。妹に送った手紙と漢詩はハングルのみで書かれているが、女性と関連した典型的な文字生活史の断面を教えてくれる。
〔写真下〕翼宗が妹に漢詩を送り、ハングルで音とその意味を解いたもの。

형《ヒョン》、격 유문홍명《キョク ユ ムンホンミョン》」〔九秋霜夜長、独対燭明、低頭遙想兄、隔牖聞鴻鳴〕と書き、その次にさらに「深秋の霜が下りる夜は長く、ひとり明るい蝋燭に向かう。頭を垂れて遠く兄を思い、窓の向こうに雁の鳴き声を聞く」と翻訳した。

この手紙を受け取った孝明世子は感謝の意を示した後、「산창낙목향《シンチャンナクモクヒャン》、귀첩 시인슈《クィチョプ シインシュ》、슈월몽변고《シュウォルモンビョンゴ》、잔등위《チャンドウンウィ》슈유《シュユ》」〔山窓落木響、幾畳詩人愁、痩月夢辺孤、残灯為誰留〕と記して、やはりハングルで漢詩を書いてから「山家の窓に落葉の音がなる。それはどれほど詩人の愁いを深めようか。青白い月は枕元に寂しく浮かび、明滅する蝋燭を誰のために灯しておこうか」という翻訳文を載せた。まずハングルで原文の音を記し、続いて翻訳するという形式に従っている。この点から、男性であっても、女性とともに漢詩を楽しむ時は漢文よりもハングルを優先したことがわかる。

だが、ハングルで翻訳されたこれら女性の詩集には、原文が誤って書き写されたり、漢字音のハングル表記が間違っている場合が非常にたくさん見つかっている。こうした点から考えてみると、ハングルで書かれた文集を読む人々は漢文の原文そのものに強い関心はなく、ただ漢詩を韓国語の発音で一度読み、次にその訳を読むやり方で楽しんでいた可能性が高い。詩の意味を中心に楽しむのなら、オリジナルの詩の漢字音が部分的に誤っていたり、句の順序を書き間違えたといったことは問題にならなかったからである。

こうした漢詩の新しい楽しみ方は、ハングル小説にも拡大していった。『明行貞義録《ミョンヘンチョンウィロク》』[18]や『三綱明行録《サムガンミョンヘンロク》』[19]など上流階級の女性を対象とした小説には、数多くの漢詩がハングルによる音表記のみで書かれた原文とその翻訳文という形で挿入され、女性たちに楽しまれた。『明行貞義録』には、登場人物が家族とともに詩会を開き、そこで作られたものという形で、十七世紀に広く読まれた『明詩録』や『山道肆考』などの中国書籍にある漢詩が数編含まれている。こうした状況は、上流階級の女性たちが読む長編小説だけでなく、パンソリ系の小説[20]など一般大衆を対象とした通俗小説にまで及んだ。小説を読み、その中に挿入された漢詩をハングルで読む楽しみが、新たな小説文化のひとつの姿として現れたのである。小説に挿入された漢詩の原文と翻訳文を書き写すなかでかなりの誤字・脱字があったことから、ハングル小説の読者は文章としてではなく〔音としての〕言葉で漢詩を楽しんでいたといえよう。

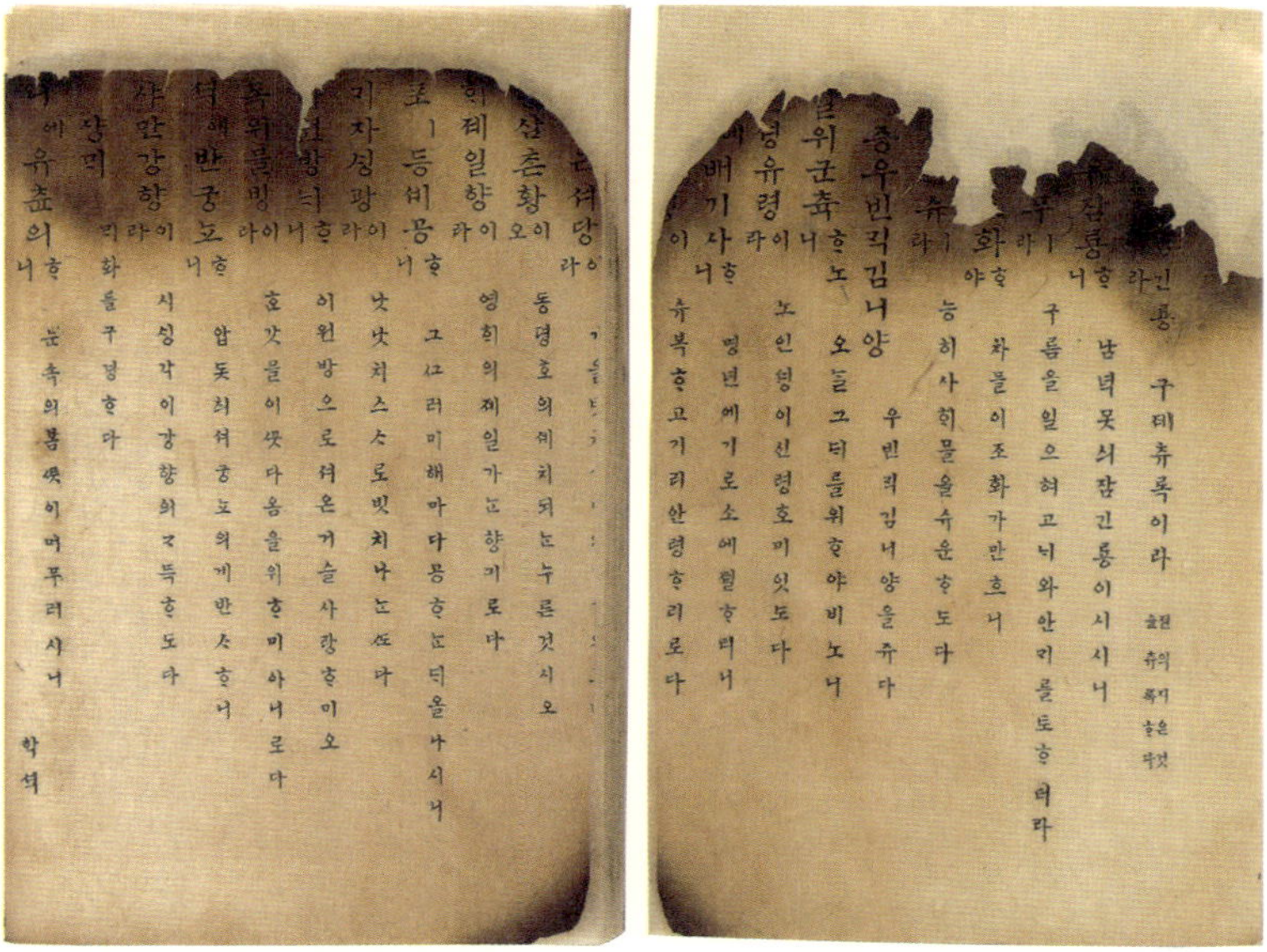

『鶴石集《ハクソクチプ》』（ハングル本）。孝明世子著。1冊。韓国学中央研究院蔵書閣〔韓国〕所蔵。『鶴石集』ハングル本は、文才豊かな孝明世子が自らの詩集を妹のために直接翻訳したものと考えられている。ハングルで書かれた文集という点に大きな意義があり、19世紀前半の翻訳のありさまが窺える資料である。

李滉〔本書第一部二章の訳注❶を参照〕が編纂したと伝えられる『閨中要覧』には、女性は本を読んで歴代国家の名前や祖先の名を知るくらいでとどめなければならず、すばらしい文字を書くとか美しい詩を書くといったことは妓生がすることであり、両班の家の女性が行うことではないと記されている。女性が漢文で文学活動を行うということは、社会的に許されなかった。『内訓』にも、程伊川〔程頤〕の母親は文字を好んだが文章を作ることはなく、すでに作ったり書いたりした文章でさえ他人に送ることを最も穢れたことと考えていたという逸話が記されており、女性の文学活動を否定的に規定していた。良妻賢母の典型として形象化されるような女性の墓誌〔死者の生前の事跡を石板に刻んだ文〕の中にも、若い頃に文字を学んだが嫁いでからは筆を手にとらなかったことを美談として記録したものがあるほどである。このように女性が文学をすることへの非難を避けようとした結果、ハングルを用いて活動するというおかしな現象が繰り広げられたのである。李縕《イオン》という武班〔武臣〕の妻は漢文が読めなかったが、金履坤《キムイゴン》[21]の曽祖父に師事しそのもとで詩を学んだ。その曽祖父が亡くなってからは、〔何か書けといわれて〕すぐには書くことはできなくとも、口からは詩がすらすらと出てきたという逸話が伝えられている。つまりこの女性は、ハングルで詩を諳んじていたため、文字でなく言葉で自然に漢詩を作ることができるレベルにまで達していたのである。

漢詩を利用した女性の遊び

朝鮮時代後期に漢詩が大衆的なジャンルとなるにつれ、漢詩の詩作に加わる女性が増えていった。すでに朝鮮時代前期には黄真伊《ファンジニ》〔本書第一部五章参照〕、許蘭雪軒《ホナンソルホン》〔第一部一章および三章〕、李玉峯《イオクボン》〔第二部十二章〕、李梅窓《イメチャン》〔第一部五章および第二部十二章〕など一部の士族の夫人や妾、妓生などによって女性作家の脈が絶えることなく保たれてきた。そして朝鮮時代後期には、さらに多くの女性が漢詩を書き楽しむようになった。いくつかの資料に数編の詩が伝えられている女性作家のほかに、金浩然斎《キムホヨンジェ》〔浩然斎金氏、第一部一章および三章〕・徐令寿閤《ソヨンスハプ》〔令寿閤徐氏、第一部一章〕・金《キム》清閑堂《チョンハンダン》[22]〔清閑堂金氏〕・任允摯堂〔允摯堂任氏、第一部一章〕・姜静一堂〔静一堂姜氏、第一部一章〕・洪幽閑堂〔洪原周〕[23]・申山暁閣《シンサンヒョカク》[24]・黄情静堂《ファンジョンジョンダン》〔情静堂黄氏〕[25]・金三宜堂《キムサムウィダン》〔三宜堂金氏、第一部一章〕・南貞一軒《ナムジョンイルホン》〔貞一軒南氏〕[26]・南意幽堂〔意幽堂南氏〕などは文集まで残した。十八世紀以後は士大夫の家の婦人ばかりでなく、平民や賤民出身の女性も漢詩を創作し楽しんだ事例が見出される。

小説は女性たちにとって重要な娯楽であったばかりでなく、漢詩そのものも女性の大切な遊び道具となっていた。朝鮮時代後期の女性たちが小説や漢詩を楽しむ姿は『閨房美談《キュバンミダム》』によく表れている。『閨房美談』はアメリカのカリフォルニア大学バークレー校に所蔵されている筆写本一冊のハングル小説である。中国の明の嘉靖年間に杭州の鍾《チョン》ペクヒという人物がピョンモ・ファン氏に仕えて暮らしていたが、十三歳の時に正夫人〔正室〕の南《ナム》氏と婚姻し、桂尚書《ケサンソ》の娘を第二夫人として迎えた。科挙に及第して玉堂の翰林[27]に登った後、墓参りをして母親に会うため故郷の杭州に帰った時、チョンジン橋で洛陽の妓生史紅蓮《サホンリョン》に会い、妾として迎えた。官位が尚書〔長官〕に登り、二人の妻と妾ひとりをつれて幸福に過ごしていた。その後、オム・スンが賢臣のヤン・ゲソンを殺そうとしたため鍾ペクヒが上疏〔王への文書上奏〕するが、これにより蘇州刺使〔蘇州の長官〕に左遷されてしまう。三年後、オム・スンが処断され、鍾ペクヒは戸部尚書〔財政を管理した戸部の長官〕に復帰し、四男二女を得て富貴と栄華を享受するという単純なストーリーとなっ

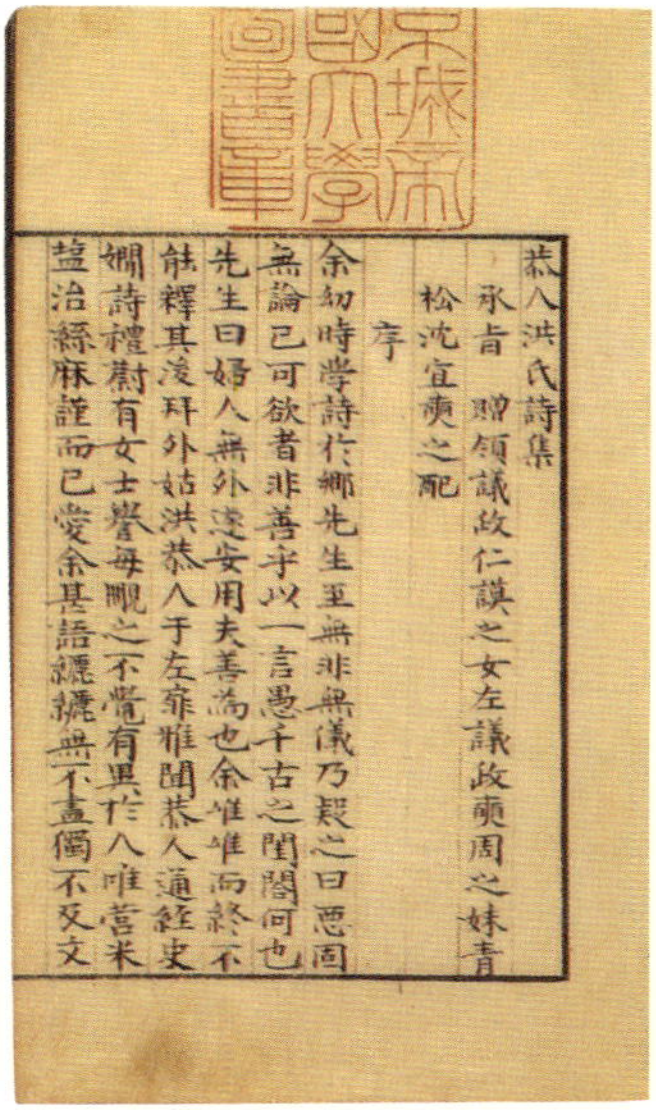
恭人洪氏詩集
承旨 贈領議政仁謨之女左議政奭周之妹青
松沈宜奭之配
序
余幼時學詩於鄉先生至無非無儀乃疑之曰悪固
無論已可欲者非善乎以一言愚千古之閨閣何也
先生曰婦人無外事安用夫善為也余唯唯而終不
能釋其疑於外姑洪恭人于左鄰雅聞恭人通經史
嫺詩禮尉有女士譽毎覵之不嘗有異於人唯菅米
塩治絲麻謹而已愛余甚語纚纚無不盡獨不及文

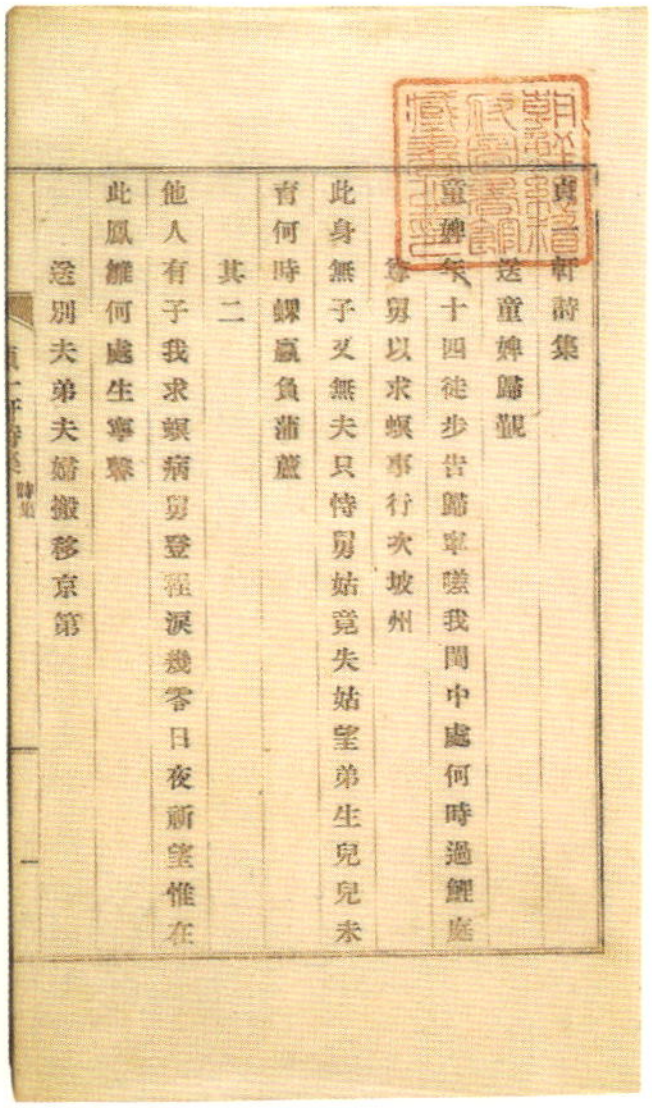
貞一軒詩集
送童婢歸覲
童婢年十四徒步告歸寧瞻我閨中處何時過鯉庭
尊舅以求螟事行次坡州
此身無子又無夫只侍舅姑覓失姑呈弟生兒兒未
育何時蜾蠃負蒲蘆
其二
他人有子我求螟病舅登程淚幾零日夜祈望惟在
此鳳雛何處生寧馨
送別夫弟夫婦搬移京第

（写真左）『幽閒集』。幽閒堂洪氏著。1854年。奎章閣韓国学研究院〔韓国〕所蔵。朝鮮時代、純祖代の女流詩人幽閒堂洪原周の詩集。五言と七言の長短詩187首が収められている。彼女の父は洪仁模《ホンインモ》、母は令寿閤徐氏であり、洪奭周《ホンソクチョ》の妹に当たる〔洪仁模・奭周ともに朝鮮後期の文臣、令寿閤徐氏は本書第1部1章を参照〕。

（写真右）『貞一軒詩集』。貞一軒南氏著。1923年刊行。韓国国立中央図書館所蔵。朝鮮末期の女流詩人貞一軒南氏の詩集。合わせて57首が収録されている。〔若くして夫と死別し〕長い間節義を守り通した生活から生まれた長恨や規範を歌ったものが多い。巻頭には李建昌《イゴンチャン》の序文、巻末には李建昇《イゴンスン》の跋文が載せられている〔李建昌・建昇は朝鮮時代末期の文人〕。

ている。㉘
しかし、『閨房美談』の中心はこうしたストーリーにあるのではない。『閨房美談』は女性が遊びとして漢詩を楽しめるようにした一種の娯楽書であった。『閨房美談』には「亀文図」や「織金図」といった璇璣図《せんきず》〔漢字を円形あるいは四角形に配置した図形〕が数種類挿入されている。「亀文図」「織金図」どちらも「ぐるぐると回って読む」ということから璇璣図と呼ばれている。中国の秦の蘇若蘭が詩を作ってそれを錦に織り込み、砂漠に配流された夫の竇滔《とうとう》に送ったことに由来する〔『晋書』列伝第六十六、竇滔妻蘇氏〕。

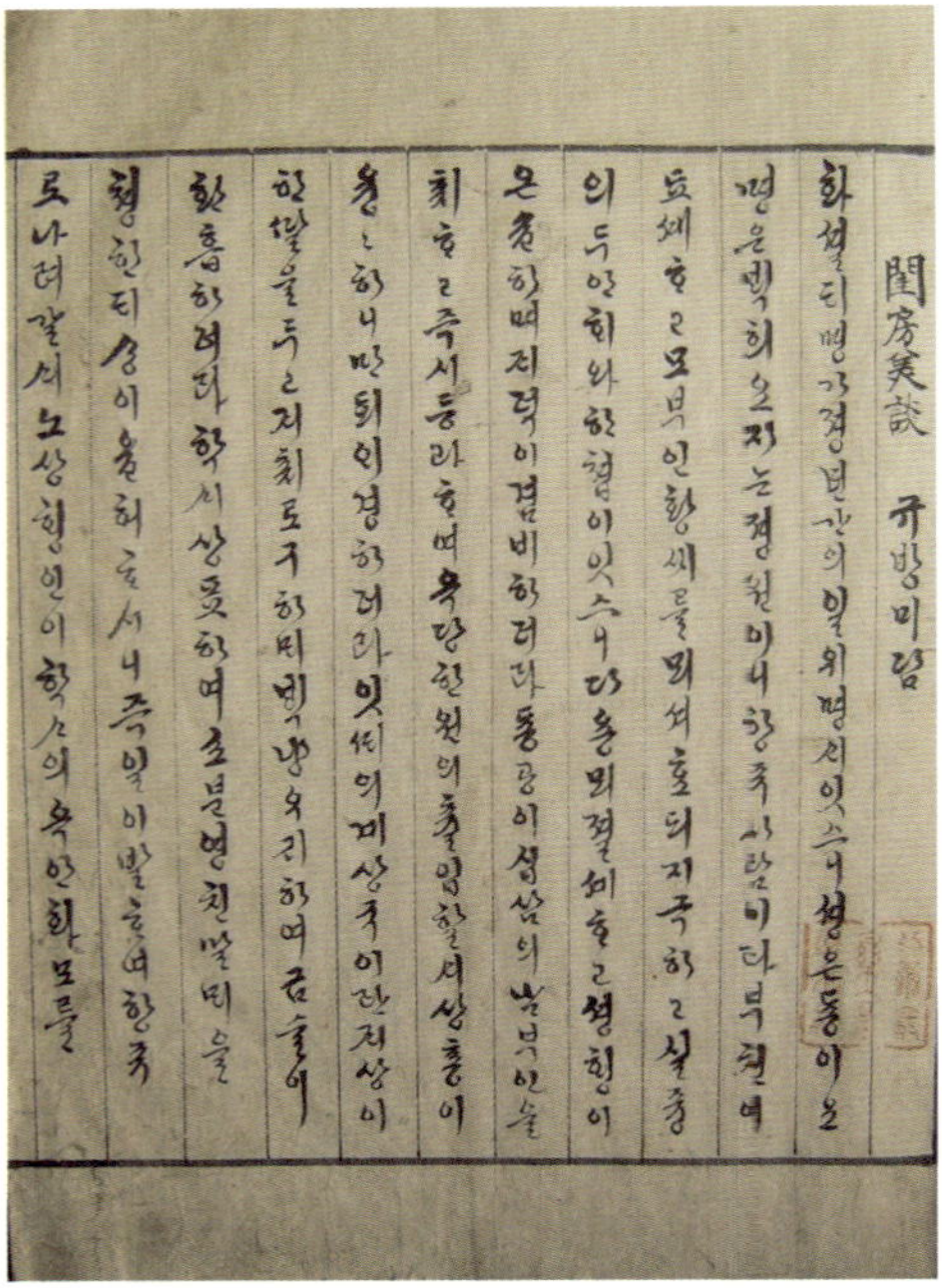
閨房美談　규방미담

『閨房美談』。カリフォルニア大学バークレー校所蔵。

こうした背景から、璇璣図は女性に歓迎される様式となることができた。『閨房美談』には五種類の璇璣図が載せられ、詩を使って様々に遊べるようになっている。そのうち、妓生の史紅蓮が作った璇璣図を例として示してみよう〔写真Aを参照〕。

〔写真Aの〕大きく書かれた文字だけを縦方向に読むと、「少妾紅蓮、再拝献詩、蘇州刺使、相公閤下」〔私こと紅蓮《ホンリョン》が蘇州刺使相公〈閤〉に謹んで詩を献上いたします〕となるが、これが詩のタイトルである。詩は下段に大きく書かれた「使」の下のマスにある「去」から始まり、その右側の「郎」に戻ってくるようになっている。『閨房美談』に〔これらの漢詩を〕翻訳したものがあるので一緒に示してみよう。口語訳されたものを見ると、一編の愛情歌辞を読んでいるかのようである〔番号は写真Aのものに対応〕。

① 昨年、あなた様は私とお別れになり （去年郎別妾）
② 今年、私があなた様を慕っております （今年妾思郎）
③ 私の心はあなた様を恨めしく思っておりますが （妾意為郎恨）
④ あなた様のお心は私に比べ如何ばかりでしょうか （郎心似妾慊）
⑤ あなた様はお情け深い殿方となり （郎為多情郎）
⑥ 私は不幸な女となりました （妾作薄命妾）
⑦ あなた様の涙は青き衣をぬらし （郎涙湿青衫）
⑧ 私の涙は紅き頬を流れ落ちます （妾涙下紅頬）

（……）

65 あなた様のお心は磐石のごとく （郎心如磐石）
66 私の心は蓮糸のようにか細くて （妾心如藕糸）
67 蓮糸は切れても引けば再び出てくるものの （藕糸有牽恋）
68 磐石は深く刺さって動きませぬ （磐石無転移）
69 あなた様は空のほとりにいらっしゃるのに （郎在天一涯）
70 私は誰もいない部屋をひとり守っておりまする （妾独守空房）
71 私の情をこめた詩を手にとり （把妾有情詩）
72 情深きあなた様にお送りします （寄与有情郎）

史紅蓮の漢詩図とこれを絵解きしたものの次に、一面ほどの分量の叙事段落が登場し、小説は終わりを迎える。

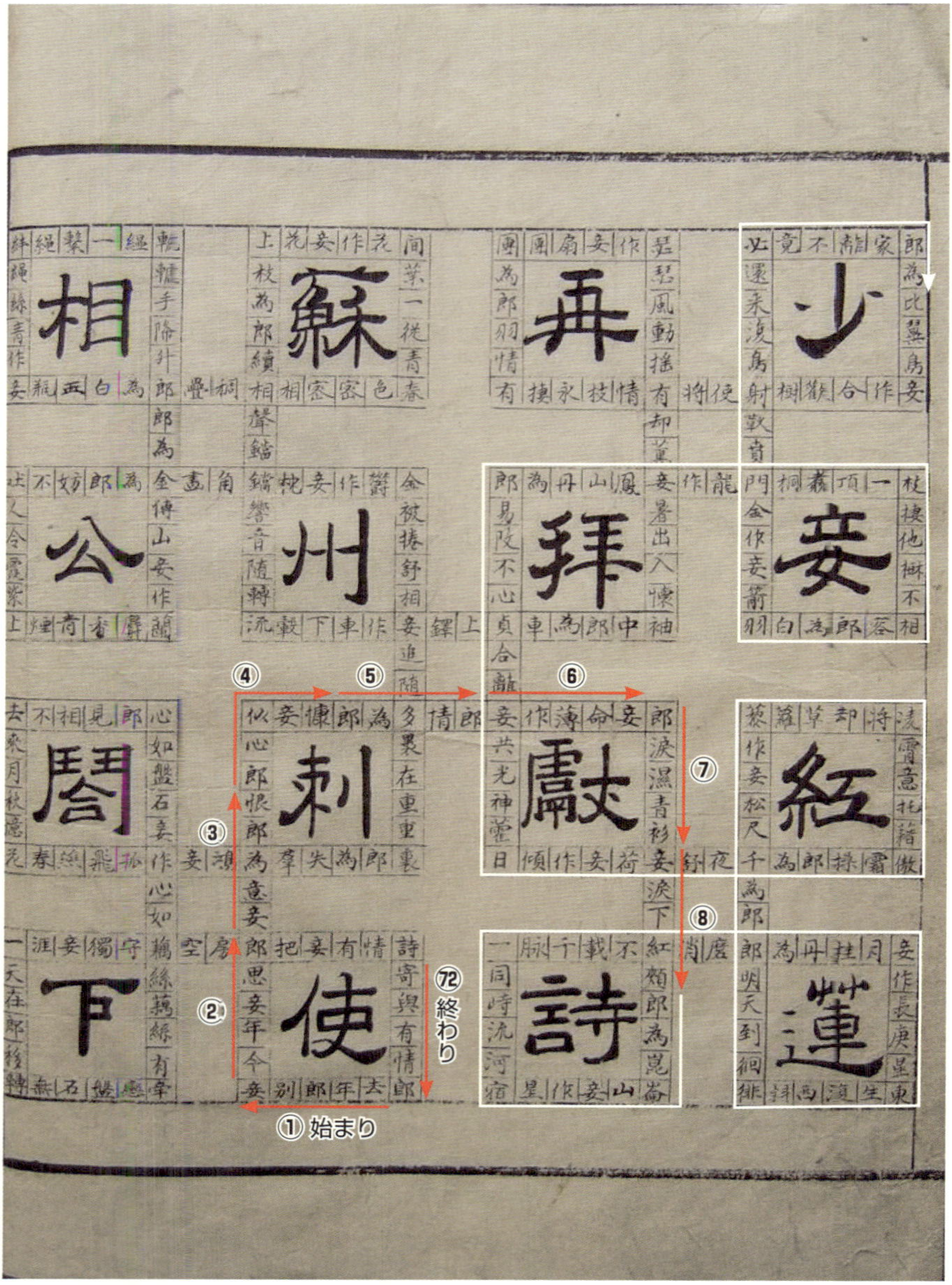

〔写真A〕『閨房美談』に収められた史紅蓮の漢詩図。①から始まり、矢印にしたがって詩を読んでいくもので、72で詩のゲームは終わる。

適度なストーリーを混ぜ合わせ、漢詩図を通じてゲームを楽しむのが、この小説を読む面白さになっているというわけである。

また『閨房美談』では、詩のタイトルを用いてもうひとつパズルが作られている。「唐諺文」〔写真B〕がそれである。唐諺文は「ㄱ・ㄴ・ㄷ・ㄹ・ㅁ・ㅂ・ㅅ・ㅇ・ㅈ・ㅊ・ㅋ・ㅌ・ㅍ・ㅎ」〔ハングルの子音〕に一から十四までの数字を当てはめたもので、これにしたがって〔写真B下段の〕右側の最初の部分は、南玉蘭の漢詩図のタイトルを記した「남옥난효소《ナムオクナンヒョソ》혜귀문《ヘグイムン》니《ニ》 정부《ジョンプ》눅《ヌク》」[29]〔写真Bの番号①〕のように解くことができる。〔写真B下段の〕中央にあるナム・ソジャの亀文詩の最後の二つの文章は「인귀하《イングイハ》수원《スウォン》 명월《ミョンウォル》하《ハ》셔잠《ショジャム》 목낙경《モクナクキョン》 비《ペ》쳐금전《チョクムジョン》미《ミ》사심《サシム》」[30]と解ける〔写真Bの番号②〕。また、その左側の史紅蓮の漢詩図のタイトルは「소첩홍년《ソチョプホンニョン》 재배《ジェベ》흔시《フンシ》 쇼주자사《ショジュチャサ》 상《シャン》공합하《コンハプハ》」〔少妾紅蓮、再拝献詩、蘇州刺使、相公閤下〕[31]〔写真Bの番号③〕と読み解くことができる。暗号解読ゲームをするように、言葉遊びをより楽しませてくれるものである。

このように、図を利用して漢詩を楽しむ璇璣図を最も巧みに組み合わせた書物が『閨房美談』である。こうした璇璣図は、朝鮮時代後期の女性たちに大いに人気を得たようである。これについて十九世紀の文人李圭景《イギュギョン》[32]は、当時の閨房の女性たちで璇璣図を諺文〔ハングル〕に翻訳し持ち歩いて遊んでいる者が多く、自分の家にも「璇璣図」を所蔵していると語っている〔李圭景『五洲衍文長箋散稿《オジュヨンムンチャンジョンサンゴ》』、詩文篇、論詩、「淑貞璿璣図記弁証説《スクジョンソンギドキビョンジュンソル》」〕。

純祖《スンジョ》の息子孝明《ヒョミョン》世子〔前出〕も「亀文図」を製作し、これをさらにハングルで解き妹に与えたが、これもまた十九世紀に璇璣図が閨房で広く流行していたことを示している。〔写真C－1で〕比較的大きな文字が書かれた六角形を中心にその上段の左右にある方形の中の文字をそれぞれ読んだ後、六角形の中の文字を読み、七字にそろえる。これを右から左へ読んでいき〔写真C－1の①〜⑪の順〕、さらに下の四段目まで読み下っていくと、四篇の七言絶句が出来上がる。また、六角形の右にある台形の中の二文字のうち、まず上の文字から始めて左方向に一文字おきに読み進め、ふたたび右の台形の下の文字に戻ってもう一度一文字おきに左方向へ読み進めると、八句

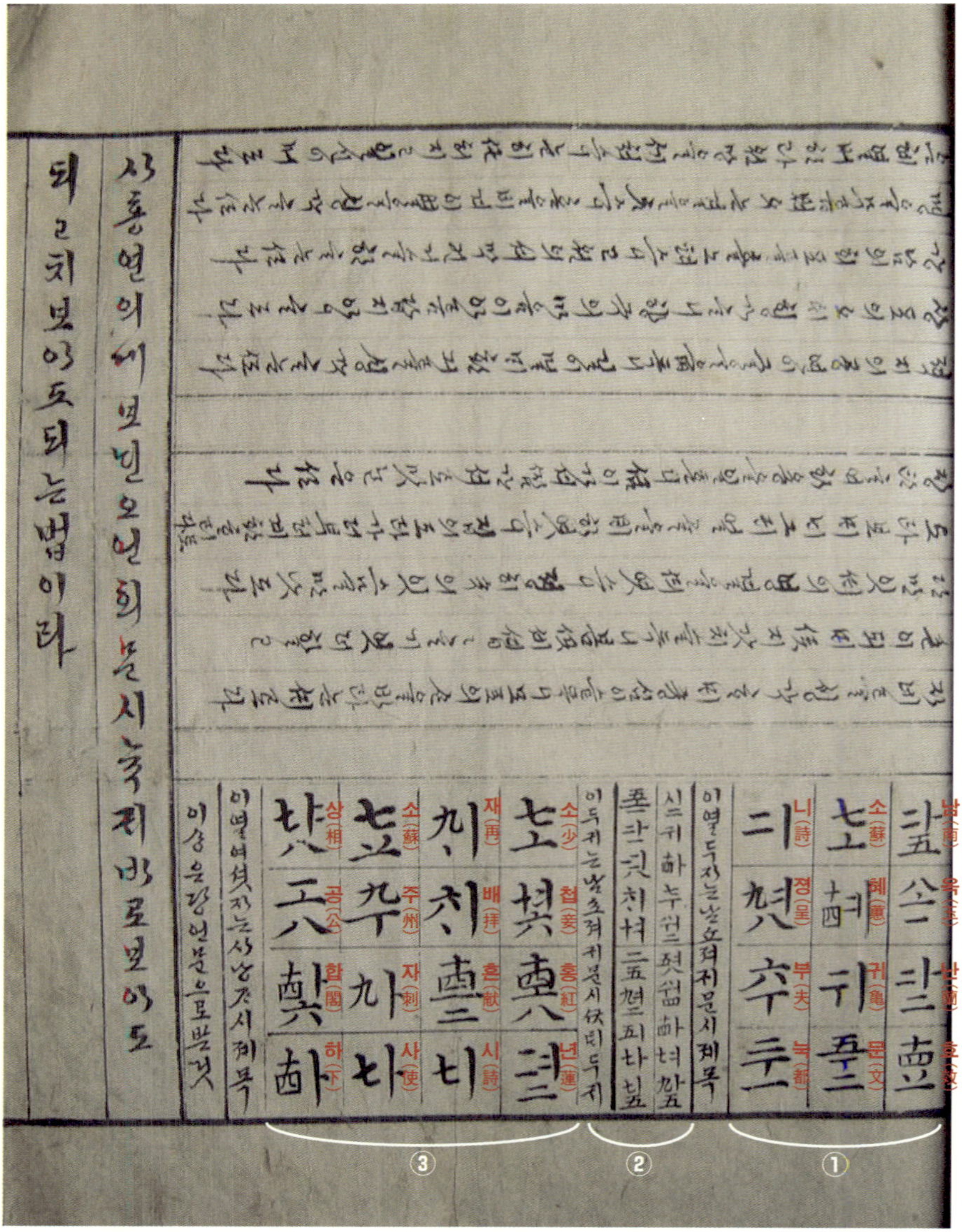

〔写真B〕『閨房美談』に収められたパズル「唐諺文」。史紅蓮の漢詩図のタイトルもパズルで遊べるよう構成されている。〔①部分のうち、最上段左の「詩」のハングルが「니」、最下段左の「都」のハングルが「눅」となっているが、これはそれぞれ「사」、「도」の誤りと考えられている（ソウル大学校奎章閣韓国学研究院の権奇奭先生のご教示による）。〕

の五言律詩一篇が出来上がる〔写真C－1の①～⑩〕。そして今度は、六角形の下段の一番右にある文字を左方向へ読み進めて中間まで行き、今度は左の端から中間まで同じ方法で読み下っていく。さらにまた、六角形上段の菱形（最上段と最下段は三角形）の中にある文字を下方向に読んでいくと、ここにも一篇の五言絶句が出来上がる〔写真C－1の①～⑩〕。こうしてひとつの図から六首の詩を探して読むという楽しさを味わうことができるようになっている。

＊＊＊＊＊＊＊＊＊＊＊＊＊＊＊＊＊＊＊＊＊＊＊＊＊

〈亀文図の解説〉

〔写真C－1のハングル亀文図で〕比較的大きい文字が入っている六角形を中心に、上段の左右にある方形の中の文字をそれぞれ読み、次の六角形の中の文字を読んで七文字にそろえる。これを右から左へと読み、さらに下の四段まで読み下っていくと、以下のような四篇の七言絶句ができる。〔写真C－1の①～⑫の順に対応。以下、第四段まで同様の順。漢文は写真C－2の該当部分を当てはめたもの。〕

군아동포《グンアドンポ》 겸《キョム》 지기《ジギ》 아《ア》 형《ヒョン》 군매《グンメ》 년《ニョン》 참치《チャムチ》 분《プン》 형《ヒョン》 일근동우애《イルグンドンウエ》 공《コン》 환《ファン》 양《ヤン》 전《ジョン》 승은자《スンウンジャ》

〔君我同胞兼知己、我兄君妹年参差、分形一根同友愛、供歓両殿承恩慈〕

そなたと私は同胞であり知己を兼ね／私は兄、そなたは妹、互いの年齢《とし》は違えども／その姿は同じ根から別れたものゆえ友愛を同じくし／楽しさを父母たる王や王妃に供すれば恩恵と慈愛を受けるなり。

애이《エイ》 현《ヒョン》 숙다《スクタ》 총《チョン》 혜《ヘ》 금옥기자빙설기《クムオクキジャビンソルギ》 옥《オク》 창《チャン》 야독열녀《ヤドクヨルニョ》 전《ジョン》 나《ナ》 황《ファン》 조간《ジョガン》 관《クアン》 저시《ジョシ》

〔愛爾賢淑多聡慧、金玉其姿氷雪肌、玉窓夜読烈女伝、羅幌朝看関雎詩〕

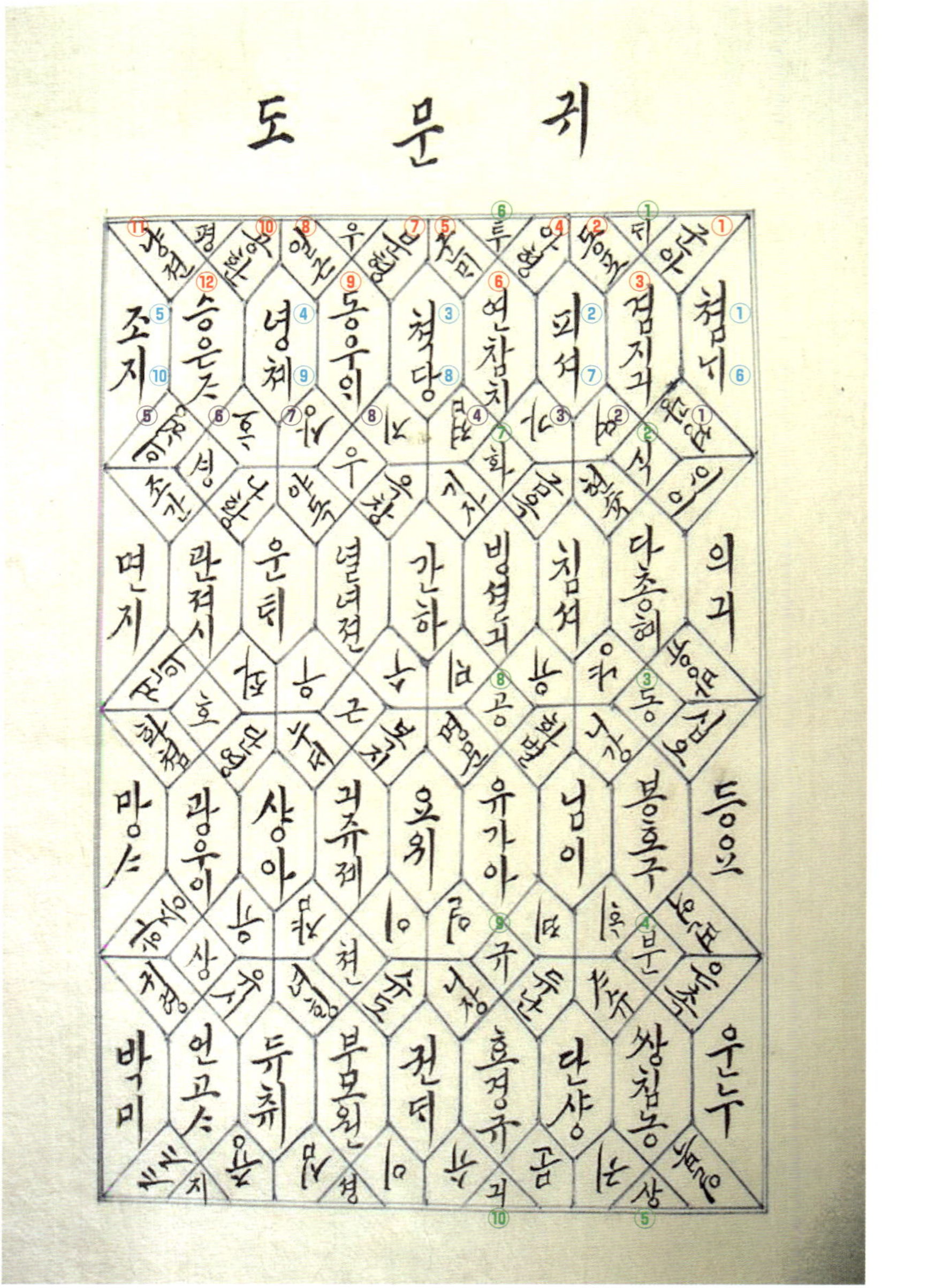

〔写真C－1〕孝明世子がハングルで絵解きし、妹に与えた亀文図。

愛すべし、そなたの賢淑と多くの聡明／金玉《きんぎょく》のごときその姿、氷雪のごとき肌／美しき装飾の窓の下、夜になれば『列女伝』を読み／薄絹の帳の中、朝になれば『詩経』にある関雎の詩を見る。

십《シプ》오《オ》이《イ》강《ガン》봉《ボン》호《ホ》구《グ》 화《ファ》벌《ボル》 명《ミョン》문《ムン》유《ユ》가《ガ》아《ア》 복《ポク》지《チ》누《ヌ》대《デ》기《ギ》주《ジュ》제《ジェ》 단《タン》함《ハム》화《ファ》 첨《チョム》 광《クァン》 위《ウィ》이《イ》

〔十五鸞降逢好逑　華閥名門有佳児　福地楼台起主第　丹檻画簷光透迤〕

十五で嫁ぎ、よき伴侶に出会う／華麗なる名門名家には優れた男児あり／幸多き楼台に邸宅を建てれば／赤き柱や絵が描かれた軒の光が波のごとく揺れる。

은《ウン》촉《チョク》 자《ジャ》수《ス》쌍《サン》침《チム》롱《ノン》 주《ジュ》란《ラン》리《リ》 장《ジャン》효《ヒョ》 경《ギョン》규《ギュ》 수《ス》도《ド》여《ヨ》행《ヘン》부《ブ》모《モ》 원《ウォン》 유《ユ》시《シ》귀《グィ》 령《リョン》언《オン》고《ゴ》사《サ》

〔銀燭刺繍双針弄　珠欄理粧暁鏡窺　誰道女行父母遠　有時帰寧言告師〕

銀の燭台の下、刺繍して双針をもてあそび／玉のような美しい欄干にて装いを整え、暁に鏡をのぞく／女性の正しき行いが父母を遠ざけると誰が言ったのか／時には実家に帰ると師に告げよう

さらに、六角形の左右の台形の中にある文字を上にあるものから先に読み、その次に下にあるものを読むと、八句の五言律詩が一篇出来上がる〔写真C－1の①～⑩〕

첨《チョム》 피《ピ》척《チョン》 령《ニョン》 조《ジョ》 래《レ》서《ソ》당《ダン》체《チェ》지《ジ》〔瞻彼鶺鴒鳥　来棲棠棣枝〕

あのセキレイを見るに、庭梅の枝にやってきて宿る。

의《ウィ》침《チム》간《カン》운《ウン》 면《ミョン》 기《キ》서《ソ》하《ハ》태《テ》지《ジ》〔倚枕看雲眠　寄書何太遅〕

枕に持たれて雲を見てまどろむうちに、送るべき手紙はあまりにも遅くなる。

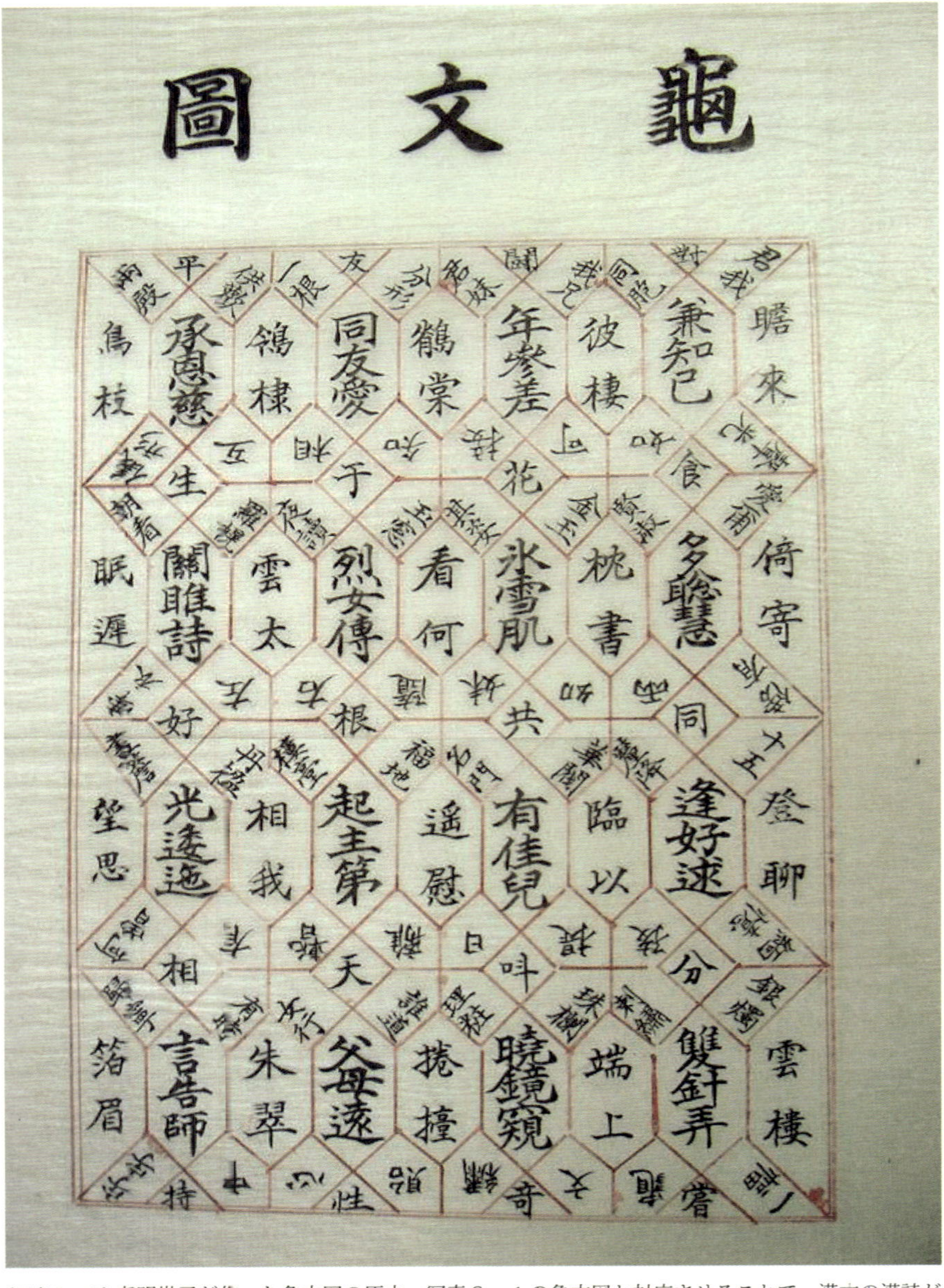

〔写真Ｃ－２〕孝明世子が作った亀文図の原本。写真Ｃ－１の亀文図と対応させることで、漢文の漢詩がわかり、その意味も味わうことができる。

등림요상망《トゥンニヨサンマン》 료이위아사《リョイウィアサ》〔登臨遥相望 聊以慰我思〕
高きに登りて互いに遠く眺めては、ひたすら我が思いを慰める。
운단귀주박《ウンダンクィジュバク》 루상대취미《ルサンテチウイミ》〔雲端捲朱箔 楼上擡翠眉〕
雲の端に赤いすだれをかけ、楼閣の上から青き眉（美しき顔）を仰ぎ向けり。

さらにまた、六角形下段の左右にある文字を右から左へと中央まで読み進め、今度は左端から中央へと同じように読み進め、第四段まで読み下っていく。〔写真C－1の①～⑧〕

성광여가접《ソングァンヨガジョプ》 의형호상지《ウィヒョンホサンジ》〔声光如可接 儀形互相知〕
声はたやすく届くがごとく、立ち居振る舞いは互いにたやすく知られよう
방유양유매《パンユヤンユメ》 견의좌우수《キョンウィジャウス》〔傍有両幼妹 牽衣左右随〕
傍らに幼き妹が二人、衣をひいて左右に従う
면억해제일《ミョンオクヘジェイル》 하증유잠리《ハジュンユジャムリ》〔緬憶孩提日 何曽有暫離〕
幼き日をかえりみれば、わずかでも離れていたことかつてありしや
일복귀문수《イルボククィムンス》 자자중심이《チャジャジュンシムイ》〔一幅亀文繍 字字中心貽〕＊
一幅の亀文の刺繍は一字ごとに中心を与えたり。

そして、六角形上段の菱形（一番上の段と一番下の段は三角形）の中にある文字を下に読み下っていくと、さらに一編の五言絶句ができる。〔写真C－1の①～⑩〕

대식동분상《テシクドンブンサン》 투화공규기《トゥファゴンギュギ》 우우근《ウウグン》 천성《チョンソン》 평생호상지《ピョンセンホサンジ》

〔対食同分嘗、闘花共叫奇、友于根天性、平生好相持〕＊＊

食膳に向かいてともに分け合って味わい／花を争ってはその不思議さにともに声をあげる／兄妹の睦まじさは天性に根ざすものゆえ／生涯にわたって互いによろしく保とうぞ

こうしてひとつの図から六首の詩を探して読む楽しさを味わうことができるようになっている。〔上記の漢文の日本語訳は前出の『翼宗簡帖』に収録された孝明世子直筆のハングル翻訳文をもとにした。なお、『翼宗簡帖』の翻訳文では上記「＊」の二句は「＊＊」の後に書かれており、亀文図で示された順序と異なっているが、日本語翻訳書では韓国語原書で示されている順序で翻訳した。これらの内容は、ソウル大学校奎章閣韓国学研究院学芸研究士の権奇奭《クォンギソク》先生からご教授いただいた。また写真C－1は古語のハングルで書かれているが、日本語翻訳版では韓国語原書での表記にしたがって現代韓国語のハングル表記で記しておいた。〕

文章のハングル化と女性

十六世紀以来、一般大衆の教化を目的とする教化書籍を中心に、漢文の原文そのものの比重が急速に減り、ハングルのみの翻訳本が徐々に刊行されていった。また、ハングルが王室において女性の「公式文字」としての地位を占め、王室でのハングル翻訳が大規模に行われ、翻訳書の中身は徹底的にハングルだけで表記されるという現象が起こるようになった。女性が漢文で文字生活を送ることはタブーとされていた社会では、漢文が読めてもハングルで書かれた書籍のみを読み、文字〔ハングル〕を書かねばならなかった。こうした状況の中で女性たちが漢文で作った漢詩も、翻訳文だけでなく、原文までもハングル〔漢字音のハングル表記〕で読む伝統が生まれた。特に王室の女性の場合、歴史書や旅行記に記された漢詩をハングルで楽しむことによって原文は装飾としてのみ存在するようになり、翻訳文を通じておおよその意味を把握するのが女性たちの漢詩の楽しみ方となったのである。

　こうした現象は結局のところ、漢文に通じていない大衆の漢詩の楽しみ方と大きな違いがなかった。女性たちがハングル資料を通じて日常的に漢詩に接していたように、一般大衆もハングルで書かれた小説を通じて漢詩に接した。たとえば『春香伝《チュニャンジョン》』の中でストーリーが最高潮に達する部分で、暗行御使《アメンオサ》となった男性主人公道令《ドリョン》〔李《イ》夢龍《モンニョン》〕が「금주미주는《クムジュミジュヌン》 천인혈이요《チョンインヒョルイヨ》、옥반가효는《オクバンガヒョヌン》 만성고라《マンソンゴラ》。촉루락시만누락이요《チュクルラクシマンヌラクイヨ》、가성고처《カソンゴチョ》 원성고라《ウォンソンゴラ》」〔金樽美酒千人血、玉盤佳肴萬姓膏、燭涙落時民涙落、歌声高処怨声高〕[1]と書いた漢詩が載せられている。そしてこれに続く内容で「この文章の意味は『金の甕の美しき酒は一千の民の血であり、玉の膳の美しき肴は一万の民の膏《あぶら》である。蝋燭が涙のごとく流れるとき民も涙を落とし、歌声高きところに怨みの声高し』と書かれているが……」と記されている。しかし、ほとんどのハングル小説のように、『春香伝』もまたハングルでのみ表記されており、挿入されている漢詩もハングルだけで書かれている。漢詩だけではない。ハングル小説では、かなり長い祭文や公文書を挿入し原文をハングルのみで記してある例をたやすく見つけることができる。こうした状況の中で、平民はハングルで書き記した漢詩を見て〔漢文による本来の〕漢詩を再構成することができたのであろうか。おそらくそのほとんどはそうすることはできなかったであろう。もっぱら、そのあとに続く漢詩の訳文を参考に、おおよそこのような内容であろうと推し量るだけであったはずだ。『春香伝』の例からわかるように、平民は漢詩に口訣を付けて原文を読み、ハングルで翻訳文をふたたび読むという方法で漢詩を楽しんだ。〔漢字文化の中心である中華

1　この漢詩は中国の明の将帥趙都司という人物が光海君を風刺するために書いた詩「清香旨酒千人血、細切珍羞萬姓膏、燭涙落時民涙落、歌声高処怨声高」〔光海乱政譏詩〕に非常によく似ている。

に対し〕その周辺部の言語である自国語〔ハングル〕を用いて、〔東アジア〕文明圏の普遍語である漢詩をこのように楽しんだのであった。

大衆的なハングル小説で漢詩が引用されているのは、ハングルが読める大衆にも漢詩が生活の一部となっていたからである。小説的な文脈では、漢詩をあえて本来の形どおりに引用する必要はない。挿入した詩を通じて劇的な効果を得ようとするなら、わかりにくい漢詩の原文をハングルで書いておくよりは、その翻訳文を詩のように読めるよう引用しても問題はないはずだ。にもかかわらず漢詩を直接引用したのは、リアリティーを強調するための装置であった。『春香伝』で李道令が登場する最も劇的な場面で、粋な詩の一首くらい詠んでこそ絵になるというものである。さらに朝鮮時代後期は、大衆も漢詩にしばしば接するようになり、有名な詩についてはその意味がわからなくても一、二節くらいは諳んじることができるようになったという現象も反映しているのであろう。「文字」〔漢詩のハングル表記〕を書き入れ学識があるかのごとく語る話法で、漢詩が引用されていたのである。このため、大衆が楽しんだ小説や歌辞などでも、漢詩の句がすぐに見つかる。さらにはほとんど絶句のような漢詩の形式を借りつつも、漢字でなくハングルで漢詩を作るいわゆる「諺文風月《オンムンプンウォル》」というスタイルがうまれた。パンソリやタルチュム[33]、巫堂《ムーダン》〔本書第一部六章の訳注❾を参照〕による儀式の場でも巫堂、広大《クァンデ》〔本書第一部六章の訳注⓫を参照〕、俳優などが一言二言漢詩の句を入れたのは、非公式かつ非主流の言語だった「ハングル」を利用して、主流文化の「漢詩」で自分たちの非主流文化を「装飾」しようという意図があったからだといえよう。

【訳注】

❶ 世祖の死後、第八代国王に睿宗《イェジョン》が十九歳で即位したが、年齢と健康問題を理由に貞熹王后が実質的な政務を担当することになった。このように新国王が政務を充分に行えない状況にある場合、前王の妃〔あるいは前々王の妃〕が国王の代理として政務を処理することを垂簾聴政という。この時の垂簾聴政が朝鮮時代最初のものであるが、睿宗は即位後わずか十三ヵ月で死亡し、九代の成宗が

一四六九年に即位した。だが成宗もわずか十三歳であったため、貞熹王后がふたたび七年間の垂簾聴政を行った。

❷宣祖は歴代の朝鮮国王の中でも多くのハングル書簡を残したとされている。彼が娘の貞淑《チョンスク》翁主に送った「萬暦三十一年（一六〇三）癸卯復月（十一月）十九日巳時」付の書簡（奎章閣韓国学研究院〔韓国〕所蔵）は、天然痘を患った妹を心配する貞淑翁主を慰労する父親の愛情がこめられた手紙として知られている。

❸『光海君日記』二年（一六一〇）五月五日条に次のような記録がある。弾劾を受け流罪になろうとしていた李弘老《イホンノ》の妻奇《キ》氏がハングルで書いた文書を提出した。司法機関の義禁府《ウィグムブ》では、国王に対してハングル文書を提出したという前例はないが、事情を鑑みればこれを受け取らざるをえないとし、国王も了承した。

❹本章の内容からもわかるように、ここで扱われている朝鮮時代の資料には漢文・漢詩であるにもかかわらず、漢字を用いずに漢字音のハングル表記のみで記されているものが多い。日本語訳の底本となっている韓国語原書もそれを踏まえてハングル表記のみで記されている場合がある。この日本語翻訳本では、韓国語原書に記されたハングル表記への解釈や朝鮮時代の文学に関する研究論文を参考にして漢文表記を付しておく。以下、ハングル音表記の後に付された漢文も同様である。

❺純元王后は大王大妃（前々王の妃）として一八三四年から七年間、七歳で即位した二十四代憲宗《ホンジョン》の垂簾聴政を行い、政務に直接関わった。

❻『詩経』国風の周南「関雎」に口訣をつけると「關關雎鳩여／在河之洲로다／窈窕淑女／君子好逑로다」となり、この漢字音をハングル表記したもの。

❼制作年代未詳の朝鮮時代の歴史書。太祖から景宗までの記録と、英祖から純祖までの要点のみを記した記録からなっている。

❽粛宗代の文臣徐文重《ソムンジュン》が著した紀事本末体の歴史書。朝鮮初期から中期までの記録が記されている。

❾太祖元年（一三九二）から粛宗四六年（一七二〇年）までの歴史を記録した書籍。

❿古代から明までの中国の歴史を翻訳した書籍。一九〇九年完成。

⓫一六五八年～一七二二年。本書第一部一章および二章に登場する金昌協・金昌翕の弟。『老稼斉燕行録』は彼が一七一二年に燕行使に加わって北京を訪問した時の紀行録で、中国の山川や風俗あるいは文物制度をはじめ、清の文人との対話も記録された資料である。また彼は絵画にも才能を見せ、「秋江晩泊図」（ソウルの澗松美術館所蔵）など優れた作品を残している。

⓬一七三一年～一七八三年。朝鮮時代後期の代表的実学者。文化的には異民族として蔑視されていた清の先進性を認め、その学問を積極的に取り入れようという北学派の中心的人物。中華を絶対視する伝統的な対外認識に対し、地球説の発想をもとに中華と夷の間に固定的な文化の優劣はないとする「華夷一也」の世界観を示すなど、その思想的スケールの大きさで朝鮮時代の思想史にその名を残している。『乙丙燕行録』は彼が燕行使の書状官として一七六五年～六六年にかけて清を訪問した際の紀行録。

⓭ 一七六二年～一八二二年。朝鮮時代後期の文臣。『戊午燕行録』は彼が一七九八年に冬至使の書状官として清を訪れた時の見聞を記録したハングル紀行録。

⓮ 一八四二年～九二年。朝鮮末期の文人。一八八六年四月から八月までの北京訪問を記録した『燕行録』は四・四調の律文形式で記されており、一七六四年の通信使で書記として日本を訪れた金仁謙のハングル紀行録『日東壮遊歌』とともに紀行歌辞の代表作とされている。

⓯ 一四八八年一月に済州島を出発した朝鮮の文臣崔溥《チェブ》（一四五四～一五〇四）が中国の浙江省寧波府に漂流し、そこから北京、義州をへて同年六月に再び都（ソウル）に帰還するまでの記録。

⓰ 一七二七年～一八二三年。自然風景の描写の繊細さと斬新さが高く評価されている女流詩人。その詩的表現力は、咸興判官として赴任する夫に従っての旅路を記録した『意幽堂関北遊覧日記』の中に現れている。

⓱ 一八〇九年～三〇年。前出の純元王后の息子。一八一二年に王世子となり、后との間に後の憲宗を得た。一八二七年には健康が悪化した父の純祖に代わって代理聴政（＝摂政）を行ったが、病のために早世した。息子の憲宗の即位後、翼宗として追尊された。

⓲ 朝鮮時代の小説。作者および制作年代は不詳。中国の明を舞台として義理や節義の教訓を中心とした物語。

⓳ 作者および制作年代未詳の朝鮮時代の小説。儒教の徳目である三綱を主題とし、中国の明や朝鮮を舞台とした物語。

⓴ 本来パンソリは各地の広場や祭りの場で行われる詠い物であるが、それらが文字化され物語として普及したものをパンソリ小説という。特に申在孝（一八一二～八四）によってパンソリをはじめとした大衆の歌唱が分類され、より体系的な研究がなされた。なお、パンソリは二〇〇三年にユネスコの無形文化遺産に登録されている。

㉑ 一七一二年～七四年。経書・史書や音楽に造詣が深く、中でも詩歌については鳳麓体と呼ばれる独特なスタイルを築いたことで有名である。

㉒ 一八五三年～？。幼い頃から厳しい家庭教育を受けたとされ、十五歳で結婚するもその二年後には夫と死別するが、その後も姑によく仕えたという。実家の母の葬儀を終えた後、夫の死後二十年目に自ら命を絶った。一九〇七年、礼曹によって烈女の旌門（孝子や烈女を称えるため当事者の家の門前に立てられた赤い門）が建てられた。文集に『清閑堂散稿』がある。

㉓ 生没年不明。徐令寿閤の娘で、母と同様その優れた文才が評価された。息子の沈誠澤《シムソンテク》によって編纂された『幽閒堂詩稿』に多くの作品が残されている。

㉔ 一七三二年～九一年。申芙蓉、芙蓉堂申氏ともいう。山暁閣は号。当時文章家として知られていた兄の申光洙《シングァンス》・申光淵《シングァンヨン》・申光《シングァン》河《ヘ》らから文章を学んだ。彼女の作品や文章は申光洙ら兄弟の文集とともに編纂された『影印本　崇文聯芳集』（韓国漢文学研究会編、一九七五）に収録されている。代表作は「夢遊金剛山」。

❷❺ 十八世紀後半の女流詩人。孫の蔡準道《チェジュンド》が編纂した『情静堂逸稿』には、十篇の詩と六篇の跋文が残されている。

❷❻ 一八四〇年～一九二二年。息子の成台永《ソンデヨン》が編纂した『貞一軒集』に漢詩六〇首と祭文一篇が載せられている。

❷❼ 中国で外交文書作成や歴史編纂に携わった翰林院をさす。

❷❽『閨房美談』は中国を舞台とした小説であるが、登場人物の氏名や地名は韓国語発音での表記とした。これは『閨房美談』がハングル小説であり、朝鮮時代のハングル小説では外国の氏名や地名も韓国語式の発音で表記されているからである。なお、翻訳の過程で漢字表記が確認できた人名については漢字で記し、韓国語式の発音を読み仮名として付しておいた。

❷❾ 南玉蘭、效蘇蕙亀文詩、呈夫都（南玉蘭が蘇蕙の亀文詩にならい、夫がいる所に進呈する）。

❸⓪ 人来河水遠、明月下西岑、木落傾盃處、金鈿未思心（人が河の遠くから来り／明月は西の峯に沈む／木の葉は盃を傾けるところへと落ちていくのに／金のかんざしを思うことなし）

❸❶ 前述の写真Aの漢詩タイトルと同じ文章。

❸❷ 一七八八年～一八五六年。朝鮮後期の実学者。本書第一部四章に登場する朝鮮の実学者李德懋（訳注⓯）を祖父に持ち、その影響を受けた。彼の著書『五洲衍文長箋散稿』は歴史・経学・天文・地理をはじめとして一四〇〇を越える項目を考証学的な視点から考察したものである。

❸❸ 韓国の伝統的な仮面劇。「タル」は仮面、「チュム」は舞い・踊りの意味である。その始まりは新羅時代といわれ、朝鮮時代に入って諧謔の要素を大きく取り入れた民俗芸能として発展した。黄海道で伝えられてきた鳳山タルチュムや康翎タルチュム、京畿道を中心に伝えられてきた山台ノリ（ノリは伝統芸能の総称）、慶尚南道河回里で伝承される河回別神クッタルノリなどの種類があり、韓国の重要無形文化財に指定されている。

十章

信心の力で儒教的画一化に抵抗する

―朝鮮の女性の信仰生活：仏教を中心として―

趙《チョ》恩秀《ウンス》：ソウル大学校 哲学科教授

仏教が韓半島〔朝鮮半島〕に伝えられたのは四世紀ごろである。当時、三国〔高句麗《コグリョ》・百済《ペクチェ》・新羅《シルラ》〕は仏教を受け入れる中で呪術的な世界から脱皮し、高水準の宗教的世界観に新たに接するようになった。新羅は仏教を広く布教して仏教の業と輪廻説に基づいた輪廻観を民衆に植え付け、社会の精神的水準を引き上げることで、三国統一の動力源を得たのである。三国時代や高麗《コリョ》時代に仏教が国教として崇め尊ばれるに伴い、このような外護《げご》〔宗教に対する特別な擁護〕の中で女性の信行活動〔仏教信仰をもとに行動すること〕が奨励され、褒め称えられた。しかし、朝鮮時代に入って性理学〔朱子学〕で武装した知識人が政権を握り儒教を統治理念とするなかで、国家が抑仏政策を前面に掲げるようになると、仏教教団や信仰はあちこちで挑戦を受けることとなった。都城〔ソウル〕の中の仏教寺院は閉鎖され、ついには「山中仏教」と呼ばれたように、寺院は山の中で命脈を保っていった。僧侶たちは賤民へと身分が下げられ、都城への出入りが禁止されただけでなく、厳しい賦役に苦しむなど、社会から蔑視された。

だが朝鮮時代には、私たちが知っているよりもはるかにたくさんの仏教活動が行われていた。経済的・社会的な混乱や儒学者の絶え間ない思想的攻撃の中でも、仏教修行の根拠地である寺院は生きぬいてきた。公式な領域で仏教に関わる信仰活動は禁じられたものの、私的な空間での信仰はその立つべきところを失わなかった。特に女性にとって、仏教は情緒的にも宗教的にも生活の一部だったのである。

禁令を恐れなかった女性たち

儒教社会の秩序の中に組み込まれて生きてきた男性にくらべ、社会から疎外された女性たちにとって信仰は人生の大切な一部分であった。しかし、仏教への迫害や男尊女卑思想によって、仏教信仰を持つ女性は二重の犠牲者となった。『朝鮮王朝実録』を見ると、仏教を信じる女性に関する記録が数多く登場する。婦女の寺院出入りを禁じた国家の原則に逆らって取調べを受けた女性たち、良家の婦女でありながら出家して社会的に物議をかもしたり淫行を犯したとして捕まった比丘尼〔尼僧〕、浄業院《チョンオブォン》〔尼僧のための滞在施設、後述〕など宮廷内の仏堂での行事を批判する上疏〔国王への上訴文〕、そしてこうした〔仏教〕行為を批判し朝鮮時代を通じて絶えず登場する寺院廃止を主張する高級官僚の要請が、そうした例である。

だが、仏教を信じる女性への否定的な記録というのは、政治的に排仏論が高まる時期ごとに仏教への排斥政策や儒教の女性統治の強化がいつごろから始まったのかを教えてくれるものであり、また、当時の儒学原理主義者が持っていた女性観のあり様を教えてくれるものである。実際に、社会の内部で仏教がどのように信じられ行われていたのか、そこでの女性たちの修行がどのようなものであったのかを示す記録というには、あまりにも偏った視点を含んでいる。また、朝鮮時代を通じてこうした事件の記録が絶えなかったということは、仏教修行の伝統が続いていたことを強く反証するものでもある。儒生たち自らが不平を述べていたように、彼女たち女性は「禁令を恐れず

『箕山風俗図帖《キサンプンソクトチョプ》』のうち、「菩薩称女《ポサルチンニョ》」。年老いた女性たちが杖をついて寺へと向かう姿。

自由に行動してはばかるところがなく」、彼女たちの仏教信仰はその人生の中で色あせることはなかったのである。

女性仏教徒：節操を守らない嫌悪の対象

民間での仏教信仰がどのようなものであったのかがわかる資料は、ほとんど伝えられていない。名もなき民衆は記録に残されなかったばかりか、〔仏教と関連して〕実録〔朝鮮王朝実録〕などに登場する人物は、犯罪や社会的な物議をかもした時にのみその名が明らかにされる。そのため、一般民衆の宗教生活を知ることはほぼ不可能である。だが、仏教信仰やそれに基づく行動への禁止を求める雨あられのような上疏や、寺院に入ったために処罰された女性の記録から推し量れば、歴史的に仏教が民間で依然として信じられ行われていたことがわかる。

朝鮮時代、女性の仏教信仰は様々な社会的・法律的なしくみによって統制されタブー視されていた。「婦女が僧侶とともに寺に入れば、貞節を失ったものとして罪を問う」とされ、女性の寺院出入りは「男女席を同じくせず」という社会的慣習に背いたものと判断された。特に、男性僧侶が暮らす寺院に赴き滞在する行為は、それ自体で貞節を失ったものと見なされた。女性が櫛を失ったら貞節を守れないと考えたり[1]、戦争で捕虜となった後に帰還した女性が志操を失ったとして受け入れられなかった場合も同様である。朝鮮社会は女性の貞節に対して神経質に近い潔癖さを見せたが、当時建てられた多くの貞節門《チョンジョルムン》〔貞節を守った女性を表彰するために建てた門〕は、女性を貞節イデオロギーで武装させるだけでなく、逸脱する可能性がある女性に対する圧力として作用した。この世界は男性と女性が同じ空の下でともに交わり暮らしているのであるから、このように男性と同じ場所にいたという理由で節操を失ったと断罪する考え方は度が過ぎたものである。しかし、貞節イデオロギーは女性の仏教

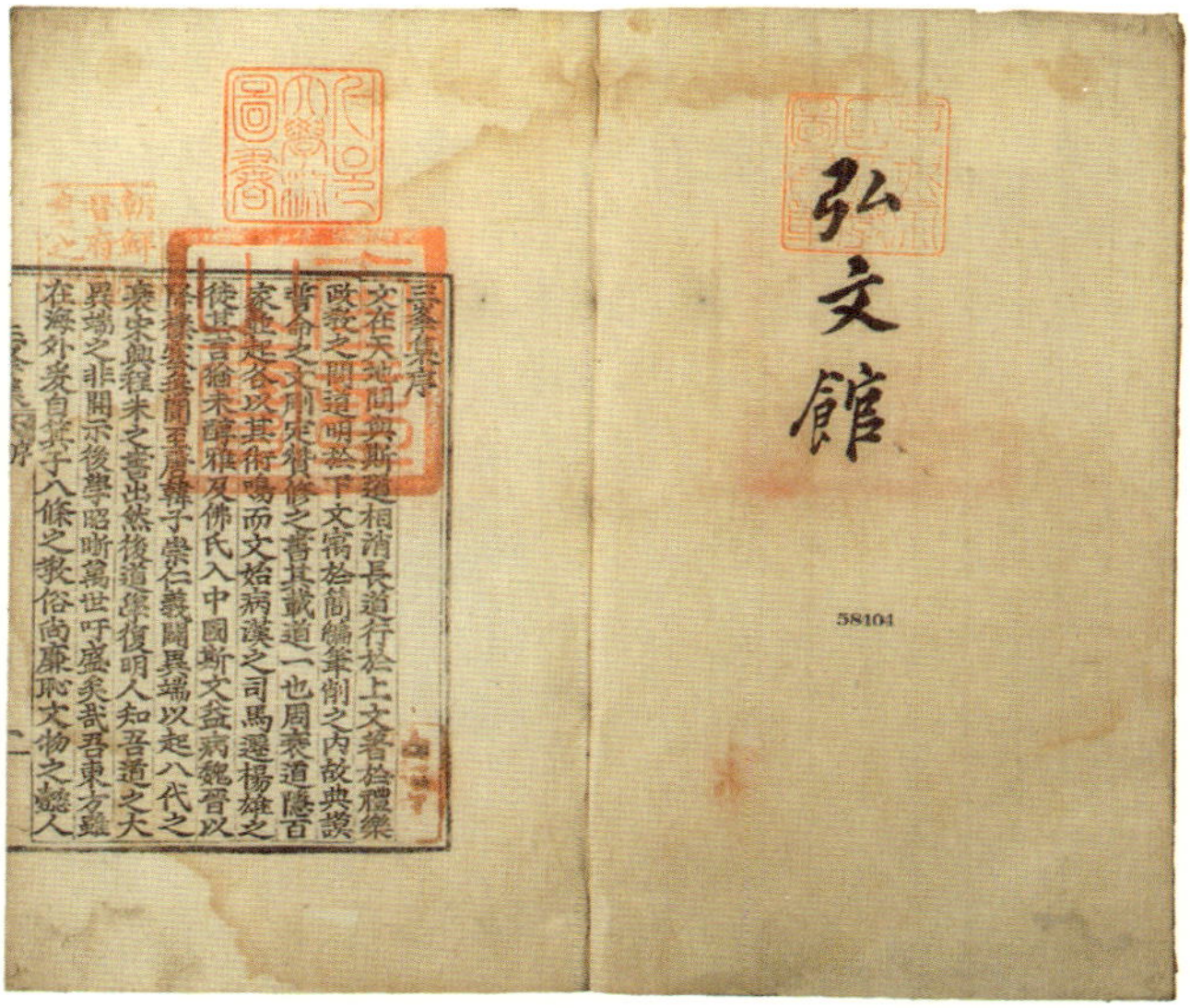

『三峯集《サムボンジプ》』。鄭道伝《チョンドジョン》著。1465年。奎章閣韓国学研究院〔韓国〕所蔵。朝鮮初期の性理学者鄭道伝は、「仏氏雑弁」「心気理篇」を著し、仏教教理を理論的に批判し、性理学を唯一の統治理念にしようとした。

信仰を弾圧するのに有効な枠組みとして用いられた。

『粛宗実録』に登場する高級官僚たちの上疏から、こうした女性に対する嫌悪がどれほどであったかが推察できる。

我が王朝となってから僧尼の都城出入りを禁じたのは、淫乱を戒め邪悪を戒め、民俗を正そうとするものであります。しかし今、〔尼僧が都城の東の郊外に建てた家が〕夫を裏切り主人を裏切った婦女や早くから寡婦となり良からぬ行いをした輩が、先を争って押し寄せ集まる場所となっております。そこで彼女たちは姦淫を行い、邪悪な行為をするなど、〔世の中を〕惑わせ騒がせるあり様がひとつやふたつではありません。

〔『粛宗実録』三〇年（一七〇四）十月二十八日条〕

にもかかわらず、寺院を訪れ供物を奉げる女性は後を絶たなかった。成宗二十五年〔一四九四〕、成宗の兄月山大君《ウォルサンテグン》が興福寺《フンボクサ》❷を創建して仏事を催すと、士大夫や士族の女性が雲のごとく集まってきた。ここで彼女たちが男僧や女僧に混じって留まり夜を過ごして帰ってきたことが

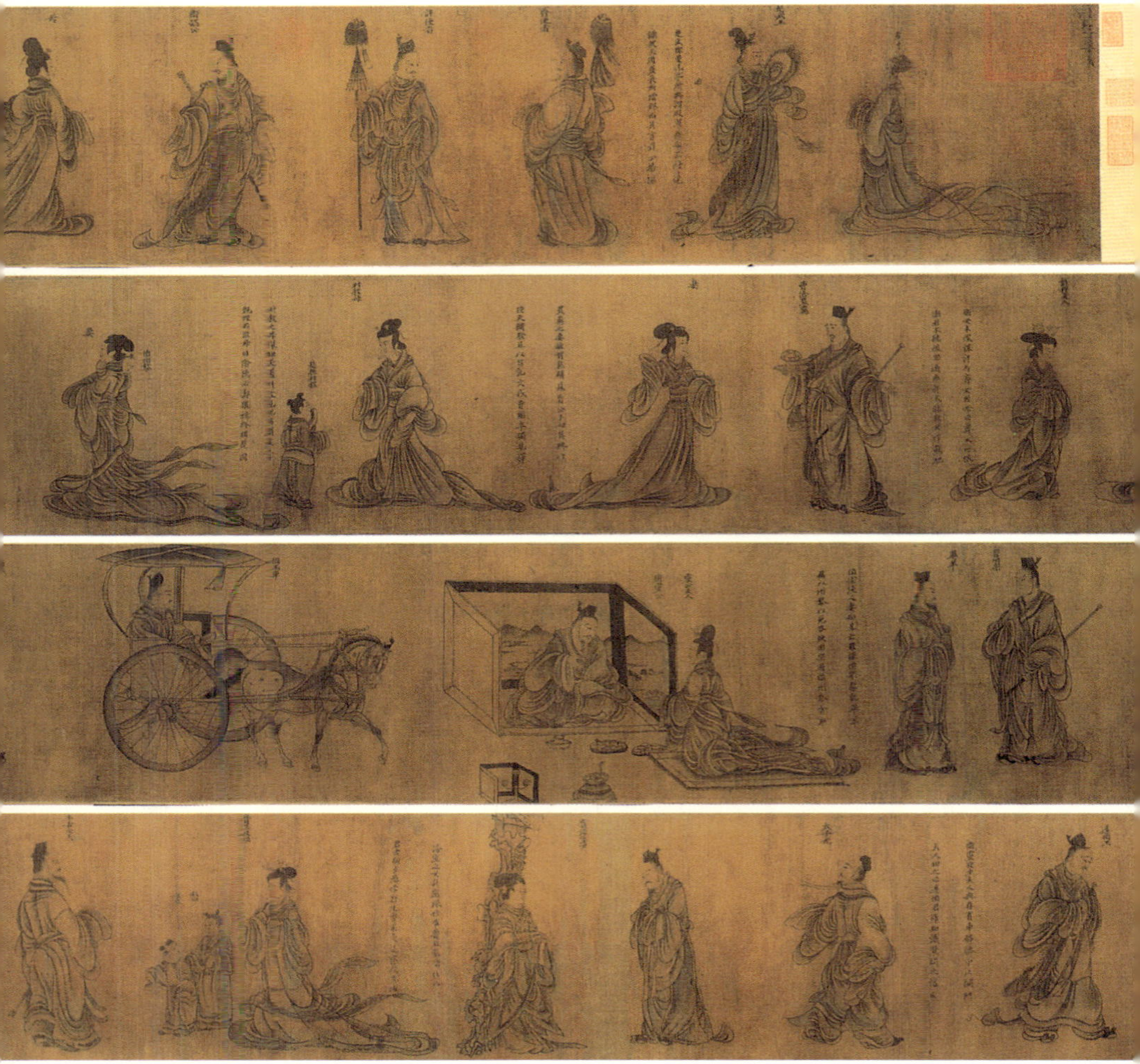

朝鮮時代の社会は、中国の『列女伝』などをモデルとして烈女や貞節に対するイデオロギーをさらに強化させていった。中国もまた、宋や明などで早くから『列女伝』を編纂し、有名な良妻・賢母・列女・妬婦などの物語を扱った。上の絵は『列女伝』に登場する故事を描いた「烈女仁智図」。伝顧愷之画、秦、4世紀、絹本淡彩、全体の大きさは25.8×470cm。北京故宮博物館所蔵。

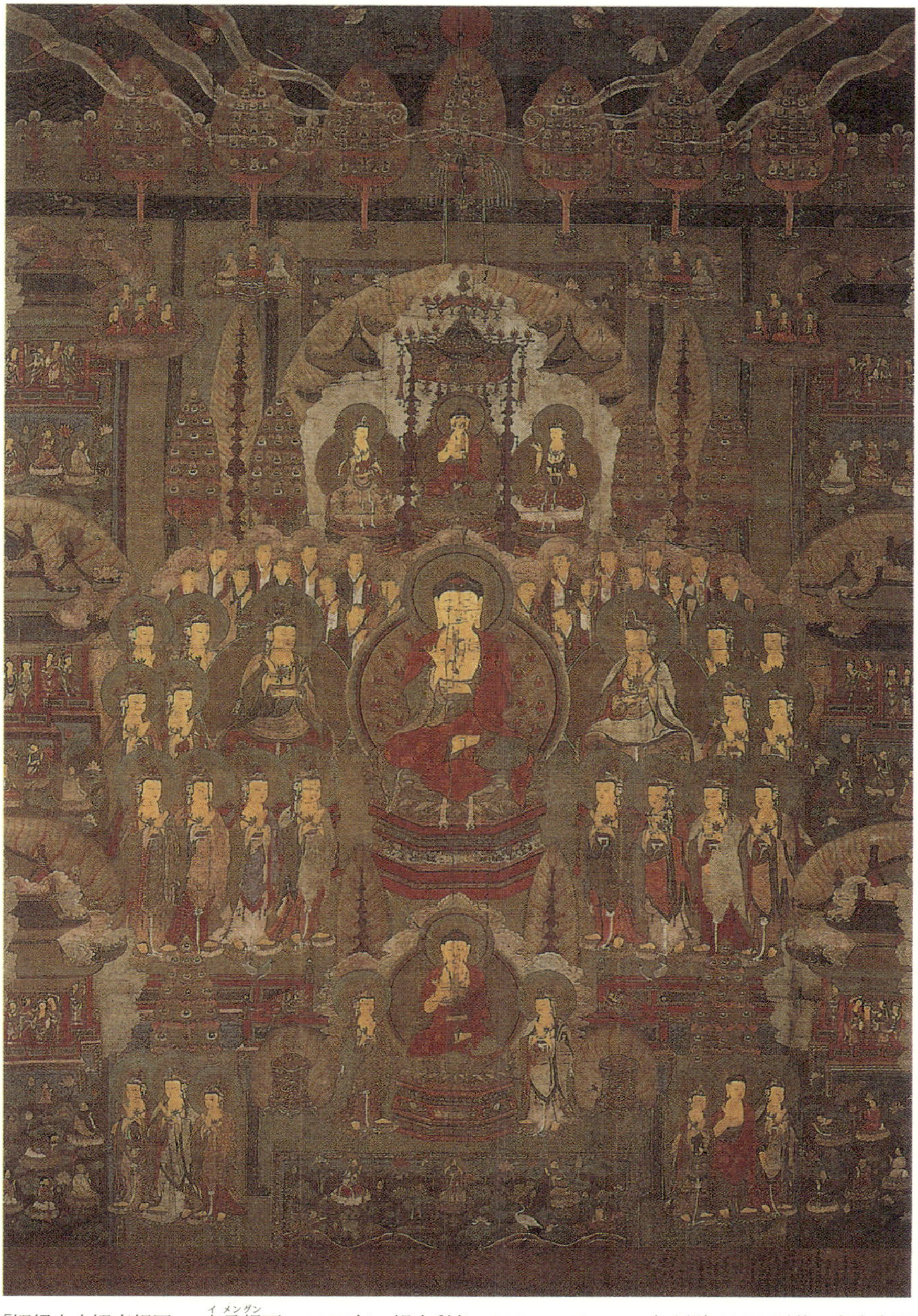

「観経十六観変相図」。李孟根《イメングン》画、1465年、絹本彩色。269 × 182.1cm。知恩院（京都）所蔵。孝寧大君が月山大君や永膺大君夫人の宋氏とともに発願した王室用の仏画。

問題となり、司憲府《サホンブ》〔風俗矯正・官僚の糾察や弾劾を担当した官庁〕や司諫院《サガンウォン》〔国王への諫言を担当する官庁〕では、仏事を主導した僧を厳しく尋問し、寺を訪れた女性を処罰するよう要請した。これに対して成宗は「婦女子が夫や父母のために仏道を奉り信じているのに、どうして寺院を全て取り壊し、禁止することができようか」と述べ、臣下の意見を抑えつけた。〔『成宗実録』二十五年四月十一日条〕

　ここで興味深いのは、実録に示された寺院撤廃や仏教廃止などに関する上疏、または王室内の比丘尼用施設に暮らす比丘尼を還俗させて都の一角の尼寺に集め統制しようという臣下の要請に抵抗し、仏教人を庇護したのが、国王や王妃であったという事実である。世宗代に大王大妃〔先々代の国王妃〕の願刹❸であり太祖〔李成桂《イソンゲ》〕の時から朝鮮王朝と縁《ゆかり》があった京畿道の檜《フェ》巌寺《アムサ》〔京畿道楊州《ヤンジュ》郡所在〕が重修され、落成記念の法会が開かれた。だが、この落成式典で世宗の妃昭憲《ソホン》王后の母を含む士大夫の夫人が参加し、寺に宿泊してきたことが大きな問題となった。結局、女性たちからの贖銭〔罪を免じてもらう代わりに払う銭〕徴収によって決着がついた〔『世宗実録』十六年五月一日条、五月四日条、七月七日条〕。だが、朽ち果てているために重修しなければならない檜巌寺を国家によって支援しようとしたり、地方勢力家による寺への狼藉を禁じたり、法会に参加し寺に宿泊して帰ってきた士大夫の女性たちや僧侶

檜厳寺

を処罰する上疏に対して処分を軽くしようと努力したのは、ほかでもない国王自身であった。『世宗実録』十六年〔一四三四年〕の条目で、檜巌寺に関する記録は合計四十八件もあるが、これらのほとんどは儒生や司諫院・司憲府などが国王に要請した、長く饒舌で激烈な語調の上疏や嘆願であった。

朝鮮時代の仏教問題は、単に儒・仏の葛藤だけではなく、性理学的な政治観に伴う国王と臣下の牽制という権力的な観点からも解釈されねばならないだろう。仏教を信じる女性に対する認識と、それに対する反応をめぐる政界内部での攻防を掘り下げていくと、朝鮮王朝の性格について新たな姿を知ることができる。いずれにしろ、僧侶と女性の寺院集会を防ごうという上疏は、朝鮮時代の全時期にわたって絶えず続いた。だが、女性の寺院通いは処罰を通じて防げるような性質のものではなかった。

比丘尼：「烈女」と「非烈女」の境界を越える人々

朝鮮時代の仏教を探ってみると、最も関心を引くのは比丘尼の存在である。比丘尼とは出家した女性の僧侶を指すサンスクリット語で、男性の僧侶を比丘、女性の僧侶を比丘尼と呼んだ。仏教の創始者であるブッダは、女性の求めに応じて女性出家者の教団を認めたが、仏教はその始まりのときから男性の聖職者だけでなく、女性聖職者の教団が存在した唯一の宗教である。韓国の場合、高句麗を通じて新羅に仏教が伝えられる際に大きな役割を果たした毛礼《モレ》の妹である史《サ》氏が、記録に表れた最初の女僧である[4]。『日本書紀』には、百済の比丘尼が日本にやってきて仏教を伝播し[5]、その後数人の日本女性が百済に赴いて比丘尼戒を受けて帰国したという記録が残されている[6]。新羅時代には比丘尼の僧官がいたほど比丘尼の活動が著しかった。高麗時代の女性には僧侶となるための科挙試験である僧科や僧階〔僧侶の品階〕が許されることはなかったが、修行に専念した多くの比丘尼がいたことで知られている。韓国の人たちによく知られている普照知訥《ポジョチヌル》❼の弟子真覚国師慧諶《ジンガククサヘシム》❽の碑文には弟子たちの人名録が記録されているが、その中には比丘尼の名前も列挙されており、彼女たちの存在を具体的に確認することができる。比丘尼たちの出身の背景を探ってみると、夫が死亡してから出家した場合がほとんどで、そのほかに貧しさのために結婚できず出家したものなど、様々ないきさつをもった女僧がいたようである。貴族層に属する彼女たちは、家族がいるそばに寺を建てて住む場合もあった。

高麗時代だけでなく、朝鮮時代にも夫が死んだのちに貞節を守り冥福を祈るという理由で出家する女性が多かった。世祖の頃、尹《ユン》氏夫人という人物が夫が死んで出家したが、これについて『世祖実録』は次のように記している。

柳子煥《ユジャファン》の妻尹氏は、宰相尹炯《ユンヒョン》の娘である。人となりとして嫉妬がひどく、荒々しく放埒であり、柳子煥が生きている間は女僧たちと人知れず交流していた。夫が死んでからは悲しい気色をわずかも見せず、親族が棺を持って都から故郷に下っていったが、まるでついていくかのように身支度をして出てきたものの、出棺の日の夕方ひそかに逃げ出し、埋葬地に行かずに出家してしまった。彼女は頭を丸め女僧となっていくつかの山をめぐり、僧たちに会って仏経を得、また寺に留まったが、口では亡き夫のために冥福を祈るというものの、実は自分の楽しさにまかせて好き勝手に巡り歩いているのであった。

（『世祖実録』十三年（一四六七）二月二十五日条）

しかしこうした記録は、裏を返せば、宗教的な性向が強いある士大夫の家の夫人が出家する機会のみを待っていて、夫が世を去ってから出家を決心したものの、周囲の親族の反対を避けるために、初めから出棺の日に逃げるように家を飛び出したものと見なければならないであろう。いずれにせよ、尹氏夫人が後に「浄業院」という寺院の住持になったという事実から、修行を通じて得た力も高く、他の比丘尼や信徒たちの尊敬を集めた人物だったようである。彼女は寡婦となり烈女としての人生を選ぶよりは、修行者となる道を歩み、家を出たのである。

比丘尼となった女性の中には、寡婦や未婚の女性もいた。女性は寺に行って願いを叶えようと祈りや供物を奉げ、僧侶から経典の言葉を聞いた。だが、『成宗実録』に出てくる内容を見ると、こうしたことは到底許されない醜悪な行動であり、儒学者たちは赤裸々な嫌悪感を隠すことができなかった。

> 未婚の女性や寡婦の剃髪はどちらも続けられてきており、絶やすことができません。あるときは善を勧めるといい、あるときは山で遊ぶと口実をつけて、友と集まり群れをなして僧侶と混じっております。ゆえに、淫らで醜悪な行為がその家の風俗を乱したのであります。
>
> 〔『成宗実録』九年(一四七八)十一月三十日条〕

貞節を守ることを名分に掲げて女僧となったわけだから、「僧と混じり淫らで醜悪な行為」をこととする寡婦に対する非難は相次いだ。彼女たちは、当時の社会が求めた「烈女になること」を拒み、女僧となることで儒教的な家族秩序に正面から対抗した。女性学者の鄭智泳《チョンジヨン》教授〔本書第一部六章の執筆者〕が述べているように、彼女たちは「儒教支配と寺院空間との隙間をかろやかに越え、そして烈女と『非烈女』の境界を越えた女性たち」であった。さらに、儒教的な家族観から見た時、結婚をしない女性とはそれ自体が不安な存在である。それゆえ、未婚の女性が仏道に従うといって出家すれば、非常に激しい批判の対象とならざるを得なかったのである。

今の女僧たちは庶人ばかりでなく士族の娘に至るまで、その夫が死んでからいくらも経っていないのにもう

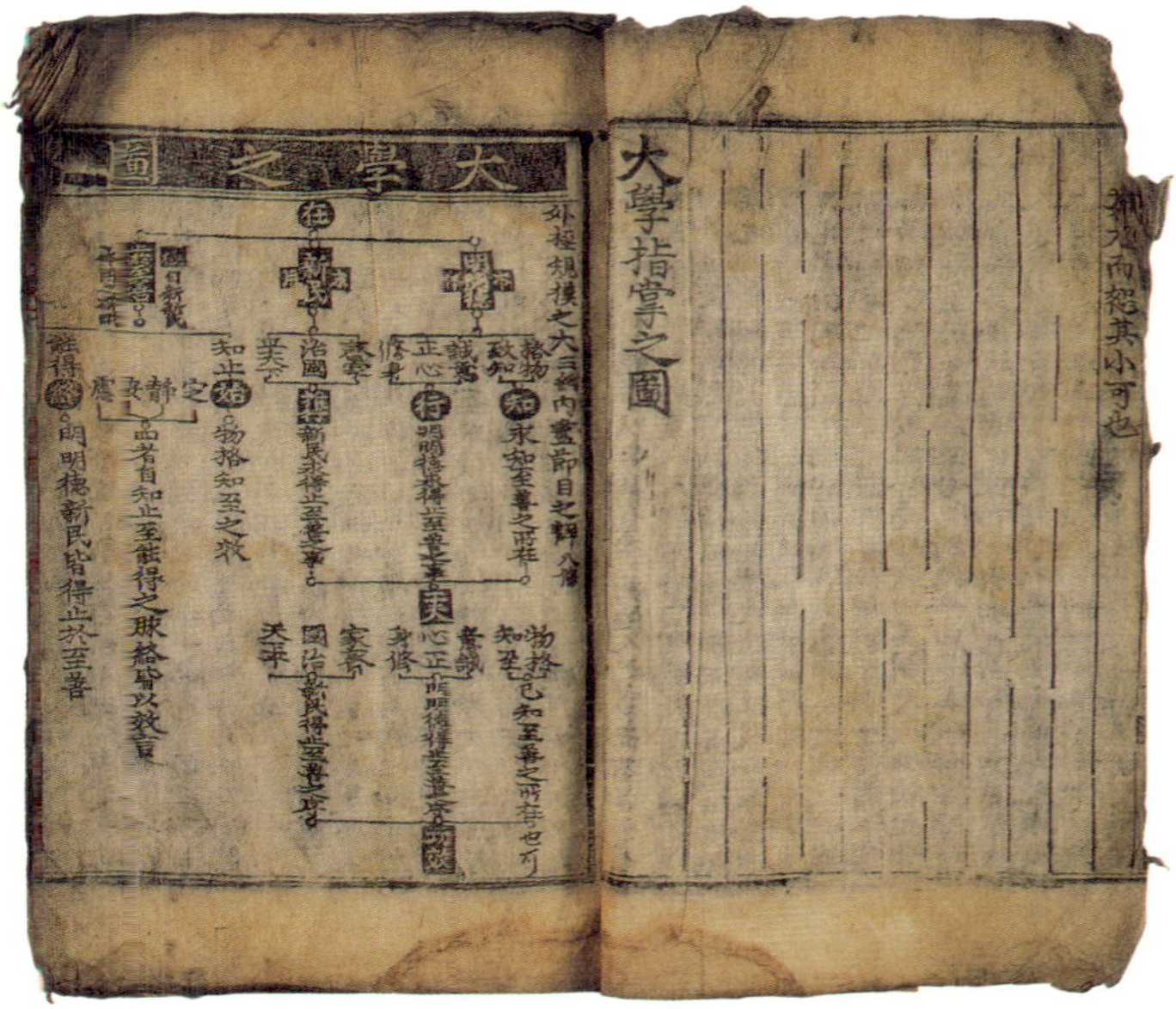

『入学図説《イブハク トソル》』。権近《クォングン》著。1390年。木版本、誠庵古書博物館（ソウル）所蔵。1390年（高麗の恭譲王《コンヤンワン》2年）、権近が著した性理学の入門書。性理学の中心思想を選び絵を用いて解説している。絵の位置配列や解説に、彼の性理学的な見解を見ることができる。太極・天命・理気・陰陽・五行・四端・七情など、性理学の基本概念について解説されているが、こうした図説は、後に儒教的秩序と規範という名分のもと、朝鮮時代の女性を束縛する手段として用いられた。

頭を丸めて女僧となっております。また、年若くして嫁に行かない女性も争ってみずから剃髪するのですから、理にかなっていないことであります。およそ男性には妻がおり、女性には夫がいるというのが人の世の常でありますが、年若くして女僧となり、配偶者を持たないというのなら、これもまた和気〔男女の和睦の道理〕を損ない禍をもたらす理由となりましょう。願わくば、世俗に呼び戻し、帰ってくるようにしていただきたく存じます。

（『成宗実録』〔二十二年（一四九一）五月二十二日条〕）

士族の女性は出家することが許されなかったが、取締りが厳しくない時には未婚女性が僧侶となることも多かった。しかし、結婚しない女性が独身で暮らすのは、天地の調和に逆らうことであり、さらに、修行するといって集まり集団生活を行う比丘尼の女性は、誰よりも都合の悪い存在であった。彼女たちは当時、国で禁じていた仏教を信奉する自由奔放な人々であり、仏道を真理と考え、自らの思いを曲げない部類として扱われた。女性たちのこうした生き方は、儒教秩序や規範から逸脱するだけでなく、宇宙の秩序にも逆らうものとされたのであった。

朝鮮時代全体を通じて、女僧のうち夫が死に貞節を守るために僧侶となった者を除き、年若き人は還俗させて髪を生やさせ、結婚させるようにすべきだという上疏が絶えず出された。

経典では「内には恨みを抱く女性がいないようにし、外には嘆く夫がいないようにせよ」といわれておりますが、これは夫婦の陰陽の和合を重く考えたものであります。今日、年幼き女僧たちの中には、心の中に情欲を蓄えながらも外に対しては節義を飾る者や、心の中では結婚したいと思いながらもその時の事情でそう語ることもできず、ため息の中で日々を過ごしてその身を終える者がおります。〔彼女たちに〕どうして隠れた恨み〔幸せな結婚生活ができなかったことへの恨み〕がないといえましょうか。中央と地方の官吏に命じて、三十歳以下の女僧は髪を伸ばして婚姻するようにさせるのはいかがでしょうか。

（『世宗実録』〔二十五年（一四四三）五月十六日条〕）

しかし、こうした禁止や弾圧にもかかわらず、比丘尼の存在は朝鮮の全時代にわたって現れた。彼女たちは上流層の女性たちと宗教的な親交を深めたり、王室や富裕層の後見人から布施を受けたりしたが、こうした後見人は多くは都の出身であった。物質的な支援を受けてはいたものの、多くの比丘尼は社会的な偏見や経済的な困難に苦しんでいたようである。儒教の家父長制に伴う嫌悪や非難の中で、比丘尼は自らの行く手をさえぎる障害物を自分で越えていかなければならなかったのである。

「先王のためだということを、国王がどうして止められようか」

朝鮮時代の仏教政策は、国王ごとにその様相が異なっていた。世宗のハングル創製以後、世宗・世祖・成宗年間に、国王や大妃の命令によって多くの仏経がハングルで翻訳された。これら諺解仏経〔ハングル翻訳された仏典〕の刊行事業は、女性や平民に照準をあわせたもので、教理的な内容のものよりは、来世で浄土に生まれかわりたいという願望や、祈禱して幸福を願う経典が中心となった。仏経刊行を専門に担った刊経《カンギョン》都監《ドガム》がなくなった後にも、朝鮮時代中期まで仏経刊行は持続的に行われた。

王室は朝鮮時代の仏教信仰を支える上で重要な役割を果たした。王室の女性たちを中心として続けられた仏教信仰の一端を探ってみると、『成宗実録』には、仁粋《インス》大妃〔成宗の母〕の仏教活動のために官僚たちから突き上げを食らう成宗の姿が次のように記されている。

仁粋大妃：私が奉先寺《ポンソンサ》〔朝鮮時代の願刹、京畿道南楊州市所在〕で写経をしたことで朝廷ではずいぶんと激しい論争が起こっておるというが、それはまことか。

成宗：そのとおりでございます。

仁粋大妃：どうして私にいわなかったのか。

成宗：してはならない話で母上の耳を煩わせることなど、どうしてできましょうか。

仁粋大妃：私が写経して主上《そなた》を苦しめてしまったようじゃ。昔から仏教が虚誕〔空虚な教え〕といわれながらも、これまでの国王はそれをなくすことがなかった。私が幼くして宮廷に嫁いでから、亡くなられた王に満足にお世話できた日は一日もないままに永遠の別れとなってしまった。❾ その悲しみをどうして語れようか。冥福を祈ることは昔からあること。私は上は先王のために、そして今の国王のためにという思いを一時も休めたことはありませぬ。先王の世祖は私の悲しみをお察しになり、春と秋に夫の陵に参拝するよう配慮してくださった。しかし今は、私が民の母としての立場であるゆえ、むしろ朝廷での議論が怖く何ひとつ思い通りにできぬ。だが、昔から儒者が仏を排斥する理由はほかでもない、王の仏教崇拝が過ぎると、寺を建て僧侶を接待しようと財物を使い果たし、民を苦しめるのではないかと考えたからであろう。しかし、私は自分の私財で仏経を刊行し、費用を担ったのであり、少しも国家に害を及ぼすところはなかった。にもかかわらず朝廷でこのように論難されるとは、私としてはどうすればよいのか。もし、仏道が虚妄であるなら、先王や王后のために水陸斎《スリュクジェ》〔陸地や水中をさまよう霊魂や餓鬼を慰めるための仏教儀礼〕を行ったり、国家のために名山大川に祭祀を行ったであろうか。しかしながら司諫院からここまでひどくいわれるのであれ

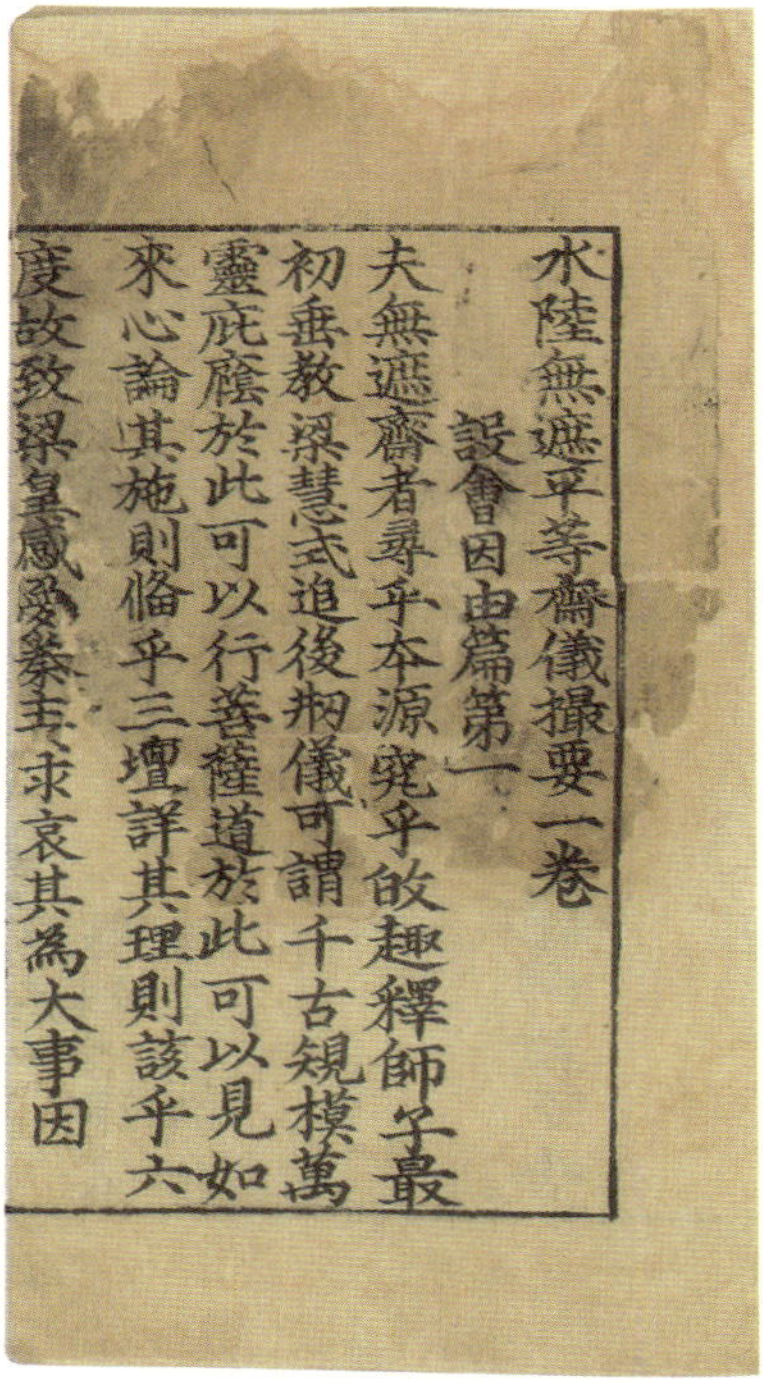
水陸無遮平等齋儀撮要一巻
設會因由篇第一
夫無遮齋者尋乎本源寔乎啟趣釋師孚最
初垂教梁慧武追後朔儀可謂千古規模萬
靈庇蔭於此可以行菩薩道於此可以見如
來心論其施則倫乎三壇詳其理則該乎六
度故致梁皇感夢叅去求哀其為大事因

『水陸無遮平等斎儀撮要《スリュクムチャピョンドゥンジェウィチャリョン》』。1470年。宝物〔重要文化財に相当〕1105号。湖林博物館（ソウル）所蔵。狐魂や餓鬼などの霊魂を法会にて平等に供養し、救済する内容が記されている。韓国では水上や陸上で苦しむ衆生への供養を功徳の第一とし、朝鮮時代初期は、王室を中心として国家的な水陸斎が何度も行われた。巻末に金守温《キムスオン》の跋文が載せられているが、これによると、この版本は広平大君《クァンピョンテグン》〔世宗の五男〕夫人の申氏が発願し、彼女の息子永順君《ヨンスングン》に筆写させ、刊行したものである。水陸斎の基本となる水陸無遮平等斎の撮要〔摘要〕の版本のうち最も古いもので、朝鮮時代初期の仏教信仰の具体的な姿がわかる。

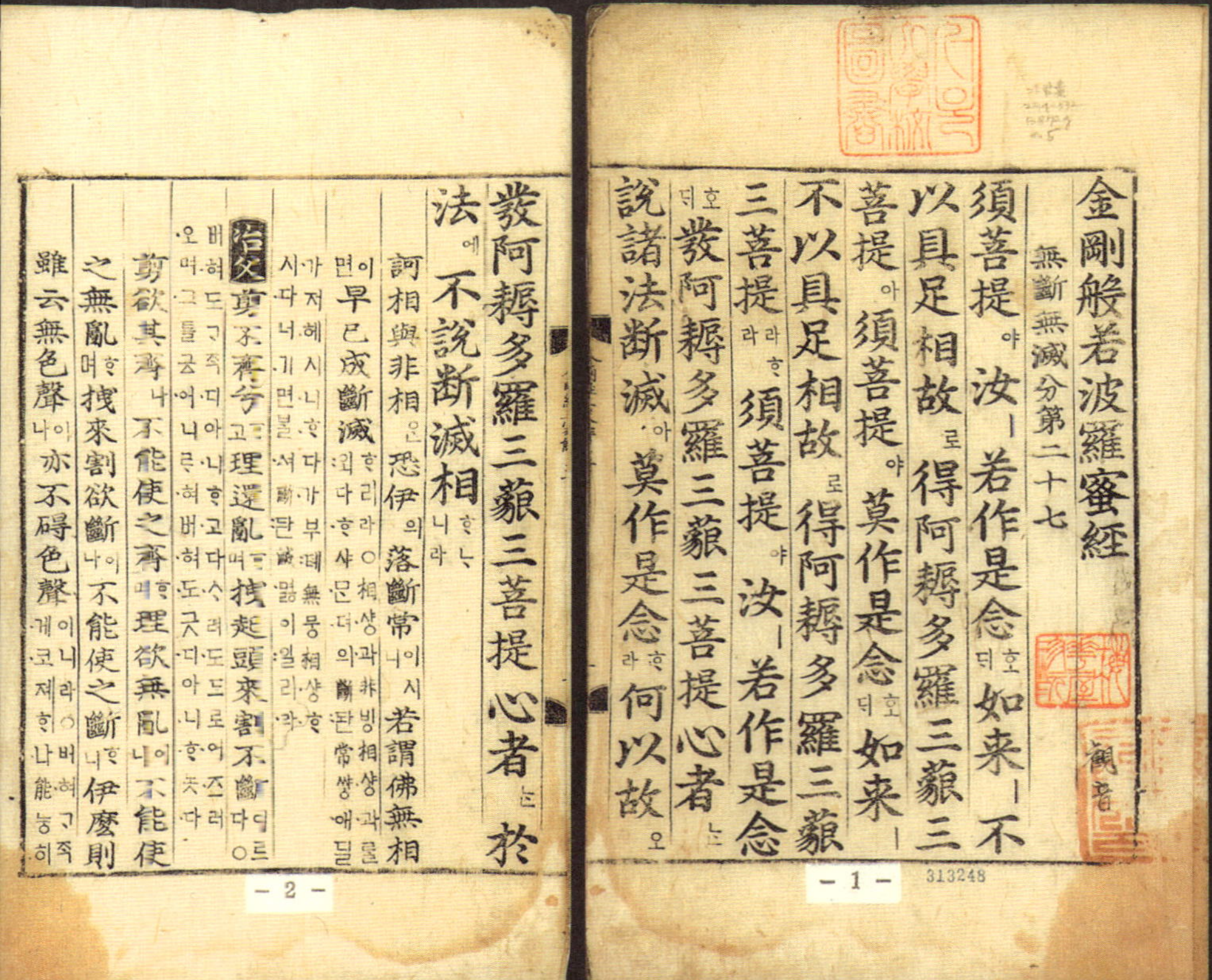

金剛般若波羅蜜經

無斷無滅分第二十七

須菩提야 汝ㅣ若作是念호ᄃᆡ 如來ㅣ不以具足相故로 得阿耨多羅三藐三菩提아 須菩提야 莫作是念호ᄃᆡ 如來ㅣ不以具足相故로 得阿耨多羅三藐三菩提라 호라 須菩提야 汝ㅣ若作是念호ᄃᆡ 發阿耨多羅三藐三菩提心者ᄂᆞᆫ 說諸法斷滅아 莫作是念호라 何以故오

發阿耨多羅三藐三菩提心者ᄂᆞᆫ 於法에 不說斷滅相ᄒᆞᄂᆞ니라

－2－ －1－

「金剛般若波羅蜜経《クムガンパニャパラミルギョン》」。奎章閣韓国学研究院〔韓国〕所蔵。成宗13年（1482）、内需司《ネスサ》〔宮中の穀物や王室財産を管理する官庁〕で300部を刊行した。儒教が根を下ろした朝鮮時代にも王室レベルで仏経刊行事業が活発に行われていた。

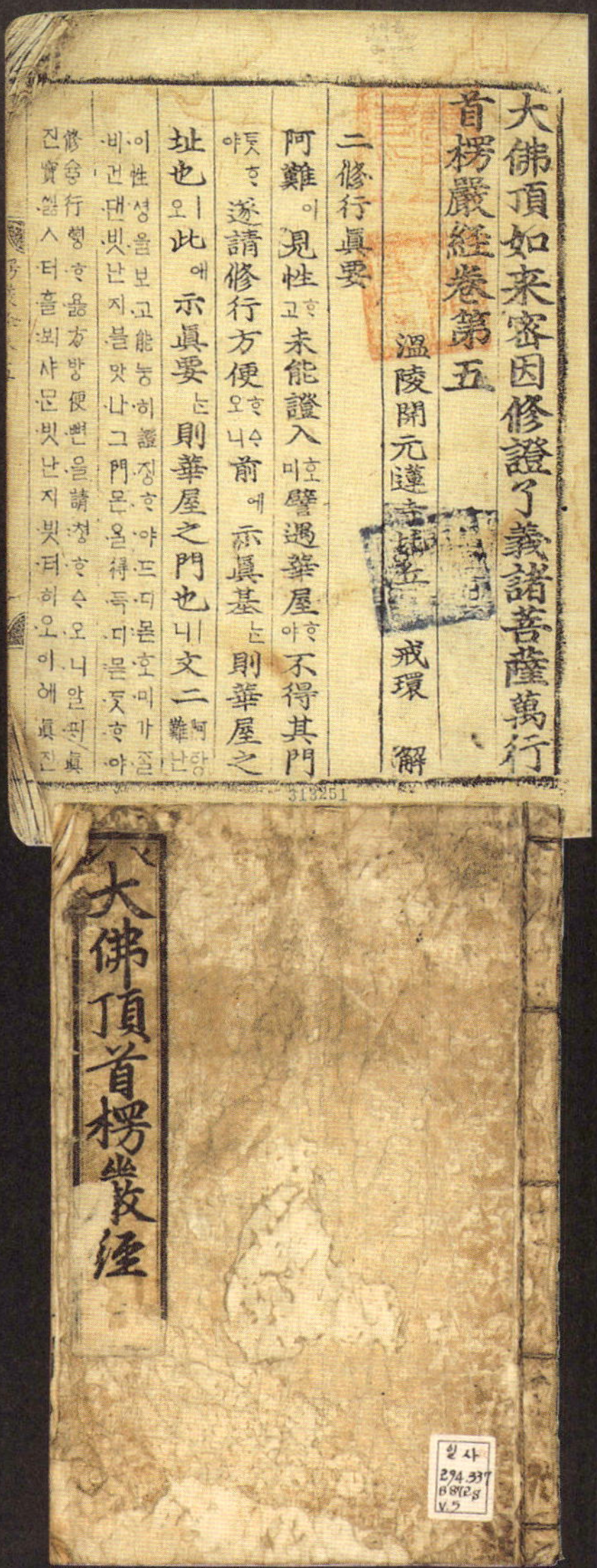

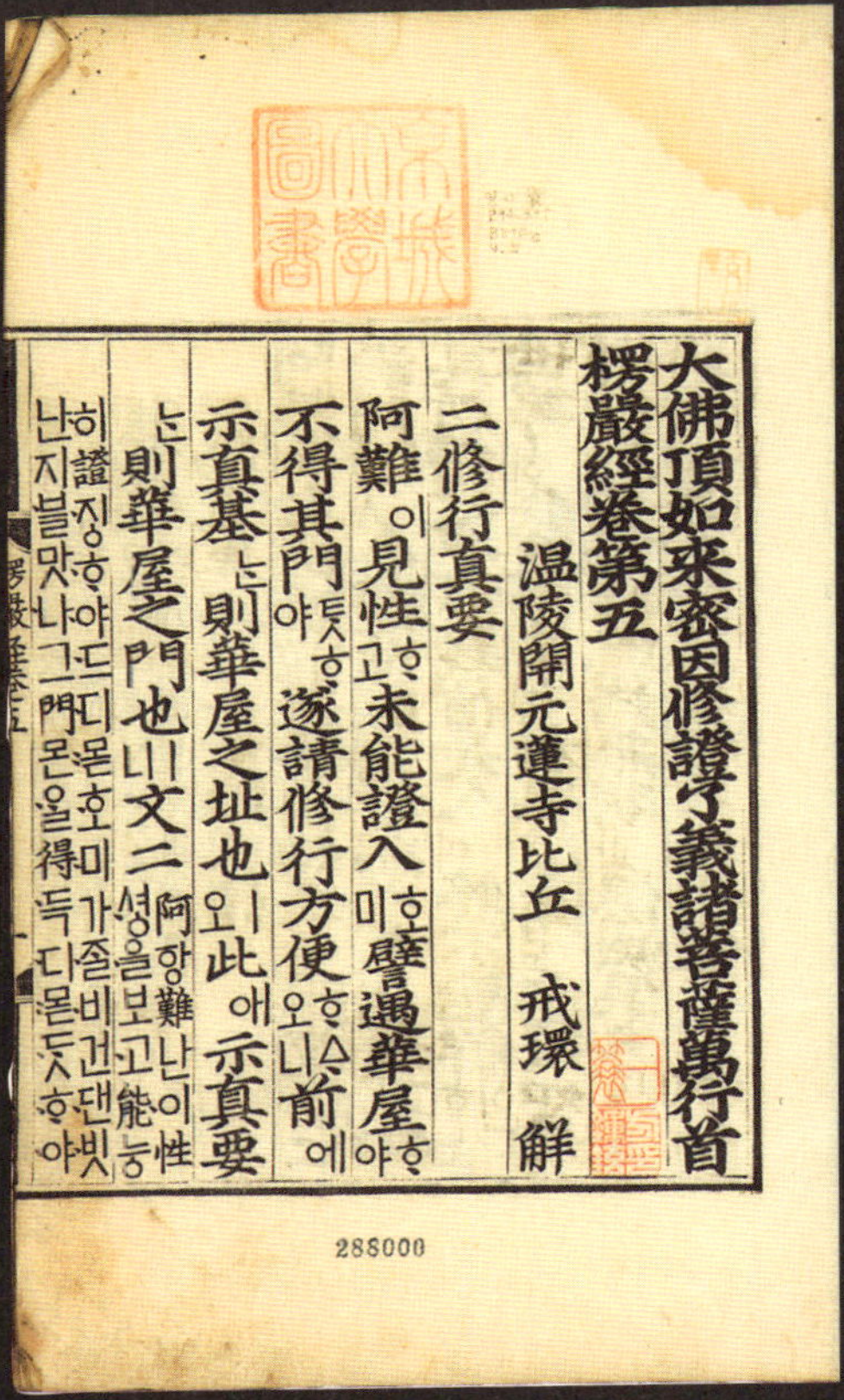

「大仏頂如来密因修証了義諸菩薩萬行首楞厳経諺解」。奎章閣韓国学研究院〔韓国〕所蔵。宋の僧侶戒環《ケファン》が解説した「戒環解楞厳経」をハングル訳した書籍。世祖が口訣〔韓国式の漢文送り仮名〕を付け、慧《ヘ》覚《ガク》尊《チョン》者《ジャ》信《シン》眉《ミ》が句読点を付け、韓継禧《ハンゲヒ》と金守温がハングル訳をした。

ば、もう写経などはせぬ。
〔『成宗実録』八年（一四七七）三月七日条〕

このため、成宗は司諫院などの臣下を呼び、次のように問い詰めた。

そなたたちはわが母上がなさっていることと知りながら敢えて言うのはどういうわけだ。そなたたちがしていることは正しいことか、間違ったことか。
〔同前〕

これに対し、大司憲《テサホン》〔司憲府の長官〕が「私どもの罪でございます」というや、国王が「自らその罪というなら幸いである」と答えた。ところが、その席から退いた後、芸文館《イエムングァン》の副提学《プジェハク》〔正三品の官職〕がこの答えをめぐって「国王からの禄を食む年寄りが、言官《オングァン》〔国王に諫言する官職の総称〕の地位にありながらその程度のことしか答えられぬのか」と述べ、すぐさま他の者とともに上疏しようと言った。これに対して、他の大臣たちが「息子が親のために寺院で法事を行い、僧侶に供物をささげることはよくあることだ。国母〔仁粋大妃〕が先王のために写経することの何が治道に害となるというのか」と反対意見を出した。強硬派はこれに対し、「国王は亡き先王のために母がいつもしていることだから防ぐことはで

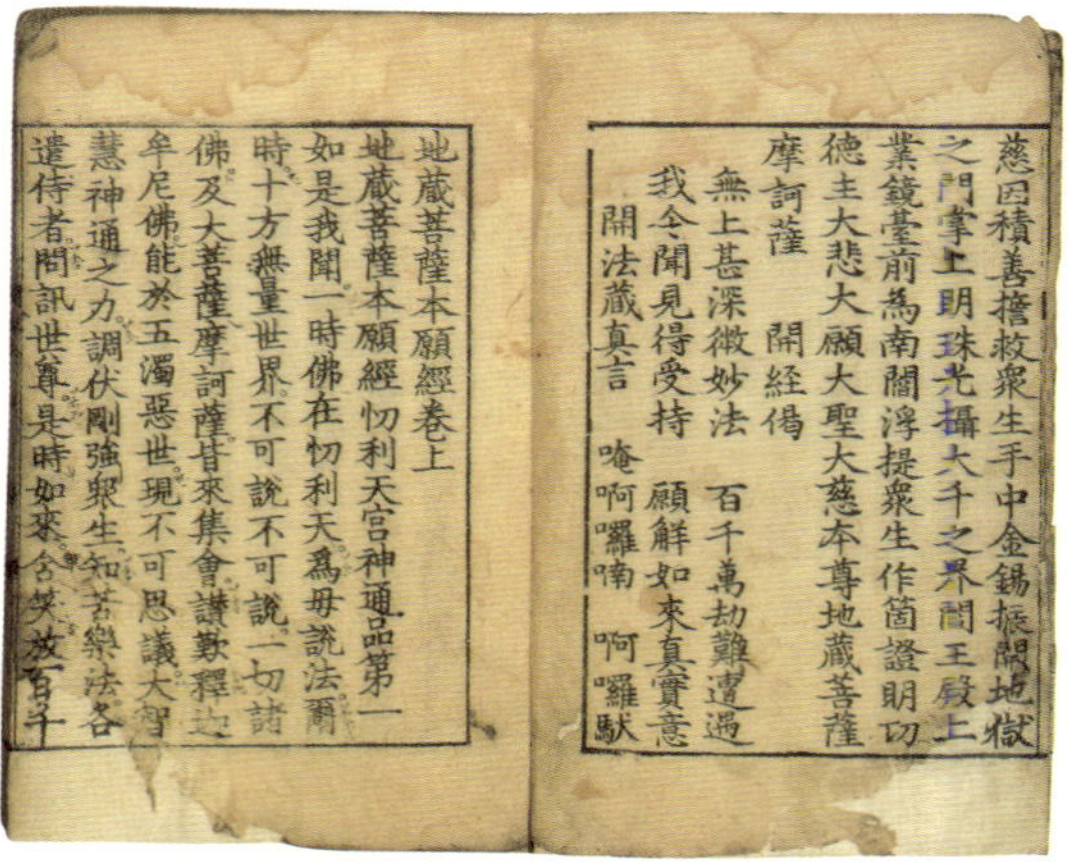
慈因積善擔救衆生手中金錫振開地獄
之門掌上明珠光攝大千之界閻王殿上
業鏡臺前為南閻浮提衆生作箇證明功
德主大悲大願大聖大慈本尊地藏菩薩
摩訶薩
開經偈
無上甚深微妙法　百千萬劫難遭遇
我今聞見得受持　願解如來眞實意
開法藏眞言　唵 阿囉南 阿囉䭾

地藏菩薩本願經卷上
地藏菩薩本願經忉利天宮神通品第一
如是我聞一時佛在忉利天為母説法爾
時十方無量世界不可説不可説一切諸
佛及大菩薩摩訶薩皆來集會讚歎釋迦
牟尼佛能於五濁惡世現不可思議大智
慧神通之力調伏剛強衆生知苦樂法各
遣侍者問訊世尊是時如來含笑放百千

「地蔵菩薩本願経」巻上・中・下。15世紀、宝物〔重要文化財に相当〕1104号。湖林博物館（ソウル）所蔵。地獄の姿とともに、先代の先祖が地獄から抜け出し極楽に往生するための功徳の内容などが記されている。巻末の金守温《キムスオン》の跋文によると、この版本は成宗5年〔1474年〕に貞熹大王大妃が恭恵王后の冥福を祈るために板刻したものを、成宗16年〔1485年〕に比丘尼の信環《シンファン》が補刻・刊行したものである。本来この版本は王室で刊行されたことから、当代一流の刻字匠だった高末終《コマルジョン》や金千同《キムチャンドレ》らが文字を彫り、大妃・王女・高僧たちが加わった。朝鮮王室での地蔵信仰や仏教信仰の断面をよく示す資料である。

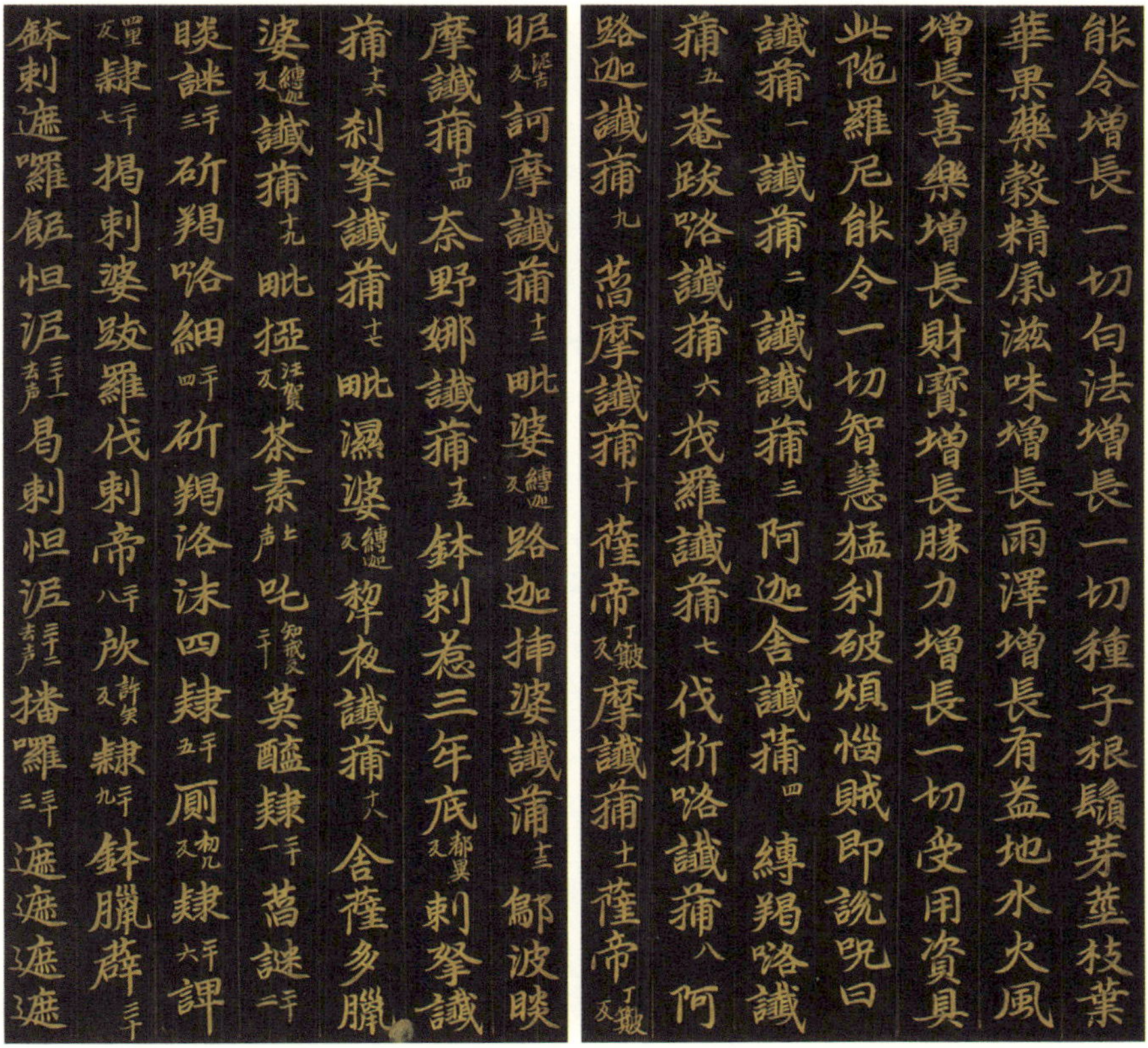

「地蔵菩薩本願経」(部分)。安平《アンピョン》大君《テグン》李瑢《イヨン》筆。紺紙金泥。37.4×19.7cm。世宗の三男だった安平大君は、このように数編の仏教経典を直接書き、刊行した。朝鮮の王室での仏教経典刊行の事例のひとつを知ることができる。

きないといい、臣下は国王がすることではなく大妃がすることであり治道に害はないからそのままにしておけといっていたら、宮中での仏への奉仕がいつになったらやむというのか」と嘆いたのであった。〔同上〕

これは、成宗代に宮中で起こった事件の断面にすぎないが、これによく似たことは朝鮮の全時期に渡って日常茶飯事であった。国王の母や夫人、または先王の後宮が、老年になってひとり仏心を磨いて心を慰めたり、あるいは先王のためという名目で仏事に従事する時、自らを育ててくれた彼女たちに対してやるせない心情が残っている国王としては、どうすることもできなかったのである。

「清平寺地蔵十王図」〔絹本着色地蔵菩薩十王像〕。1562年。絹本彩色。95.2×85.4cm。光明寺所蔵〔広島県尾道市〕。普雨大師《ボウデサ》〔朝鮮時代前期の高僧〕が文定《ムンジョン》王后〔中宗の継妃〕をはじめとした王室の安寧を祈り発願した地蔵十王図〔広島県指定重要文化財〕。

「釈迦三尊図」。1565年。絹本彩色。69.5×33㎝。Mary and Jackson Burke Foundation（米国）所蔵。文定王后は篤実な仏教信者で、朝鮮時代前期の代表的な王室仏画の発願者だった。文定王后が1565年に檜巌寺の無遮大会〔身分の区別なく宴を施し行われる法会〕を記念して発願した400点の仏画の中のひとつ。

「薬師三尊図」。1565年。絹本彩色。53.4 × 33.2cm。宝寿院〔広島県〕所蔵。これもまた文定王后が発願した400点の仏画の中のひとつである。左右の端には、息子の明宗の長寿と病気平癒、太子の誕生を願う姿が表されている。

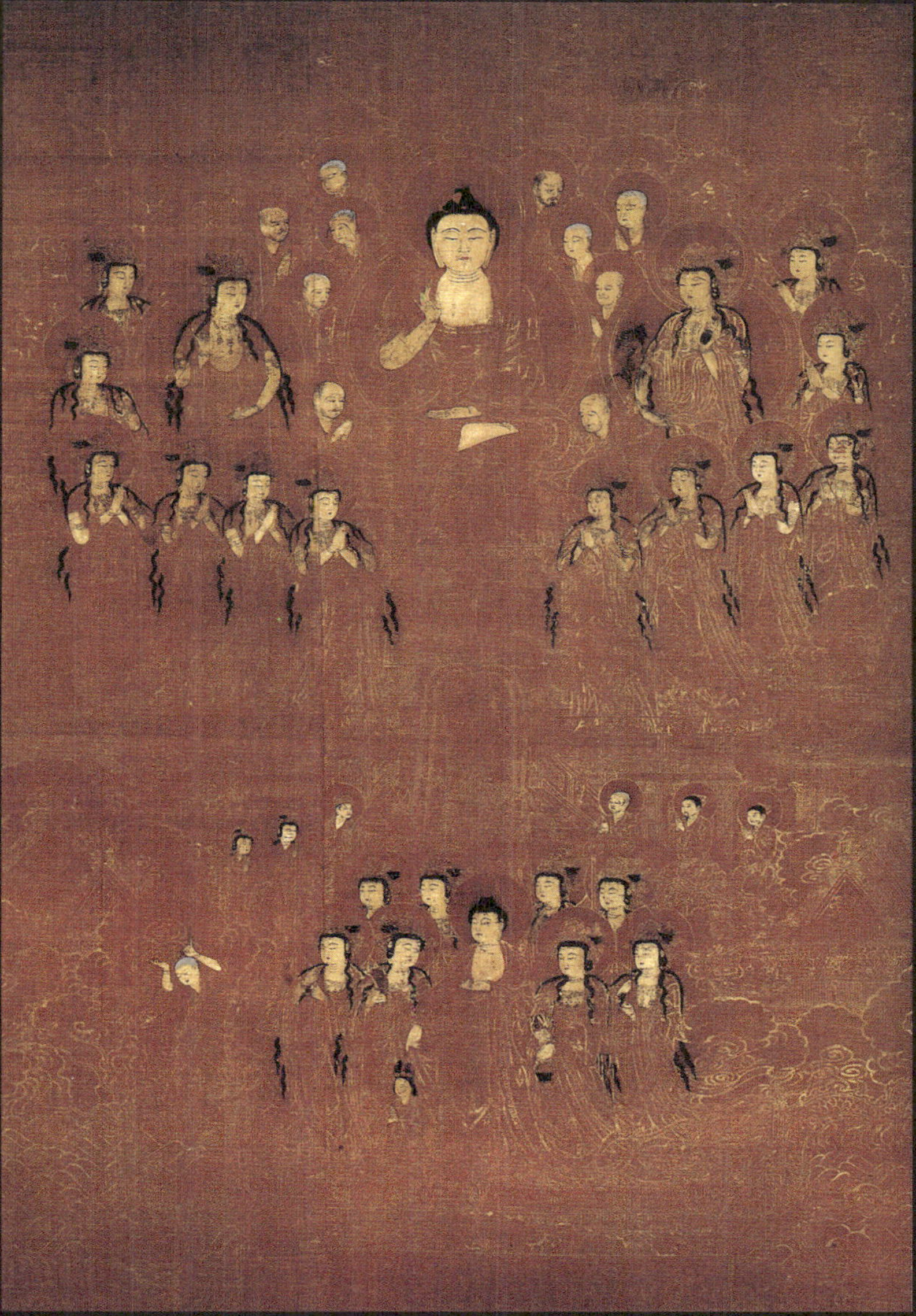

「阿弥陀来迎図」〔絹本著色阿弥陀浄土変相図〕。1582年。絹本彩色。115.1×87.8cm。来迎寺所蔵〔香川県丸亀市指定文化財〕。恵《ヘ》嬪《ビン》鄭《チョン》氏の極楽往生を祈願して製作した絵画。下段に般若龍船に乗って極楽へと向かう姿が描かれている。

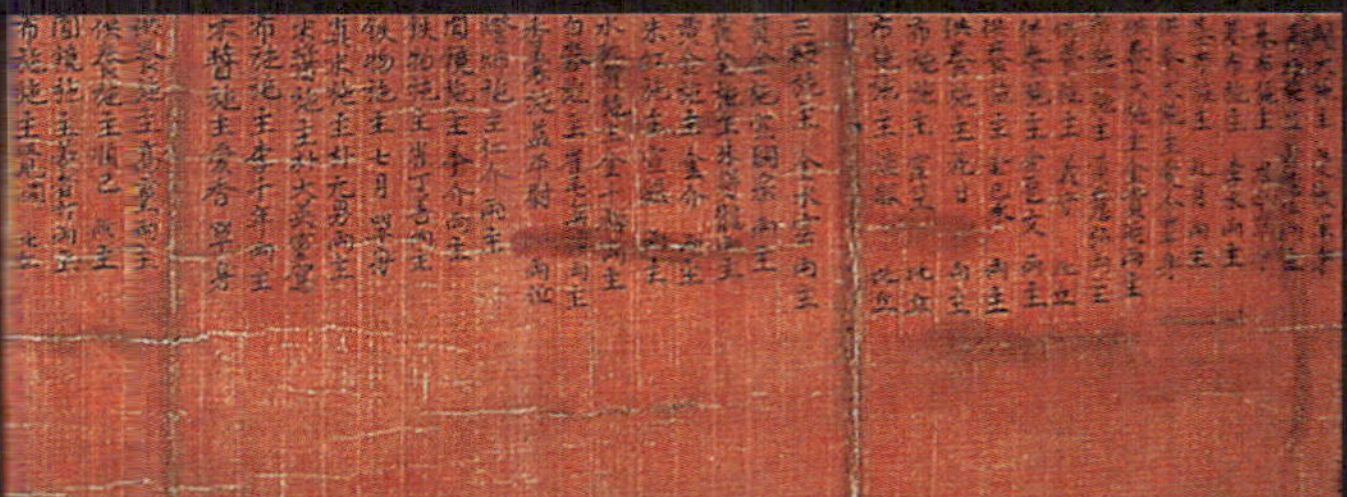

【写真上】「華厳寺掛仏」〔華厳寺霊山會掛仏幀〕。1653年。麻布彩色。1201×860cm。国宝301号（韓国）。華厳寺《ファオムサ》〔全羅南道求礼《クレ》郡〕所蔵。

【写真下】「華厳寺掛仏画記」。布施に参加した後援者の目録。

「清平寺地蔵十王図」〔絹本着色地蔵菩薩十王像〕。1562年。絹本彩色。95.2×85.4cm。光明寺所蔵〔広島県尾道市〕。普雨大師《ボウデサ》〔朝鮮時代前期の高僧〕が文定《ムンジョン》王后をはじめとした王室の安寧を祈り発願した地蔵十王

願刹：朝鮮王室の繁栄を願う

ここで、朝鮮時代の仏教の位置について、もうすこし多角的に、そして詳しく探ってみる必要がある。最近まで韓国史関連の書籍では、高麗時代は仏教が国教として隆盛し、朝鮮時代は排仏・抑仏政策により仏教が途絶えてしまったとして、両刀論法[10]によって図式化されることがあった。このような理解は、海外で韓国学を専攻する人たちにそのまま伝えられ、一部の西洋人学者の中には、朝鮮時代を叙述する際に仏教抑圧を「弾圧」(persecution)と記し、まるで中世西洋で異端が処刑され火刑となったというように理解しているものまで見受けられる。しかし、朝鮮では儒教を国是として排仏政策が一貫して展開し国家仏教を排斥したものの、王室の繁栄を祈る王室仏教は存続していた。国家仏教は一般民衆を教化の対象としたが、王室仏教は国民が教化対象ではなかった。

朝鮮時代の願刹は、王室内での仏教信仰の形態を知るにふさわしい証拠である。願刹とは、先王の冥福を祈り王室の繁栄を願う目的で、王室の寺院として維持される寺刹であった。京畿道の龍珠寺《ヨンジュサ》（華城《ファソン》市所在）や奉先寺《ポンソンサ》（南楊州《ナムヤンジュ》市所在）、ソウルの奉国寺《ポングクサ》（城北《ソンブク》区所在）などが、朝鮮時代の願刹だった。また、民間の立場から見ると、儒教は人々が生きていくのに必要な価値観や規範を教えるものの、死後の世界への不安や現実の苦痛についてはこ

朝鮮時代、王室の支援で維持された寺院のひとつである龍珠寺。

れといった答えを示してくれなかった。一方で仏教は、輪廻説に基づいた現世での輪廻観や来世観だけでなく、宗教的な世界観を示すことで、民の宗教的心性の中に消えることなく残っていたのであった。

浄業院：王室の比丘尼院としての存在

仏教は、特に王室の女性たちの間で持続的に信じられ行われていた。朝鮮時代、王室に属する比丘尼院としては、浄業院《チョンオプォン》・慈寿院《チャスウォン》・仁寿宮《インスグン》〔仁寿院《インスウォン》〕などがあった。これらの比丘尼院は宮廷のすぐ外に位置し、仏への礼拝や法事、観灯会《クァンドゥンフェ》〔釈迦の誕生日である陰暦四月八日に行う仏事〕の開催といった仏教行事が行われ、王室の祖先の位牌を祭ったりもした。後宮や王室の女性が出家して国王から土地と奴婢を与えられ、国家から官庁に準ずる支援を受けた。このうち、浄業院は、高麗時代にすでに存在しており、慈寿院と仁寿院は朝鮮時代になって主に先王の後宮が出家して暮らす場所として、後の世まで続いた。国王が崩じたなどの理由で、先王の後宮や王室の女性の活動のために宮廷に近い都城の中に家を準備し、彼女たちをそこに移して住まわせたが、彼女たち宮女は仏像を祀り、余生を仏教に帰依して僧侶となることで、自然と仏堂を形成するようになっていったのである。こうした比丘尼院では仏への礼拝や儀式が行われ、ほとんど寺刹と同じ性格を持っていた。

比丘尼院の住持は、一般的に王室の大妃からの任命によって、王室の親族が歴任した。『世宗実録』をみると、「懿嬪《ウィビン》権《クォン》氏と慎寧宮主《シンニョンクンジュ》の辛《シン》氏が国王に申し上げることなく剃髪し女僧となった。後宮たちが互いに争って頭を丸め、念仏する器具を準備し、朝に夕にと仏法を行っている。しかし、国王は禁じようとはしなかった」〔世宗四年（一四二二）五月二十日条〕と記されており、大臣たちには目の上のこぶのような存在であったことがわかる。だが、彼女たちが主に王室の親族や王室に関わりのある女性であったため、朝鮮の国王は彼女たちへの礼遇に格別な関

高麗時代から続いていた比丘尼院の浄業院（現在のソウル市鍾路《チョンノ》区にある青龍寺《チョンヨンサ》）。1771年（英祖47）に英祖が寺院の中に「浄業院旧基」という碑石をたて、「東望峰《トンマンボン》」という親筆の標石を立てて、端宗を哀悼したが、この時から寺院の名称が浄業院と呼ばれるようになった。日本による植民地期にも仏事が続けられ、1954年、比丘尼の輪浩《ユンホ》がほとんどの建物を再建した。現在は比丘尼の修行道場として知られている。

心を傾けざるを得なかった。一方、儒生たちはこれが仏教復興への道となるのではないかと気をもみ、はっきりと反発の姿勢を示すために立ち上がり、撤廃を繰り返し要請した。したがって、国家の施策と儒生たちの牽制の中で、これら比丘尼院は撤廃と再建を繰り返した。仏教に融和的な姿勢を見せた国王の世宗は、治世期間を通じて新たに比丘尼院を建てる問題、願刹の移転、大蔵経の印刷などの問題で、大臣たちからの反対や批判に苦しみ、結局、浄業院は一時的に門を閉ざした。その後、世祖は仏教保護政策によって浄業院を再び開設し、土地と奴婢を与えるなど、比丘尼院を積極的に支援した。さらに、睿宗《イェジョン》をへて成宗代までその流れが続いた。特に成宗の時期には、貞熹王后〔世祖の妃〕と昭恵王后〔＝仁粋大妃〕の後押しで重修がなされ、浄業院が大いに隆盛した。しかし、燕山君の代に、自らの母が廃妃になったこと[11]と関連して、先王の後宮たちに対する憎しみが極度に達していた燕山君は、浄業院の女僧を追い払い、都城の外にいる女僧たちも奴婢として追い払い、浄業院の門を閉ざすに至った。

『明宗実録』によれば、ちょうど「今、民の力を消耗させて仁寿宮〔仁寿院〕を設置し、剃髪した寡婦たちを住まわせております。養蚕もせず機織もしない輩が夫も国王もいない教え〔仏教〕を奉り、宮廷のそばで鐘をつき、梵唄《ぼんばい》〔仏徳をたたえる唄〕を唱えており、人々が見聞きしては驚く上に、天が見聞きしたあかつきにはいったいどうなりましょうや。近頃、天の精気が怪しいので、雨が降ったり日照りになったりするのもおかしいことではありません」〔明宗八年（一五五三）六月二十六日条〕といった激しい上疏が出され、血気盛んな儒林〔儒生〕が新築した仁寿院に火をつけようとしているという噂が流れたりもした。結局、顕宗二年〔一六六一年〕に仁寿院は慈寿院とともに完全に撤廃された。さらに、四十歳以下の比丘尼は全て還俗させて送り出し、年老いて行き場のないものは都城の外の比丘尼院に送られた。この時、慈寿院の寺を壊して生じた材木で成均館が修理され、その跡地には北学〔北部学堂〕を創建するよう命じられた[12]。

「孝心」という枠の中で維持された仏教信仰

国家の公式的な崇儒政策にもかかわらず、仏教は私的な領域で宮中の持続的な後押しをうけた。朝鮮時代を通じて王室の女性たちは多彩な信仰活動を繰り広げたが、仏教美術への支援はこうした活動の中のひとつと見ることができる。経典を写経したり印経して配布したり、仏像や絵画の制作を発願したが、このうち、地蔵菩薩を扱った経典や絵画作品がどの仏や菩薩よりも数多く製作された。地蔵菩薩図や十王図などの仏画や仏像を造っ

龍珠寺本『父母恩重経変相図』のうち、「須弥山図」。1796年、木版画。龍珠寺〔京畿道華城市〕所蔵。この場面は、父母を背負い、須弥山を全て巡ってもその恩に報いることはできないという内容を表している。崇儒抑仏政策が繰り広げられた朝鮮でも、孝のためならばこのように仏教信仰が容認された。

「慈寿宮浄社地蔵菩薩図」。1575 ～ 77 年。絹本彩色。209.5 × 227.2cm。知恩院〔京都〕所蔵。地蔵菩薩図は、釈迦の死後、弥勒仏がこの世にやってくるまで天の果てから地の果ての地獄に至るまで、全ての衆生を見守ることを誓願した慈愛に満ちた菩薩である。菩薩の絵には宝冠や瓔珞など、華麗な荘厳具〔仏の装身具を示す仏教用語〕が描かれているのに比べ、地蔵菩薩は「内に菩薩の姿を秘め、外に修行者の姿を現す」とされ、修行する僧侶の素朴な姿で描かれる場合が多かった。だがこの絵は、一般の菩薩の姿と同様、荘厳具を具えていて異彩を放っている。「是歳九月」に淑嬪《スクピン》尹氏《ユン》らが明宗の后である仁順《インスン》王后の冥福を祈るためにこの仏画を作り、慈寿宮浄社に奉安し、主上殿下〔国王〕・王妃殿下・恭懿《コンウィ》王大妃殿下・徳嬪《トクピン》邸《チョ》下《ハ》・淑嬪尹氏らの長寿を願っている。この当時の国王と王妃は宣祖と懿仁《ウィイン》王后であり、恭懿王大妃殿下は仁宗妃の仁聖《インソン》王后である。

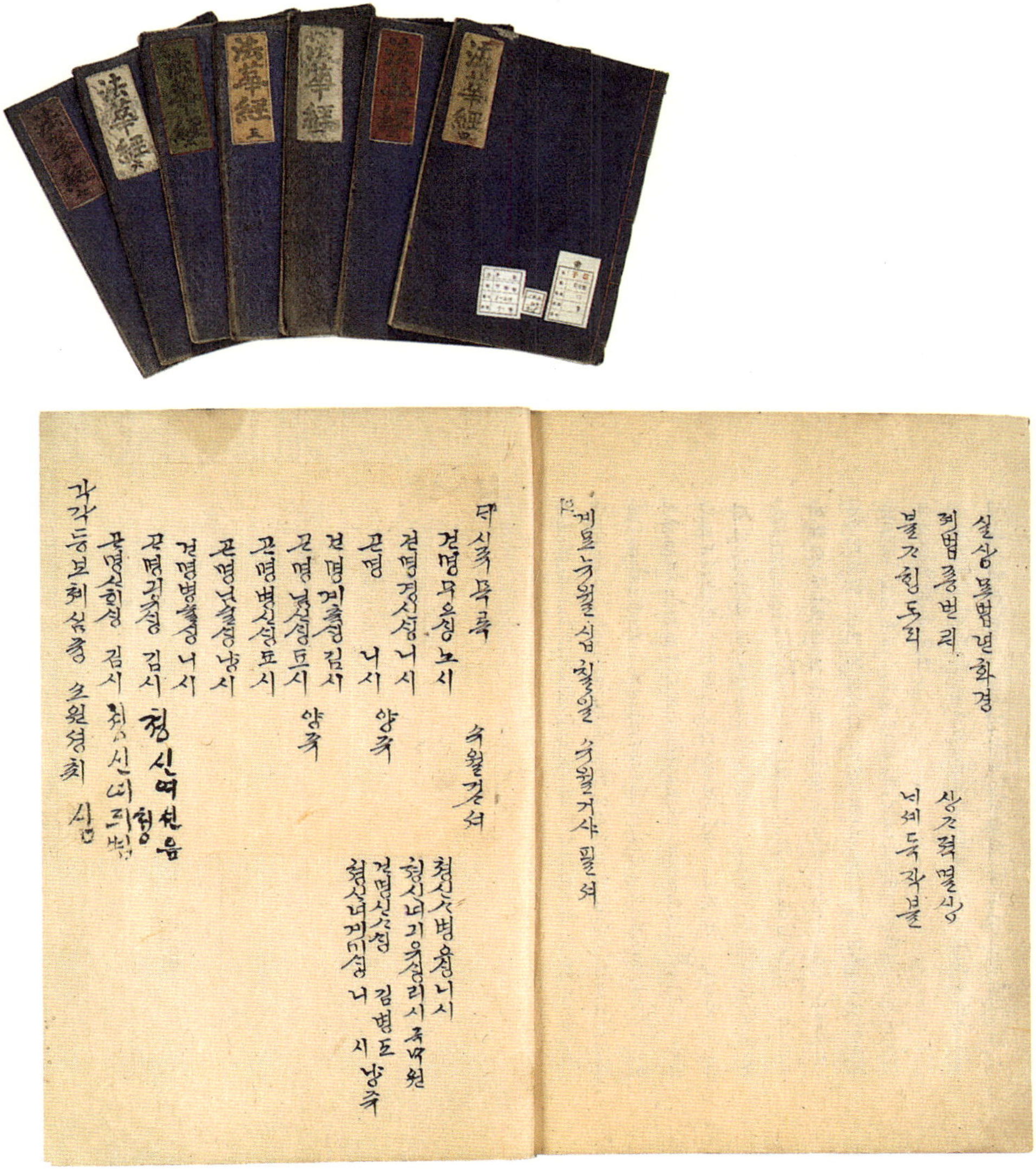

「法華経」。1903年。韓国学中央研究院蔵書閣〔韓国〕所蔵。「法華経」は「妙法蓮華経」を略したもので、1903年に水月《スウォル》居士《コサ》がハングルに翻訳し、筆写したものである。各巻の第1面には大韓帝国皇室と国家の安寧を祝い願う発願文がある。また、各章の終わりには布施者の名簿が載せられているが、ここでも多くの女性が布施に加わっているのがわかる。

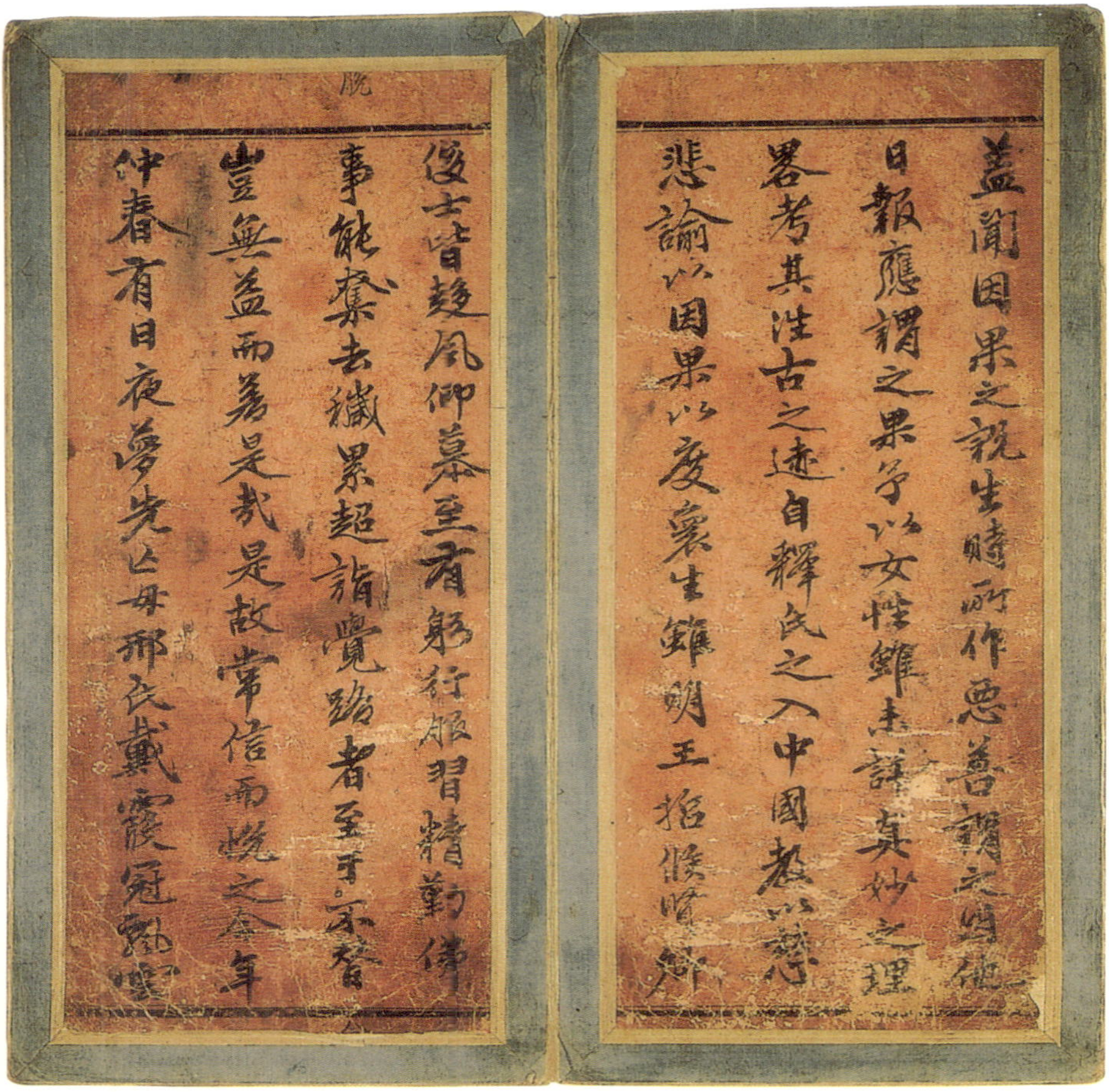

「薛氏夫人勧善文帖《ソルシブインクォンソンムンチョプ》」。薛氏夫人画。1482年。40×19.6cm。宝物〔重要文化財に相当〕第728号。高靈申氏帰来亭公派宗中所蔵。この勧善文帖は、薛氏が夫とともに全羅道の淳昌《スンチャン》〔全羅南道淳昌郡〕へ都落ちしていた時、広徳山《クァンドクサン》に寺を建てるにあたり、1482年（成宗13）に信徒に布施を勧めるために記した文である。寺刹彩色図２冊、勧善文14帖、合計16帖で構成されている。末尾に「成化十八年（1482年）七月正夫人薛」という作成年代と印章が押されている。何よりも勧善文の冒頭に「女性」という用語が書かれているのが目を引く（「私が女性として真妙なる道理を知ることはできなくとも……」〈子以女性、雖未詳真妙之理……〉）。薛氏は、成宗代の文臣申末舟《シンマルジュ》の夫人。この帖の文字は、朝鮮時代の女流文人が書いた筆跡としては最も古いものである。

たり関連経典を流布するために布施をしたという記録から、王室の大妃や宮女、または士大夫の家の女性たちが主な布施者であったことがわかる。地蔵菩薩はこの地上世界だけでなく、特に地獄で苦しむ衆生を救うという菩薩で、亡くなった父母の冥福を祈るために地蔵菩薩の絵を描かせたのである。これは孝という儒教的な道徳理念と仏教的信仰が結合した形である。おそらく彼女たちは、自らの仏心を表現する方法として、寺院の補修や経典刊行、仏画や仏像などの製作に布施をするという方法を見出したのであろう。だが、こうした大きな布施は、ひとりで決められるような事柄ではなく、夫の同意があってこそ可能であっただろうから、彼ら儒学者が、父母に対する孝心という枠の中で仏教信仰を受け入れた例として理解できる。

十六世紀以後、王室の仏教後援は徐々に衰退し始める。朝鮮時代前期には、国家理念としての儒教の公式化にもかかわらず、王室が仏教書籍刊行や仏画政策に主たる貢献をした。だが、燕山君が再び仏教に対する大々的な弾圧を主導してからは、王室の仏教文化への支援は徐々に消え始めた。十八世紀末、正祖をはじめとして仏教保護の姿勢を示した君主もいたが、王室による保護とその継承というレベルに留まり、仏教文化を再び活性化させるだけの影響力を発揮することはできなかった。十八〜十九世紀の仏教美術への主な布施者は宮女だった。特に宮中の女性の中で高い地位にいた尚宮《サングン》〔品階は正五品〕はかなりの布施をし、あるときには王妃たちとともに発願することもあり、地蔵菩薩図の製作にも大きな影響を及ぼした。十九世紀の高宗の時、当時の尚宮たちが海印寺《ヘインサ》の高麗大蔵経[13]の印経に相当な布施をしたという記録も残されている。

＊

朝鮮時代中期以後、仏教勢力は急激に弱まり、民俗信仰と結合したことでその思想的伝統も弱まっていった。教学研究は衰退し、阿弥陀仏に祈って極楽往生を祈願する浄土修行や禅の修業が中心となるなかで仏教はその命脈を保ってきた。

　朝鮮時代後期、茶山丁若鏞《タサンチョンヤギョン》〔本書第一部五章の訳注❷を参照〕が、康津《カンジン》〔全羅南道康津郡〕で配流生活を送っていた時に聞いた話を叙事詩として書き写した「道康瞽家婦詞《トガンコガブサ》」には次のように記されている。康津地方のある女児が、のんだくれの父親のごり押しと結婚仲介人にだまされて、年老いた乱暴な男に嫁ぐこととなった。しかし、夫のひどい仕打ちや嫁ぎ先でのいじめに耐えられず、逃げ出して寺に入り、剃髪して女僧になったものの、夫の告発で役所にひっぱられてしまった。この話から、十八世紀の女性にとっても、寺院とは一種の精神的・身体的隠れ家であったことがわかる。儒教の家父長秩序で統制された社会の中で、女性は内面的に宗教の力を通じて、その人生に絶えず押し寄せる困難に打ち勝とうとした。宗教は生活の一部分であり、精神的な安らぎの場として、常に女性とともにあったのである。

【訳注】

❶伝統的な女性の所持品として櫛・鏡・銀粧刀（護身用の小刀）があった。これらは女性の貞節を象徴するものとされていた。

❷京畿道高陽市所在の月山大君祠堂（京畿道文化財資料第七九号）のそばにあったとされる寺院。

❸創建主が自らの願いのために祈ったり、個人の冥福を祈るための寺院。詳しくは本章にて後述。

❹生没年未詳。一善郡《イルソン》（現在の慶尚北道九尾市《クミ》）に居住していたとされる。新羅十九代国王の訥祇王《ヌルジ》（在位四一七年～四五八年）の時に高句麗の僧侶墨胡子《ムクホジャ》が布教のために新羅を訪れたが、当時の新羅は外来宗教に排他的な姿勢をとっていた。その中で毛礼は自宅のそばに岩屋を掘り、墨胡子を三年間かくまったと言う。また新羅二一代炤知王《ソジ》〔在位四七九年～五〇〇年〕の時も高句麗の僧侶阿道《アド》を自宅にとどめて自らは仏教徒となり、妹の史氏は具足戒を受けて比丘尼になったという。

❺『日本書紀』敏達天皇六年（五七七年）十一月一日条。

❻『日本書紀』崇峻天皇元年六月二十一日条に善信尼をはじめとした尼僧が百済に行って受戒したいと蘇我馬子に申し出、百済に渡ったという記事がある。また善信尼の帰国は同三年三月条に記されている。

❼一一五八年～一二一〇年。高麗時代の禅僧。高麗時代、禅宗（座禅による悟りへの到達を主とする仏教宗派）と教宗（教理・経典の学習を重視する仏教宗派）が対立的な関係にある中で、両者の教えが根本的にひとつであるという禅教一致を主唱した。

❽一一七八年～一二三四年。もともとは儒学を学んでいたが、知訥の影響を受けて出家した。彼のもとで修行をし学問を深め、知訥の死後はその後継者として高く評価された。

❾仁粋大妃の夫（世祖の長男であり成宗の父）である徳宗《トクチョン》は二十歳の時にこの世を去った。本文の内容はこの徳宗のことを指している。ちなみに徳宗という名称は一四七二年（成宗三年）に追尊されたものである。

❿両刀論法は「ディレンマ」の翻訳語。ここでは「仏教を国教とした高麗から儒教を国家理念とした朝鮮への王朝交代の中で、仏教徒は信仰を維持すれば心の平安は得られるが社会的に抑圧され、社会的な抑圧を恐れて仏教を捨てれば信仰的な罪悪感に苦しんだ」という状況の中で、仏教が途絶えてしまったという意味合いに理解できる。

⓫燕山君の母である尹氏が王妃の地位から廃されたいきさつについては、本書第二部八章の訳注⓮を参照。

⓬本書第二部八章の「五部学堂」についての訳注❸を参照。

⓭海印寺は慶尚南道陜川《ヒョプチョン》郡に所在。九世紀はじめの創建と伝えられる。この寺院に保存されている高麗大蔵経（八万大蔵経）はユネスコ世界記録遺産として、また大蔵経を保管する蔵経板殿が世界文化遺産として登録されている。

十一章

朝鮮時代の女性の愛

―文学の中のエロスと規範：密会から烈女の誕生まで―

徐《ソ》智《ジ》瑛《ヨン》：梨花女子大学校 韓国女性研究院 研究教授

東洋的な愛の起源：『詩経』

儒教の経典の中のひとつであり中国で最も古い詩歌集『詩経』には、二千〜三千年前に古代中国で創作された三〇五篇の詩が載せられている。その中には朱子学を集大成した宋の儒学者朱熹が「男女相悦之詞」と評した男女間の愛情を扱った詩がある。儒家の伝統では「淫風」として非難されているものの、こうした詩篇は古代人の性と愛のかたちや、当時の婚姻風俗をあますところなく含んでおり、その後の東洋文化の中で慣習的なイメージとして用いられた。『詩経』は、その一番最初に収録されている周南「関雎《かんしょ》」で、男女の理想的結合に対する念願を歌っている。

仲睦まじい雎鳩《ミサゴ》が、黄河の中洲で鳴きあうように　（関関雎鳩　在河之洲）
君子のよき伴侶には、麗しく美しい乙女が偲ばれる　（窈窕淑女　君子好逑）
たくさんの荇菜《あさざ》を、あちらこちらと捜し求めるように　（参差荇菜　左右流之）
麗しく美しき乙女を、寝ても覚めても捜し求める　（窈窕淑女　寤寐求之）
偲んでも得ることできず、寝ても覚めても恋しく思えば　（求之不得　寤寐思服）
その思いは限りなく、夜もすがら寝返りをうつ　（悠哉悠哉　輾轉反側）

この詩では、名門出身の若い男性が、川のほとりでミサゴの鳴き声を聞き、自分の伴侶となる麗しく美しい乙女を恋い慕っている。「雎鳩」（ワシタカの仲間で魚を捕まえて食べる鳥）は雌雄の区別がはっきりとしていて、生まれた時からつがいの相手が決まっており、常にその相手を変えることなくともに過ごす。詩の中の男性もまた、ミサゴがつがいとなるように自分の伴侶となるべき相手と結婚し、楽しい生活を送ることを想像している。ここで示されている「君子のよき伴侶は麗しく美しい乙女」〔窈窕淑女、君子好逑〕は、その後、東洋の文化〔文学〕で理想的な男女のめぐり合わせや夫婦のアイコン〔図像〕としての地位を占めるようになる。また『詩経』には夫婦となった男女が日常で交わす楽しみを語った詩篇がある。「楽しげな我が夫が左手に笙を持ち／右手で私を部屋へと呼ぶ。何とも楽しきことよ／／輿に乗った我が夫が左手に鳥の羽を持ち右手で私を舞いの場へとよぶ。何とも楽しきことよ」〔君子陽陽左執簧、右招我由房、其楽只且、君子陶陶、左執翿、右招我由敖、其楽只且〕〔王風、「君子陽陽」〕というように、仕事から戻ってきた夫とともに笙を演奏し舞を舞って余暇を楽しむ姿を通じて、夫婦の睦まじい風景が理想的に描かれている。

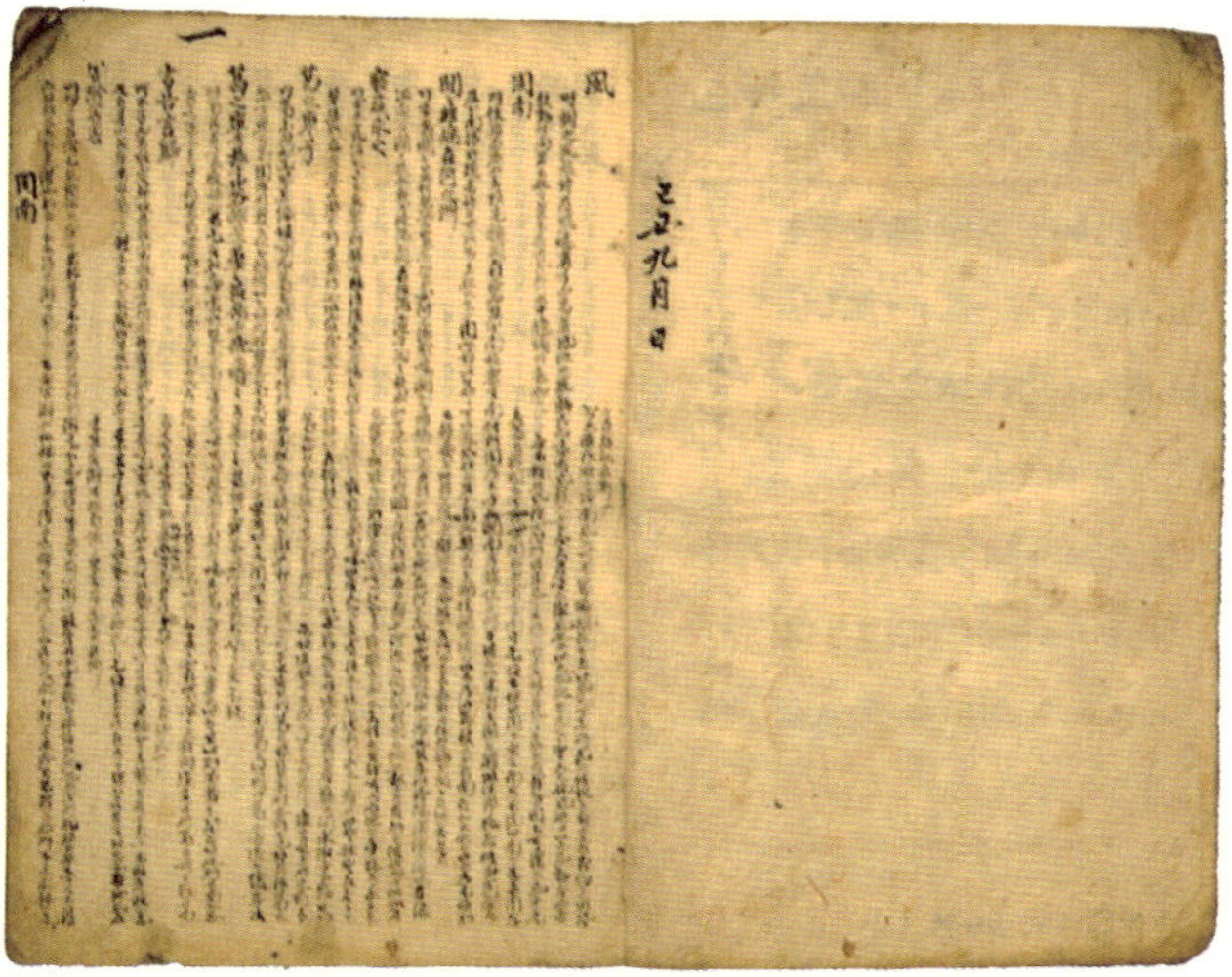
栗洞《ユルドン》〔慶尚北道慶州市の地名〕にある慶州孫氏の家門が伝える『詩経』筆写本。

古代中国では、すでに婚姻制度がある程度の手順を通じて社会的な拘束力を持つ規範として根を下ろしていた。古代の儒家経典では、婚姻制度についての言及が断片的に発見されている。たとえば『礼記』の「内則」には「礼を具えていれば妻となり、気ままに関係を結んだのであれば妾となる」〔聘則為妻、奔則為妾〕と記されている。ここで「礼」とは作法にのっとった婚姻という意味である。つまり、まず媒婆〔婚姻を仲介する年配の女性〕の仲介を通じ、父母の許可を得た後に適切な礼物を交わす手順を経て婚姻にいたることを言う。『詩経』豳風《ひんぷう》の「伐柯《ばっか》」という詩の「斧の柄となる木を切るに

中国の伝統時代に数多く描かれた春宮画〔春画〕の一場面。男女の自由な性愛を描写しているが、このように中国の古典では、社会的な規範の裏側にある赤裸々な愛を絵画や詩を通じて表現した。

どうすべきか。斧がなければできぬ。結婚するならどうすべきか。仲介がなければできぬ」〔伐柯如何、匪斧不克、取妻如何、匪媒不得〕という句のように、父母が主導する仲介婚が当時の社会の制度として根を下ろしていたことが確認できる。

しかし『詩経』にはこうした婚姻の規範を避け、自由に愛をささやく多くの恋人たちが登場する。『詩経』鄭風の「出其東門」で、男性の話し手は、いくら結婚しろと媒酌人が勧めたり、他人がみな結婚したとしても、友のように意気投合できる人でなかったり適切な時期が来ていなければむやみに結婚することはないと宣言する。また『詩経』王風の「采葛《さいかつ》」にある「葛を掘りに行こう。一日見ざれば三月見ざるがごとし」〔彼采葛兮、一日不見、如三月兮〕という表現からは、日常の労働空間でなされていたやるせない愛の風景をうかがいしることができる。結婚仲介人や父母の目を盗んで自由な愛を謳歌する私通は、『詩経』の中の愛情を歌った詩篇でよく見られるが、『詩経』鄭風の「将仲子」では、他人の目を盗んで愛をささやく若い男女の密会があからさまに描かれている。

二番目の若様よ
我が家の庭へと塀を乗り越えやってきて、檀木を折らないで。

木が惜しいことなどありましょうか。人の言葉の多きことが怖いのです。

若様は恋しいけれど、人の言葉が多いのもまた怖いのです。

〔将仲子兮、無踰我園、無折我樹檀、豈敢愛之、畏人之多言、仲可懐也、人之多言、亦可畏也〕

この詩には、愛を成し遂げるために危険を冒して塀を乗り越える男性と、愛を積極的に受け入れながらも万がひとりに知られてしまったらと畏れる女性の心情がよく表れている。『詩経』の中の愛情を歌った詩篇は、婚姻制度が徐々に構築されていく過程の中で、社会的規範と緊張を起こし衝突する人間個人の欲望を生き生きと表現しているのである。

理想的な関係、才子と佳人の愛

朝鮮時代の小説の幕開けとなった金時習《キムシスプ》❶（一四三五～九三）の『金鰲新話《クムオシンファ》』のうち、「李生窺牆伝《イセンキュジャンジョン》」という作品では、主人公の李生《イセン》と崔娘《チェナン》は、『詩経』の「関雎」篇で示された「風流才子と窈窕《ようちょう》淑女の出会い」〔みやびやかで才知ある男性と麗しく美しい女性の出会い〕の典型を表現している。ここで君子〔李生〕は、物語全体を通じて、貧しい両班出身の男性であり、愛に絶対的な価値を与える積極的な欲望の主人公として描かれている。一方、女性主人公の崔娘は門閥貴族出身で見目麗しく、刺繍をよくし、詩文にも長けた「窈窕淑女」の典型である。また、この小説で、男女の主人公は婚前の自由な性愛を享受する熱情的な関係にある。初めて出会った時から互いに恋に落ちた二人はたちどころに肉体関係を結んだが、特に儒教の道徳規範の中に置かれていた女性が、一目会った時から葛藤や躊躇なく、愛を受け入れる姿を見せているのが注目される。

『金鰲新話』と同様、朝鮮時代の小説に登場する恋人たちは、いかなる現実的な障害や制度の規律によっても自分たちの欲望をあきらめない、熱情的な愛の主人公である。性理学が根を下ろしていた当時、エロスは実際の社会規範から果たしてどれだけ自由であったのだろうか。当時の小説の中でロマンスの典型となっていたのは「君子と窈窕淑女」、すなわち才子と佳人が出会って恋に落ち、作法にのっとって夫婦となることであった。ここに見られる男女の偶然の出会いと自発的な性愛には、制度的な規範よりは人間の自然な欲望が優先されている。だが、当時の社会の婚姻形態は仲介婚であり、家門と家門の結合としての政略結婚に近いものだった。そして、古代の時期に比べ、結婚前に愛を求めるのは非道徳的なものととらえられていたと考えられる。にもかかわらず、朝鮮時代の小説には『詩経』に見られるような男女の自由な出会いと性愛への欲望、婚姻規範とそれに背く私通の痕跡がそのまま溶け合っているのである。

『孟子』の「滕文公章句下」篇にある「他人の家の塀を越えて通じ合い、穴を開けて覗き見るようなことを、どうして君子ができようか」という規律を絶えず意識しつつも、朝鮮時代の小説の中で、男性は愛を得るためならば社会の非難を、そして時には命さえも惜しむことなく、壁に穴を開けたり、塀を乗り越えたりした。また女性は、タブーの壁を乗り越えてきた男性を、これといって抗うこともなく喜んで受け入れる。このように、性愛に支えられた熱情的な愛とそれを通じての自発的な結婚というパターンや、女性の積極的な態度などは、歴史的な実際の姿というよりも、小説という虚構の様式の中で再現されたファンタジーの形式のひとつといえる。つまり、男性作家の視点で描かれた、当時の現実では実現されがたい欲望の「代償行動」的な記述と見ることができる。しかし、愛のファンタジーもまた、一種の社会的な産物であり、当時のリアリティーから完全に分離したものとみることは難しい。

たとえば、儒教理念が日常生活全般に拡散し強化されていくほど、小説の中での愛の冒険はより危ういものとなっていく。十七世紀、権韠《クォンピル》❷（一五六九～一六一二）が書いたものと考えられている『周生伝《チュセンジョン》』の中で、周生は仙花《ソンファ》という士大夫の家門の女性の美しき姿を見て恋に落ちるが、彼は口実を作って盧《ノ》丞相〔仙花の父〕の家に留まり、仙花に会うために何重もの塀を越え、仙花の居所に至る。「折れ曲がった柱と曲がりくねった廊下ごとに玉垂れや帳が幾重にも懸けられた」ところを通り過ぎていくが、これは社会規律や理念によって守られ規制された閨房〔女性の居住空間〕や女性の寝室を象徴的に示している。にもかかわらず、周生は社会規範の統制を突き抜け、仙花の部屋に侵入するかのごとく入っていく。そして仙花は、周生を拒むことなく喜んで受け入れ、結ばれる。だとすると、このように小説の中に再現されている愛は、単にエロスの本能に突進した衝動的な愛なのであろうか。あるいは、時代を問わず、変わることなく追求されてきた、無条件のロマンチックな愛だったのであろうか。

性愛なのか、身分上昇なのか：朝鮮時代の両班の二面性

十七世紀の作品である『周生伝』では、『金鰲新話』で描かれたように愛に絶対的な価値を与えつつも、愛が構成される現実条件や、現実の中で愛が成し遂げられる過程がより細やかに描写されていて興味深い。まず『周生伝』では『金鰲新話』と同様、貧しい両班の男性である周生の社会的な条件が、愛の成就において障害の要素となって表されている。何度も科挙に落第した周生は、「人がこの世に生きているのは、取るに足らない塵芥《ちりあくた》が弱々しい草に宿っているようなものである。それなのに、どうして功名に縛られ、俗世に埋もれてわが人生を送ることができようか」と自らを慰めつつ、社会的な成功よりも風流に生きる男としての自らの人生を正当化している。こうした周生の社会的位置は、当時の小説の主要な作家の一群である〔権力の〕周縁にいる両班知識人の境遇と通じるものであり、小説の中に見られる愛のファンタジーの構成と深く関わっている。

『周生伝』は、権力の周縁にいる両班である周生をめぐって、身分が異なる二人の女性、すなわち、妓女〔妓生〕の俳桃《ペド》と士大夫層の女性である仙花の間での三角関係を描いた小説である。俳桃は朝鮮時代の士大夫の男性の風流文化を支え、あり余る快楽の対象として消費された妓女身分の女性である。しかし、妓女の俳桃を生涯捨てることはないという愛の誓いをした周生は、偶然に俳桃が宴に呼ばれた盧丞相の家に密かに入って覗き見をし、仙花を見て一目ぼれしてしまう。『周生伝』での仙花は、『金鰲新話』の崔娘や梁生《ヤンセン》が出会った女性[3]と同様、男性のみやびやかな趣きと性的なファンタジーを同時に満足させる理想的な女性像である。結局、周生は情事の相手だった俳桃を捨てて仙花を選び、周生に捨てられた妓女の俳桃は死に至るという悲劇の結末を迎える。

俳桃が周生との愛を通じて身分上昇を夢見たことや、周生が文化的・経済的な上層階級の仙花を選ぶ状況などの全てにおいて、愛を構成する要素の中に現実的な動機が非常に強く介入しているのがわかる。これは、愛とい

「四季《サゲ》風俗《プンソク》図《ト》屏《ビョン》」〔「風俗図」〕のうち、「妓房《キバン》争雄《チェンウン》」。作者未詳。19世紀、紙本彩色、76cm×39cm。韓国国立中央博物館所蔵。朝鮮時代の妓生は士大夫の男性の様々な宴会に動員され、風流を盛り上げる役割が求められた。官婢という身分上の条件の中で、妓生は両班の有り余った快楽の対象として消費されるのが普通だった。だが、時に彼女たちは、自らの才能とセクシュアリティーを活かして愛の勝者となったり、両班の妾として身分を上昇させる機会をつかんだ。

うロマンチックな記号の外皮の裏側にある、朝鮮時代の身分的・現実的な土台と緊密につながった欲望の回路を表している。こうした十七世紀の貧しい両班男性の愛情至上主義とファンタジーの中には、権力の周縁部で愛や女性を通じて身分上昇への代償行動を行うという現実志向的な欲望が垣間見られる。『金鰲新話』において、愛のファンタジーはこの世とあの世の境界を越えて幻想の装置の中に繰り広げられる超越的な想像力をよりどころとしている。一方、『周生伝』は「理想的」な性愛や縁組みの対象であった上層士大夫の女性と、実質的な性愛の供給者であった妓女の間で徘徊する両班男性の後姿を示したものである。これらのことが、ファンタジーと現実の分かれ道にあった当時の愛の風景を想像させてくれるのである。

朝鮮時代後期の風流と妓女の愛

十七世紀以前までの小説の中には、両班階層の男性と女性が仲介婚あるいは政略結婚の規範に縛られることなく自由な性愛によって結ばれた後に婚礼に至るという話が、ひとつの典型となっている。しかし、こうした物語表現は、そのほとんどが朝鮮時代の公式的な慣行を逸脱したものであり、現実では成し遂げがたい欲望を投影したものだといえる。また、家門同士の婚約や媒酌によって結婚するようになった両班の女性が、結婚生活の中でもエロスの欲望を表す愛の主人公として描かれている記録は少ない。これは、儒教社会が家族の中でのセクシャリ

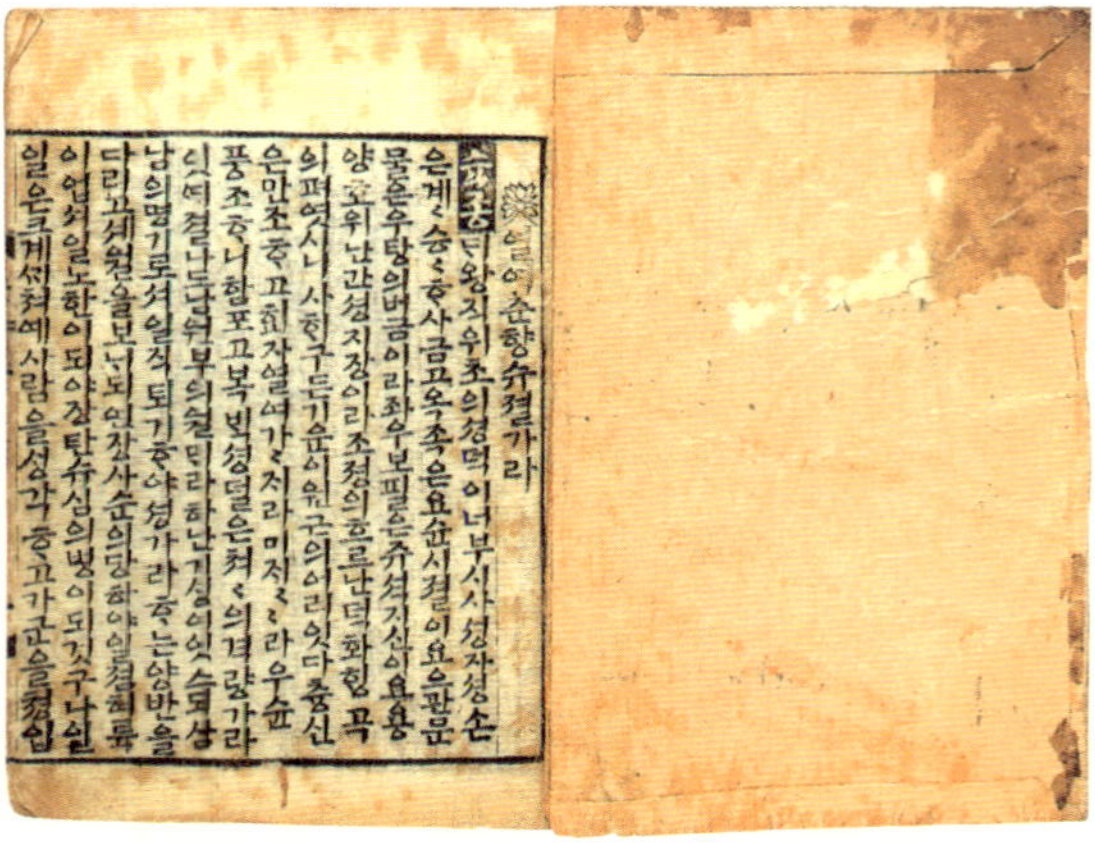
열녀춘향슈졀가라

『春香《チュニャン》歌《ガ》』。19世紀ごろ。ソウル歴史博物館所蔵（真城李氏寄贈）。妓生の娘春香が両班の子弟と出会う物語。朝鮮時代後期の小説によく見られる、妓生を主人公としたものの典型である。

蕙《ヘ》園《ウォン》申潤福《シンユンボク》の『風俗画帖《プンソクファチョブ》』の第６面。朝鮮時代後期、愛を扱った文学作品では、その主人公はほとんどが妓生だった。

ティー〔性的衝動〕を家門を受け継ぐ子孫を再生産する機能として限定し、夫婦間の私的な愛情については公には表現しなかった当時の慣行によるものである。一方、家族内で嫡子を産み育てる母親の役割、「奉祭祀」や「接賓客」の義務を果たす妻の役割〔本書二章八章を参照〕、様々な家事や家庭の経営、一家の財産の蓄積まで担わなければならなかった両班層の女性の人生における条件を考えると、小説の中の熱情的な愛は、彼女たちの現実とはかけ離れていた。

　朝鮮時代後期になって、愛を扱った小説に登場する女性主人公は、そのほとんどが妓女であった。朝鮮時代の妓生は、国家の様々な進宴〔国家の慶事があった時に開かれる宴〕に動員され音楽を奏で歌舞を舞う「女楽《ヨアク》」であり、支配層の両班男性の風流の場に動員された官婢身分の女性たちであった。『春香伝《チュニャンジョン》』『玉丹春伝《オクタンチュンジョン》』❹『月《ウォル》下僊伝《ハソンジョン》』❺など、当時の民衆のベストセラーだった作品は、妓女を女性主人公として押し出している。「風流才子」の伴侶である「窈窕淑女」が、

雲娘子《ウンナンジャ》肖像〔「崔蓮紅《チェヨノン》肖像」〕。蔡龍臣《チェヨンシン》画。1914年。絹本彩色。120.5×62cm。韓国国立中央博物館所蔵。肖像画の主人公は、嘉山《カサン》〔平安北道博川《パクチョン》郡の古名〕官庁に属した崔蓮紅という名前の妓生。幼名は雲娘子。彼女は27歳だった1811年に洪景来《ホンギョンネ》の乱〔平安道で起こった農民蜂起〕が起こった時、夫である嘉山郡守とその息子の遺骸を探し出して葬儀を行い、郡守の弟の傷も治療した。こうした知らせを聞いた朝廷では、国家と夫のための行動を奇特なものとし、雲娘子を妓籍から外し、田畑を与えて表彰した。雲娘子はこのように朝鮮時代が生んだ理想的な妓生像に属する。しかし、彼女のような女性が果たしてどれだけいたのであろうか。

両班層の女性から妓女に置き換えられているのである。『春香伝』で妓生の娘春香《チュニャン》が両班の子弟李夢龍《イモンニョン》に出会って歌う歌の中に、死して「榛の木」と「葛の蔓」、「陰陽水」と「鴛鴦《おしどり》」、「人定《インギョン》」と「槌」、「肘金《ひじがね》」と「壺金《つぼがね》」となっても離れることなく❻、千年万年とともに暮らそうと誓う場面は、奇抜で絶妙な比喩が与える感興とともに、男女間の永遠の愛への念願は身分にかかわらず切実な欲望であることを示している。さらに、春香のように公に婚姻が許されなかった妓女の身分にとって、こうした欲望には、切実なる願いという次元を超えて、長い歳月の中で蓄積した根深い悔恨の思いが含まれている。

だが、こうした愛の主人公となるために、妓女たちは女性に求められる婦徳を具えねばならず、命を冒して節義を証明しなければならなかった。ひとりの男性だけに仕えるという妓女のイメージは、朝鮮時代後期になって朱子学のイデオロギーが全ての社会階層に拡散し、日常の中に深く根を下ろした結果であるといえる。しかしその一方で、妓女の立場から見れば、両班の男性の一時の風流（遊戯）の対象を超えてロマンチックな愛の対象となり、妾となって身分上昇を図るために、当時の支配的な理念が求めた女性の婦徳、特に貞節意識を内在化しようという積極的な戦略をとったということもできる。

『春香伝』『玉丹春伝』などの朝鮮時代後期の小説の中で、両班と妓女の愛は一時の性愛に留まることなく、正式な婚姻へとつながる様相を見せている。しかし、身分制の現実の中で、妓女が両班の妾となることはあっても、正室となることはほとんど不可能であった。たとえ節義と婦徳を具えた妓生であっても、現実的には、彼女たちのほとんどは両班官僚が時折楽しむだけの対象に過ぎなかった。

妾《わらわ》はもともと妓生であるが、品行までも妓生であろうか。
十九歳の我が身の年月、あなたひとりに仕えけり。
節操を守り尊ぼうと、本官《おえらがた》に身を奉げることもなく、

家の奥深くに身を置いて、昔の史記を鑑みれば、
南原《ナムオン》の春香は節義を守り、
獄中での死の瀬戸際で、御使《オサ》の知らせに心おどり、
こうして再び相まみえ、御使の顔前にて花となる。
平壌の玉丹春は、御使と別れて幾月か。
ああ、我が不遇の運勢よ。
娼婦の身の上の数奇な運勢よ。
薄情なことよ、両班の行い。
これほどまでに無常とは。
この道を戻り帰れば、
初夜を過ごすはずの空虚な部屋で
頼る者なき我が身の上、
誰を信じて生きろというのか。
「達者でな」、「お元気で」、別れの言葉を交わしたものの、
君山月《クンサヌオル》の振る舞いをごらんあれ。
思わせぶりな視線を送り、
学士の姿を再び見やる。
笑って別れを許したものの、
その微笑みは本心か。
笑みはうつろなものとなり、

この絵は朝鮮時代の武官 田 日祥《チョンイルサン》の肖像画〔「田日祥影幀および閒遊図」〕で、四名の女人が仕えている姿を描いたものである。朝鮮の文武官僚は、このように地方勤務の発令を受けると、その地に妾を置いて生活するなど自由を楽しんだ反面、正妻でなかったこうした女性たちは常に、ともに暮らした男性が任期や配流を終えて去っていくと、独り身とならざるを得ない境遇であった。

涙がうかび、あふれ出《い》で
悲しみ変じて笑みとなす。

一八五四年ごろ、咸鏡道の明川《ミョンチョン》地方を背景に、妓生の君山月と両班の金鎮衡《キムジニョン》（一八〇一～六五）の愛情物語を歌った歌辞「君山月《クンサヌォル》哀願《エウォン》歌《ガ》」（本書第一部五章を参照）には、まさに両班の男性との一時の交わりと離別によって傷つけられた当時の妓生の声がこめられている。前述の作品は、咸鏡道の明川に配流された両班と契りを結んで愛を育てた妓生の君山月が、ふたたび都に上京することとなった金鎮衡に捨てられた心情をよく示している。数奇な娼婦の身の上に対比される「薄情な」両班の行いは、両班と妓生という階級上の違いをもとに結ばれる彼ら・彼女らの関係の本質的な問題を提起している。いくら節操を守ることに努めたと自らを慰め、「不更二夫」（女性は夫を二度改めない＝ひとりの男性にのみその身を奉げる）という儒教的な徳目を内在化したとしても、わずかの間留まり去っていく両班に捨てられるのが地方官庁に属する妓生の常であり現実であった。配流の身から解かれ、都に戻る金鎮衡に付いていった君山月は、両班の体面のために突如心変わりした金鎮衡の離別宣言ひとことで涙を流し引き返さなければならなかった妓生の境遇を教えてくれるのである。

君山月にとっての愛とは、配流されてきた両班男性がしばしの間楽しむものとは次元が異なっていた。「頼る者なき我が身の上」という言葉には、愛の不在に対する絶望よりは、公の組織に属しながらも物質的・精神的な後援者を必要とした妓生の生存基盤の不安定さがより切実に表れている。両班にとって風流とは有り余った快楽であったが、妓生にとっての風流とは職業のよりどころだったのである。彼女たちは制度によって男性を愛するよう強要され、また、制度によって捨てられる存在だったのである。

「達者でな」、「お元気で」、別れの言葉を交わしたものの、君山月の振る舞いをごらんあれ。
思わせぶりな視線を送り、
学士の姿を再び見やる。
笑って別れを許したものの、
その微笑みは本心か。
笑みはうつろなものとなり、
涙がうかび、あふれ出で
悲しみ変じて笑みとなす。

〔前述の「君山月哀願歌」の最後の部分を再び引用〕

両班の金鎮衡と別れ、引き返す君山月の途方にくれた心情が、この詩によく表れている。妓女は妾という形で両班社会の家族制度の中に編入されたとしても、「賤妾《チョンチョプ》」〔遊女出身の妾〕というくびきに縛られた「周縁者」だったのである。

だが、このような妾にもなれなかったほとんどの妓生たちの人生は、地方官庁を離れることもできないまま、妓生を生業《なりわい》として続けねばならない辛苦の風景の中に置かれていたのであった。

*

朝鮮時代の文学を中心に考察した性と愛の風景は、朝鮮時代後期にいたってひとつのはっきりとした兆候を示すようになる。それはまさに、儒教理念がより強化されあらゆる階層へと拡散する社会的な状況の中で、愛と婚姻が分離するあり様であった。家族の中の女性の場合、嫡子を産んで家門をつなぐ再生産の義務がより強化され、烈女の誕生や「鶯血《エンヒョル》」（ウグイスの血で女性の腕に刻んだ血痕。女性の純潔を象徴する記号❼）への執着に見られるように、女性の性に対する統制が強化された。その一方で、家族の外での遊興空間で妓女を主人公とする風流文化は、さらに盛んに楽しまれるようになった。こうした朝鮮時代後期の性と愛、婚姻の公式は、その時代だけの現象を超え、今日の文化の中にも依然として記憶され蠢《うごめ》いている欲望の原理として、その省察が求め続けられているのである。

【訳注】

❶ 朝鮮時代初期の文臣。一四五五年に起きた首陽大君《スヤンテグン》（のちの世祖）による王位簒奪クーデタ（癸酉靖難）に反対し、官職を捨てて在野の身となり、廃位された端宗《タンジョン》への節義を守った「生六臣」のひとり。『金鰲新話』の作者として広く知られる一方、学問的にも儒教を基礎とした仏教理解を進めるなど、「心儒践仏」の思想家として、朝鮮思想史を代表する人物である。

❷ 朝鮮時代中期の詩人。科挙に関心を示さず、酒を愛する自由奔放な人物だったが、明の使臣としてやってきた当時の文章家顧天俊の接待役に抜擢され、当時の文壇において絶大な評価を受ける存在となった。

❸ 『金鰲新話』にある「萬福寺樗蒲記」の内容をさす。若くして父母と死に別れ、人生の伴侶を得たいと萬福寺の仏に祈る梁生が、倭賊に殺され霊魂となっていた若き女性と結ばれるというストーリー。

❹ 作者および制作年代不明の古典小説。宰相の息子金真喜《キムジニ》と李血龍《イヒョリョン》は同い年で同学の友人である。ともに助け合うことを誓ったが、金真喜は科挙に合格し平安監司へと出世する一方、李血龍は科挙を受験できず老母と妻子を抱えて苦しい生活を過ごす。李血龍は出世した友に助けを得ようとするが、金真喜は彼を冷遇し、殺そうとまでする。そこで李血龍は玉丹春という妓生に救い出され、二人は契りを結ぶ。玉丹春は李血龍の家族の面倒まで見、李血龍はついに科挙に合格し、官僚の不正を糾弾する暗行御使となって金真喜を処断する。李血龍はその後、右議政（最高政務機関である議政府の首班のひとり）となって玉丹春と幸せに暮らす。

❺ 作者および制作年代不詳の古典小説。咸鏡道の妓生の娘月下僊は、咸鏡監司の息子黄《ファン》チッキョンと結ばれるも、黄チッキョンが都に戻るため離別する。新たに赴任した咸鏡監司の息子が月下僊と関係を結ぼうとするが、それを拒んだため彼女は牢に入れられてしまう。そこに月下僊を忘れられずやってきた黄チッキョンが現れ、彼女とともに逃亡するが、その間、月下僊が黄チッキョン

の生活を支える。その後、彼は科挙に首席で合格し、月下僊と平和に暮らす。
❻これらの比喩のうち「陰陽水」とは七年続く大干ばつにも枯れることのない水を意味し、男女（陰陽）の永遠の愛を表現している。また「人定」は夜の通行禁止時刻を知らせる鐘で、毎晩二更（夜十時前後）に鳴らされた。「槌」はその鐘をたたくもので、互いに離れることができない関係を象徴している。「肘金」と「壷金」はちょうつがいの一種で、棒状の肘金を円形の受け口をつけた壷金に差し込む構造になっており、男女の交わりを象徴するものとして読み解くことができる。
❼ウグイスの血を用いた刺青。性交をすると消えるといわれていたことから、処女性の象徴とされた。

十二章

朝鮮時代の女性芸術家の誕生

—詩と歌で昇華した魂—

宋《ソン》芝媛《ジウォン》　韓国国立国楽院 国楽研究室長

朝鮮時代、女性、音楽家——三重の障壁

朝鮮時代の女性、中でも音楽家は、私たち〔韓国人〕にとってその名称からだけでも幾重もの「障壁」を感じさせる。身分制社会、男性中心の社会、両班中心の社会という表象が加えられた厚い「壁」のせいである。詩を書き、歌を歌い、楽器を演奏し、時には踊りを舞い、生涯孤独な芸術を磨いていかねばならなかった彼女たちの芸術世界が気楽なものでなかったことははっきりとしている。しかし、その世界を逍遥する彼女たちの自由な魂が羽毛のごとく軽やかであったにもかかわらず、「女性音楽家」という存在は私たちに重く迫ってくる。その重さは、「内部者」ではなく「外部者」の視線から一定の距離をおいて彼女たちを見る時、さらに大きな荷重となっていく。彼女たちが生涯を通じて磨いてきた芸術世界について無知であるほど、その重さは大きくなるのである。

朝鮮時代の女性音楽家は、様々な方法で自分たちの芸術世界に向かって歩んでいった。私たちは、彼女たちが歩んでいった道を文献記録を通じて知ることができる。しかし、記録に刻まれた彼女たちの声は非常に限られている。内容の量や深さなど、あらゆる面でそうである。こうした状況は「朝鮮」という時代的な限界、「女性」という身分上の限界、そして「音楽家」あるいは「詩人」という職業的な限界と無関係ではない。実際に朝鮮時代の女性、中でも音楽家の身分の現実についての認識があれば彼女たちが記録の水面上に浮かび上がってこないことが理解できるということは、改めていうまでもない。これは、朝鮮時代の音楽関連記録のほとんどが、権力の核心であった王室を中心としてなされてきた状況と関わってくる。

文献に残されている朝鮮時代の音楽は、「礼楽政治」の大きな構図の中で行われた「儀礼音楽」に集中していた。いいかえれば、朝鮮王室の五礼、すなわち吉礼・嘉礼・賓礼・軍礼・凶礼のうちのひとつとして、儀礼のための音楽に焦点が絞られていた。ここで強調されるのは、音楽家個人や音楽作品の芸術性ではなく、儀礼と相補的な

『蕙園 伝 神帖《ヘ ウォンジョンシンチョプ》』のうち「双剣対舞《サンゴムテム》」。申潤福《シンユンボク》画。紙本淡彩。28.2 × 35.3cm。 澗松美術館〔ソウル〕所蔵。奚琴《ヘグム》〔二胡〕、笛《ピリ》（２名）、大笒《テグム》〔大型の横笛〕、杖鼓《チャンゴ》〔大型の鼓〕、太鼓《プク》の三弦六角編成の伴奏に合わせて踊る剣舞の躍動感あふれる動作を描写したものである。

華城陵幸図屏《ファソンヌンヘンドビョン》のうち「奉寿堂進饌図《ポンスダンチンチャンド》」。韓国国立中央博物館所蔵。1795年（正祖19）閏2月9日から16日まで、華城〔現在の水原《スウォン》市にある世界文化遺産〕での8日間にわたる行事のうち、奉寿堂で開かれた恵慶宮洪《ヘギョングンホン》氏〔正祖の母〕の還暦宴の場面。絵の中央に描かれた踊りは船遊楽呈才《ソニュラクチョンジェ》〔宮中での歌舞の一種〕である。

関係を保つ「礼と楽」の理念であった。宮中の宴で舞を担当した女性芸能者は、女楽・女妓あるいは医女や針線《チムソン》婢《ビ》❶などであった。しかし、彼女たち個人の姿は記録にははっきりと現われてこないので、その具体的な人生や音楽家としての自意識などについては知りがたい。

幸いなのは、「私伝」の形で伝えられてきた記録を通じ、彼女たち個人の人生を部分的ながら描き出すことができるという点である。もちろん、こうした記録のほとんどは音楽家自身によるものではなく、特定の文人によってなされたものであるので、多少の誇張もあり得る。あるいは、記録者たる文人によって不必要と判断された部分が取り除かれた内容だけが記されたり美化された形をとっているかもしれない。記録の仕方も、文人自らが直接経験し目撃した内容を中心にしたものであったり、音楽家が文人を訪ねて自らの生き様について告白したことを聞き書きしたものであったり、あるいは誰かから伝え聞いた内容を記録したものであったりする場合がほとんどである。にもかかわらずこうした記録は、なかなかその姿を現すことのなかった朝鮮時代の女性音楽家の人生を描くことができる貴重な資料となっている。

ここでは、朝鮮時代のいくつかの文献に伝えられる内容をもとに、彼女たち女性音楽家の人生と音楽について探ってみようと思う。桂娘、桂纖、石介、李玉峯といった人々の人生と芸術世界、そして彼女たちが歌った歌や、彼女たちが自ら詠んだ時調〔本書第一部五章の訳注❻を参照〕作品をともにさぐってみよう。

梨の花が雨のごとく舞い散る春の日の歌

桂娘《ケラン》（一五七三〜一六一〇）は、明宗代の詩人・音楽家で、歌とコムンゴ〔韓国の琴〕の演奏に長けた人物であった。扶安《プアン》県〔現在の全羅北道扶安郡〕の下級役人の身分だった李湯従《イタンジョン》の庶女〔妾が産んだ娘〕であったが、癸酉年に生まれたことから癸生《ケセン》の名を持つようになった。香今《ヒャングム》また癸娘《ケラン》ともいい、号は梅窓《メチャン》である。許《ホ》蘭雪軒《ナンソルホン》〔本書第一部一章および三章を参照〕とともに朝鮮時代の代表的な女性詩人としても定評があった。父親から漢文の手ほどきを受け、詩文とコムンゴを習って扶安の名妓として活動した。

生まれついての文才を持つ桂娘は、穏やかに暮らしたいという自らの思いを世の人々がわかってくれないという内容の詩を残している❷。これは、〔妓生という〕自らの身分に対する社会的認識がもたらした心の痛みを表現したものである。しかし逆説的に言えば、女性の詩作行為に対して偏見を持っていた朝鮮時代に、妓女身分の女性はむしろ多様な内容の詩を創作する自由を得ることができた。

梅窓〔桂娘〕と村隠《チョヌン》劉《ユ》希慶《ヒギョン》〔一五四五～一六三六〕にまつわる物語は私たち〔韓国人〕に広く知られている。劉希慶は許筠《ホギュン》〔本書第一部五章の訳注❸を参照〕によって「漢詩に通じた人物」に選ばれたこともある優れた詩人であった。梅窓と劉希慶が出会ったのは、劉希慶が四十代半ば、梅窓が十八歳の時のことであった。二人は短い出会いしか持たなかったものの、ともに過ごした時間の中で数多くの詩を詠んだ。梅窓と劉希慶の文学的な出会いは、互いの詩の世界をさらに押し広げるきっかけとして作用したのである。

しかし、劉希慶が都に戻ってから間もなくして壬辰倭乱《イムジンウェラン》〔豊臣秀吉の朝鮮侵略〕が起こると、二人の再会は期待しがたいものとなってしまった。劉希慶が義士を結集して官軍を助けるなどの義兵活動を行ったからである。しばらくの間劉希慶に会えなかった梅窓は、数篇の詩を書いて自らの心を表現した。現在、女唱歌曲〔女性が歌う伝統声楽曲〕で、界面《ケミョン》調による二数大葉《イスデヨプ》❸の旋律で歌われている時調「梨花雨《イファウ》」が、この当時作られたものである。

現在、扶安の鎮山〔村の守護山〕である城隍《ソンファン》山の西林《ソリム》公園の入り口にある梅窓の詩碑にも、この時調が記されて

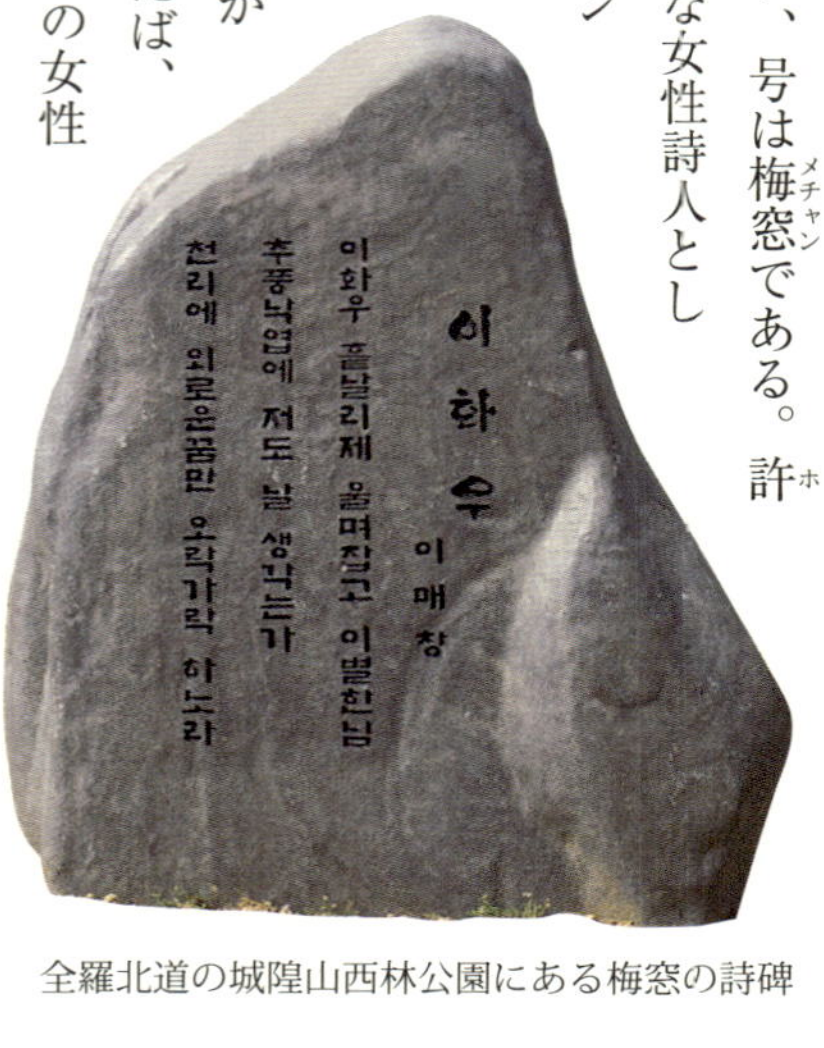

全羅北道の城隍山西林公園にある梅窓の詩碑

いる。

梨花が雨のごとく舞い散る春
泣きすがりながら別れた愛しき人よ
秋風に散る葉の中に、あの人も私のことを思っているのでしょうか
千里の隔たりを、さびしき夢が行き来します

梨の花が雨のように舞い散る春の日、劉希慶と別れてから季節はいつの間にか落ち葉散る秋に変わったものの、未だに再会することができないでいる。互いに遠く離れていて会うすべもない梅窓は、自らの心の痛みをこうして歌った。現在、この時調は『歌曲源流《カゴクウォルリュ》』[4]に伝えられており、女唱歌曲の中で最も遅いテンポである二数大葉のひとつとして歌われている。梅窓と別れた劉希慶も、彼女を思い慕う心に大きな違いはなかった。次の五言詩「癸娘を思って（懐癸娘）」にその心を読み取ることができる。

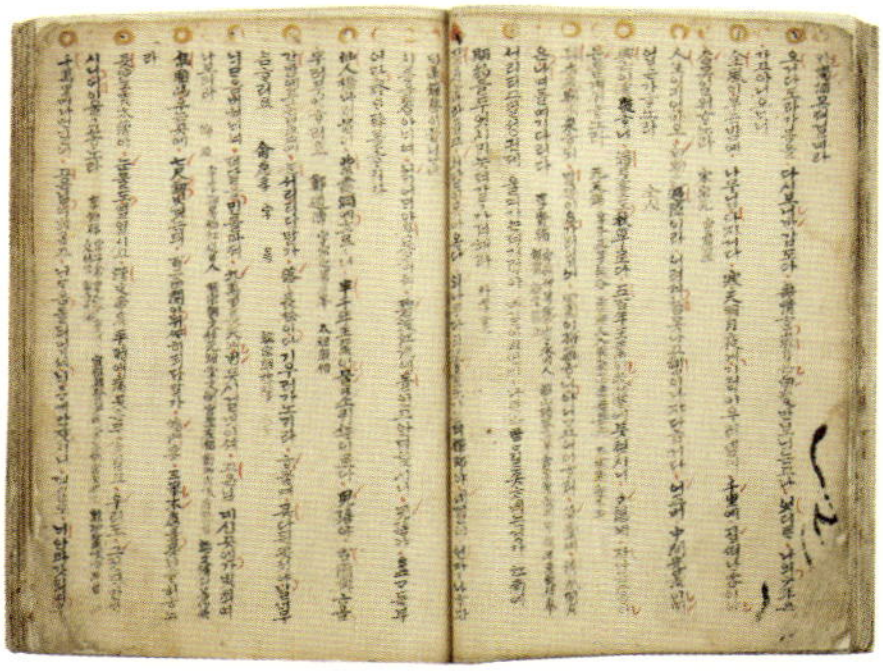

『歌曲源流』。国立国楽院〔ソウル〕所蔵。この書籍に梅窓の「梨花雨」が載せられている。

娘家在浪州　そなたの家は扶安にあり
我家住京口　我が家は都にあり
相思不相見　互いに慕うも会うことできず
腸断梧桐雨　悲嘆にくれる、桐の木に雨降る時

梅窓は扶安に暮らし、劉希慶は都に住んでいた。遠く離れているものの、二人は出会う前からすでに人々の話

を通じて互いの情報を得ていた。当時、梅窓に関するうわさは、都まで広く知れ渡っていたのである。劉希慶が梅窓に初めて出会ったのは一五九〇年ごろであり、その出会いは特別なものだった。さらに、詩を通じて共有する部分が多かったことから、こうした詩が生まれたのは至極自然なことである。二人が初めて出会った頃、互いについてすでに知っていたと思われる状況が、劉希慶の『村隠集《チョヌンジプ》』に載せられた詩によく表れている。

かつてより南方の癸娘の名を聞く
詩と歌の腕前、都にまで鳴り響く
今日、その真骨頂に触れてみたが
仙女が着飾り降り下ってきたかの如し

曾聞南国癸娘名
詩韻歌詞動洛城
今日相看真面目
却疑神女下三清

〔『村隠集』巻之一、七言絶句「贈癸娘」〕

出会う前から互いに思い慕っていた劉希慶と梅窓。この二人の出会いがついに実現した。噂にのみ聞いていた梅窓にじかに会った劉希慶は、彼女の真の実力にさらに魅了されてしまった。二人の出会いはついには数多くの詩を生み出し、その詩の一部は今日まで歌曲として歌われ、人々の琴線に触れるものとなっているのである。

心は口を忘れ、口は声を忘れる

十八世紀の女性音楽家桂纖《ケソム》（一七三六〜？）は、代々にわたって郡の地方官吏を務めてきた、身分で言えば中人《チュンイン》〔本書第一部三章の訳注❼を参照〕の家柄の出身である。七歳で父を、十二歳で母を亡くした。幼くして両親を失った女性である彼女に行くべきところはなかった。結局、公奴婢《コンノビ》〔官庁に属する奴婢〕の身分として登録されることになったが、十六歳で奴婢として働くようになった家で歌を学んだ。落ち着いた性分の持ち主で才能があった桂纖は歌でもその素質を現し、徐々に世に知られるようになっていった。彼女は貴族の宴席が開かれれば必ず招かれた。当時、桂纖の名声を聞いた侍郎《シラン》の元義孫《ウォンウィソン》❺（一七二六～八一）は、彼女を自分の家の声婢《ソンビ》〔歌や楽器演奏ができるように教えた召使の女性〕として置くことにした。桂纖は彼のもとで十年余り働き、その後、李鼎輔《イジョンボ》（一六九三～一七六六）の家に属する音楽家となった。桂纖の音楽家としての人生は李鼎輔の後押しを受け、ようやく心落ち着く場を見つけたのであった。

　李鼎輔は英祖代に大提学《テジェハク》〔本書第一部二章の訳注❸を参照〕をへて礼曹判書《イェジョパンソ》❻を兼任した人物であり、音楽に理解が深く、また好んだ。彼が残した時調もたくさんある。一七六三年、李鼎輔は官職を引退した後、普段から好きだった音楽を楽しむため、自分の家に音楽ができる者を数名置き、彼らの後援者としての役割を自ら買って出た。李鼎輔は音楽に造詣が深く、彼の門下から多くの男女の名唱〔優れた歌い手〕が輩出した。桂纖はこのような人物の家に身を置いていたことから、最も理想的な支援者に巡り会ったというわけだ。彼女が二十八歳の時である。

　李鼎輔の支援のもと、桂纖は着実に歌の修行を続けていった。数年の修行の結果、桂纖の歌の実力はかなりの境地にまで達し、日を追うごとに向上して、国中にその名を轟かせることになった。歌を学ぼうという人々の間で桂纖を知らない者はなく、地方で活動する妓生が歌を

李鼎輔肖像。絹本設彩。50.1×35cm。天理大学所蔵。

平安監司《ピョンヤンカムサ》饗宴図《ニャンヨンド》のうち「月夜舡遊図《ウォリャソニュド》」（部分）。伝金弘道《キムホンド》画。1745～1806年。紙本彩色。韓国国立中央博物館所蔵。桂纎の支援者沉鏞が桂纎に準備した最も大きな機会は、平安監司の還暦宴への参加であった。ここで桂纎などの名唱たちは、これまで磨いてきた技量を心いくまで演じることができた。

学ぼうと都にやってくれば、誰もが桂纖を訪ねていった。李鼎輔は桂纖のこうした音楽活動を何も言わず支えてやった。李鼎輔の支援は自分の耳だけを満足させるためのものではなかった。自らが後ろ盾となった人物が技量を磨き続けられるようにしてやり、さらには彼女たちが他の音楽家を教える機会も与えたのであった。こうした結果、李鼎補の支援は、朝鮮時代後期の音楽文化拡大に大きく寄与したと評されるようになった。

李鼎補と出会った後、桂纖はもうひとりの重要な支援者とめぐりあうことになる。彼女が四十歳をすこし越えた後にようやく出会った沈鏞《シムヨン》❼（一七二一～八八）がその人だ。沈鏞は普段から風流を楽しみ道義を好む権力者で、彼の周りには詩人や芸能者が押し寄せ、常に「門前市をなす」状態であった。沈鏞もまた、李鼎補と同様に朝鮮時代後期の音楽家を育てた人物である。桂纖は沈鏞に出会ってから、それまでとは異なった境地で音楽活動を繰り広げる機会を得るようになった。沈鏞の支援のもと、思う存分日々の音楽修行をしていた桂纖は、さらに円熟した演奏家としての姿を具えていった。沈鏞は自分が支援する芸術家たちに様々な音楽活動をする機会を準備したが、そこには必ず桂纖がいた。沈鏞が提供した機会のうち、最も注目されるのは平壌監司《ピョンヤンカムサ》〔平安道の長官〕の還暦宴への参加であった。

沈鏞は音楽家を率いて平壌監司の還暦祝いに出席するべく出発した。桂纖のほかに歌客〔歌曲の名手〕の李世《イセ》春《チュン》、琴客〔琴の奏者〕の金哲石《キムチョルソク》、妓生の秋月《チュウォル》や梅月《メウォル》など、当時、我こそはと自負する名唱たちが同行した。歌客の李世春に時調に長短《チャンダン》〔伝統音楽のリズム〕を組み合わせたことで知られた人物で、やはり都で注目を浴びていた。普段から絶えず技量を磨き続けてきた彼ら音楽家たちは、沈鏞の申し出に応じて平壌への遠地公演に赴き、他地域の音楽家との文化交流を行う機会を得た。大同江《テドンガン》〔平壌市内を流れる川〕の水上で催された平壌監司の還暦祝いに参加し、船上での公演を見事に終えた彼らは、平壌の人々の歓待を受け、多額の出演料を得て戻ってきた。こうした機会は、女性音楽家の桂纖にとって非常に意味深い経験となったのである。

晩年になって、坡州《パジュ》の田舎の村、現在の京畿道坡州市広灘面新山里《クァンタンミョンシンサンリ》のそばのひっそりとした山村にこじんまりとした藁葺きの家を建て、菩薩のように静かに暮らしていた桂纖は、一七九七年の夏、齢六十二歳となった年、ロバに乗って沈魯崇《シムノスン》〔本書第一部五章の訳注⑮を参照〕をたずねていった。彼女は三十六歳の青年沈魯崇に、自らの生涯についてひとつ残らず打ち明けた。女性音楽家桂纖の物語は、こうして沈魯崇によって口伝され、私たちに知られるようになった。

沈魯崇は彼女の歌の実力を、一言で「心忘口、口忘声」（心は口を忘れ、口は声を忘れる）と表現した。彼女が歌うとき、彼女の口は心となり、心は歌声となって響きわたる。彼女の歌を聞く者もまた、歌の中で愉快に飛翔する。女性音楽家桂纖が歌う歌は、このように朝鮮時代の人々とともにあったのである。

現実を女性の世界へと手繰りあげる

中宗の娘貞順翁主《ジョンスンオンジュ》と婚姻した宋寅《ソンイン》（一五一六～八四）は、十六世紀に文章と人望の高さで知られた人である。書法に優れ、金石文の文字は常に彼の手に任され、彼の家には訪ねてくる人が引きも切らなかった。ある日、宋寅の家に小さな下女がやってきた。よじれた弓矢のような小さい目に老いた猿のような顔をした、石介《ソッケ》という名の下女であった。この女の子には主に水汲みや薬草採りなどの雑事を任せることにした。

だが、石介は自分に与えられた仕事にまったく関心がなかった。水を汲んでこいといえば木桶を背負って井戸端まで走っていった。しかし、井戸端に行くと水桶を欄干に懸けておき、一日中歌ばかり歌っていた。特に習ったというわけでもないからきちんとした音楽になるはずもなかったが、あの歌この歌と手当たり次第熱心に歌っていた。一日中歌い、日が暮れると、再び空の水桶を背負って戻ってきた。家に戻れば鞭打ち❽とお叱りが待っていたが、次の日になると全て忘れてまた水桶を背負っていっては一日中歌い、帰ってくるという日々が続いた。そうした彼女の行動を誰も改めることができなかった。

宋寅の家では、石介にほかの仕事をさせることにした。今度は薬草採りの仕事だった。石介は竹かごをひとつ持って野原へと毎日のように出かけていったが、薬草採りにも関心を示さなかった。薬草が目の前にあっても、足で踏みつけても、まったくおかまいなしだった。やはり、歌うことだけに没頭していたのである。

あるひっそりとした場所に腰を下ろすと、彼女はその周りに小さな石ころをこんもりと集めた。そして、歌を一曲歌うと石ころひとつを取って竹かごに入れ、一曲歌い終えると、また石ころを竹かごに入れた。我を忘れ、世事を忘れて歌を歌っていると、いつの間にか竹かごは石でいっぱいになっていた。すると今度は、歌一曲を終えるたびに石ころをひとつずつ取り出した。そうこうするうち、竹かごは石でいっぱいになったり空になったりを何度も繰り返した。こうして一日中歌ばかり歌い日が暮れると、空っぽの竹かごをぶらりと下げて家に帰っていった。周りの者がいくら強く叱っても、彼女の歌はやむことがなかった。

石介は自分が踏みしめている現実と、到達しようとする理想の道を一致させた。正確に言えば、現実を理想の道へと手繰りあげたのである。水汲みや薬草採りという現実の中にいながらも、歌って暮らしたいという理想の中の道を毎日のように選び歩んでいくことに努めた。現実と理想の間の深い溝を、石介は後ろを振り返ることなくひらりと飛び越えたのである。

幼き石介。可能なことにも不可能なことにも見通しを立てることのできない、そんな境遇であった。だが、彼女はひとつの道を歩んだ。未来を保証してくれる者は誰もいなかったが、彼女は確信していた。水汲みや薬草採りは誰でもできるが、自分が歌う歌は誰にも取って代わることができないと強く信じていた。歌がうまくなりたいという欲望も彼女の本能であったのかもしれない。石介は他人が歩む、あるいは、歩まねばならない人生の道には目も向けず、自らの本能に忠実であろうとしたのであろう。

結局、石介の話は宋寅の耳にまで届いた。宋寅は、幼くも頑なな子供がこれほどまでに没頭している世界がどのようなものか見守ることにした。宋寅は彼女が歌を学べるよう公に許可した。本格的に歌を学ぶようになると、石介の実力は日を追って伸びていった。

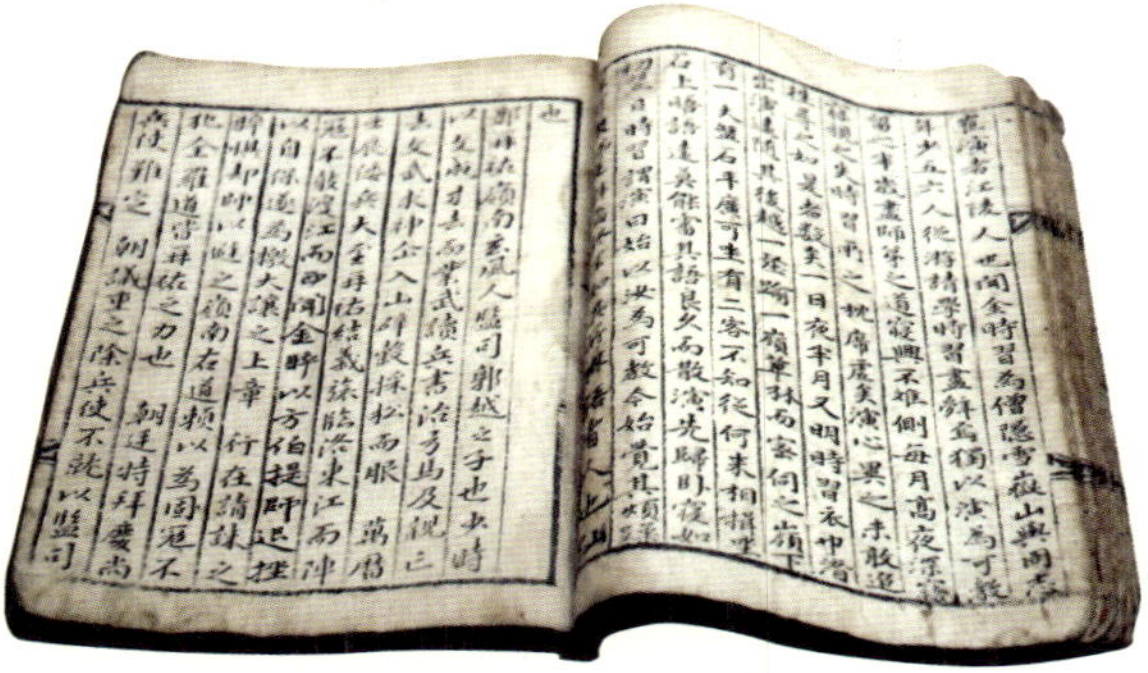

柳夢寅が著した韓国最初の野談集『於于野談』は、王室の貴人から常人〔平民〕、賤民、妓女にいたるまで多様な人々の人生と詩文にまつわるエピソード、夢、亡霊、風俗、性愛についての物語を生き生きと記録している。ここに名唱石介の物語も載せられている。

石介はしばらくして都で最も歌のうまい音楽家として生まれ変わった。石介の物語を記録に残した柳夢寅《ユモンイン》〔本書第一部五章❹の訳注を参照〕は「近来の百年余りの間で、彼女ほどの名唱はいなかった」と惜しみない賛辞を贈った。当時、最高の歌唱力を誇った石介が宴席に出演すると、金や錦が数多く積まれ、予想もしなかった富を貯えることにもなった。後に娘をひとり産み玉生《オクセン》と名づけたが、娘もまた母の才能を余すところなく受け継いで当代最高の実力者となった。

以上が柳夢寅の『於于野談《オウヤダム》』に記録された女性音楽家石介の物語である。柳夢寅は彼女の外見について「よじれた弓矢のような小さい目に老いた猿のような顔」と描写している。しかし、外見と才能は必ずしも比例するものではない。彼女の世界をことごとく虜《とりこ》にしてしまった歌、その歌に向かって実直に精進していった石介は、つ

李山海肖像。絹本設彩。162.5×83.5cm。韓国国立中央博物館所蔵。彼もまた、石介の優れた歌を貴いものと思い、これに和酬する詩を詠んだ。

いに優れた音楽家になった。柳夢寅は石介の才能に惜しみない賞賛をおくる一方で、彼女の外見については決して美化することはなかった。

石介が当時よく歌っていた歌は何だったのだろうか。石介の物語を記録した文献はいくつかあるが、彼女が歌った歌が何だったのかはあまりはっきりしていない。ただ、朴枝華《パクチファ》❾（一五一三～九二）の『守庵集《スアムジブ》』（『守《ス》庵遺稿《アムユゴ》』巻一、聴歌）に「善歌詞」すなわち「歌詞を上手に歌う」と記録されていることから、「歌詞《カサ》」（歌辞《カサ》）❿が彼女の主な演奏曲目であったようだ。もちろん、今日よく言われているところの十二歌詞⓫と同一視されているわけではなく、より包括的な意味での歌詞を指し示したものである。

石介は、当時の名宰相たちをも感動させた。彼女の歌を聞き、彼女のために詠まれた詩がたくさんある。領議政の洪暹《ホンソム》（一五〇四～八五）は絶句三首を詠み、左議政の鄭惟吉《チョンユギル》（一五一五～八八）、領議政の盧守慎《ノスシン》（一五一五～九〇）、左議政の金貴栄《キムクィヨン》（一五二〇～九三）、領議政の李山海《イサネ》（一五三九～一六〇九）、左議政の鄭澈《チョンチョル》（一五三六～九三）、右議政の李陽元《イヤンウォン》（一五三二～九二）や沈守慶《シムスギョン》（一五一六～九九）などが和酬し、ほかの宰相たちも和酬して大きな詩集を成したこともあった。これは当時、比類なき実力を持つにいたった石介の優れた芸術世界を貴いものと考えたからである。

石介は、宋寅の死後も引き続き様々な文人から称賛を受けた。宋寅が建てた東湖《トンホ》⓬の水月亭《スウォルジョン》に行くと、文人たちは彼のことを思い出しつつ、石介の物語を詩に詠んだ。友人たちと月夜に漢江《ハンガン》で舟遊びをした後、水月亭に登って風流を楽しむとなれば、すばらしき音楽家として生まれ変わった石介の話は、常に彼らの詩心を刺激し、話題の中心となったのである。

石介の歌の舞台となった東湖の水月亭は戦乱を経る中で焼失してしまったが、その後、宋寅の孫である宋圻《ソンギ》が寺正《シジョン》⑬の職にいる時に、以前亭《あずまや》があった場所に草屋を建てて新たに色彩を施し、扁額もかけ直した。新築された水月亭に集まった彼らは、故人となった宋寅が発掘し育てた音楽家の石介を思い、その感慨を書き表した。申欽《シンフム》⑭は『象村集《サンチョンチプ》』の中で、その感慨を五言律詩で次のように詠んでいる。

城郭を出でて浦に沿って行き、
舟に乗り移れば夕方となる。
初秋の涼しさはまさに移り行く時の道理を解し、
うれしき客もまた襟を連ねる。
うつむく時も仰ぐ時も月日の移ろいを悲しむものの、
江山は昔も今も絶えることなく時を過ごし来り。
黄昏の景色はまことに悠然たるも、
盃の中の心は月明かりに乱される。

出郭仍遵浦
移舟晩趁陰
新涼真解事
佳客亦聯襟
俛仰悲遷逝
江山閲古今
黄昏正容与
月色乱盃心

〔『象村集』第九巻、五言律詩「游東湖水月亭」〕

宋寅はこの世を去ってしまったが、宋寅が建てた亭は元通りとなり、懐かしい友が集まった。申欽、李寿俊《イスジュン》⑮、申翊聖《シンイクソン》⑯らであった。彼らはともに漢江を遊覧し、詩を詠んだ。船に乗って流れゆく川面をゆっくりと遊覧していると、流れ過ぎるのは川だけではないことを悟る。歳月も川のようなものであり、かつて水月亭に遊んだ宋寅、そして彼が発掘し育てた音楽家の石介の歌も、ともに流れ過ぎていった。宋寅より五十歳若い申欽が、その川で、その亭の上で、かつての風流の場を感じつつ、こうして詩を詠んだ。石介の美しい歌は、風流の場に生き続けていたのである。

石介の出身についてははっきりとわかっていない。しかし、奴婢という身分から音楽家として一家をなすほどに成長する過程の中で、宋寅の狂いなき眼差しが大きな役割を果したのは確かだ。宋寅は未来の音楽家たる石介の才能を見出し、ひとつの道に精進する彼女に歌を学ぶことを許した。雑事で一生を過ごすことになっていたかもしれない彼女は、自らの意志を曲げることなく歌に専念し、音楽活動のための基礎を築くこととなった。その結果石介は、当代最高の音楽家に成長することができたのである。

秀でた文章力、永遠の離別

近頃いかがお過ごしのことでしょう。
月が照らす紗張りの窓には私の恨めしき心があまたあります。
もしも夢の中に私の魂の歩みし跡が残るなら、
門前の石路の半分が砂となることでしょう。

近来安否問如何
月到紗窓妾恨多
若使夢魂行有跡
門前石路半成沙

宣祖代の女性詩人李玉峯《イオクボン》が詠んだ「夢魂《モンホン》」という題の漢詩とその翻訳である。第三句と第四句がこの詩の圧倒的な存在感を示している。愛しの君を慕う心があまりにも大きく、もし夢の中の魂がその痕跡を残していくなら、あなたの家の門前の石の道は磨り減り、おそらく半分ほどは砂となってしまうでしょうという内容である。愛する男性と遠く離れて会うことができない心情を、これほどまでに歌うことができようか。

李玉峯は十六世紀後半に沃川《オクチョン》郡守〔沃川郡は現在の忠清北道南部に所在〕の任にあった李逢《イボン》の庶女として生まれた。父親から文章を学んだが、もともと才能があり、父親を何度も驚かせた。李玉峯は庶孼《ソオル》〔本書第一部四章⑯の訳注を参照〕という自分の身分を充分に認識していた。そのため、ふさわしい結婚相手は現れないだろうと思い、南《ナム》冥 曺植《ミョンチョシク》⑰の弟子趙瑗《チョウォン》という人物の側妻《そばめ》になりたいと自ら申し出た。趙瑗の側妻になってからも数篇の詩を書き、その周辺では彼女の文章力に感嘆する人が多かった。そうした中、隣人に書き与えた一篇の詩が訴訟沙汰に関わることになり、結局、趙瑗に捨てられてしまい、永遠の離別となってしまった〔後述〕。

李玉峯が趙瑗の側妻になりたいと自ら申し出た理由は、彼が優れた文章を書くからであった。彼女は趙瑗ほどであれば自分の詩才を充分に認めてくれるだろうと考えた。彼女の選択は今日の視点からみても型破りなものであった。自分から夫を探し選んだからである。一生涯頼りとする人物を自ら選び出したという事実だけでも、彼女の非凡さを示すのに充分である。そうして選んだ夫であったから、李玉峯は趙瑗をことのほか愛した。彼女が残した詩のうち、夫を慕う内容が多く見られるのもこうした理由からであろう。李玉峯が詠んだ詩は、許蘭雪軒の詩とともに中国でも知られるようになった。文才に優れた女性であり、さらに〔自ら夫たる男性を探し選んだという〕特別ないきさつを背景に心をこめて詠んだものだっただけに、その詩〔の趣き〕はより深まっていった。

李玉峯が詠んだ詩のうち、「夢魂」の第三句、第四句と同じ内容が、韓国の民謡や女唱歌曲にも見られる。西道《ソド》民謡「愁心歌《スシムガ》」⑱の前部の歌詞の中にある「若使夢魂으로《ヤクサモンホヌロ》 行有跡이면《ヘニュソギミョン》 門前石路가《ムンジョンソンノガ》 半成沙로구나《パンソンサログナ》」という内容は、「夢魂」の第三句と第四句に〔漢文を読むための韓国式の〕送り仮名を加えたものである。また、白洲《ペクス》李明漢《イミョンハン》⑲（一五九五～一六四五）が詠んだ時調で、女唱歌曲の羽調平挙《ウジョピョンゴ》⑳の旋律で歌う「夢で行きかう道に」の内容ともよく似ている。

夢で行きかう道に足跡を残せるのなら、
あなたの家の窓の外の石の道さえも擦り減るでありましょうに、
夢の道には足跡を残せぬゆえ、それを悲しんでおりまする。

李玉峯が趙援に捨てられることになったのは、彼女の賢さが原因といえば原因だ。彼女のところに近所の夫人がやってきて、夫の汚名を晴らすための文章を書いてほしいと頼んできたのだが、李玉峯はその頼みを受け入れた。夫が牛泥棒の罪で捕まり取調べを受けているので、その誤解を解いてほしいというものだった。その夫人は李玉峯の文才ならば訴状をうまく書いてくれ、夫が釈放されるだろうと考えた。李玉峯が詩一首を書いて訴状代わりに差し出すと、それを読んだ県監〔県の長官〕はその罪が濡れ衣であるという内容の詩であることを理解し、その夫人の夫を釈放してやった。この事件の後、趙援は、詩を用いて訴訟を解決しようとしたのだから、今度は朝廷のことにまで干渉するのではないかという理由で、彼女を捨てたのであった。李玉峯は趙援との離別の後にも、珠玉の詩を残した。彼女が詠んだ三十二篇の詩が収録された『玉峯集《オクボンジプ》』は、現在、奎章閣が所蔵している『嘉林世稿《カリムセゴ》』[21]の付録として伝えられている。

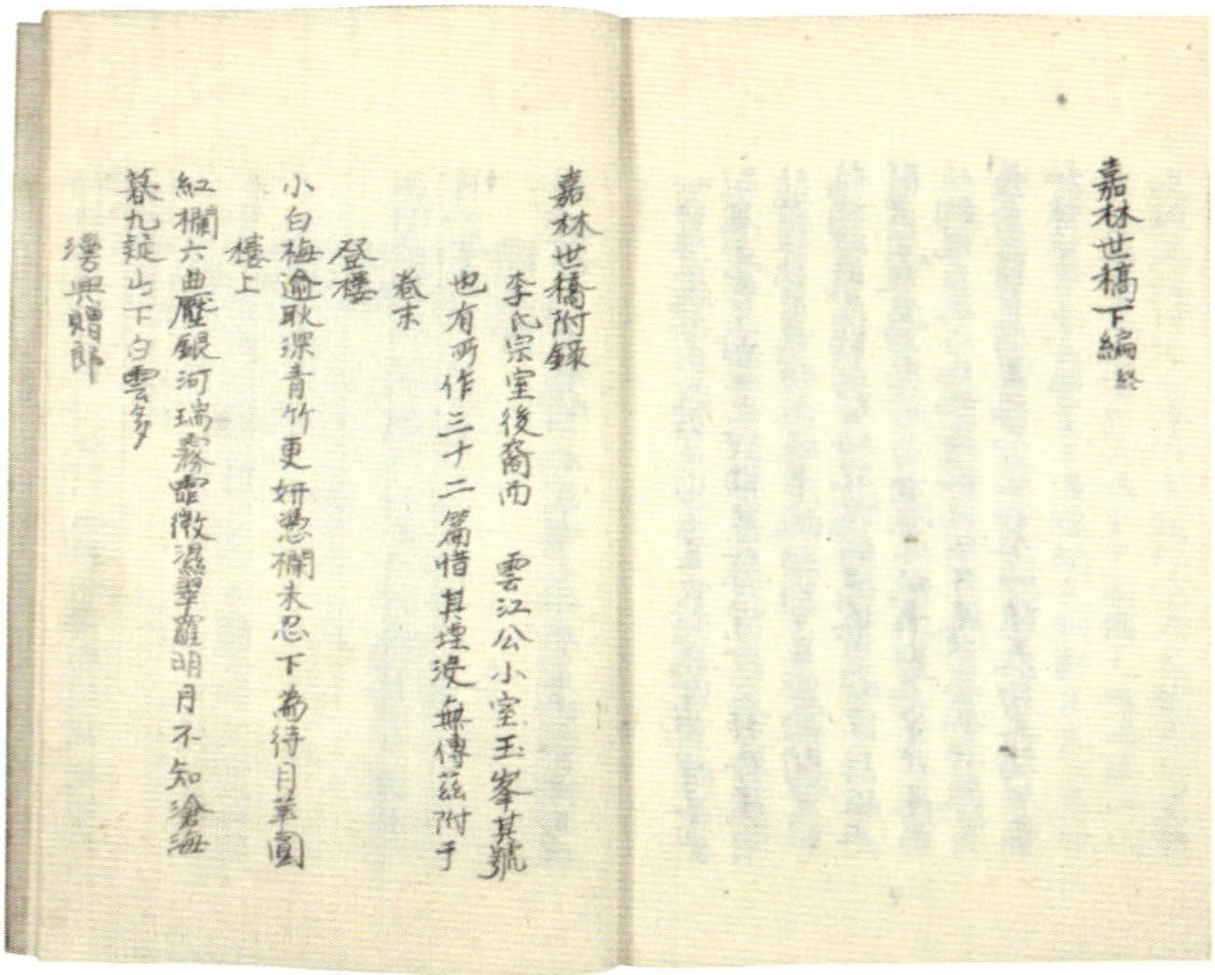

『嘉林世稿』の付録として伝えられている『玉峯集』。奎章閣韓国学研究院〔韓国〕所蔵。ここに李玉峯の詩が三十二編収められている。

【訳注】

❶ 尚衣院《サンウィウォン》に属して裁縫の業務を担った妓女。尚衣院は国王や王妃の衣服作成や王室の財貨管理・供給を担当する官庁。

❷ 『韓非子』和氏編に、璞玉《あらたま》（玉の原石）を王に献上したが誤った鑑定により嘘つきとされ、足を切り落とされた卞和《べんか》の説話（「和氏の璧」）がある。梅窓はこの説話をもとに「世の人は釣りを好むも我はコムンゴを弾く／今ようやくこの世を生きる難しさを知りたり／両足を切られ三度のはずかしめを受けてもついに我が心を知る人には出会えず／むしろ璞玉を抱きしめ荊山で泣く」（挙世好竿我操瑟／此日方知行路難／刖足三慙猶未遇／環将璞玉泣荊山）という詩（「自恨薄命《チャハンバンミョン》」）を詠んだ。卞和は三度目にしてその心情を理解してくれる文王に出会えたが、妓生の自分には心を理解してくれる人が現れなかったという愁いと悲しみをこめた歌である。

❸ 界面調は韓国の伝統歌曲の楽調のひとつで、悲しく心焦がれるような雰囲気を持つ。また二数大葉はテンポの遅い旋律による曲調。二数大葉の旋律による「梨花雨」は、朝鮮時代の伝統歌曲を代表するものである。

❹ 一八七六年に朴孝寛《パクヒョグァン》と安玟英《アンミニョン》が編んだ朝鮮時代の時調集。八百首あまりの時調が収録されており、『青丘永言《チョングヨンオン》』『海東歌謡《ヘドンカヨ》』とともに韓国の三代時調集のひとつとされている。

❺ 朝鮮時代後期の文臣。司憲府（風俗矯正・官僚の糾察や弾劾を担当した官庁）の長官である大司憲や全羅監司（全羅道の長官）、兵曹参判（軍事を管掌する兵曹の次官）などの要職を歴任。なお、侍郎とは参判の別称。

❻ 儀礼・祭祀・外交などを担当した官庁である礼曹の長官。

❼ 朝鮮時代後期の文臣。蔭敍（父祖が高位高官にいた者が科挙を受けずに任用される制度）によって陝川《ヒョプチョン》郡守や醴泉郡守などの地方官を歴任した。しかし、官職にはそれほど強い関心を見せず、風流を好む人物として知られていた。また芸術的な眼目と経済的な富を持っていたことが、芸術家への支援の基礎となっていたとも指摘されている。

❽ 韓国では伝統的に過ちを犯した子供を親が叱る時、フェチョリと呼ばれる細い木の棒で子供のふくらはぎをたたく罰があった。今日では体罰に対する認識もあって、こうした形で子供を叱ることは非常に少なくなっているが、ドラマや時代劇で親が子を叱る場面で登場する場合もある。

❾ 朝鮮時代中期の学者。儒教・道教・仏教などに造詣が深く、幼い時から名山を遊覧し、その文才が評価された。日本軍の朝鮮侵略の際、友人とともに避難するも、年老いたゆえにこれ以上いっしょに逃げ延びることはできないとして友を送った後、杜甫の五言律詩を記した紙を木の枝に残して入水したという逸話が残されている。

❿ 三七調あるいは四四調を基本とした韓国の伝統的な歌謡形式。

⓫ 韓国の国楽として伝唱されてきた、首陽山歌、処士歌、白鷗詞、竹枝詞、春眠曲、相思別曲、漁父詞、行軍楽、黄鶏詞、勧酒歌、襄陽歌、梅花打令の十二の俗楽。

⓬ ソウル市内を流れる漢江沿いにある地域。現在のトゥクソムから玉水洞にかけての地域を指す。

⓭『宣祖実録』三七年閏九月七日条に「内贍寺正宋圻」の名がある。内贍寺《ネソムシ》は朝鮮時代に宮廷に献上する飲食物や二品以上の官吏に与える酒、倭人や女真人に与える飲食物などを管理した官庁。寺正はそこに属する正三品の官吏。

⓮ 一五六六年～一六二八年。朝鮮時代中期の文臣。領議政をはじめとして政治の要職を務めた一方、優れた文才により、対明外交文書や儀礼文書の作成や詩文整理などに関わり、朝鮮中期を代表する漢文学者として称賛された。

⓯ 一五五九年～一六〇七年。朝鮮時代中期の文臣。豊臣秀吉の朝鮮侵略の際、通津県監《トンジンヒョンガム》（現在の京畿道金浦《キムポ》郡一帯の古地名、県監はその長）として日本軍への防御に尽力。承文院判校《スンムンウォンパンギョ》（外交文書を担当する官庁。判校はその長）や春秋館編集官《チュンチュグァンピョンジプグァン》（当代の政治状況を記録する官庁、編集官はその所属官僚）などを歴任。

⓰ 一五八八年～一六四四年。朝鮮時代中期の文臣。清による侵略（丁卯・丙子胡乱）とその後の対外関係で主戦派の立場をとり、一時、瀋陽で人質となっていた。また、文章に優れた人物としても評価されている。

⓱ 一五〇一年～七二年。朝鮮時代中期の学者。官職にはつかず、朱子学の理念を現実社会で実践することの重要性を強調することで理想的知識人であるソンビ像を示し、後進の教育に尽力した。深い学識とソンビとしての潔白さが当時から高く評価され、退溪李滉や栗谷李珥とともに朝鮮朱子学を代表する思想家とされている。

⓲ 西道民謡とは平安道および黄海道で歌われていた民謡をさす。「愁心歌」は平安道で伝えられた作者未詳の民謡で、人生のむなしさを歌ったものである。

⓳ 朝鮮時代中期の文臣。詩人としても知られ、丙子胡乱ののち清との和平に反対したことから連行された瀋陽で詠んだ「青丘永言」などの作品がある。

⓴ 伝統歌曲のうち、羽調（勇壮で力強い楽調）の四番目に歌われる曲。

㉑ 趙援・趙希逸《フィイル》・趙錫馨《ソッキョン》の三代の文章を、その子孫である趙景望《ギョンマン》が編纂した文集。一七〇四年に刊行された。

十三章

女性の目から読み解く女性たちの遊び

―仲睦まじき閨中の趣味生活―

趙《チョ》恵《ヘ》蘭《ラン》：梨花女子大学校 国語国文学専攻教授

「宮廷女官チャングムの誓い」[1]の人気のためだろうか。最近になって、映画やドラマで時代劇に接する機会が増え、考証を経て扱われる素材も多様になった。水刺間《スラカン》（国王の食事を作る厨房）で宮中料理を作る場面が華やかに繰り広げられる一方、検死する場面が科学的に再現されたりもした。もちろん、妓生を中心とした両班男性の遊び文化も欠かすことができない見ものである。だが、時代劇で両班の女性たちが遊ぶ場面を見たことがあるだろうか。両班男性たちの遊び文化は、そのほとんどが彼らの趣向と結びついて優雅に描かれているのに比べ、両班女性の場合、彼女たちの趣向や趣味を読み取ることは難しい。刺繍枠や書籍のような小さな品物が置かれているばかりで、それがストーリー展開の素材となることはない。映画「スキャンダル」[2]で年配の宰相夫人が妓生を呼んで「春眠曲《チュンミンゴク》」[3]を聞いている場面をのぞけば、両班女性の自由時間は数名ほどの女性たちが集まって茶や茶菓を前にして歓談する場面で満たされているかのようである。だが、現存する資料からは、朝鮮時代の女性たちが「女功《ヨゴン》」（針仕事や食事の準備など、今日の家事労働に当たる言葉）や規制という現実の中でも、その合間を使って余暇文化を楽しんでいたことがわかる。

閨房の中の遊びと趣味

十九世紀後半に朝鮮を訪れたイギリス人女性イザベラ・バード・ビショップ（一八三一～一九〇四）はその見聞を記録する中で、当時の漢陽《ハニャン》（現在のソウル市）が日中には男たちしか見えなかったのが、夜八時ごろになると男たちはいなくなって女たちが道を埋め尽くし、夜の十二時ごろになると再び男たちが出歩き始めたと記している。さらに女性の場合は、提灯《ちょうちん》を持って道を照らす下女を連れた者たちだけが道にあふれていたという[4]。このことから、彼女たちは道を照らす下女がいなければ外出することも難しかったようである。街への外出にさえ男女有別の秩序が働いていたというわけである。それゆえ、朝鮮時代の女性の余暇文化もまた、家の外よりは家の中、女性たちの空間である閨房の中のものであった可能性が高い。当時の女性の教育内容を見ると、主に勤勉さや節約などの項目を徳目として強調していたため、遊ぶことや楽しむことは自然と戒めの対象になった。だが今も昔も、遊びたい人はどうにかしてその方法を探り出す。さらには、女性の場合ならば、あえてそうした素振りをみせて遊びに出かけなくとも楽しむことができた。日常生活を維持するために必要な「女功」を、遊びへと結びつけることができたからである。たとえば、しっとりと雨が降り、とりたてですることもない時には、親しい人同士が集まり皆が食べたいものを作って食べながら閑談を交わしたり、あるいは、夫人同士が集まって座り、針仕事をしながらおしゃべりをすれば、労働と遊びの領域は自然と交じり合うものである。しかし、このように繰り広げられるおしゃべりの場は、労働と遊びの領域が重なっているために、遊びの形態として明確に区別することは難しい。女性の日常的な家事労働と似ているように見えながらこれとは区別される趣味としては刺繍が挙げられる。これは枕当てや衣服の装飾など生活芸術の領域で必要な刺繍とは異なり、もっぱら女性の教養のための刺繍であったともいえよう。

だが、記録を調べてみると、朝鮮時代の女性の余暇の中には特別なものがある。その代表的なものが家族同士で開く詩会であった。詩会は主に両班男性の文化であり、即興で詩を詠みつなげていくものだが、決められた時間内に読むことができなければ罰として酒を飲んで楽しむ遊びであった。そのような中で、朝鮮時代の家族の中には、ひそかに漢文教養の教育を受け即興で詩を詠み楽しむ程度の素養を具えた女性がいる場合もいくつかあった。嫁ぎ先で経験した自らの内面的な葛藤を文章に残した金《キム》浩《ホ》然斎《ヨンジェ》（一六八一〜一七二二）〔本書第一部一章および三章を参照〕の実家もこうした部類に入る。実家が娘の才能と詩的な感興に理解を示し、心通じる家族たちとともに詩会が開かれる光景は、今の時代から考えてみても優雅な貴族の遊び文化である。このように父母や兄弟とともに詩会を開いて楽しみ、もし時間内に詩を詠むことができなければ罰として酒を飲むというように行われた詩会

「人物《インムル》」。申命衍《シンミョンヨン》画。絹本淡彩。30.7×23.8cm。ソウル大学校博物館所蔵。家庭内でのんびりとした時を過ごす二人の女性を描いたもの。女性的な繊細さと華麗さ、そして優雅さがうまく表現された絵である。

「二人の女人」。申潤福《シンユンボク》画。紙本淡彩。27.3×28.2cm。ソウル大学校博物館所蔵。朝鮮の女性が家の裏の庭園でのんびりとしたひと時を過ごす姿。妓房〔妓生の居所〕の庭園と思われる。庭園のあちこちに花が咲いており、塀の内側で暖かな日差しを楽しんでいる。

の情景は、その姿をすこしだけ変えて古典小説に挿入されることもあった。『蘇賢聖録《ソヒョンソンノク》』〔後述〕という作品には、家族構成員同士が罰の酒を飲む賭けをして互いに語らう光景が楽しげに描かれている。

一方で、投壺《トゥホ》などは主に女性同士が楽しむ遊びだったようである。投壺とは瓶のような形のものに矢を投げ入れる遊びで、これもまた古典小説に時折登場する。これは主に一族の女性同士が余暇を楽しむ場面に挿入されているが、投壺をする中で新しく嫁いできた嫁の腕に刻まれた鶯血《エンヒョル》〔処女の腕に鶯やトカゲの血で施した刺青。性交をするとこれが消えるといわれていたことから処女の証と考えられていたという〕が露になり、この夫婦がまだ初夜を過ごしていないことがわかるというような形になっている。

投壺。朝鮮時代後期。高さ56cm、口の直径8cm、底の直径20cm。韓国国立民俗博物館所蔵。

詩会や投壺が〔女性が〕直接加わる遊びであるとすれば、自らは顔を隠して鑑賞するやり方での遊び文化もあった。代表的なものが歌である。十八世紀後半に活躍した桂蟾《ケソム》〔桂纖、一七三六〜?〕❺という女性は、歌曲唱〔琴など複数の楽器の伴奏で歌う歌曲〕に長けた妓生であった。その名声を聞いた元義孫《ウォンウィソン》〔一七二六〜八一〕は、桂蟾を自分の家の声婢《ソンビ》として置いたという。声婢とは個人の家に属する専門の声楽家のようなものであり、歌を歌うことが仕事であった。また、朝鮮時代後期は家庭の宴に歌壇〔歌を歌う人々の集まり〕を呼んで興をそそることがよくあったが、中には妓生を内棟《アンチェ》〔母屋、女性を中心とした家族の居住空間〕に呼びいれてその才芸を鑑賞することもあった。

詩会や歌曲の鑑賞などは教養と趣味をもとにして楽しめるものであり、投壺を楽しむ場合には一定レベルの運動能力が求められたであろう。だが、こうした知識や能力を身につけなくとも、簡単に部屋の中でできる閨房の遊び文化もあった。「閨門須知女行図《キュムンスジヨヘンド》」や「従政図《チョンジョンド》」というゲームがそれである。このふたつはちょうどユンノ

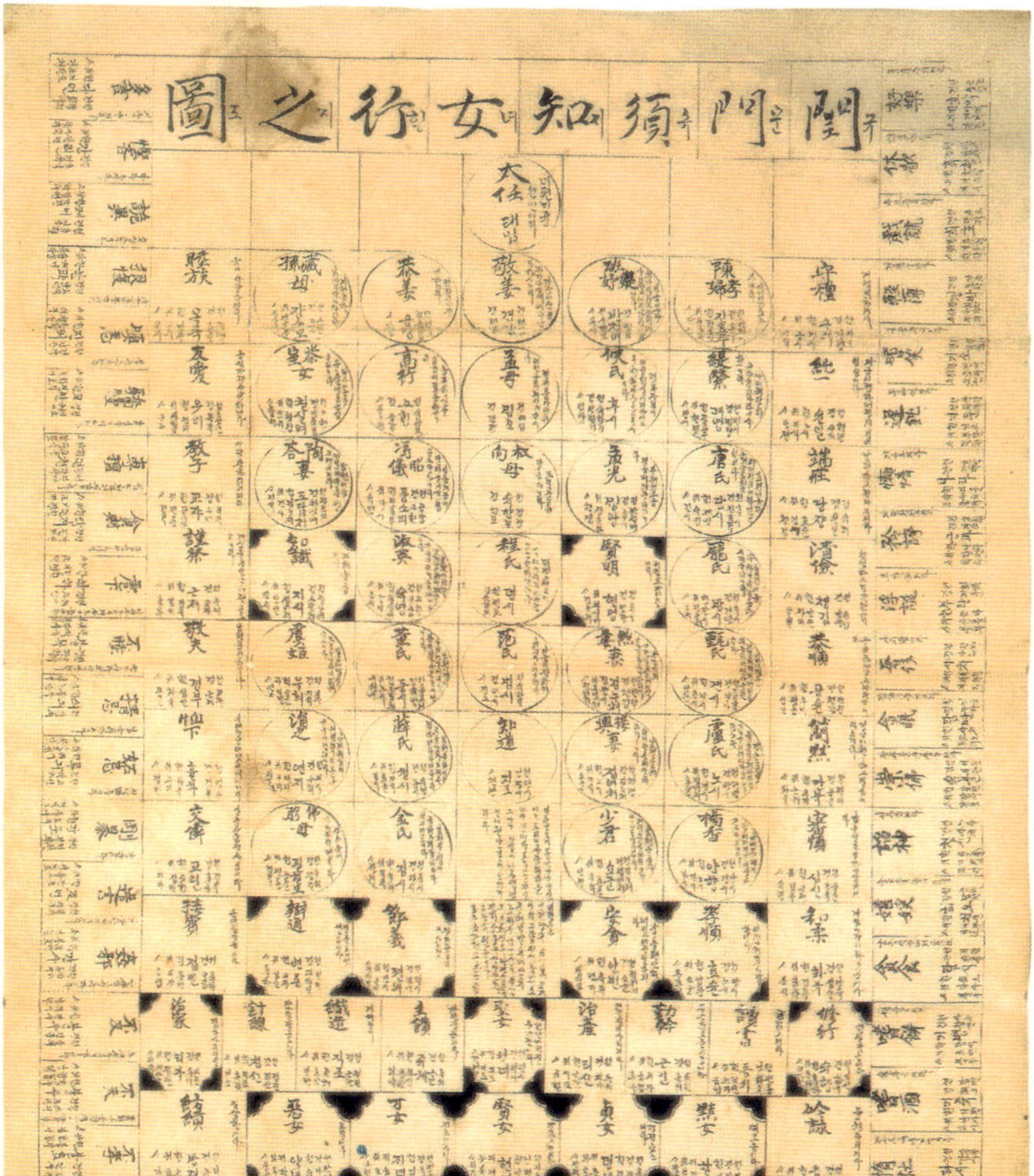

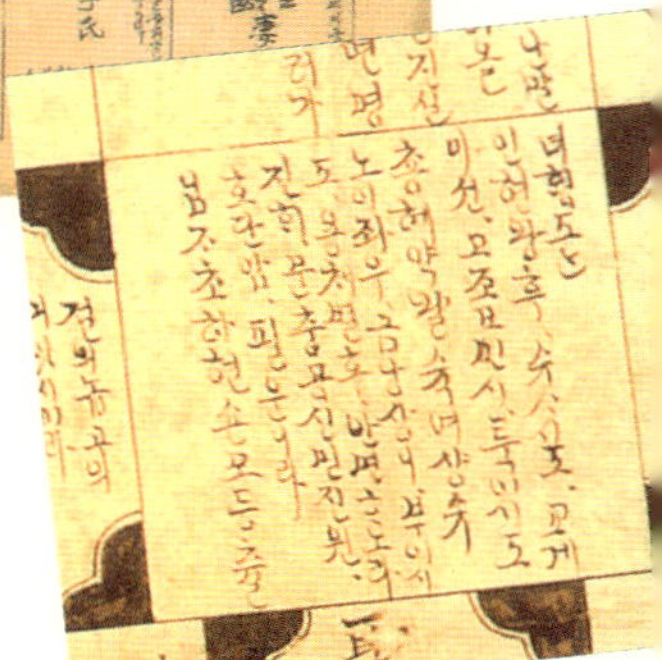

「閨門須知女行図」。仁顕王后画。17世紀。91×67cm。金一根所蔵。女行図ともいう。女性たちが必ず身につけなければならない品行を等級別に自然に理解できるようにしたゲーム。女性の品行が誠・敬・行・才・偽・肆の六等級に分けられているが、蘭貞（尹元衡の妾）を最下位に置き、太任（中国の周の文王の王后）を「女の中の聖人」として最上位に置いている。絵の中心にある閔鎮遠《ミンジヌオン》（仁顕王后の弟）の跋文によれば、この絵は仁顕王后が直接描いたという。最下段の左から３番目に「蘭貞」と記されており、まねてはならない人物として鄭蘭貞を表しているのが目を引く。

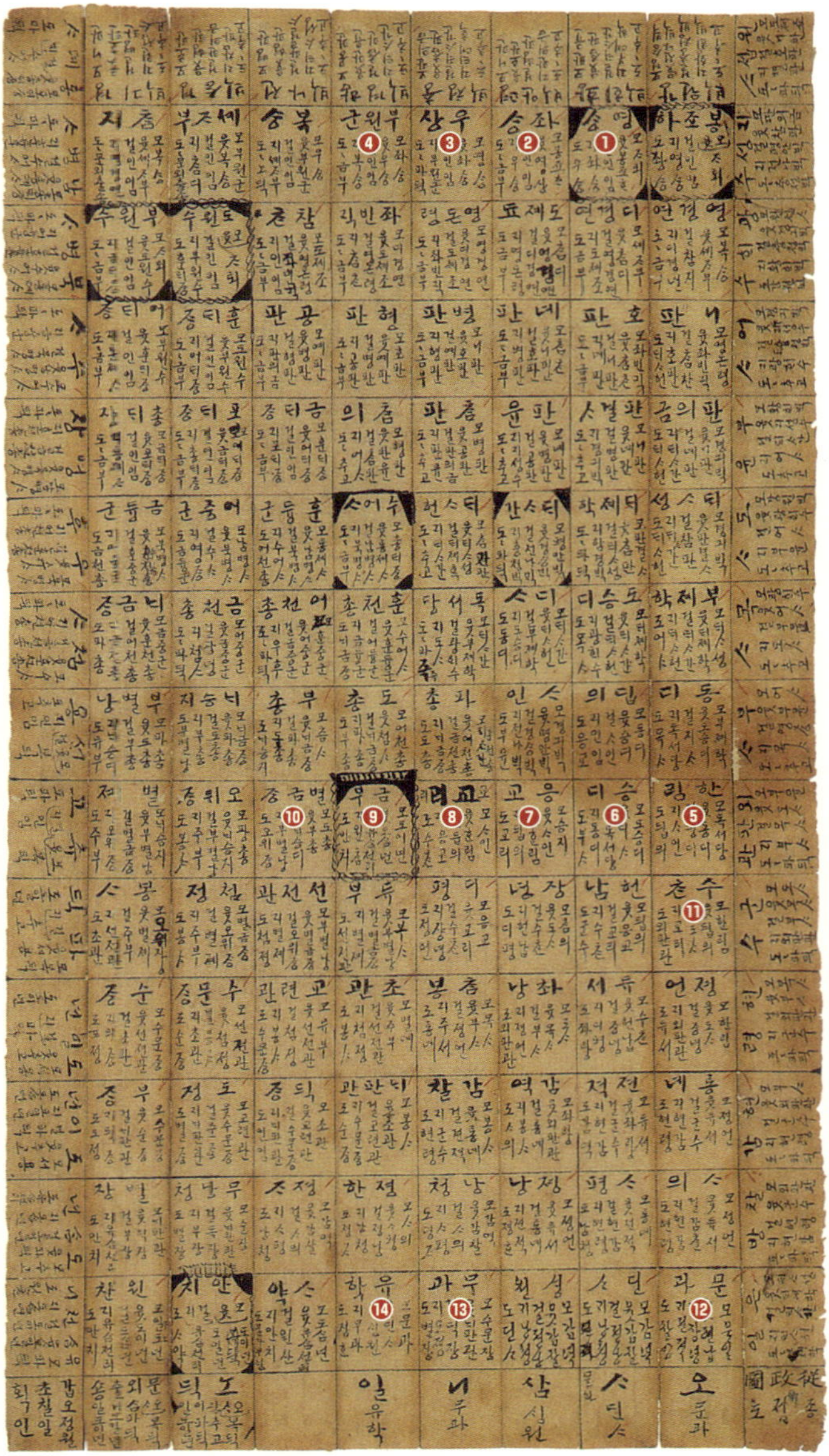

〈上段右から〉

❶領相：領議政（最高政務機関である議政府の長、正一品）の別称。

❷左相：左議政の別称。領議政に次ぐ議政府の高官（正一品）。

❸右相：右議政の別称。左議政に次ぐ高官（正一品）。

❹府院君：王妃の父に対する爵号

〈中段右から〉

❺翰林：芸文館（国王の命令書を作成する部署）に属する検閲（正九品）の別称

❻承旨：承政院（国王の秘書機関）所属の正三品の官僚。長官は都承旨。

❼応校：弘文館（宮中の書籍・文書を管理する部署）所属の官僚（正四品）

❽校理：弘文館所属の官僚（正五品）

❾禁府：義禁府（国王直属の司法機関）の別称。

❿別禁将：龍虎営（宮廷警護を担当）の長（従二品）を指すものと思われる。

⓫修撰：弘文館の官僚（正六品）

〈下段右から〉

⓬文科：科挙の文臣登用試験

⓭武科：科挙の武臣登用試験

⓮幼学：無位無官の士族の呼称

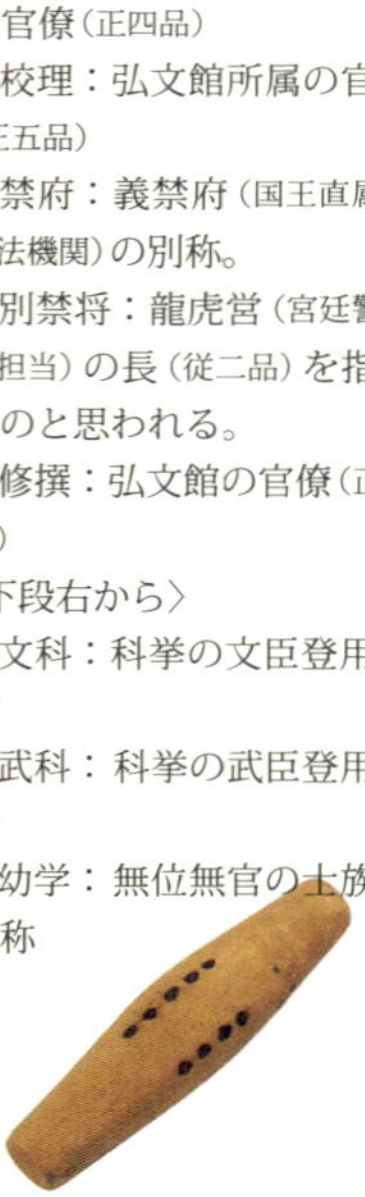

ハングルによる「従政図」。制作年代未詳。140.2×57.2cm。金一根所蔵。女性が子供たちのためにハングルで作った従政図。官職の高低を利用して遊び楽しむ。

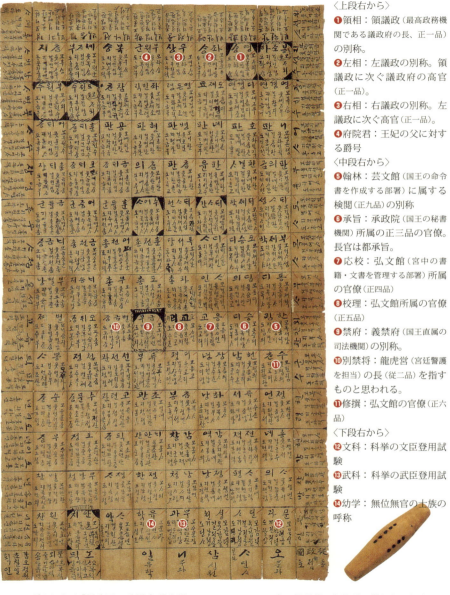

リ[6]のようなやり方で進める遊びだ。「閨門須知女行図」は仁顕《イニョン》王后（一六六七～一七〇一）〔第十九代粛宗の継妃〕の遺品が残されているが、このゲームには当時の女性たちに求められた品性の種類、見習うべき女性の氏名、まねてはならない女性の氏名が記されている。その中で目を引く否定的な評価の名前に鄭蘭貞《チョンナンジョン》（生没年不明）がいる。彼女は尹元衡《ユンウォニョン》[7]（?～一五六五）の妾だったが、本妻を追い出して自ら正室の地位に上った人物である。仁顕王后みずからも張《チャン》禧《ヒ》嬪《ビン》[8]（?～一七〇一）によって王妃の地位を追われ、後に王妃として復帰した女性であったことを考えると、鄭蘭貞の欄に言葉を書き入れた時の彼女の心情がどのようなものであったか気になるところである。「従政図」は、官職の高低を応用して作られた遊びで、婦女子や男児の遊びであったという。

両班女性の「読書」

朝鮮時代の女性の中には自分の文集を残したり、まれにではあるが絵画で名を残す者もいた。しかし、この時代には女性がみずからを表現し描き出すことは美徳と見なされず、家の中でも声が塀の外に漏れないよう教育された。幼くして漢詩を自在に読むことができても、嫁いでからはそうした素振りはせず、「女功」にのみ努めるのが婦徳として称賛された。こうした環境の中で、朝鮮時代の女性たちの趣味生活で最もふさわしかったのは読書であろう。そして実際に、当時の女性の「読書目録」を推し量る資料がたくさんある。

朝鮮時代は女性に漢文教育を施すことはなかったといわれているが、文集に登場する女性関連記録を見ると、娘たちが聡明な場合、彼女らは非公式に教育の機会を得ることができたものと見られる。賢い娘は兄や弟が勉強するのを肩越しに見て漢文を学んだり、また実家の父親が明敏な娘の討論相手となって娘たちとの知的な対話を楽しむこともあった。みずからが残した作品はないものの、聡明な娘として今日までその名が記憶されている代表的な女性として、金昌協《キムチャンヒョプ》の娘金雲《キムウン》（一六七九～一七〇〇）〔本書第一部一章を参照〕を挙げることができる。彼女が若くしてこの世を去ると、父親の金昌協は非常に悲しみ、長文の祭文を残した。この結果、彼女の望みどおりにその名は後世に残されることになった。次に挙げる事例は文集記録の中で女性の読書に関する部分を選び出したものであるが、当時の両班女性の漢文教養のレベルを察することができるものである。

●尹文挙《ユンムンゴ》「祭季妹文」

教育と養育をともに行い、娘たちを教える時には必ず最初に『小学』から始めた。〔『石湖先生遺稿《ソクホソンセンユゴ》』巻之六〕

●宋時烈《ソンシヨル》「祭庶女閔氏婦文」

汝は〔学ぶことを〕自らやめることなく、文理〔文章の筋道〕をすでに悟っているので、『小学』を好んで読み、その美しき言葉と善き行いを好んでいた。〔『宋子大全《ソンジャテジョン》』巻一五三〕

●李玄逸《イヒョニル》「先妣贈貞夫人張氏行実記」

先生〔張興孝《チャンフンヒョ》、李玄逸の外祖父〕には娘がたったひとりだけだったので特に可愛がった。『小学』と『十九史』を教えたが、苦労することもなく文章の意味を理解した。〔『葛庵先生文集《カラムノンセンムンジプ》』巻之二十七〕

●尹拯《ユンジュン》「先考妣墓誌」

『小学』『列女伝』といった書籍で、通覧しない本はなかった。〔『明斎先生遺稿《ミョンジェソンセンユゴ》』巻之三十七〕

●金昌協「呉忠貞公元配閔夫人墓碣銘」

夫人は生まれた時から優れて美しく貞淑であった。幼くして『小学』と『家礼』を学んでおおよその大義に通じていたが、絶対にこれを自慢することがなかったので、父母が不思議に思った。〔『農巌集《ノンアムジプ》』巻之二十八〕

女性たちの漢文教養と関連した読書は、多様な形でなされたものと考えられる。原文〔漢文〕そのままの内容

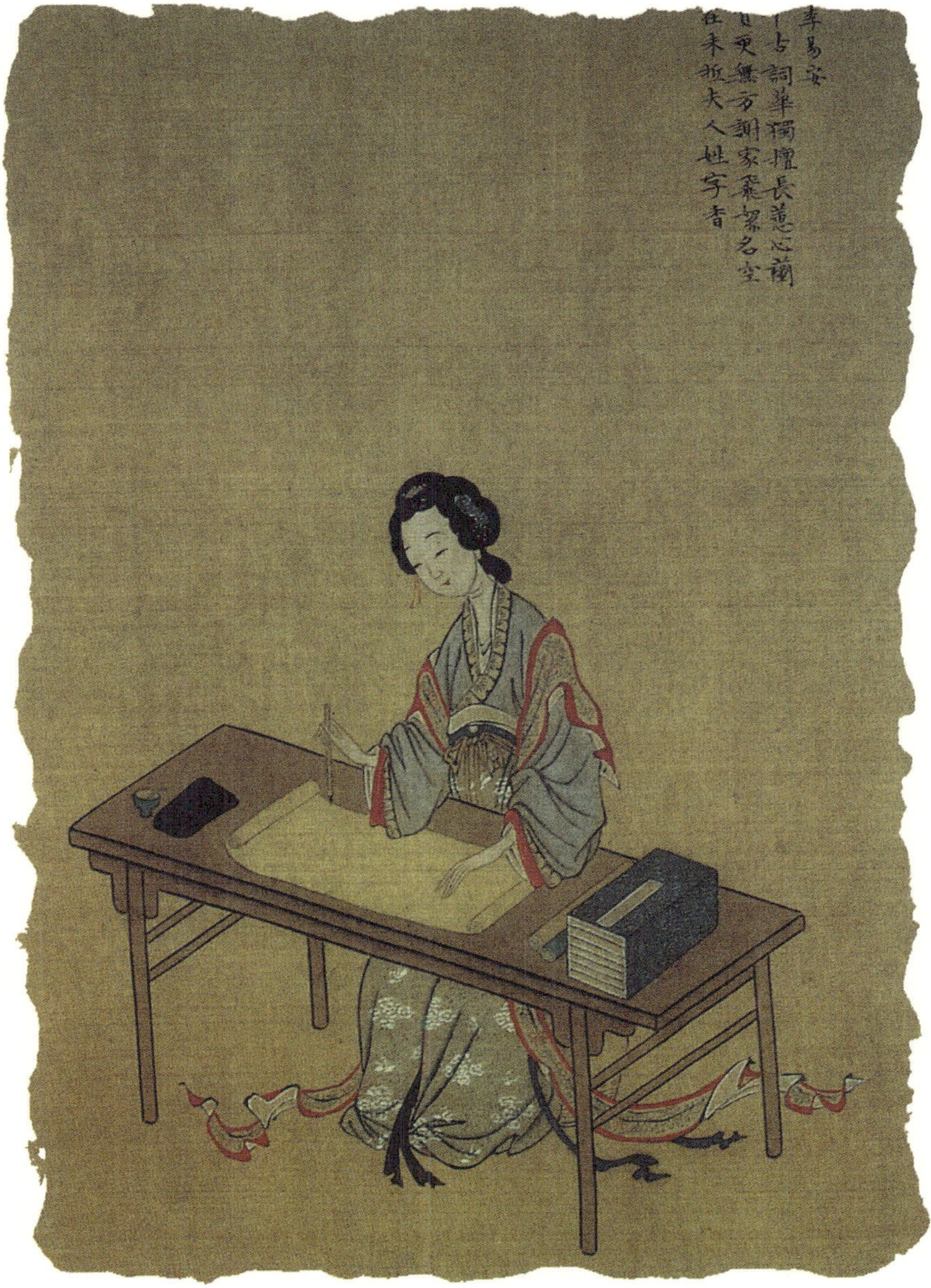

中国の歴史上の美女のひとりである李清照の肖像画。明代の無名氏の画。山東省済南出身の李清照は、幼い時から博学多識で記憶力が優れ、経書と歴史に精通していた。また、琴線にふれる優れた詩の作品を読み、彼女の夫が劣等感を感じるほどであった。中国や韓国の伝統社会では、このように優れた才能を持った女性であっても、それを表に出すことは社会的に決して奨励されるものではなかった。

を深く掘り下げ、両班男性たちと意見を交わすほどの精緻な論理を展開できるレベルから、よく引用される内容を整理した縮約本を作って学ぶようなケース、あるいは、表記文字も漢文そのままではなくハングルで音読した形の異本を用いて読書した可能性もある。どのような場合であれ、文集に記録されている女性は決して平凡な人々ではなかった。まず、彼女たちは身分上ほとんどが両班の女性であり、実家でも女性たちに教育を受ける機会を施すなど、ある程度の知的な能力も備えた女性の場合だけが文集に記録されたのであった。文集にはこのような記録が多数見出されるが、朝鮮時代における女性たちの読書として取り上げるには依然として少数にすぎない。読書のうち、朝鮮時代の女性の趣味や余暇生活と関連したものは、実は別にある。それは小説を読むことであった。

「小説に心奪われ、耽溺して止まず」

朝鮮時代、小説は個人が直接書き写した筆写本や、木版印刷本の坊刻本といった形で流通した。そして、一九一〇年代になると、旧活字本と呼ばれる形態の古典小説が出版される。朝鮮時代は本の価格が高かったため、小説を読むために本を購入するよりは筆写が多く行われ、小説の鑑賞もまた、読むよりは聞く形で広く楽しまれた。臨場感あふれる小説の口演によって収入を得ていたという伝奇叟《チョンギス》〔朝鮮後期の朗読専門業者〕や講談師のような存在は、小説の朗読文化とも関連がある。ソウルには小説を貸す貰冊家《セチェクカ》〔貸本屋〕もあった。だが、朝鮮時代における小説と関連した記録の中には、女性が小説を楽しむことに関するものが数多く見出されており、ある記録では、女性が小説にあまりにも耽溺して問題だと嘆いている。小説を楽しむ階層は、庶民の女性ばかりでなく、上層の両班女性もかなりの比重を占めている。特に楽善斎《ナクソンジェ》に所蔵されていたハングルの長編小説[9]の主な享受層は、閨房の女性たち、すなわち両班の女性たちであったという。今日の大河小説を凌駕する叙事分量を持つハングル長編小説の読者となるためには、それだけの時間を趣味生活に投資できるだけの余暇がなければならなかった。そうした小説が宮中に大量に所蔵されていた理由も、時間に余裕がある宮中の女性たちの人生によるものであった。残された資料を見ると、朝鮮時代の女性の読書の中心が小説であったことが見てとれる。

（1）具樹勲《クスフン》[10]（一六八五～一七五七）の『二旬録《イスンノク》』

数年前、ある常奴《サンノム》〔身分が卑しい男の呼称〕は十数歳の頃から眉毛を描き、顔に白粉を塗り、女性のハングル筆記体を身につけ、稗《ペ》説《ソル》〔巻に伝わる物語〕を巧みに読み、声さえも女と変わるところがなかった。彼は不意に姿を消したりしていたが、実は女の服を着て士大夫の家に出入りし、ある時は脈を診たり、ある時は小間物売りの女になり、またある時は稗説を読むなどし、その一方で女僧と結託して供養をあげたり祈禱をしたりしていた。士大夫の女性たちは彼を見ると誰でも好きになってしまい、ある者は同じ床に入って淫らな行為を犯したりした。判官のチャン・ブンイクはこうしたことを探り出して彼を殺し、その口をふさいでしまった。もし彼が口を開けば都合が悪いことがあるのではないかと思ったからである。そもそも宰相たちの家がこうした辱めを蒙ったのは、ひとえに彼らが好事家で時間をもてあましていたからである。

楽善斎は憲宗13年（1847）に慶嬪金氏のために建てた家屋である。ここに大量のハングル長編小説が所蔵されていた。

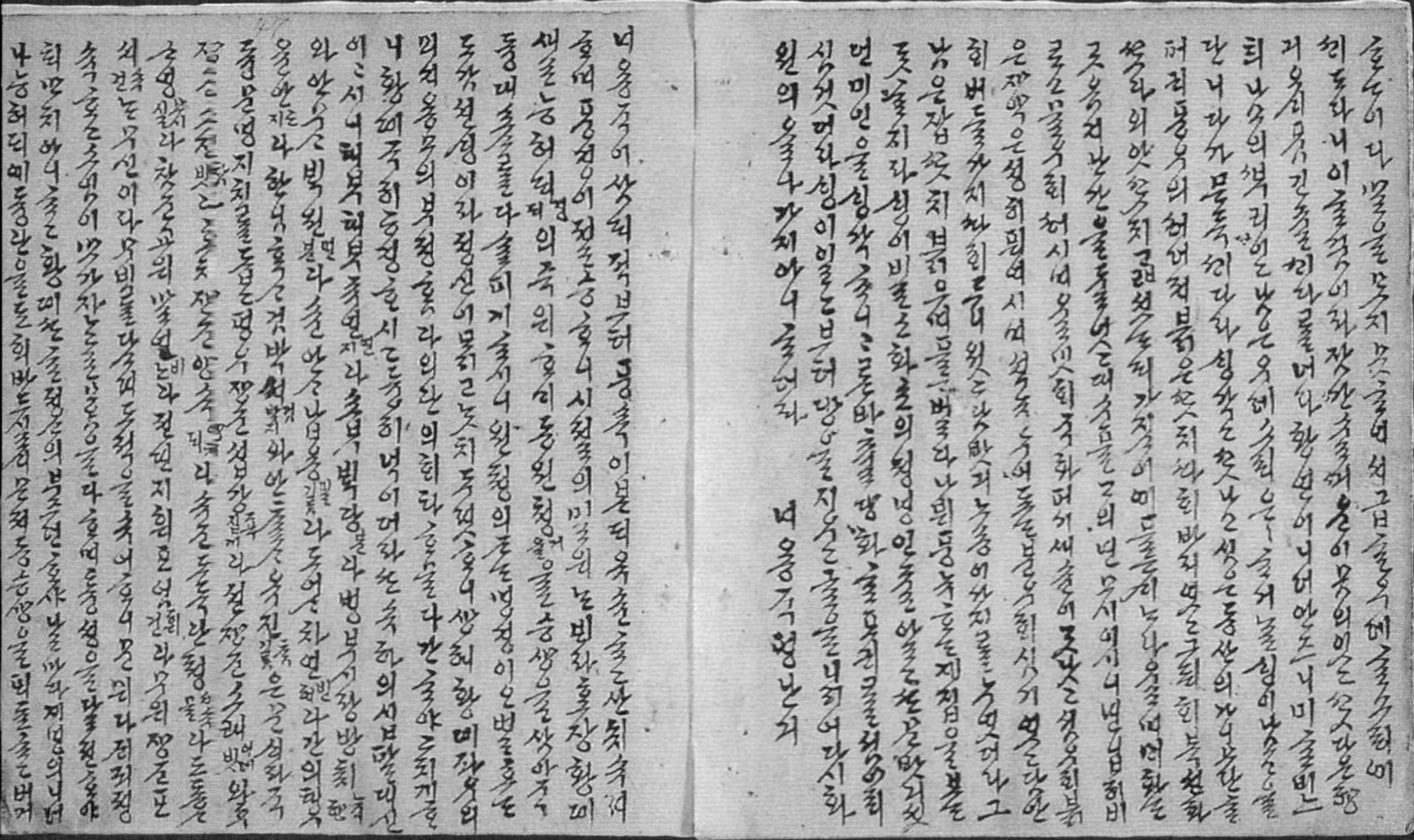

『女《ヨ》容国《ヨングク》 平乱《ピョンナン》記《ギ》』。作者未詳。チェ・スンボム所蔵。昔の韓国女性たちが使用した化粧道具を擬人化した仮伝体〔事物を擬人化して伝記形式で記すスタイル〕の作品。上品な女性たちが容貌と化粧の重要性を説明している。閨房生活での道具を擬人化した寓話的な閨房随筆文学として価値が高い。

『玄《ヒョン》氏《シ》双麟《サンニム》記《ギ》録《ロク》』。朝鮮時代。長髻鄭氏大宗会所蔵。正式名称は『玄《ヒョン》氏《シ》両熊《ヤンウン》双麟《サンニム》記《ギ》』で、ハングルで書かれた作者・年代未詳の古典小説。中国の宋の尚書〔長官〕だった玄澤之の息子兄弟である寿文と景文の婚礼と家庭生活を扱ったもの。夫婦の間の不和やそれを解消する過程が物語の大きなあらすじだが、それ

（2）蔡済恭《チェジェゴン》[11]の「女四書序《ヨサソソ》」〔『樊巖集《ボナムジプ》』、「樊巖先生集《ボナムソンセンジプ》」巻之三十三所収〕

近頃の世の中で女性たちが先を争って得意とするのは稗説だけであり、これを崇めることが日を追うごとに増している。数多くの種類のものを仲介の商人がきれいに書き写し、全て貸し与えてはその代金を受け取り利益としている。女性たちは見識がなく、ある者は簪《かんざし》や腕輪を売り、またある者は金を借り、争って〔稗説の本を〕借りてきてはそれを用いて長き日々を過ごしている。飲食や酒を造ることも知らず、機《はた》を織る責任も理解せず、往々にしてこの通りである。だが夫人〔蔡済恭の妻同福呉《ドンボクオ》氏〕はひとり習俗が移り変わることを好まず、女性がすべきことの合間合間に〔『女四書』を〕読み諳んじた。ひとえに『女四書』だけが女性の規範となるに足るものである。

（3）趙泰億《チョテオク》[12]（一六七五～一七二八）の母南原尹《ナムオンユン》氏と中国の小説『西周演義』との関係〔『謙斎集《キョムジェジプ》』巻之四十二所収、「諺書西周演義跋」〕

我が母が以前『西周演義』十数編を書き写したものがあった。これは本来一巻が欠けていて全巻ひとまとまりとすることができず、母が常に物足りなく思っていらっしゃった。だが、その後ずいぶんたってから、ある好古家から全巻そろったものを得て足りなかった部分を埋め、その本が完全にそろったのである。しばらくすると、ある村里の女が母にその本を貸して見せてほしいとねんごろに頼んできたので、母は全巻貸してやった。やがて、女が再び訪ねてきて「お借りした本を謹んでお返しいたします。しかしながら途中で一冊を失くしてしまいました。いくら探しても見つけることができず、死に値する罪を犯してしまいました」と謝罪したのであった。母は心の中ではすっきりしないもののあえてお赦しになり、失くしたのはどの本なのか尋ねた。するとまさに以前書き写して補ったその本であった。全巻そろっていた本が再び不完全なものになり、母は心の底で残念がっていた。

それから二年が過ぎた冬、私が妻を連れて南山のふもとに寓居している時であった。妻があいにく体調が悪く手持ち無沙汰であったので、母屋にいる一族の女性に「何か本を持っていないか」と聞くと、女性は一冊の本を妻に見せた。その本は失われた我が母が書き写した本であった。妻は私を迎え入れて見せてくれたが、私が見てもやはりそうであった。それで、妻はその女性のところに行って本を所持するに至ったいきさつを詳しく聞いてみた。すると女性は「私はこの本を我が家のある者から借りましたが、その者は村人の某から買ったものであり、その村人はこれを道で拾ったと申しております」と答えた。妻は彼女に本を失くしたいきさつを話し、返してほしいと頼むと、その女性も不思議に思って返してくれた。先だって不完全だった本が、こうして再び完全なものとなったのだから、なんとも不可思議なことではないか。

（4）権爕《クオンソプ》⓭（一六七一～一七五九）の母龍仁李氏《ヨンインイ》と『蘇賢聖録』の筆写と分配〔『玉所集《オクソチプ》』雑著四、「先妣手写冊子分排記」〕

亡くなられた母の貞夫人龍仁李氏が自ら筆写なさった本のうち、長編小説の『蘇賢聖録』十五冊は長孫の権《クオン》祚応《ジョウン》に与えるものであるので家廟〔祖先の祀堂〕に保管し、『趙丞相七子記』『韓氏報応録』は我が弟の大諫君《テガンクン》〔権《クオン》瑩《ヒョン》〕に与え、『韓氏三代録』と『薛氏三代録』については妹の黄氏婦《ファンシブ》に与え、『義侠好逑伝』『三江海録』については次男の権徳性《クオントクソン》に与え、『薛氏三代録』は娘の金氏婦《キムシブ》に与えることとし、各家庭の子孫は代々よく守っていくのがよい。

（5）趙在三《チョジェサム》⓮（一八〇八～六六）、『玩月《ウォヌォル》』の作家全州李氏《チョンジュイ》〔『松南雑識《ソンナムチャプチ》』〕

『玩月』〔『玩月会盟宴《ウォヌォルフェメヨン》』〕は安兼済《アンギョムジェ》（一七二四～？）の母が書いたものであるが、宮中に流入させて名声と栄誉を広めようとした。

女性たちが小説を読むことは問題だという嘆きの中で最も広く知られたものは、おそらく李徳懋《イドンム》の『士小節《サソジョル》』〔本書第一部四章を参照〕に出てくる内容であろう。彼は「女性が家事と機織を怠り、金を出して小説を借りて読み、これに心奪われ耽溺して止まず、一家の財産を傾ける者までいる」と述べ、女性たちが小説を楽しむことを問題とした。李徳懋の記録を見ると、当時の女性たちが小説をどれほど好んだかが伝わってくる。おしとやかな趣味のレベルを超えてどっぷりとつかっている雰囲気が感じられるからである。蔡済恭の「女四書序」もまた同様である。彼は当時の女性の小説への傾倒を問題とし、小説の代わりに『女四書』に心を置いた自分の妻を称賛している。だが、このような比較が称賛の根拠となるということ自体が、小説に対する女性たちの熱気を教えてくれるものである。朝鮮時代は小説を読む前に常に弁明をしなければならなかった。「この作品は風教〔徳による教化〕に役立つ」「たとえ小説ではあるが、女性たちに役立つ内容がこめられている」などの教育的な立場を掲げてこそ、小説に親しむことが公に認められたからである。

しかしさきほどの事例を見ると、実情は小説に対する批判的な言説とは隔たりがあったことがわかる。すなわち、両班の女性たちもまた小説を楽しむことに非常に積極的であり、単に楽しむだ

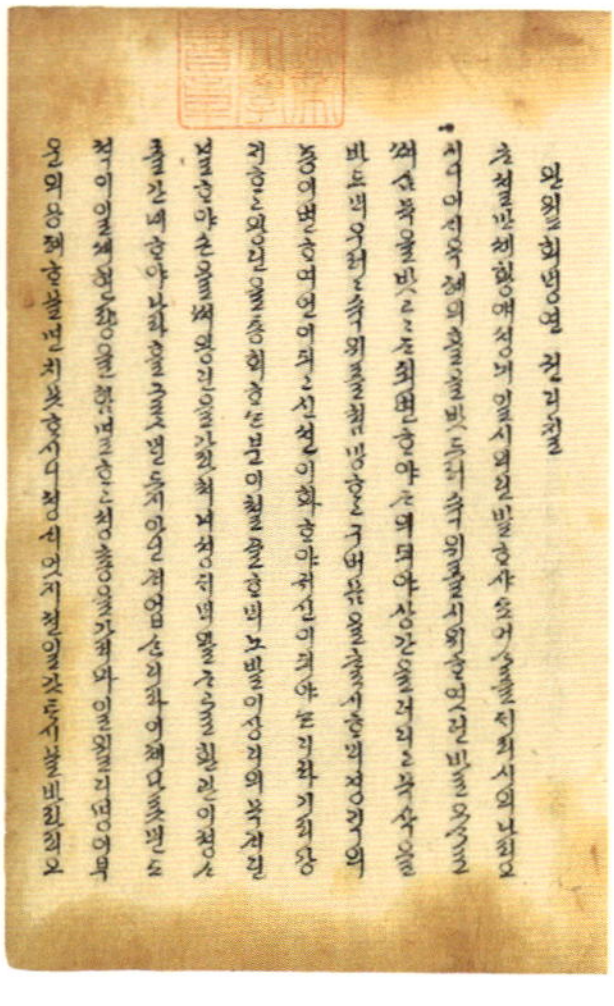

『玩月会盟宴』。奎章閣韓国学研究院〔韓国〕所蔵。180巻からなるハングル小説で、韓国で最も膨大な作品である。18世紀の人物李彦経《イオンギョン》の娘で安兼済の母である全州李氏が作者である。中国の明を背景として国家と社会、家庭の葛藤と和合を主なあらすじとした大河小説。

『南征記』（3巻）。金萬重作。朝鮮時代後期。韓国学中央研究院蔵書閣〔韓国〕所蔵。金萬重の『謝氏南征記』は儒教的な社会規範から大きく逸脱しておらず、朝鮮の女性たちに広く読まれたものであった。

けにとどまらず、直接書き写し、全巻がそろっているものはとても大切に保管した。あるいはまた、小説の口演に長けた小間物売りを通じて小説を楽しんだ両班女性の逸話もあった。この事件では小間物売りが女装した男性であることが明らかになり、彼の死をもって一件落着した。小説の愛読を警戒するだけのもうひとつの原因となったであろう事例である。最後の事例は女性が読者というレベルを超えて小説の作家として活動していたことを示したものである。『玩月会盟宴』はひとつの作品が百八十巻に至る長編小説で、古典小説の中で最も長い作品である。趙在三の記録によれば、この作品の作者である安兼済の母全州李氏（一六九四～一七四三）が、自らの名と名誉のために書いたものであると証言されている。これらの小説は女性に読ませてもよかろうと評価された作品に属する。その代表的なものとして金萬重《キムマンジュン》の『謝氏《サシ》南征記《ナムジョンギ》』〔本書第一部一章を参照〕や趙聖期《チョソンギ》[15]の『彰善感義録《チャンソンカムウイロク》』[16]が挙げられる。先に言及した楽善斎所蔵本の小説はほとんどがこの範疇に属する作品である。しかし、女性は儒教的理念を内面化するために小説を読んだわけではない。ほかに娯楽としてふさわしいものがなかった時代に、小説の行間に潜む欲望と様々な事件の展開、刺激的な素材や極端な人物設定など、儒教的な隷属にひそかに亀裂を入れようとする物語そのものへの尽きない興味こそが、当時の女性が小説に魅せられた最も大きな理由であったのである。

閨房の女性の目から見た『朴氏伝』

『朴氏伝《パクシジョン》』〔別名『朴氏夫人伝《パクシブインジョン》』〕は『春香伝』〔本書第一部五章の訳注⑯を参照〕や『洪吉童伝《ホンギルドンジョン》』⑰などの作品とともに〔韓国の〕読者にも広く知られた古典小説作品である。これほどまでに知られた古典小説作品は、朝鮮時代、すでに坊刻本の形で印刷出版されていた。坊刻本は利潤を求める商業出版物であったため、坊刻本として刊行されたという事実は、作品がそれだけの読者を確保していたことを意味する。『春香伝』『洪吉童伝』『九雲夢《クウンモン》』⑱などの作品は筆写本や坊刻本もあり、旧活字本でも刊行された。だが、よく知られた作品という点で同一線上に置くことができる『朴氏伝』の異本のあり方を見ると、坊刻本はなく、七十種あまりの筆写本のみが伝えられている。もちろん、現在伝えられている異本の状況がそうだということであり、『朴氏伝』が朝鮮時代に坊刻で出版されたものの歳月が流れる中で様々な理由によりその異本〔坊刻本〕が失われた可能性はある。だが、ほかの作品の異本の状況と比べてみると、『朴氏伝』に筆写本のみが七十種あまり残っているというのは注目すべき事実である。既存の研究では、こうした異本のあり方を土台にして『朴氏伝』が主に閨房で両班女性の読者を中心として流通していた可能性を探っている。

『朴氏伝』は朝鮮に大きな傷跡を残した丙子胡乱〔本書第一部三章の訳注❶を参照〕を背景にしている。だが、小説の中では両班女性の朴氏夫人が避禍堂《ピファダン》という特別な空間に座り、女僧の桂花《ケファ》を立てて清の将帥龍骨大を退ける内容になっている。また、ある異本では昭顕世子《ソヒョンセジャ》〔仁祖の長男〕と鳳林大君《ボンニムテグン》〔仁祖の次男、後の十七代孝宗〕ばかりでなく王妃までも清に人質として連れて行かれたが、朴氏夫人の交渉によって再び朝鮮に戻ってくるという内容も見られる。そして、帰国の保証もなく清に連行される朝鮮の女性捕虜たちの胸に迫る絶叫が挿入された異本もある。避禍堂とは、醜い容姿のために夫に疎んじられた朴氏夫人が嫁ぎ先の支援を得て五方〔東西南北と中央〕の気運にあわせて木を植えて造成した公園である。普段はよく整備された庭園のようなものであったが、いざ危険が察知されれば樹木が自ら防御となり、攻撃もできる機能を備えた場所であった。朴氏夫人は丙子胡乱が起こる前にこの空間を準備し、都が陥落した時に一家の女性たちをここに避難させ、命を永らえた。一国が敗戦した状況下で、ある一家の支援によって数名の女性が避難し、清の軍隊がその家にだけ攻め入れなかったということにどれほどの意味があるのだろうかということもできよう。しかし、丙子胡乱当時の両班女性の戦争体験を思い浮かべれば、この避禍堂という空間は非常に切実なものとして迫ってくる。当時の宮中の王妃や側室たち、そして両班の女性たちは江華島《カンファ》[19]へと避難したが、清の攻撃が始まると防御の責任者だった金慶徴《キムギョンジン》（一五八九～一六三七）が密かに逃げ出してしまう。これによって戦時の指揮体系を失った朝鮮水軍は、まともに戦うこともできずに江華島を明け渡してしまう。この時、事前に避難することができず、普段から教育されていた貞節イデオロギーによって自決し、貞操を守って殉死した女性の数が急激に増えることとなった。当時、戦時責任者が陣頭指揮を取って応戦していたら、そして、まともな避難先があれば、ここまで多くの女性が自ら命を絶つ選択をしなくてもよかったであろう。丙子胡乱当時の両班女性の戦争体験と関連して考えるならば、『朴氏伝』のストーリーにおける避禍堂という要素は、きわめて悲壮なものであったことがわかる。

　一方、この作品には問題のある部分がある。それは、非常に醜い顔の持ち主だった朴氏夫人の不運が終わり、絶世の美女へと変わっていくという設定である。醜い姿の時にはあれほどまでに苦しめてきた夫が、妻が美人になるや、態度を一変させて関係がよくなる。だが、これは今日の時代の流れに照らしてみても外見至上主義をあ

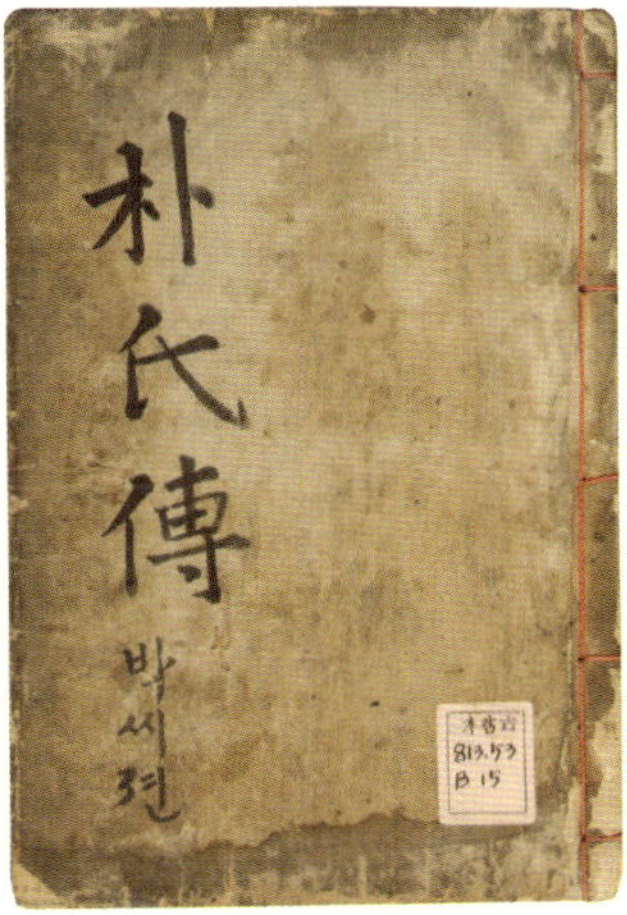

『朴氏伝』。奎章閣韓国学研究院〔韓国〕所蔵。珍しいことに、坊刻本はなく、筆写本のみ70種類あまり伝えられている。

おり立てるようなものであり、違和感を感じるところである。だが、丙子胡乱を背景にした物語表現で、こうした容姿についての設定があえて必要であった理由は何なのだろうか。醜い顔という設定を通じて表れてくるのは、夫の二面的な態度である。この作品には妻の部屋に出向けという父の命令を拒むこともできず、かといって妻の容貌に対する自らの欲望〔醜い妻に近づきたくないという感情〕も捨て去ることができないまま、どっちつかずの態度で父をだましてその場を切りぬけようとする夫の様子がよく表されている。あるいはまた、朝鮮に攻め入るために清で会議が開かれている中、清の王妃が「朝鮮の弱点は貪財好色〔財貨をむさぼり女色を好む〕にあるので、そこを攻略すれば朝鮮を手に入れられよう」という見解を示し、美貌の女性を使った策略をめぐらす場面が登場する。朴氏夫人が醜い女性として設定されているために、女性の「色」〔美しい容姿〕と「徳」についての当時の言説、すなわち、女性は「色」があってはならず婦徳を具えていればそれが最高であるという価値が、実は単なる言葉だけのものにすぎないということが露呈していく。自分たちの主張と選択の間に乖離があった時、その主張を支えてくれる理念は単に「剝製」となった論理にすぎず、それらに問題を解決する力や現実に対応する能力を期待するのは難しいというのである。朴氏夫人の夫は朝廷の官僚という設定になっている。だが、問題を解決していく人物は朴氏夫人であった。

『朴氏伝』の異本には、実際の歴史にそうしたことはなかったにもかかわらず、王妃が人質として連行され再び帰国したとか、あるいは捕虜として連れて行かれる朝鮮女性の声など、女性のセクシャリティーに関わる言及がひときわ挿入されている。別の異本では、女性の容貌と関連して戦争遂行の方法論が示されたり、両班男性の問題点が表されていたりもする。『朴氏伝』が敗れた戦争に対する精神的な償い、あるいは小説的な対応であるという既存の議論は妥当なものである。だが、『朴氏伝』を朝鮮時代の女性の立場、特に丙子胡乱という戦争を知っている両班女性の立場から読むならば、より真に迫り切実なものとして読まれるところがあるはずである。

※

朝鮮時代の女性たちの趣味生活は、そのほとんどが閨房の中で行われる文化であった。もちろん当時も女性が公に外出する文化はあった。毎年、清明の日[20]を迎えて野に出かけていった「花煎遊び《ファジョンノリ》」がそうした例である。花煎遊びは両班女性を含む女性たちが団体で踏青《タプチョン》[21]を行い、花煎[22]を焼いて食べる春の遊びである。しかし、このように野外で余暇を楽しむ機会は多くはなかった。

もちろん、閨房に対する規制が多かったからといって、趣味生活のあらゆる領域まで制限することはできなかった。その代表的な例が読書であり、その中でも特に朝鮮時代後期に小説が活性化した背景には、当時読書を楽しんだ女性層の熱烈な支持があった。趣味生活は日常の余暇の中で行われる剰余的性格の活動である。朝鮮時代の小説を読む時、作品で示されているその余剰の部分を探して読み解いていけば、当時の女性の無意識あるいは潜在的な欲望に出会えるであろう。

【訳注】

❶十一代国王の中宗の時に医女として名を残した大長今《テージャングム》（生没年不明）を主人公とした時代劇。イ・ヨンエ主演。韓国の放送局MBCで二〇〇三年九月十五日〜二〇〇四年三月三十日まで放送された。韓国でのタイトルは「大長今《テージャングム》」。日本でも放送され、韓流ドラマを代表するヒット作となった。

❷二〇〇三年に上映されたペ・ヨンジュン主演の時代劇映画。フランスの恋愛小説『危険な関係』（ピエール・ショデルロ・ド・ラクロ著、一七八二年）をもとに、朝鮮時代の士大夫や女性たちの情欲と葛藤を描いた作品。日本では二〇〇四年に公開された。

❸韓国の伝統的な国楽である十二歌詞（本書第二部十二章の訳注⓫を参照）のひとつ。愛する女性と死に別れた男性の心情を歌った歌。

❹この内容についてはイザベラ・バード『朝鮮紀行　英国婦人の見た李朝末期』（時岡敬子訳、講談社学術文庫、一九九八年）の第二章「首都の第一印象」に記されている。

❺桂纖の逸話については本書第二部十二章に詳しく記されている。

❻韓国の伝統的な遊び。一方を平らに削った棒切れ（ユッ）を四本一組で投げ、その裏表の出方によって駒を進める。

❼朝鮮時代中期の文臣。中宗の継妃文定王后《ムンジョン》の弟。姉の地位を背景に強大な権力を持つようになり、敵対勢力を粛清した乙巳士禍《ウルササファ》（一五四五年）を起こした。しかし、文定王后が死去するとその権力を失い、妾の鄭蘭貞とともに毒薬を飲んで自殺した。

❽粛宗の後宮。本名は張玉貞《チャンオクチョン》。粛宗の後継者（のちの二十代景宗）を生み、彼女を支持する勢力（南人）が政権を握る。この結果、仁顕王后は王后の地位を追われるが、その後、南人の台頭を嫌った粛宗はその勢力を排除し、仁顕王后を復位させた。彼女の死後、張禧嬪は神堂を建てて王妃を呪い殺すように祈っていたという嫌疑により死罪となった。

❾楽善斎は世界文化遺産に登録されているソウルの昌徳宮にある建物を指す。ここに所蔵されていた二千冊あまりのハングル小説は朝鮮時代の宮中文学研究の貴重な資料とされ、現在「楽善斎本」として韓国学中央研究院蔵書閣に保管されている。なお、楽善斎は二四代国王の憲宗が後宮のために建てたものであるが、一九二〇年に大韓民国最後の皇太子李垠と結婚した日本の元皇族李方子（梨本宮方子）が戦後その晩年をすごした場所でもある。

❿朝鮮時代後期の武臣。咸鏡道兵馬節度使（咸鏡道の陸軍総指揮官）、水原府使（水原府の長）、左捕盗大将（罪人の尋問や盗賊の逮捕を担った左捕盗庁の長）などを歴任した。

⓫本書第一部五章の訳注⓮を参照。

⓬朝鮮時代後期の文臣。慶尚道観察使（慶尚道の長官）、右議政、左議政などの要職を歴任。また、一七一一年の朝鮮通信使で正使として日本を訪れたが、その際に新井白石との筆談を記録した『江関筆談』は当時の日朝関係における文化交流の一端をうかがい知ることができる貴重な資料である。

⓭朝鮮時代後期の文人。各地の景勝地を遊覧し、漢詩・時調・歌辞など多様な作品を残した。代表作に「黄江九曲歌」がある。本書第一部二章にも登場する権尚夏《クォンサンハ》の甥。

⓮趙在三については学問的な背景や具体的な人物像など、まだ明らかにされていない部分が多いが、在野の学者であったと推測されている。百科全書的な著作『松南雑識』が残されている。

⓯一六三八年～八九年。朝鮮時代後期の学者。病弱のために官職には進まず、性理学研究に専念した。本章で取り上げられている趙在三は彼の五代孫にあたる。

⓰中国の明を舞台にした家門小説。主人公の花珍の出世と家門の繁栄を中心に、継母や兄弟間の葛藤や、政治的な策略と対立などの問題を克服していくストーリー。

⓱許筠《ホギュン》（一五六九～一六一八）によるハングル小説。聡明で豊かな才能を持ちながらも卑賤の身分のために虐げられていた洪吉童が、

活貧党の首領となって地方の不正役人から財物を奪い、貧民を救済する物語。朝鮮社会の身分制の矛盾や腐敗政治への問題意識が明確な小説である。

⓲本章および第一部一章で言及されている『謝氏南征記』の著者金萬重《キムマンジュン》が著した古典小説。中国の唐の時代、八名の仙女の美貌と俗世の富貴に魅せられた僧侶の性真に対し、師匠の六観大師は彼に俗世に生まれ変わる夢を見せる。夢から覚めた性真は俗世の無常と虚無を悟り、仏道に精進するというストーリー。

⓳現在の仁川広域市江華郡に属する島。高麗時代のモンゴルの侵略（一二三一年）の際には王室がここに避難し、朝鮮時代末期のフランス軍の攻撃（一八六六年の丙寅洋擾）やアメリカ軍の攻撃（一八七一年の辛未洋擾）の激戦地となるなど、韓国の歴史を語る上で重要な地である。

⓴二十四節気のひとつ。万物が清らかになる時期という意味で、現在の四月五日前後にあたる。

㉑陰暦の三月三日や清明の日に野山や渓谷に出かけて酒食を楽しみ春の景色を愛でる風俗。

㉒もち米の粉で作った生地にツツジ、レンギョウ、キクなどの花びらを入れて焼いた菓子。

参考文献

〔読者の便宜のため、韓国語表記も同時に付しておく。なお、参考文献は全て韓国での出版物であり、翻訳書の場合も韓国語(古典の場合は現代韓国語)への翻訳である。また、各章ごとに執筆者が異なるため、参考文献が重複しているものもある。〕

第一部

《一章》

▼朴茂瑛・金庚美・趙恵蘭『不自由な時代、あまりにも非凡であった朝鮮の女性たち』、トルベゲ、二〇〇四年(박무영·김경미·조혜란『조선의 여성들, 부자유한 시대에 너무나 비범했던』, 돌베개)

▼李慧淳ほか『韓国古典女性作家研究』、太学社、一九九九年(이혜순 외『한국고전여성작가연구』, 태학사)

▼チョン・ヒョンジ、キム・ギョンミほか『十七世紀女性生活史資料集』1~4、梨花韓国文化研究叢書2、宝庫社、二〇〇六年(정형지·김경미 외『17세기 여성생활사 자료집』1~4, 이화한국문화연구총서2, 보고사)

▼ファン・スヨンほか『十八世紀女性生活史資料集』1~8、梨花韓国文化研究叢書13、宝庫社、二〇一〇年(황수연 외『18세기 여성생활사 자료집』1~8, 이화한국문화연구총서13, 보고사)

▼許米子編『韓国女性詩文全集』1~5、国学資料院、二〇〇三年(허미자 편,『한국여성시문전집』1~5, 국학자료원)

《二章》

▼『ハングル訳　栗谷全書』Ⅶ(韓国精神文化研究院(現韓国学中央研究院)、二〇〇二年)(『국역 율곡전서』Ⅶ)

▼宋時烈『宋子大全』巻一四六、巻一四八、『韓国文集叢刊』一一三。(송시열『송자대전』권146, 권148,『한국문집총간』113)

▼江陵市烏竹軒市立博物館編『美しき女性　申師任堂』、江陵市、二〇〇四年(강릉시오죽헌시립박물관 편『아름다운 여성 신사임당』, 강릉시)

▼関東大学校嶺東文化研究所編『(申師任堂家族の)詩書画』、江陵市、二〇〇六年(관동대학교 영동문화연구소 편『(신사임당 가족의) 시서화』, 강릉시)

▼李淑仁「申師任堂言説の系譜学（1）：近代以前」、震檀学報106、震檀学会、二〇〇八年（이숙인「신사임당 담론의 계보학(1)：근대이전」、진단학보 106、진단학회）
▼李殷相『師任堂の生涯と芸術』、成文閣、一九六二年（이은상『사임당의 생애와 예술』、성문각）

《三章》

▼朴茂瑛・金庚美・趙恵蘭『不自由な時代、あまりにも非凡であった朝鮮の女性たち』、トルベゲ、二〇〇四年（박무영・김경미・조혜란『조선의 여성들、부자유한 시대에 너무나 비범했던』、돌베개）
▼李慧淳『韓国古典女性作家の詩世界』、梨花女子大学校出版部、二〇〇五年（이혜순、『한국 고전여성작가의 시세계』、이화여자대학교출판부）
▼李慧淳『朝鮮朝後期女性知性史』、梨花女子大学校出版部、二〇〇七年（이혜순『조선조 후기 여성지성사』、이화여자대학교출판부）

《四章》

▼權寧徹ほか「閨房歌辞に表れた朝鮮時代の女性の労働諸相」、『女性問題研究』19、大邱カトリック大学校、一九九一年（권영철 외「규방가사에 나타난 조선시대여성의 노동제상」、『여성문제연구』19、대구가톨릭대학교）
▼キム・ギョンミ「ソンビの妻、彼女たちの隠された労働」、『女／性理論』11、図書出版女理研（女性文化理論研究所）、二〇〇四年（김경미「선비의 아내、그녀들의 숨은 노동」、『여／성이론』11、도서출판 여이연）
▼金春澤『北軒集』巻一三、『韓国文集叢刊』巻一八五（김춘택『북헌집』권13、『한국문집총간』권185）
▼ナム・ミヘ「十六世紀 李文楗家の養蚕業経営に関する研究—黙斎日記を中心に」、『朝鮮時代史学報』16、朝鮮時代史学会、二〇〇三年（남미혜「16세기 이문건가의 양잠업 경영에 대한 연구 - 묵재일기를 중심으로」、조선시대사학보 26、조선시대사학회）
▼朴茂瑛・金庚美・趙恵蘭『不自由な時代、あまりにも非凡であった朝鮮の女性たち』、トルベゲ、二〇〇四年（박무영・김경미・조혜란『조선의 여성들、부자유한 시대에 너무나 비범했던』、돌베개）
▼白承鍾『竹林に座り、天命図を描く』、トルベゲ、二〇〇三年（백승종、『대숲에 앉아 천명도를 그리네』、돌베개）
▼李徳懋『士小節』、『青荘館全書』Ⅵ、民族文化推進委員会訳、韓国学術情報、二〇〇八年（이덕무「사소절」、『청장관전서』Ⅵ、

민족문화추진위원회 옮김, 한국학술정보)

▼チョン・ハヨン訳註『沈清伝』、古代民族文化研究所、一九九五年（정하영 옮김『심청전』、고대민족문화연구소）

▼チョン・ヒョンジ、キム・ギョンミほか『十七世紀女性生活史資料集』1〜4、梨花韓国文化研究叢書2、宝庫社、二〇〇六年（정형지・김경미 외『17세기 여성생활사 자료집』1〜4、이화한국문화연구총서2、보고사）

▼崔承熙「朝鮮後期の古文書を通じてみた高利貸しの実態」、『韓国文化』19、ソウル大学校奎章閣韓国学研究院、一九九七年（최승희「조선후기 고문서를 통해 본 고리대의 실태」、『한국문화』19、서울대 규장각한국학연구원）

《五章》

▼李能和『朝鮮解語花史』、李在崑訳、東文選、一九九二年（이능화『조선해어화사』、이재곤 옮김、동문선）

▼鄭炳説『われは妓生なり』、文学トンネ、二〇〇七年（정병설, 『나는 기생이다』、문학동네）

《六章》

▼金時習『金鰲新話』、シム・ギョンホ訳、弘益出版社、二〇〇〇年（김시습『금오신화』、심경호 옮김、홍익출판사）

▼金学主訳注『詩経』、明文堂、二〇〇二年（김학주 역주『시경』、명문당）

▼朴茂瑛・金庚美・趙恵蘭『不自由な時代、あまりにも非凡であった朝鮮の女性たち』、トルベゲ、二〇〇四年（박무영・김경미・조혜란『조선의 여성들, 부자유한 시대에 너무나 비범했던』、돌베개）

▼イ・ジョング訳注『十七世紀　愛情伝記小説』、ウォルイン、一九九九年（이상구 옮김『17세기 애정전기소설』、월인）

▼チョン・チャンクォン『ひとり宮仕えしてあなたを思う』、四季節、二〇〇三年（정창권『홀로 벼슬하며 그대를 생각하노라』、사계절）

第二部

《七章》

▼キム・ミヨン『家族と親族の民俗学』、民俗院、二〇〇八年（김미영『가족과 친족의 민속학』、민속원）

▼マルティナ・ドイヒラー（Martina Deuchler）『韓国社会の儒教的転換』（原題　The Confucian Transformation of Korea:A Study of

Society and Ideorogy）、イ・フンサン訳、アカネット、二〇〇三年（마르티나 도이힐러『한국 사회의 유교적 변환』、이훈상 옮김、아카넷）

▼マーク・ピーターソン（Mark Peterson）『儒教社会の創出―朝鮮中期相続制と養子制の変化』（原題 Korean Adoption and Inheritance:Case Studies in the Creation of a Classic Confucian Society）、キム・ヘジョン訳、一潮閣、一九九九年（마크 피터슨『유교사회의 창출』、김혜정 옮김、일조각）

▼イ・ベヨンほか『韓国の女性たちはどう生きてきたか』1〜2、青年社、一九九九年（이배용 외『우리나라 여성들은 어떻게 살았을까』1〜2、청년사）

▼李淑仁『東アジア古代の女性思想』、図書出版女理研（女性文化理論研究所）、二〇〇五年（이숙인『동아시아 고대의 여성사상』、여이연）

▼イム・ミンヒョク訳注『朱子家礼』、芸文書院、一九九九年（임민혁 역주『주자가례』、예문서원）

▼チェ・ホンギほか『朝鮮前期の家父長制と女性』、アカネット、二〇〇四年（최홍기 외『조선 전기 가부장제와 여성』、아카넷）

▼韓国女性研究所女性史研究室『私たち女性の歴史』、青年社、一九九九年（한국여성연구소여성사연구실『우리 여성의 역사』、청년사）

《八章》

▼キム・オンスン『朝鮮後期の女訓書に表れた女性像の形成に関する研究』、韓国教育史学会、二〇〇六年（김언순『조선후기 여훈서에 나타난 여성상 형성에 관한 연구』한국교육사학회）

▼キム・ジェインほか『韓国女性教育の変遷過程研究』、韓国女性開発院、二〇〇一年（김재인 외『한국 여성교육의 변천과정 연구』、한국여성개발원）

▼韓嬉淑「朝鮮初期　昭恵王后の生涯と『内訓』」、『韓国思想と文化』27、修徳文化社、二〇〇五年（한희숙「조선초기 소혜왕후의 생애와『내훈』」、『한국사상과문화』27、수덕문화사）

▼孫直銖『朝鮮時代の女性教育』、成均館大学校出版部、一九八二年（손직수『조선시대 여성교육』、성균관대출판부）

▼イ・ベヨンほか『韓国の女性たちはどう生きてきたか』1、青年社、一九九九年（이배용 외『우리나라 여성들은 어떻게 살았을까』1、청년사）

▼李慧淳『朝鮮朝後期女性知性史』、梨花女子大学校出版部、二〇〇七年（이혜순『조선조 후기 여성지성사』、이화여자대학교출판부）

▼チョン・ヒョンジ、キム・ギョンミほか『十七世紀女性生活史資料集』1～4、梨花韓国文化研究叢書2、宝庫社、二〇〇六年（정형지・김경미 외『17세기 여성생활사 자료집』1～4、이화한국문화연구총서2、보고사）

▼チェ・ワンギ『韓国の伝統教育』、梨花女子大学校出版部、二〇〇五年（최완기『한국의 전통교육』、이화여대출판부）

《九章》

▼李鍾黙「遊びとしての漢詩」、『文献と解釈』37、文献と解釈社、二〇〇七年（이종묵「놀이로서의 한시」、『문헌과 해석』37、문헌과해석사）

▼李鍾黙「朝鮮時代の女性と児童の漢詩享受と二重言語体系（Diaglosia）」、『震檀学報』104、震檀学会、二〇〇七年（이종묵「조선시대 여성과 아동의 한시 향유와 이중언어체계（Diaglosia）」、『진단학보』104、진단학회）

▼李鍾黙ほか『孝明世子研究』、韓国舞踊芸術学会編、トゥソル、二〇〇五年（이종묵 외『효명세자연구』、한국무용예술학회편、두솔）

《十章》

▼キム・ジョンヒ『朝鮮時代　地蔵十王図研究』、一志社、一九九六年（김정희『조선 시대 지장시왕도연구』、일지사）

▼イ・ギウン「朝鮮時代　王室の比丘尼院設置と信行」、『歴史学報』178、歴史学会、二〇〇三年（이기운、「조선시대 왕실의 비구니원 설치와 신행」、『역사학보』178、역사학회）

▼チャン・ヒジョン『朝鮮後期　仏画と画師研究』、一志社、二〇〇三年（장희정『조선후기 불화와 화사 연구』、일지사）

▼趙恩秀「韓国の比丘尼教団に対する女性主義的考察」、『仏教評論』42、仏教評論社、二〇一〇年（조은수「한국의 비구니 교단에 대한 여성주의적 고찰」、『불교평론』42、불교평론사）

《十一章》

▼金時習『金鰲新話』、シム・ギョンホ訳、弘益出版社、二〇〇〇年（김시습『금오신화』、심경호 옮김、홍익출판사）

▼金学主訳注『詩経』、明文堂、二〇〇二年（김학주 역주『시경』、명문당）

▼朴茂瑛・金庚美・趙恵蘭『不自由な時代、あまりにも非凡であった朝鮮の女性たち』、トルベゲ、二〇〇四年（박무영・김경

미·조혜란『조선의 여성들, 부자유한 시대에 너무나 비범했던』、돌베개）
▼イ・ジョング訳注『十七世紀　愛情伝記小説』、ウォルイン、一九九九年（이상구 옮김『17세기 애정전기소설』、월인）
▼チョン・チャンクォン『ひとり宮仕えしてあなたを思う』、四季節、二〇〇三年（정창권『홀로 벼슬하며 그대를 생각하노라』、사계절）

《十二章》

▼李佑成・林熒澤訳編『李朝漢文短編集』上・中・下、一潮閣、一九七八年（이우성·임형택 역편『이조한문단편집』상·중·하、일조각）
▼宋芝媛『掌楽院―宇宙の旋律を込めて』、チュスパッ、二〇一〇年（송지원『장악원, 우주의 선율을 담다』、추수밭）
▼宋芝媛『心は口を忘れ、口は声を忘れる』、太学社、二〇〇九年（송지원『마음은 입을 잊고, 입은 소리를 잊고』、태학사）
▼キム・ヨンジン『涙とは何か』、太学社、二〇〇六年（김영진『눈물이란 무엇인가』、태학사）

《十三章》

▼パク・ムヨン「金浩然斎の生涯と『金浩然斎遺稿』」、『韓国古典女性文学研究』3、韓国古典女性文学会、二〇〇一年（박무영「김호연재의 생애와『호연지유고』」、『한국고전여성문학연구』3、한국고전여성문학회）
▼キム・ギョンミほか『韓国の閨房文化』、博而精、二〇〇五年（김경미 외、『한국의 규방 문화』、박이정）
▼宋芝媛『心は口を忘れ、口は声を忘れる』、太学社、二〇〇九年（송지원『마음은 입을 잊고, 입은 소리를 잊고』、태학사）
▼チャン・ヒョヒョン『韓国古典小説史研究』、高麗大学校出版部、二〇〇二年（장효현『한국고전소설사연구』、고려대출판부）
▼鄭炳説「玩月会盟宴研究」、ソウル大学校博士学位論文、一九九七年（정병설「완월회맹연 연구」、서울대 박사학위논문）
▼趙恵蘭「朝鮮時代　女性の読書の地形図」、『韓国文化研究』8、梨花女子大学校韓国文化研究院、二〇〇五年（조혜란「조선시대 여성 독서의 지형도」、『한국문화연구』8、이화여자대학교 한국문화연구원）
▼趙恵蘭「女性、戦争、記憶そして〈朴氏伝〉」、『韓国古典女性文学』9、韓国古典女性文学会、二〇〇四年（조혜란「여성, 전쟁, 기억 그리고〈박씨전〉」、『한국고전여성문학』9、한국고전여성문학회）
▼ハン・ギリョン「大河小説の意識性向と享受層位に関する研究」、ソウル大学校博士学位論文、二〇〇五年（한길연「대하소설의 의식성향과 향유층위에 관한 연구」、서울대 박사학위논문）

訳者あとがき

私達が知っている「歴史」とは、必ずしも過去の事実をありのままに伝えているものとはかぎらない。どのような人が、どのような立場で、あるいはどのような視点や思いから記録し、伝えてきたかによって、その出来事の「描き方」に違いが生じてくる。それらが積み重なり、人々の共通認識としての「歴史」が形成されていく。そう考えると、歴史を探るという行為は、あるがままの事実を探求するだけにとどまらず、実際の過去の事象がどのように伝えられてきたのかという「記録・記憶の変遷の姿」をたどり探っていくことでもある。そしてそれは、その時々の価値観や認識の変遷を読み解くことへとつながり、それが今日の価値観や認識とどう結びついているかを考えるきっかけを作ってくれるのである。本書はこうした視点に立って、朱子学的なイデオロギーによって形成され今日まで伝えられてきた朝鮮時代の女性の姿を問い直し、私達が朝鮮時代に持つ認識やイメージの再構築をうながす書籍だといえよう。

本書は奎章閣韓国学研究院編『朝鮮女性の一生』（原題：『조선 여성의 일생』、出版元：クルハンアリ、二〇一〇年）を、韓国文学翻訳院（ソウル市所在）による「二〇一二年度四分期韓国文学翻訳支援事業」の支援を受けて日本語に翻訳したものである。奎章閣韓国学研究院では「奎章閣教養叢書」というシリーズで、二〇一五年二月現在で十冊の書籍を刊行しているが、本書はその三番目に当たる。翻訳支援対象となるのは韓国文学翻訳院によって事前にリストアップされた書籍であるが、その中にも「奎章閣教養叢書」のうち当時刊行されていたものが含まれていた。本書の前に『朝鮮国王の一生』、『朝鮮両班の一生』（ともに二〇〇九年）が刊行されていたが、翻訳事業への申請にあたってはシリーズの刊行順にとらわれず、あえて本書を選んだ。

その理由のひとつとして、朝鮮時代に関する書籍は日本でも数多くあるが、当時の女性にスポットライトを当てた書籍がこれまであまり多くなかったことがある。管見では、朝鮮半島の女性をテーマとした書籍は近代以降の時代を扱ったものが多く、朝鮮時代に関する書籍でも、女性を主題として前面に押し出したものは非常に少ない。朝鮮時代は今日の韓国社会で「伝統文化」と呼ばれるものが形成された時代である。そこで生まれた価値観は現代韓国にも依然として息づいている。伝統の中に今日にも通じる共通性を見出し、過去を現代に活かそうという雰囲気もあれば、「古い考え」への反発として世代間・性別間での摩擦の原因にもなっている。現代の韓国社会の変化や変容を考えるためには、それ以前の時期・時代の全般的なあり方を理解することが大切となる。朝鮮時代を「女性」をテーマとして扱った本書の内容は、朝鮮時代の女性の生き様を知るのはもちろん、現代韓国社会の中で女性に向けられた視線や価値を考えるきっかけとしても重要であるといえる。

また、男性中心の朱子学的な価値観の中で形成されてきた朝鮮時代の女性の姿を、女性の立場、女性の視点を通じて再検討し、朝鮮時代の歴史像を問いなおすことで、私達が朝鮮時代に対して持っている固定観念やイメージを新たにしようという試みがなされていることも、本書の日本語訳の理由である。本書では、合計十三名の筆者がそれぞれのテーマや観点から朝鮮時代の女性たちの生き様を再検証している。その内容は思想・絵画・労働・文学・家族・娯楽・音楽・信仰・遊びなど多岐にわたっている。登場する女性たちには、研究者だけでなく韓国の一般の読者にもよく知られている人物も多い。本書でも考察対象となっている申師任堂などは、「良妻賢母」の象徴として、韓国の人々なら知らない人はいないといえるほどの歴史的な有名人である（韓国訪問経験がある読者ならば、五万ウォン紙幣に描かれた彼女の肖像画を目にした方もいるであろう）。こうした朝鮮時代の女性たちへのイメージがどのように形成されてきたのかについて、文集や文学作品、歴史史料などをもとに考察がなされていくが、そこから示されるのは、朱子学による「理想的な女性像」（男性から見た「望ましい女性像」）が作り上げられていく中で、したたかに生きていく当時の女性たちの姿である。権力者たる男性による朱子学的な女性像の強要や圧迫あるいは規制に対して、時には反抗するかのごとく振舞い、時にはさらりと受け流す女性たちの姿が見えてくる。あるいはまた、朝鮮時代のロマンスを象徴する妓生の過酷な人生や、家事労働を自らの財産としていく士大夫の夫人たちの姿も浮かび上がってくる。それは、これまでの一般的な朝鮮時代の女性へのイメージとは異なるものであり、朝鮮時代への新たな知的好奇心を刺激するものである。朝鮮時代の女性の姿を新たな視点から浮き上がらせることで、ともすれば建国から滅亡まで朱子学一色と考えがちな朝鮮時代が、価値観の変遷や摩擦を起こしながら時期ごとにその色合いを変えていることが見えてくる。本文の冒頭にも記した「記録・記憶の変遷の姿」をたどる歴史の楽しみを、読者も感じていただけると思う。

また、本書を編纂した奎章閣韓国学研究院についても記しておきたい。本書冒頭の「奎章閣教養叢書の発刊に臨んで」にも記されているが、奎章閣とは、朝鮮時代に設立された王立図書館の名称である。第二十二代国王の正祖が一七七六年に、現在世界文化遺産に登録されているソウルの昌徳宮の後苑に設置したのが始まりであり、昌徳宮後苑の芙蓉池を前にして立てられた宙合楼はその遺構として今に伝えられている。「奎章」とは国王の御筆を意味し、正祖以前から国王の親筆や詩文を保管する奎章閣の設置が議論されていた。しかし正祖は、中国の清での四書全書編纂という学問的雰囲気の高まりや、党派（朋党《プンダン》）間での政治対立を抑制し自らのブレーンとなる人材の育成による王権強化を狙って、即位直後から奎章閣の制度化を進めた。奎章閣を国王御筆の保管にとどまらず、朝鮮はもちろん中国の図書収集や書籍出版を担う機関にすると同時に、学識ある人材を集めて経史を研究させ、諮問の役割を担わせたのである。十八世紀の朝鮮は学問の復興期とも言われ、実学が発展する時期でもあるが、本書に登場する蔡済恭、あるいは朴斉家や李徳懋などの実学者も奎章閣に所属し、その学識が高く評価された。奎章閣は朝鮮時代の「文芸復興」を象徴する場であったのである。

正祖の死後は政治へのブレーンとしての機能は弱まったが、図書館としての機能は維持された。しかし、一九一〇年の日本による韓国併合により奎章閣は廃止され、所蔵図書は朝鮮総督府の管理下に置かれ、さらに一九二八年から京城帝国大学へと移された。一九四五年の独立後、奎章閣本はソウル大学校中央図書館に移管された後、一九九〇年にソウル大学校奎章閣という独立機関によって保管されるようになった。そして二〇〇六年、ソウル大学校韓国文化研究所との統合により、ソウル大学校奎章閣韓国学研究院となり、資料の保存・管理および研究機関となっている。本書でも数多く引用されている『朝鮮王朝実録』をはじめとして、朝鮮時代研究のための膨大な史料が保管されており、韓国学研究や所蔵史料の影印本・解題の刊行やデジタル化、研究書籍・論文の出版が行われている。この奎章閣韓国学研究院が開催した市民講座と関連して編纂されたのが、この叢書シリーズである。

翻訳作業開始から刊行までずいぶんと時間がかかってしまったが、その間に多くの方々のご助言とご協力があった。本書の企画責任者である李淑仁先生〔第一部二章を執筆〕からは、お忙しい中、日本語版への序文を頂いた。ソウル大学校奎章閣韓国学研究院学芸研究士の権奇奭《クォンギソク》先生は、本書執筆者への窓口となってくださり、本文内容への質疑や確認についても迅速かつ丁寧に答えてくださった。韓国文学翻訳院の李善行《イソネン》氏は本書の翻訳事業における実務の窓口となり、翻訳のスケジュールや出版に関する諸手続きでの便宜をはかってくださった。翻訳作業では、平澤大学校日本学科の同僚だった具見書《クギョンソ》、金銀淑《キムウンスク》、宣在源《ソンジェウォン》の各先生から韓国語原文のニュアンスなどについてご助言を頂いた。同校国文学科のキム・デスク先生には、本書で使われている国文学関連資料についてアドバイスを頂いた。また当時同校日本学科の助教だった教え子のムン・ジャンフン君には、翻訳文の表現の検討や資料検索などを手伝ってもらった。また、明石書店の森本直樹社長には翻訳書刊行における韓国側との交渉を進めていただき、明石書店編集部の森富士夫氏は、直接の編集担当者としてご尽力いただいた。その他にも多くの方々のお力添えがあったことに感謝する次第である。

そして最後に、妻の奈美、息子の聡と陽への感謝を述べさせていただくことをお許しいただきたい。常に心の支えとなっている家族があってこその翻訳作業であった。この翻訳書がそうした家族の支えに少しでも報いることができれば幸いである。

訳者　小幡倫裕

タ行

ナ行

ハ行

マ行

ラ行

【人名】……………………

ア行

カ行

サ行

マ行

ヤ行

ラ行

ワ行

タ行

ナ行

ハ行

サ行

【索　引】＊配列は日本語の五十音順

【事項】……………………

ア行

カ行

韓嬉淑（ハン・ヒスク）
淑明女子大学校歴史文化学科教授。主な著書に『社会史から見た私達の歴史の７つの風景』（共著、歴史批評社、1999 年、韓国）、『朝鮮時代の中央と地方』（共著、ソギョン、2004 年、韓国）、主な論文に「朝鮮初期 昭恵王后の生涯と『内訓』」（『韓国思想と文化』27、2005 年、韓国）、「燕山君代 廃后尹氏追封尊崇過程と甲子士禍」（『韓国人物誌研究』10 号、2008 年、韓国）ほか多数。

李鍾黙（イ・ジョンモク）
ソウル大学校国文科教授。主な著書に『私達の漢詩を読む』（トルベゲ、2009 年、韓国）、『朝鮮の文化空間』（ヒューマニスト、2006 年、韓国）、『養花小録―ソンビ、花と木を友とする』（アカネット、2012 年、韓国）、主な訳書に『四宜堂志―私達の家を語る』（ヒューマニスト、2009 年、韓国）、『浮休子談論』（弘益出版社、2002 年、韓国）、『臥して戯る山水』（編訳、太学社、2002 年、韓国）ほか多数。

趙恩秀（チョ・ウンス）
ソウル大学校哲学科教授。主な著書に Currents and Countercurrents: Korean Influences on the East Asian Buddhist Traditions（共著、University of Hawai'i Press、2005 年）、『21 世紀の東洋哲学』（共著、乙酉文化社、2005 年、韓国）、共訳書に The Essential Passages Directly Pointing at the Essence of the Mind（高麗時代の仏典「直指心経」の英訳、Jogye Order Publishing、韓国）、主な論文に「元暁にとっての真理の存在論的地位」（『哲学』別冊 89、2007 年、韓国）ほか多数。

徐智瑛（ソン・ジヨン）
梨花女子大学校韓国女性研究院研究教授。主な著書に『女性の身体：視覚・争点・歴史』（共著、チャンビ、2005 年、韓国）『韓国の古小説とセクシャリティ』（共著、宝庫社、2009 年、韓国）、主な訳書に『ファンタジー―転覆の文学』（共訳、文学トンネ、2001 年、韓国）、主な論文に「朝鮮後期中人層の風流空間の文学史的意味」（『震壇学報』95 号、2003 年、韓国）ほか多数。

宋芝媛（ソン・ジウォン）
韓国国立国楽院国楽研究室長。主な著書に『正祖の音楽政策』（太学社、2007 年、韓国）、『心は口を忘れ、口は声を忘れる』（太学社、2009 年、韓国）、『掌楽院―宇宙の旋律を込めて』（チュスパッ、2010 年、韓国）、訳書に『茶山の経学世界』（共訳、ハンギル社、2002 年、韓国）、『訳注詩経講義』１～５（共訳、サアム、2008 年、韓国）ほか多数

趙恵蘭（チョ・ヘラン）
梨花女子大学校国語国文学専攻教授。主な著書に『いにしえの女人の物語』（パクイジョン出版社、1998 年、韓国）、『古小説に魅せられて』（マウムサンチェク、2009 年、韓国）、『不自由な時代、あまりにも非凡であった朝鮮の女性たち』（共著、トルベゲ、2004 年、韓国）、主な訳書に『三韓拾遺』（ソミョン出版、2011 年、韓国）、『瀋陽状啓』（共訳、チャンビ、2008 年、韓国）ほか多数。

執筆者紹介（執筆順）

朴茂瑛（パク・ムヨン）
延世大学校国文科教授。主な著書に『丁若鏞の詩と思惟方式』（太学社、2002年、韓国）、『不自由な時代、あまりにも非凡であった朝鮮の女性たち』（共著、トルベゲ、2004年、韓国）、『東アジア世界の知と学問』（共著、勉誠出版、2014年）、訳書に『はかなき世の美しさ』（太学社、2001年、韓国）ほか多数。

李淑仁（イ・スギン）
ソウル大学校法学研究所責任研究員。主な著書に『東アジア古代の女性思想』（図書出版女理研、2005年、韓国）、訳書に『女四書』（図書出版女理研、2003年）、『列女伝―中国古代の106の女人物語』（芸文書院、1996年、韓国）ほか多数。

李慧淳（イ・ヘスン）
梨花女子大学校国文科名誉教授。主な著書に『高麗前期漢文学史』（梨花女子大学校出版部、2004年、韓国）、『韓国古典女性作家の詩世界』（梨花女子大学校出版部、2005年、韓国）、『朝鮮朝後期女性知性史』（梨花女子大学校出版部、2007年、韓国）、『伝統と受容：韓国古典文学と海外交流』（トルベゲ、2010年、韓国）ほか多数。

金庚美（キム・ギョンミ）
梨花女子大学校梨花人文科学院　Humanities Korea 教授。主な著書に『小説の魅惑：朝鮮前期小説批評と小説論』（ウォルイン、2003年、韓国）、『家と女性―18世紀の女性の生活と文化』（図書出版女理研、2012年、韓国）、訳書に『金鰲新話』（ペンギンクラシックコリア、2009年、韓国）、『19世紀ソウルの愛、折花奇談・布衣交集』（共訳、図書出版女理研、2003年）ほか多数。

鄭炳説（チョン・ビョンソル）
ソウル大学校国文科教授。主な著書に『我は妓生なり―『消愁録』を読む』（文学トンネ、2007年、韓国）『朝鮮の淫談悖説―奇異齋常談を読む』（イェオク、2010年、韓国）、『九雲夢図―絵画で読み解く九雲夢』（文学トンネ、2010年、韓国）、『権力と人間―思悼世子の死と朝鮮王室』（文学トンネ、2012年、韓国）ほか多数。

鄭智泳（チョン・ジヨン）
梨花女子大学校女性学科教授。主な著書に『ジェンダー・経験・歴史』（編著、西江大学校出版部、2004年、韓国）、『韓国の閨房文化』（共著、パクイジョン出版社、韓国）、『東アジアの記憶の場』（共著、河出書房新社、2011年）。主な論文に「朝鮮後期の女性戸主研究」（西江大学校博士論文、韓国）、「朝鮮時代婚姻奨励策と独身女性―儒教的家父長制と周辺的女性の痕跡」（『韓国女性学』第20巻3号、2004年、韓国）ほか多数。

金美栄（キム・ミヨン）
韓国国学振興院首席研究委員。主な著書に『日本の家と村の民俗学』（民俗院、2002年、韓国）『家族と親族の民俗学』（民俗院、2008年、韓国）『儒教儀礼の伝統と象徴』（民俗院、2010年、韓国）、『「礼楽」文化―東アジアの教養』（共著、ぺりかん社、2013年）、主な訳書に『母系社会の女性と男性』（民俗院、1998年、韓国）ほか多数。

［訳者紹介］

小幡倫裕（おばた・みちひろ）

近世日韓関係史研究家。一九六九年生まれ。静岡県立大学国際関係学部卒業。韓国国立全北大学校史学博士課程単位取得退学（韓国史専攻）。前韓国平澤大学校日本学科助教授。主な著書・論文に『韓国の歴史を知るための66章』（共著、明石書店、二〇〇七年）、『朝鮮通信使使行録研究叢書』（共著、学古房〔韓国〕、二〇〇八年）、「申維翰『海游録』にあらわれた日本観とその限界」（『韓日関係史研究』十九号〔韓国〕、二〇〇三年）、「李景稷『扶桑録』に表れた日本認識の考察」（『平澤大学校論文集』二五集〔韓国〕、二〇一一年）、「黄床『東槎録』に対する検討」（『平澤大学校論文集』二六集〔韓国〕、二〇一二年）など。訳書に河宇鳳『朝鮮王朝時代の世界観と日本認識』（明石書店、二〇〇八年）、鄭杜煕・李璟珣編著『壬辰戦争――16世紀日・朝・中の国際戦争――』（明石書店、二〇〇八年）。

朝鮮時代の女性の歴史
家父長的規範と女性の一生

2015年3月30日　初版第1刷発行

編　著　奎章閣韓国学研究院
責任企画　李淑仁
訳　者　小幡倫裕
発行者　石井昭男
発行所　株式会社 明石書店
101-0021 東京都千代田区外神田6-9-5
電　話 03-5818-1171
FAX 03-5818-1174
振　替 00100-7-24505
http://www.akashi.co.jp

装丁　明石書店デザイン室
印刷・製本　モリモト印刷株式会社

ISBN978-4-7503-4158-3
（定価はカバーに表示してあります）